中华创世神话研究工程

系列丛书

上海市社会科学界联合会 组织编写

尧舜神话基本数据辑录：基于中国神话母题W编目（上）

COMPILATION OF THE MAIN DATA OF YAO AND SHUN'S MYTHOLOGY:

A CATALOG BASED ON THE W MOTIF IN CHINESE MYTHOLOGY

王京 熊惠 编著

上海人民出版社 上海书店出版社

编写说明

由上海市社会科学界联合会组织实施的中华创世神话学术研究工程是“开天辟地——中华创世神话”文艺创作与文化传播工程的重要组成部分，是弘扬中华优秀传统文化的一项基础性工作，是打造上海文化品牌的一项重要内容。

自2017年以来，在中共上海市委宣传部的指导下，在上海市哲学社会科学规划办公室的支持下，上海市社会科学界联合会积极联系国内相关领域的专家学者深入开展专题研究，在上海市哲学社会科学规划课题的研究基础上，集中研究力量和学术资源，推出了中华创世神话研究工程系列丛书。

本丛书旨在通过整理编纂各民族中华创世神话资料，研究和梳理中华创世神话脉络和体系，讲好中华创世神话故事，探索中华文明之源，弘扬中华民族精神，为中华文化培根固源，为中华民族塑魂铸魂，为今后学术研究、文艺创作提供参考。

本丛书的编纂得到上海社会科学院、上海交通大学、华东师范大学、上海大学、上海政法学院等单位学者的鼎力支持，也得到中国社会科学院、北京师范大学、华中师范大学等单位专家的大力帮助。

上海市社会科学界联合会

2020年12月

目　　录

说明 ……………………………………………………………………………………（1）
凡例 ……………………………………………………………………………………（1）

一、尧神话母题数据

0. 尧的产生
【WTY000 ～ WTY009】

0. WTY000　尧的产生 ……………………………………………………………………（1）
1. WTY001　尧自然存在 …………………………………………………………………（1）
2. WTY002　尧来源于某个地方 …………………………………………………………（1）
3. WTY003　尧是造出来的（特定人物造尧）…………………………………………（1）
4. WTY004　尧是生育产生的（生尧）…………………………………………………（1）
5. WTY005　尧是变化产生的（变化产生尧）…………………………………………（3）
6. WTY006　尧是婚生的（婚生尧）……………………………………………………（3）
7. WTY007　尧是感生的（感生尧）……………………………………………………（6）
8. WTY008　尧是转生的（托生尧）……………………………………………………（12）
9. WTY009　与尧的产生有关的其他母题 ……………………………………………（13）

1. 尧的特征
【WTY010 ～ WTY019】

0. WTY010　尧的特征 ……………………………………………………………………（23）

1. WTY011　尧特征的产生 ……（23）
2. WTY012　尧的综合体征 ……（23）
3. WTY013　尧的头部特征（尧的面部特征）……（24）
4. WTY014　尧的身体特征（尧的四肢特征）……（26）
5. WTY015　尧的性别特征 ……（27）
6. WTY016　尧的其他体征 ……（28）
7. WTY017　尧的性格特征（尧的品质）……（29）
8. WTY018　尧具有特定能力（尧的能力；尧的本领）……（44）
9. WTY019　与尧特征有关的其他母题 ……（50）

2. 尧的身份与职能

【WTY020 ～ WTY029】

0. WTY020　尧的身份 ……（51）
1. WTY021　尧是神 ……（52）
2. WTY022　尧是祖先（尧是祖先神）……（53）
3. WTY023　尧是其他特定神性人物 ……（56）
4. WTY024　尧是首领（尧是管理者）……（57）
5. WTY025　尧是特定的人（尧是人）……（67）
6. WTY026　尧其他特定身份 ……（69）
7. WTY027　尧的身份归属 ……（70）
8. WTY028　尧的职能 ……（71）
9. WTY029　与尧身份和职能有关的其他母题 ……（72）

3. 尧的生活

【WTY030 ～ WTY039】

0. WTY030　尧的生活 ……（73）
1. WTY031　尧的成长（尧的成长历程）……（73）
2. WTY032　尧的服饰 ……（83）
3. WTY033　尧的饮食（尧的食物）……（87）
4. WTY034　尧的居所 ……（89）
5. WTY035　尧的出行 ……（97）

6. WTY036　尧的用品（尧的工具；尧的手持物）……（99）
7. WTY037　尧生活的时代 ……（104）
8. WTY038　尧生活区域（尧活动范围）……（104）
9. WTY039　与尧的生活有关的母题 ……（105）

4. 尧的事迹与经历

【WTY040 ～ WTY049】

0. WTY040　尧创世（尧的发明；尧的创造）……（105）
1. WTY041　尧创造物质文化 ……（105）
2. WTY042　尧创造非物质文化 ……（114）
3. WTY043　尧创造其他特定物 ……（121）
4. WTY044　尧教人（尧教人技能）……（122）
5. WTY045　尧其他事迹 ……（127）
6. WTY046　尧征战（尧的争斗）……（152）
7. WTY047　尧的特定经历 ……（160）
8. WTY048*　尧事迹研究（尧功绩评价）……（210）
9. WTY049　与尧的事迹与经历有关的其他母题 ……（213）

5. 尧的关系

【WTY050 ～ WTY059】

0. WTY050　尧的关系 ……（226）
1. WTY051　尧的祖先 ……（227）
2. WTY052　尧的父母（尧的父辈）……（230）
3. WTY053　尧的兄弟姐妹 ……（244）
4. WTY054　尧的妻子（尧的配偶；尧的婚姻）……（247）
5. WTY055　尧的后代（尧子女；尧的子孙）……（254）
6. WTY056　尧的上下从属关系 ……（294）
7. WTY057　尧的朋友（尧的伙伴）……（314）
8. WTY058　尧的敌人（尧的对手）……（315）
9. WTY059　与尧的关系有关的其他母题 ……（316）

6. 尧的名称

【WTY060 ～ WTY069】

0. WTY060　尧的名称（尧的名字）……（322）
1. WTY061　尧名称的产生（尧名字的来历）……（323）
2. WTY062　尧的姓氏……（324）
3. WTY063　尧的姓名……（326）
4. WTY064　尧的称谓（尧的名号）……（327）
5. WTY065　尧的其他名称……（330）
6. WTY066　尧名称的特征（尧名称的含义）……（331）
7. WTY067　尧名称的类型（尧名称有不同写法）……（335）
8. WTY068　尧名称的演变（尧名称的变化；尧读音的变异）……（336）
9. WTY069　与尧的名称有关的其他母题……（337）

7. 尧的死亡与纪念

【WTY070 ～ WTY079】

0. WTY070　尧的寿命……（337）
1. WTY071　尧的死亡……（339）
2. WTY072　与尧的死亡有关的其他母题……（341）
3. WTY073　尧祭祀的产生……（341）
4. WTY074　祭祀尧的时间……（341）
5. WTY075　祭祀尧的地点……（343）
6. WTY076　祭祀尧者（祭祀尧的参与者）……（343）
7. WTY077　祭祀尧的环节（祭尧的方法）……（344）
8. WTY078　与祭祀尧的有关的其他母题……（346）
9. WTY079　纪念尧（尧的纪念）……（347）

8. 尧的遗迹与遗俗

【WTY080 ～ WTY089】

0. WTY080　尧的坟墓（尧墓；尧陵）……（349）

1. WTY081　与尧有关的建筑 ……（357）
2. WTY082　与尧有关的自然风物 ……（362）
3. WTY083　与尧有关的地名 ……（367）
4. WTY084　与尧有关的文物 ……（372）
5. WTY085　与尧有关的生产习俗 ……（374）
6. WTY086　与尧有关的生活习俗 ……（374）
7. WTY087　与尧有关的文化习俗 ……（375）
8. WTY088　与尧有关的其他事象 ……（378）
9. WTY089　与尧的遗迹与遗俗有关的其他母题 ……（387）

9. 与尧有关的其他母题
【WTY090 ～ WTY099】

0. WTY090　尧崇拜 ……（390）
1. WTY091　尧神话 ……（391）
2. WTY092　尧传说 ……（394）
3. WTY093　尧的其他载体 ……（395）
4. WTY094　尧形象的内涵 ……（395）
5. WTY095　尧形象的意义 ……（395）
6. WTY096　尧文化 ……（395）
7. WTY097　尧时代 ……（397）
8. WTY098　尧与中华文明 ……（414）
9. WTY099　与尧有关的研究 ……（414）

二、舜神话母题数据

0. 舜的产生
【WYS000 ～ WYS009】

0. WYS000　舜的产生 ……（449）
1. WYS001　舜自然存在 ……（449）
2. WYS002　舜来源于某个地方 ……（449）
3. WYS003　舜是造出来的（特定人物造舜） ……（450）

4. WYS004　舜是生育产生的（生舜）……（450）
5. WYS005　舜是变化产生的（变化产生舜）……（453）
6. WYS006　舜是婚生的（婚生舜）……（454）
7. WYS007　舜是感生的（感生舜）……（454）
8. WYS008　舜是转生的（托生舜）……（457）
9. WYS009　与舜的产生有关的其他母题……（458）

1. 舜的特征
【WYS010 ～ WYS019】

0. WYS010　舜的特征……（464）
1. WYS011　舜特征的产生……（464）
2. WYS012　舜的综合体征……（464）
3. WYS013　舜的头部特征（舜的面部特征）……（465）
4. WYS014　舜的身体特征（舜的四肢特征）……（468）
5. WYS015　舜的性别特征……（470）
6. WYS016　舜的其他体征……（470）
7. WYS017　舜的性格特征（舜的品质）……（471）
8. WYS018　舜具有特定能力（舜的能力）……（492）
9. WYS019　与舜特征有关的其他母题……（501）

2. 舜的身份与职能
【WYS020 ～ WYS029】

0. WYS020　舜的身份……（503）
1. WYS021　舜是神……（510）
2. WYS022　舜是祖先（舜是祖先神）……（512）
3. WYS023　舜是其他特定神性人物……（514）
4. WYS024　舜是首领（舜是管理者）……（515）
5. WYS025　舜是特定的人……（526）
6. WYS026　舜其他特定身份……（530）
7. WYS027　舜的身份归属……（531）
8. WYS028　舜的职能……（531）
9. WYS029　与舜身份和职能有关的其他母题……（532）

3. 舜的生活

【WYS030 ～ WYS039】

0. WYS030　舜的生活 ……（534）
1. WYS031　舜的成长（舜的成长历程）……（534）
2. WYS032　舜的服饰 ……（551）
3. WYS033　舜的饮食 ……（553）
4. WYS034　舜的居所 ……（554）
5. WYS035　舜的出行 ……（562）
6. WYS036　舜的用品（舜的工具；舜的手持物）……（564）
7. WYS037　舜生活的时代 ……（567）
8. WYS038　舜生活区域（舜活动范围）……（568）
9. WYS039　与舜的生活有关的母题 ……（571）

4. 舜的事迹与经历

【WYS040 ～ WYS049】

0. WYS040　舜创世（舜的发明；舜的创造）……（571）
1. WYS041　舜创造物质文化 ……（572）
2. WYS042　舜创造非物质文化 ……（580）
3. WYS043　舜耕田（舜耕种）……（589）
4. WYS044　舜教人（舜教人技能）……（605）
5. WYS045　舜其他事迹 ……（613）
6. WYS046　舜征战（舜的争斗）……（627）
7. WYS047　舜的特定经历 ……（630）
8. WYS048*　舜事迹研究（舜功绩评价）……（650）
9. WYS049　与舜的事迹与经历有关的其他母题 ……（651）

5. 舜的关系

【WYS050 ～ WYS059】

0. WYS050　舜的关系 ……（664）

1. WYS051　舜的祖先 ……………………………………………………………（664）
2. WYS052　舜的父母（舜的父辈）………………………………………………（673）
3. WYS053　舜的兄弟姐妹 ……………………………………………………（691）
4. WYS054　舜的妻子（舜的配偶；舜的婚姻；舜的妃子）………………………（700）
5. WYS055　舜的后代（舜子女；舜的子孙）……………………………………（721）
6. WYS056　舜的上下从属关系 …………………………………………………（728）
7. WYS057　舜的朋友（舜的伙伴）………………………………………………（737）
8. WYS058　舜的敌人（舜的对手）………………………………………………（739）
9. WYS059　与舜的关系有关的其他母题 …………………………………………（742）

6. 舜的名称

【WYS060 ～ WYS069】

0. WYS060　舜的名称（舜的名字）………………………………………………（744）
1. WYS061　舜名称的产生（舜名字的来历）……………………………………（744）
2. WYS062　舜的姓氏 …………………………………………………………（746）
3. WYS063　舜的名字 …………………………………………………………（748）
4. WYS064　舜的称谓（舜的名号）………………………………………………（750）
5. WYS065　舜的其他名称 ……………………………………………………（751）
6. WYS066　舜名称的特征（舜名称的含义）……………………………………（752）
7. WYS067　舜名称的类型（舜有不同写法）……………………………………（752）
8. WYS068　舜名称的演变（舜名称的变化；舜读音的变异）……………………（752）
9. WYS069　与舜的名称有关的其他母题 …………………………………………（753）

7. 舜的死亡与纪念

【WYS070 ～ WYS079】

0. WYS070　舜的寿命 …………………………………………………………（754）
1. WYS071　舜的死亡 …………………………………………………………（754）
2. WYS072　与舜的死亡有关的其他母题 …………………………………………（759）
3. WYS073　舜祭祀的产生 ……………………………………………………（759）
4. WYS074　祭祀舜的时间 ……………………………………………………（759）
5. WYS075　祭祀舜的地点 ……………………………………………………（760）

6. WYS076　祭祀舜者（祭祀舜的参与者）……（761）
7. WYS077　祭祀舜的环节（祭舜的方法）……（762）
8. WYS078　与祭祀舜的有关的其他母题……（763）
9. WYS079　纪念舜（舜的纪念）……（763）

8. 舜的遗迹与遗俗

【WYS080 ～ WYS089】

0. WYS080　舜的坟墓（舜墓；舜陵）……（765）
1. WYS081　与舜有关的建筑……（771）
2. WYS082　与舜有关的自然风物……（778）
3. WYS083　与舜有关的地名……（782）
4. WYS084　与舜有关的文物……（787）
5. WYS085　与舜有关的生产习俗……（788）
6. WYS086　与舜有关的生活习俗……（788）
7. WYS087　与舜有关的文化习俗……（788）
8. WYS088　与舜有关的其他事象……（790）
9. WYS089　与舜的遗迹与遗俗有关的其他母题……（795）

9. 与舜有关的其他母题

【WYS090 ～ WYS099】

0. WYS090　舜崇拜……（796）
1. WYS091　舜神话……（797）
2. WYS092　舜传说（大舜的传说）……（800）
3. WYS093　舜的其他载体……（803）
4. WYS094　舜形象的内涵……（803）
5. WYS095　舜形象的意义……（803）
6. WYS096　舜文化……（803）
7. WYS097　舜时代（虞舜时代）……（804）
8. WYS098　舜与中华文明……（810）
9. WYS099　舜研究……（810）

附录 1 《中国神话母题 W 编目》10 大类型简目 ……（812）
附录 2 尧舜神话母题数据基本结构图 ……（822）
2.1 尧神话母题数据基本结构图 ……（823）
2.2 舜神话母题数据基本结构图 ……（824）
附录 3 尧舜神话母题数据检索表 ……（825）
3.1 尧神话母题数据检索表 ……（825）
3.2 舜神话母题数据检索表 ……（876）

后记 ……（918）

说　明

神话是人类最悠久的文化记忆，也是人类漫长的历史发展进程中形成的弥足珍贵的经典传统文化。中华民族创世神话是中华民族五千多年文明进程中创造、传承的优秀传统文化。这些文化体现出中国各民族有史以来团结奋斗、勤于思考、勇于创造、善于创新、敢于胜利的昂扬斗志与民族精神。唐尧、虞舜在中华民族神话传统中经常混合在一起，因此本书将二者结合在一起进行相应的数据辑录。尧舜神话是中华民族多民族长期以来交流、交往与交融的见证，也是多角度体现中华民族共同体意识的重要传统文化资源。本书以尧神话、舜神话为神话数据辑录对象，从目前公开或未公开出版的各类神话作品和相关学术研究成果中提取尧神话专题母题 2258 个，舜神话专题母题 2060 个。这些母题一般均列举出相对应的神话文本实例或研究成果实例，形成神话阅读与研究的系统性数据集成。为读者更好了解中华民族优秀传统文化基因，进一步理解和探讨有史以来的中华民族共同体意识提供相对完整的数据资源。《尧舜神话基本数据辑录》可以作为目前尧舜神话文本以及尧舜神话研究成果的体系性专题数据集成。

一、基本问题

1. 创作目的

在中华民族创世神话中如何分析与挖掘自成体系的文化传统，如何摆脱皓首穷经于故纸堆中的传统研究方法，做好相应专题的数据辑录也许就是一种积极的路径。当今世界已进入信息化时代，大数据的应用在生产生活中日趋普及。数据方法也应该在人文社科研究中加以运用。

尧舜神话产生很早，在中华民族的许多民族中都有广泛流传，不仅在中原地区广泛流传，在南方壮族、苗族、瑶族、畲族、黎族、侗族、布依族等多个民族，以及东北地区、西北地区乃至海外也可以找到尧舜神话的踪迹，许多民族把尧舜作为重要文化祖先，有时也把其塑造成为中华民族文明发展中的重要的创世大神。无论是文献记载、民间口头传承，还是文物、民俗中围绕尧舜展开的神话叙事，具有内容丰富，形式多样，传承时间跨度长，空间流布广的特点。因此，在当今中华民族文化复兴的进程中，对这类神话进行全面梳理和系统性呈现，对于发掘和传承中华民族优秀传统文化，具有必要性和紧迫性。

本书对中华创世神话中重要代表性人物尧舜的产生、特征、身份、职能、事迹、经历、生活、关系、死亡与纪念、遗迹与遗俗等一系列文化现象，解构出相对完整的数据，通过母题编码与实例检索的形式加以呈现，旨在帮助神话研究者或欣赏者宏观了解中国各民族神话对尧舜这一文化现象进行的多角度审视，借此发现其中的文化共性及文化创作规律，积极推动中华民族传统文化的深入挖掘，服务于传统文化的“创造性转化”与“创新性发展”，并为铸牢中华民族共同体意识提供相应的数据支持。

2. 本书的几个着力点

基于上述目的，研究团队通过长时间的理论探讨与实践摸索，拟定出明确的中华民族创世神话系列神话人物数据建设目标，形成了相应的基本研究路径和成果。本书的着力点主要表现在如下几个方面。

（1）从蕴含高价值密度的尧舜神话叙事文本[①]入手进行母题提取，初步完成尧、舜基本核心体系架构的搭建。

本书分别对尧、舜两个重要神话人物作出母题类型的解构。形成了包括产生、特征、身份与职能、事迹与经历、生活、关系、名称、死亡与纪念、遗迹与遗俗、与其有关的其他母题在内的10大母题类型和基本数量的母题层级。这一步也可以理解为，完成了对尧舜神话领域基本母题的划分和母题采集基本逻辑的构建，为此后海量母题的不断获取和归类奠定了基础。

（2）将数据采集来源扩充至古文献、田野资料、学术期刊等更加广阔的领域，涉及文本数量约900万字。这类资源的一大特征是有效数据较为分散，需要依循“原始资料—文本数字化—有效篇目提取—母题提取”的一般步骤，进而完成目标数据的搜集。在这一步骤中，母题数据实现了细类上的急剧扩充和同一编码项下母题数量的不断积累，从理论上讲，母题数据在横向和纵向的扩充是没有上限的，将伴随新证据的涌现不断增长。

（3）按照既定的规则完成母题数据的编码。在本书中，尧舜“母题编码”最多包含6个层级，具体层级采用小数点标示的方法，这里的“小数点”只是一种标记，并非十进位制。编码的目的为保证每条母题数据对应唯一的标签，以方便后续检索。

（4）强化当今神话专题数据的学术价值。本书不仅是尧舜神话的资料学积累，同时更注重对这两位神性人物跨文本、跨时空、跨民族的体系梳理与全貌呈现。

3. 创作依据

《尧舜神话基本数据辑录》主要依据王宪昭的《中国神话母题W编目》（中国社会科学出

① 如中国民间文学集成全国编辑委员会编著的《中国民间故事集成》、中华民族故事大系编委会编的《中华民族故事大系》等。

版社 2013 年版）、《中国神话人物母题（W0）目录》（中国社会科学出版社 2019 年版）、《中国神话人物母题数据与索引》（中国社会科学出版社 2020 年版）等著作以及大数据理论与技术，形成尧舜神话专题性质的母题数据示例性索引。

4. 概念与方法

（1）关于神话

神话是关涉神以及神性人物叙事性文化载体的统称。神话作为人类早期最重要的文化产品之一，起源于民间，作用于信仰，传承于生活。它是人类漫长发展历程中积淀出的非物质文化遗产，兼具文学、历史、哲学、宗教、民俗、律法、民族、地理等诸多学科性质，充当着人类早期的百科全书。

（2）创世神话

创世神话中的"创世"包括"创"与"造"两个重要部分。创世神话是以解释天地、万物和人类起源为主体，同时涉及自然现象起源、动植物起源、文化起源等与创造世界、改造世界有关的神话。创世神话的核心问题是探索并解释客观世界与文化精神的起源，并通过溯源过程探讨自我生存的诉求和各类事象的合理性或规律性。

（3）神话母题

"神话母题"即神话叙事过程中最自然的基本元素，这些元素可以在神话创作或神话的各种传承渠道中独立存在，也能在其他文类或文化产品中得以再现或重新组合。

（4）母题的划分

目前，中国神话母题数据将母题最多划分为 6 个层级。根据神话人物数据建设的需要，神话母题可以划分为如下四种类型。

① 名称性母题。这类母题主要是神话传承中积淀的特定的人或事物，语言形式上表述为一个名词或名称性词组，在特定的神话语境中使用。如"尧""舜""娥皇""女英""三皇五帝"等。名称性母题本身难以表达相对完整的叙事，需要与其他母题或描述组合而形成明确的表意。

② 情节性母题。这类母题一般与叙事主题密切相关，语言形式上表述为一个词组或含有主谓语的短句，有较为明确的含义，可以视为较强的叙事单元，其结构功能较强，往往可以在不同类型的神话中使用。如"尧的产生""舜的成长""尧治国""舜耕历山"等。

③ 语境性母题。这类母题一般是"情节性母题"和"名称性母题"的辅助性元素，其含义具有类型化的特征，如与神话事件"尧产生时间""舜产生的背景""舜耕田的地点"等相关的一些母题。

④ 概念性母题。又称"观念性母题"，这类母题与神话作品中出现的母题有明显区别，其名称的产生源于当今神话大数据建设的实际需要。一些神话研究成果中出现的观念既涉及大量的神话母题，又与神话叙事的解读存在自然的联系，如"舜文化的价值""舜崇拜的内

涵”“舜名称的演变”等，这些描述性的概念一般不会出现在神话文本中，但对母题的检索与解读却具有重要作用。所以，本书把这类母题称为“概念性母题”。

（5）母题实例

从理论上讲，任何一个具体母题的实例都应该完全反映该母题的内涵与外延。事实上，在具体母题实例的选择与表述上，更多体现出的是实例与母题的相似性。这与特定文化现象分析的个体差异性有关。

① 关联性原则。实例的选取力求与相对应的母题具有最直接的例证关系。

② 客观性原则。实例的生成力求源于资料的真实可信。

③ 概括性原则。实例的表述力求言简意赅，引导读者对相应母题的信息有所了解。

5. 内容结构

（1）本书主体结构

本数据专辑在内容的设定上，根据各类神话的特点，将尧神话基本母题数据、舜神话基本母题数据分两部分呈现，采取了基本相同的结构，并兼顾了其内在逻辑性。表述如下。

一、尧神话基本数据

0. 尧的产生【WTY000 ～ WTY009】
1. 尧的特征【WTY010 ～ WTY019】
2. 尧的身份与职能【WTY020 ～ WTY029】
3. 尧的生活【WTY030 ～ WTY039】
4. 尧的事迹与经历【WTY040 ～ WTY049】
5. 尧的关系【WTY050 ～ WTY059】
6. 尧的名称【WTY060 ～ WTY069】
7. 尧的死亡与纪念【WTY070 ～ WTY079】
8. 尧的遗迹与遗俗【WTY080 ～ WTY089】
9. 与尧有关的其他母题【WTY090 ～ WTY099】

二、舜神话基本数据

0. 舜的产生【WYS000 ～ WYS009】
1. 舜的特征【WYS010 ～ WYS019】
2. 舜的身份与职能【WYS020 ～ WYS029】
3. 舜的生活【WYS030 ～ WYS039】
4. 舜的事迹与经历【WYS040 ～ WYS049】
5. 舜的关系【WYS050 ～ WYS059】
6. 舜的名称【WYS060 ～ WYS069】
7. 舜的死亡与纪念【WYS070 ～ WYS079】

8. 舜的遗迹与遗俗【WYS080～WYS089】

9. 与舜有关的其他母题【WYS090～WYS099】

上述基本数据结构在本书最多分级到6个层级。其中第二层级可参见本书“目录”或“附录2.1 尧神话母题数据基本结构图”“附录2.2 舜神话母题数据基本结构图”。

（2）母题的提取与表达

母题的提取包括母题编目与母题描述两项内容。母题编目是一项系统性的工作，面对数以千计的神话母题需要体现符合逻辑的编排方式，总体设计上，W母题编目遵循时间顺序、空间顺序或其他逻辑顺序。有些母题编号存在空号是正常现象。

（3）母题实例的数量

母题实例是一个神话母题之所以存在的客观证明，也是读者深入了解和研究神话文本或神话研究成果的桥梁。首先，本书在神话母题的选定上有如下几种情形。

① 有的母题暂时没有合适的实例。这类情况在行文中保持空缺。

② 一个母题有一个实例。这种情况并不代表这个母题没有其他实例。只是因为目前文本或实例取样对象的限制，暂时只选取一个。

③ 一个母题有多个实例。一个母题有多个实例是非常普遍的现象，也体现出母题的基本特征。其中，这些实例可以表现为一个民族有多个不同神话文本，也可以表现为不同民族的不同神话文本。

有些实例会在不同母题中出现，这体现出神话母题结构的多样性，也是神话作为经典传统文化叙事的表现形式的基本特点之一。

（4）神话实例的民族属性

读者根据神话母题数据的民族属性，可以更好地了解中华民族的各个民族在悠久历史中交流、交往与交融的客观事实神话的民族属性，只是为了对相应神话资源研究方便的需要而做的标注。按照中华文化的分类，神话母题数据中标注的“民族”主要依据神话的讲述人的民族身份确定。有些作品或研究成果的原出版物没有注明的，如果根据相关内容或信息可以断定的，则增补上相应“民族”名称，除此之外难以辨析者，一律标注为“中华民族”。一些汉字典籍中的母题数据则标注为“中华民族”或“汉族”。

（5）神话实例的流传地

标注出流传地有助于读者从神话流传的空间角度做出审视。

有些古代典籍中的地名与今天的行政区划地名相比已发生很大变化，有些已经消失，考证困难。对这种情况直接使用原文表述，不再做对应性标注。

（6）实例的出处

本书在现有条件下，采取神话来源出版信息全面呈现的形式，对原作品信息缺失的情况，本书将尽可能加以核实补充，本书增加部分用“( )”标出，以便于使用者进一步考证。其作用是，有益于数据集成的网络检索的精准定位与神话数据的规范化应用。

同一个“实例描述”有时会有两个以上“文本出处”，这类情况有的源于不同讲述人，有的源于不同的采录者，有的源于不同的出版物，具体情况需要查对出版物原文。列举这些文本及出处可以便于读者查找出版物信息和进行全面的比较分析。

6. 基本特点

（1）从时空逻辑和思维逻辑的角度，设计尧神话、舜神话两种神话的母题的10个类型与关联性编码，建构起尧舜神话作品与尧舜研究论文相沟通的自由通道，为读者提供了较为客观、完整的尧神话和舜神话体系及基本面貌。

（2）尧舜神话母题数据编码及母题实例是开放性的，力求让读者能够拿得起，放得下，也能在具体学术研究中参与其中。

（3）在尧舜神话数据的梳理与神话数据的检索方面，系统的母题数据编码及其实例可以作为最直接的知识来源与学术方法支持。

（4）在尧舜神话母题体系建构和数据采集的基础上，可以较为便捷地搭建起相关领域知识图谱，进而实现对海量神话文本中隐性文化知识的深度挖掘与系统性阐释，是大数据视域下探讨神话问题的创新性尝试。

本书的主要意义在于创新人文科学研究方法。创作的初衷无外乎以利于神话比较研究，以利于神话系统性研究，以利于神话的类型学分析等，终极目的则是为继承、发展和繁荣中华民族优秀传统文化服务，为神话研究者能找到学术研究的自信而不懈努力。

本书适用于与尧舜神话相关的神话学研究、母题学研究、文学研究、民族学研究、民俗学研究等人文社科学科研究，以及相似学科的专题大数据建设与人文社科专题数据分析等。

二、尧舜神话母题的查找

尧舜神话母题主要包括“母题编码”和“母题描述”两个方面。其中“母题编码”最多包含6个层级，具体层级采用小数点标示的方法。本书为方便使用者检索母题，可采用以下检索方法：

（1）通过本书的“目录”，可以了解全书尧舜神话母题的10大类型及结构。

（2）通过母题编码进行母题检索。

（3）通过“附录”中的“《中国神话母题W编目》10大类型简目”，进行《中国神话母题W编目》10大类型母题的跨类型检索，以及与目前国内外该领域普遍使用的汤普森《民间故事母题索引》[①] 进行关联等。

---

① Stith Thompson，*Motif-index of Folk-literature：A Classification of Narrative Elements in Folktales，Ballads，Myths，Fables，Mediaeval Romances，Exempla，Fabliaux，Jestbooks，and Local Legends*（V1-6），Bloomington，Indiana University Press，1989. 汤普森在《民间故事母题索引》中，将神话母题列为“A”类。据汤普森母题编码共包括2877个一级母题（自然数母题，中间存在若干号码空缺），如果包含5个层级的母题，全部神话母题数量为5707个。

使用者可以根据研究需要，选择使用相应的检索方式。

三、尧舜神话母题索引的特点

本书基于作者对数千篇尧神话、舜神话文本和研究论文的综合型分析，有些母题不仅在尧舜神话中广泛存在，而且在中国其他类型的神话叙事中具有较强的代表性，基本上能够满足分析任何一篇尧舜神话的需要，也可以据此进一步了解古今尧舜神话、不同地区的尧舜神话、口头尧舜神话与文本尧舜神话等的联系与差异，对进一步建构尧舜神话体系、培育中华民族共同体意识也有积极的作用。

尧舜神话母题编目具有包容性。本目录关注神话母题共性与个性的有机结合，无论是母题编码还是表述均讲求最大程度的包容性，以有益于神话研究者和爱好者各取所需。

尧舜神话母题编目及示例具有开放性。本书中的尧舜神话母题编目示例是一个开放性的母题体系。虽然针对某些尧舜神话母题进行了系统性编排，但这个体系不是封闭的，可以实现进一步的修补和完善。本书在母题编码过程中以开放式为前提，为今后母题的增加保留了空间。每一个神话研究者可以根据自己的经验或判断将新发现的母题增加到合适的位置，以便使此类神话母题变得更为丰富和合理。

尧舜神话母题编目及示例的个性化。由于母题分析和母题产生的背景在不同的研究者那里存在很大差异，在母题的选择、编码的确定与示例的呈现方面会带有个人经验或主观因素，而在表述与展示特定的母题时，却尽可能以神话文本的客观表述为依据。

四、数据索引的资料来源

1. 数据资料来源

神话母题会发生在各种文类中，故神话母题析出的文本并不完全局限于它是不是一个真正的“神话文本”。本书涉及的资料主要来源如下：

（1）公开出版的民间文学类丛书。如中国民间文学集成全国编辑委员会编《中国民间故事集成》（中国 ISBN 中心，各省卷本。按：因本丛书各省卷出版时间有先有后，具体负责单位也不一样，故存在作者名表述形式不尽相同的情况，本书著录以各书版权页信息为准）。

（2）神话作品结集或集成类出版物。如陶阳、钟秀编《中国神话》（商务印书馆 2008 年版）。

（3）与神话有关的工具书。如吕大吉、何耀华主编《中国各民族原始宗教资料集成》（中国社会科学出版社，分民族卷本）。

（4）与神话有关的学术著作。如马昌仪编《中国神话学文论选萃》（中国广播电视出版社

1994年版）。

（5）中国少数民族文学史。如马学良、梁庭望、张公瑾主编《中国少数民族文学史》（中央民族大学出版社2001年版）。

（6）学术期刊、报纸。如《民族文学研究》《民间文化论坛》等中的论文。

（7）未公开出版的地方性出版物。如各省（市、州、县、区）三套集成办公室或领导小组收集整理的《中国民间故事集成》（县、市、区卷本）。

（8）个人田野调研搜集的神话材料。包括本人在民族地区采集的有关尧、舜的神话传说。

（9）其他网络数字信息。如中国知网、中国民族文学网等。

在此需要说明的是，在本书的尧舜母题的提取及实例辑录中，使用了个别当今文学创作的作品，其目的是据此让读者对尧舜母题在当下的应用实践与创新创造有所关注。

2. 材料的使用

本书在神话母题实例选取过程中，首先要对神话文本做出科学的界定，同时又不能强求所有的人按照同一个标准去分析所有的问题。即使是一个看似固化了的文本，由于时代的变迁也会滋生出许多新含义，所以实例的质量与选择的材料数量和分析参数的可信度有关。在神话文本提取母题实例过程中，兼顾了神话文本的异文。主要包括以下几种情形。

（1）流传于不同地区的同一部作品。

（2）不同讲述人讲述的同一部作品。

（3）不同搜集者搜集的同一部作品。

（4）不同出版物收集的表述上有差异的同一部作品。

（5）不同研究成果关于同类问题的探讨。

本数据辑录在采集过程中，涉及的文本及研究成果非常复杂。通过本书列举的母题不难发现，不同民族或同一个民族之中可能流传一些截然不同的观念或母题，或者由于特定时代、特定语境或特定研究者水平的局限，会出现一些可能错误的表述，甚至有些难以甄别，对此本书采取了客观辑录的方式。

五、创新与局限

本书是对中华民族神话中的代表性人物或文化祖先专题数据库建设作出的一种尝试，是对神话综合研究的特定对象进一步深化、细化与体系化的成果。一是将不同地区、不同民族的大量零散的神话专题化；二是将专题性质的神话系统化，尽可能全面呈现一个神话类型的全貌；三是将系统的神话数据化，通过数据手段进一步提升传统知识的实践应用，让大数据方法在当今人文社会科学研究的运用中发挥应有的作用，积极推进传统人文社科研究方法的创新。

中国多民族尧舜神话具体产生、流传、演变等情形非常复杂，本书建立在个人的神话资料积累的基础上，在母题提取、表述及结构编排方面主要依赖于个人主观理解，难免有一些不完善不科学之处。同时，书中涉及大量尧、舜神话母题，有些层级母题的列举只能是有选择的例证，难以完全归纳。对此本编目设定了相应的开放式表述结构，读者可以据此进行必要的修订或增补。

由于编者学术积累与研究能力所限，书中内容会有不少错误与疏漏，敬请大家批评指正。编者将及时做出修改更正。

编者

2021 年 10 月北京

凡　　例

为便于读者快速使用本丛书，特编制本凡例。

正文部分的神话分为“尧神话母题数据”和“舜神话母题数据”两部分。这两种母题数据包括“尧舜神话母题代码、名称”“实例表述”等内容，有些母题增加了“关联项”，作为相关数据的必要拓展。

一、舜神话母题代码、名称

1. 母题一级编目共分10个大类，在“尧神话数据（WTY）”和“舜神话数据（WYS）”之后的类型代码按“0～9”顺序排列。

2. 不同母题类型层级使用加“.”的方法表示。

【例】

WYS043　舜耕田（舜耕种）

WYS043.1　舜耕田的原因（舜耕田的背景）

WYS043.2　舜耕田的时间

WYS043.3　舜耕田的地点

WYS043.3.1　舜耕泰山

WYS043.3.1.1　舜在泰山脚下开荒种地

WYS043.3.2　舜耕历山（舜耕厉山）

WYS043.3.2.1　舜耕历山的原因

（1）上面的“WYS043”是母题代码，不含“.”的自然数母题可以看作是10大类型母题下的一级母题。

“舜耕田（舜耕种）”为“WYS043”代码母题的描述，即母题名称。

（2）“WYS043.3”中的“.”，表示该母题是“WYS043”的下一级母题。含1个“.”的母题可以看作是一级母题之下的二级母题。

（3）“WYS043.3.1” 中有 2 个 “.”，表示该母题是 “WYS043.3” 的下一级母题。含 2 个 “.” 的母题一般可以看作是三级母题。同理，“WYS043.3.1.1” 含 3 个 “.” 的母题一般可以看作是四级母题。以此类推。

3. 母题代码编码排序。

因母题代码与表述源于繁杂的文本表述与研究成果，具体编排中可以出现空号现象。

4. 母题代码中的 “abc” 等代码。

参见本《凡例》“本书常用的表达符号或标记”。

二、关联项

特定母题在本书母题数据中与其他相关母题的关联性提示。通过这些关联项读者可以更全面地了解神话人物塑造或神话叙事的特点。

【例】

WYS017.3.9.1

舜以德感化人

【关联】［WYS049.1.3a］舜以德治国

【关联】中提示的 “［WYS049.1.3a］舜以德治国”，是与 “WYS017.3.9.1 舜以德感化人” 具有叙事联系的母题，读者可以据此发现或进一步比较分析不同文本的异同。

三、实例表述的构成

实例表述部分包括 4 项。

（1）母题实例的 “民族属性”。用 “民族名称” 表示。

（2）母题 “实例描述”。用概括语言叙述该母题在相关文本中的叙事情况。

（3）该母题实例的流传地区。用 “【流传】” 表示。

（4）该母题实例对应的出处。用 “【出处】” 表示。

上述项表示该母题实例析出文本的基本信息。（2）（3）（4）三项在行文的表达中关系密切，为表述的简洁和节约行文空间，有时会采取标注时互见的方法。

【例】

WYS024.4

舜是帝王（舜是王）

实　例

汉　族　大舜是古时候有名的帝王。

【流传】陕西省·(咸阳市)·淳化县［采录地点：淳化县胡家庙乡］

【出处】罗吉学（男，51岁，淳化县北城堡乡，农民，小学）讲，张耀群（男，26岁，淳化县胡家庙乡文化站，干部，高中）采录：《大舜的传说》(1988.04.21)，见中国民间文学集成全国编辑委员会、中国民间文学集成陕西卷编辑委员会编《中国民间故事集成》(陕西卷)，北京：中国ISBN中心1996年版，第28～29页。

（1）上面**实　例**中标注的“汉族”，表示“WYS024.4”列举的实例出自“汉族”神话文本。

（2）“汉族”之后的描述部分，是该条目辑录的描述文字，是“WYS024.4 舜是帝王（舜是王）”母题的具体实例。这些描述源自神话文本。根据实际表述的需要，可以是原文本的摘录，也可以是原文本内容的概述。

（3）【流传】。表示上面神话母题的流传地区，一般按目前行政区划按省（市、自治区）·市（地区）·县（区、市）·乡（镇）·村（寨、社）顺序由大到小排列。中间的“·”为数据检索标识，“( )”中的内容，为本书所增加。如“(咸阳市)”表示“咸阳市”为本书所加。“[采录地点：淳化县胡家庙乡]”为该神话文本的具体采录地。有的“( )”内地名没有中间加“·”或没有具体标出某某市，也属于特殊标记，有利于今后文本研究和数据分析。

（4）【出处】。该项该母题实例的如下信息。

① 神话文本题目。

② 讲述人信息。包括姓名、民族、年龄、住址或籍贯、文化水平、身份等。

③ 采录者。信息同讲述人。

④ 采录时。篇名“《舜升天》”之后的“(1968.08)”，表示该文本的采录时间是1968年8月。本数据辑录中采集时间的“年月日”采取此种方式。如“(1983.07.05)”表示1983年7月5日。

⑤ 出版物。包括出版物著作权者、书名（刊物名）、出版地、出版社名称、出版年度、所辑录母题实例在该出版物中的页码等。

有些条目的“出处”信息，会根据实际情况有所增减调整。

本书常用的表达符号或标记

	符号或标记	说明或表意
1	WTY	母题代码标识。“W”为“Wang”的首字母代码；“TY”为“唐尧”的声母。
2	WYS	母题代码标识。“W”为“Wang”的首字母代码；“YS”为“虞舜”的声母。
3	abc	母题代码中的符号。加在母题代码之后，表示上面一个母题编码的同类型母题。
4	*	母题代码中的符号。①用在母题代码之后，表述这类母题是源于研究成果，属于概念性母题；②用在神话作品名称之前，表示该神话篇名为本书所加。

续表

	符号或标记	说明或表意
5	【关联】	与本书其他母题的关联。表示本母题与其他母题意义上的关联性，包括对象相同、功能相似、含义互补等情形。
6	实　例	母题实例的标示性符号。便于使用者了解母题使用情况。
7	（参见下级母题实例）	提示性符号。为避免同一个实例的重复使用，该母题的实例可以从下级母题列举的实例中得到证明。同类母题的不同层级具有叙事内容方面的包含关系。通过“下一级母题实例”足以证明此母题的客观存在。
8	（参见××母题实例）	提示性符号。为避免同一个实例在书中反复出现，采取这种形式以合并内容相同的表述，节约篇幅。
9	（实例待考）	有的神话母题在一些作品或研究成果中出现，但目前尚未找到合适的实例，以此形式标注，作为提示。
10	民族名称	母题实例的民族归属，可以作为从民族角度考察母题的依据。
11	【流传】	表示该母题实例的流传地点，采取了全部地名归属信息呈现的方式，便于使用者从地理或地域的角度考察母题分布与流传状况。
12	【出处】	表示该母题实例的文献出处，母题实例的文本出处的详细信息，便于使用者准确了解神话文本的全面信息，可直接应用于学术成果。
13	（）	出现在【出处】中的“（）”中的内容，表示原文本或研究成果中未标注出该地名，为本书所增加。

一、尧神话母题数据

0. 尧的产生【WTY000 ~ WTY009】

WTY000

尧的产生

实 例

（参见下级母题实例）

WTY001

尧自然存在

实 例

（实例待考）

WTY002

尧来源于某个地方

实 例

（实例待考）

WTY003

尧是造出来的（特定人物造尧）

实 例

（实例待考）

WTY004

尧是生育产生的（生尧）[①]

实 例

（参见下级母题实例）

WTY004.1

神生尧

实 例

（实例待考）

WTY004.2

神性人物生尧

实 例

（参见下级母题实例）

WTY004.2.1

尧是仙女之子

实 例

汉 族 庆都乃上天仙女，转生人间，后神龙感受，青龙投胎，怀十四个月生尧，教化民众，治理天下。庆都天资聪明，才华过人，智慧出众，品德高尚。

---

① 尧是生育产生的（生尧），这种情形只强调生育“尧”的主体和结果，而在叙事中一般不把“婚姻”关系作为“生育尧”的前置条件，与“婚生尧”母题具有区别。

【流传】山西省 · 运城市 · 绛县

【出处】任兴舜：《庆都圣母庙》，见田茂忠、申建华主编《尧王故里》，山西省绛县尧文化研究会编印，2009 年，第 232 页。

WTY004.3
特定的人生尧

实　例

（参见下级母题实例）

WTY004.3.1
庆都生尧

实　例

汉　族 帝尧之母曰庆都。赤龙感之，孕十四月而生尧于丹陵。

【流传】（无考）

【出处】［南朝 · 梁］沈约：《宋书 · 符瑞志》。

WTY004.3.1.1
庆都孕十四月生尧

实　例

（参见下级母题实例）

WTY004.3.1.1.1
庆都孕十四月生尧于丹陵

实　例

汉　族 帝尧陶唐氏，祁姓也。母曰庆都，孕十四月而生尧于丹陵。

【流传】（无考）

【出处】［宋］李昉、李穆、徐铉等：《太平御览》卷八〇引《帝王世纪》。

汉　族 帝尧是帝喾之子，黄帝五世孙，相传尧母是陈锋氏，名庆都，有赤龙之祥，孕十四月，生尧于丹陵（翼城、浮山交界之处，尧山）。

【流传】（山西省翼城县）

【出处】王春元主编：《尧庙》，太原：山西经济出版社 1999 年版，第 16 页。

WTY004.3.1.2
庆都与赤龙生尧

实　例

汉　族 帝尧之母曰庆都。赤龙感之，孕十四月而生尧于丹陵。

【流传】（无考）

【出处】［南朝 · 梁］沈约：《宋书 · 符瑞志》。

中华民族 尧母庆都与赤龙合有娠，孕十四月而生尧。

【流传】（无考）

【出处】［南朝 · 梁］沈约：《宋书 · 符瑞志》。

WTY004.4
动物生尧

实　例

（实例待考）

WTY004.5
自然物生尧

实　例

（实例待考）

WTY004.6

卵生尧

实　例

（实例待考）

WTY004.7

其他特定物生尧

实　例

（参见下级母题实例）

WTY004.7.1

天阳精生尧

实　例

汉　族 尧乃天之阳精所生所成人，人化故然也。

【流传】（无考）

【出处】［年代不详］佚名：《易纬·坤灵图》。

WTY004.8

生育尧的情形

实　例

汉　族 据尧寓村民代代相传和有关文献记载，上古时期的尧王，是黄帝的第四代孙帝喾与陈锋氏的女儿庆都所生，帝喾与庆都成婚后，因帝喾一直行军打仗，居无定所，庆都还一直寄居于伊祈娘家，后来生下了尧。

【流传】 山西省·运城市·绛县·古绛镇·尧寓村

【出处】（a）李筠霞：《源远流长的尧王传说》（2008），见田茂忠、申建华主编《尧王故里》，山西省绛县尧文化研究会编印，2009年，第4页。（b）同（a），载《黄河晨报》2008年2月28日。

WTY004.9

与生育尧有关的其他母题

实　例

中华民族 ［参见“WTY007 尧是感生的（感生尧）”母题实例］

WTY005

尧是变化产生的（变化产生尧）

实　例

（实例待考）

WTY006

尧是婚生的（婚生尧）

实　例

（参见下级母题实例）

WTY006.1

神婚生尧

实　例

（实例待考）

WTY006.2

神性人物婚生尧

实 例

（参见下级母题实例）

WTY006.2.1

天女与赤龙婚生尧

实 例

中华民族 《春秋合诚图》曰："尧母庆都，有名于世，盖天帝之女，生于斗维之野，常在三河之南，天火雷电，有血流润大石之中，生庆都。长大形像天帝，常有黄云覆盖之，梦食不饥。及年二十，寄伊长孺家，出观三河之首，常若有神随之者。有赤龙负图出，庆都读之，赤受天运。下有图，人衣赤光，面八彩，须鬓长七尺二寸，兑上丰下，足履翼翼，署曰赤帝起。诚天下宝，奄然阴风雨，赤龙与庆都合婚，有娠，龙消不见。既乳，视尧如图表。及尧有知，庆都以图予尧。"

【流传】（无考）

【出处】［宋］李昉、李穆、徐铉等：《太平御览》卷八十。

WTY006.3

人婚生尧

实 例

（参见下级母题实例）

WTY006.3.1

帝喾与庆都婚生尧

实 例

汉 族 帝喾卜其四妃之子，皆有天下。上妃有邰氏之女，曰姜嫄，而生后稷；次妃有娀氏之女，曰简狄，而生契；次妃陈锋氏之女，曰庆都，生帝尧。

【流传】（无考）

【出处】［先秦］史官修撰：《世本·帝系篇》。

汉 族 据尧寓村民代代相传和有关文献记载，上古时期的尧王，是黄帝的第四代孙帝喾与陈锋氏的女儿庆都所生，帝喾与庆都成婚后，因帝喾一直行军打仗，居无定所，庆都还一直寄居于伊祈娘家，后来生下了尧。

【流传】山西省·运城市·绛县·古绛镇·尧寓村

【出处】（a）李筠霞：《源远流长的尧王传说》（2008），见田茂忠、申建华主编《尧王故里》，山西省绛县尧文化研究会编印，2009年，第4页。（b）同（a），载《黄河晨报》2008年2月28日。

WTY006.4

动植物婚生尧

实 例

（实例待考）

WTY006.5

自然物婚生尧

实　例

（实例待考）

WTY006.6

异类婚生尧

实　例

（实例待考）

WTY006.7

其他特定婚姻生尧

实　例

汉　族（参见“WTY006.9.1 怀孕尧的原因”母题实例）

WTY006.8

婚生尧的情形

实　例

汉　族（参见“WTY006.9.1 怀孕尧的原因”母题实例）

WTY006.9

与婚生尧有关的其他母题

实　例

（参见下级母题实例）

WTY006.9.1

怀孕尧的原因

实　例

汉　族 赤龙族的首领喾和陈锋族的庆都成婚。喾带兵去平定战乱了。过了整整 14 个月，在来年二月初二，庆都的孩子尧终于降生了。

【流传】河北省·保定市·望都县

【出处】韩增寿采录：《尧母的传说·尧帝诞生》，见中国民间文艺家协会组织编写，罗杨总主编，吴从志本卷主编《中国民间故事丛书》（河北省·保定市·望都县卷），北京：知识产权出版社 2016 年版，第 20 ～ 22 页。

WTY006.9.2

怀孕尧的时间

实　例

汉　族（参见“WTY006.9.1 怀孕尧的原因”母题实例）

WTY006.9.3

怀孕尧的地点

实　例

（实例待考）

WTY006.9.4

婚生尧的结果

实　例

汉　族（参见“WTY006.9.1 怀孕尧的原因”母题实例）

WTY007

尧是感生的（感生尧）

实　例

（参见下级母题实例）

WTY007.1

感生尧的原因

实　例

中华民族（参见“WTY007.2.1 感生尧十四月”母题实例）

WTY007.2

感生尧的时间

实　例

（参见下级母题实例）

WTY007.2.1

感生尧十四月

实　例

中华民族 帝尧陶唐氏，母曰庆都，生于斗维之野，常有黄云覆其上。及长，观于三河，常有龙随之，一旦龙负图而至，其文要曰：亦（赤）受天佑。眉八采，须发长七尺二寸，面锐上丰下，足履翼宿，既而阴风四合，赤龙感之，孕十四月而生尧，其状如图，及长，身长十尺，有圣德，封于唐。

【流传】（无考）

【出处】［东周］史官：《竹书纪年》。

汉　族 有一次，尧母庆都在涑水河上乘船浏览，遇到一条赤龙在空中绕船舞动，感而有孕，14 个月后，尧即出生于涑河南岸丹陵，名放勋，姓伊祁，号陶唐氏。尧是地道的“龙的传人”。

【流传】山西省 · 运城市 · 绛县 · 古绛镇 · 尧寓村

【出处】刘永昌：《尧王故里在绛县》，载《文史月刊》2007 年第 2 期。

汉　族 庆都离开丈夫帝喾十四个月，因感风竟然生下一个男孩尧，不敢喂养。第一次扔进山洞，有羊喂奶。伊祁侯夫人又派人把孩子扔到西边十几里远的森林里，有人看见夜间有几只母狼给他喂奶。

【流传】河北省 · 保定市 · 唐县［采录地点：唐尧文化研究会］

【出处】王贵全（78 岁，农民）、刘福生（80 岁，农民）讲，王立子（59 岁，唐县旅游局原副局长）记录：《唐尧传说 · 出世》（2008），见中国民间文艺家协会组织编写，罗杨总主编，韩海山本卷主编《中国民间故事丛书》（河北省 · 保定市 · 唐县卷），北京：知识产权出版社 2016 年版，第 3 ～ 5 页。

WTY007.2.2

感生尧二十四月

实 例

汉 族 轩辕的四世孙帝喾长妻原是邰氏女，名唤姜源女佳人，生下后稷一条根。次妻陈锋女钗裙，名唤庆都小娇生，夜梦赤龙浑身照，怀胎二十四月零，生下尧王在丹陵。

【流传】湖北省 · 神农架林区

【出处】《人祖创世》，胡崇峻据秭归县新滩镇《黑暗传》清末抄本，阳日镇龙溪村村民杨有才和史光裕处口述材料，唐运青收集的祝天照、姜德龙抄本和唐运青采录的部分资料，贾邦修、张忠臣《黑暗大盘头》《黑暗纲鉴》资料以及林区下谷土家族民族乡石磨村戊子垭刘茂森处摘录转抄本的片断资料等整理，见胡崇峻搜集整理《黑暗传》，武汉：长江文艺出版社 2002 年版，第 210 页。

WTY007.3

感生尧的地点

实 例

（参见下级母题实例）

WTY007.3.1

感生尧于涑水河

实 例

汉 族 有一次，尧母庆都在涑水河上乘船浏览，遇到一条赤龙在空中绕船舞动，感而有孕，14 个月后，尧即出生于涑河南岸丹陵，名放勋，姓伊祁，号陶唐氏。尧是地道的"龙的传人"。

【流传】山西省 · 运城市 · 绛县 · 古绛镇 · 尧寓村

【出处】刘永昌：《尧王故里在绛县》，载《文史月刊》2007 年第 2 期。

WTY007.4

感生尧的主体

实 例

（参见下级母题实例）

WTY007.4.1

庆都是感生尧的主体

实 例

汉 族 庆都属陈锋氏族。她小时候没有父母亲，跟养父伊长孺生活，长大后被帝喾看中，接到宫中纳为妃子。因感赤龙生尧。

【流传】河北省 · 保定市 · 望都县

【出处】韩增寿采录：《赤龙感孕》，见中国民间文艺家协会组织编写，罗杨总主编，吴从志本卷主编《中国民间故事丛书》（河北省 · 保定市 · 望都县卷），北京：知识产权出版社 2016 年版，第 3 ～ 5 页。

WTY007.5

感生尧的所感的对象

实 例

（参见下级母题实例）

WTY007.5.1

感神生尧

实　例

（实例待考）

WTY007.5.2

感神性人物生尧

实　例

（实例待考）

WTY007.5.3

感特定的人生尧

实　例

（实例待考）

WTY007.5.4

感动物生尧

实　例

（参见下级母题实例）

WTY007.5.4.1

感神龙生尧

实　例

中华民族 帝尧碑云：有神龙首出于常羊，庆都交之，生伊尧。

【流传】（无考）

【出处】［宋］罗泌：《路史》自注。

汉　族 帝喾的妃子庆都恍恍惚惚感觉到神龙竟在与自己交合，果然怀了身孕。怀胎 14 个月之后，顺利产下一位灵儿，此婴儿体形巨大，双目放光。庆都希望他成人后建立功勋，根据惯例，便将婴儿随母姓伊祁，取名放勋。

【流传】 山西省 · 运城市 · 绛县 · 古绛镇 · 尧寓村

【出处】 刘玉栋：《帝尧溯源》，原载《古绛春秋》，北京：长征出版社 2007 年版，见田茂忠、申建华主编《尧王故里》，山西省绛县尧文化研究会编印，2009 年，第 44 ～ 45 页。

汉　族 帝喾的妻子庆都感知有神龙入怀，醒来将是一个甜蜜的梦，庆都娘娘从此而怀孕，孕十四个月生下尧。

【流传】 山西省 · 运城市 · 绛县 · 古绛镇 · 尧寓村

【出处】 范红霞、任兴舜：《庆都娘娘传奇》，见田茂忠、申建华主编《尧王故里》，山西省绛县尧文化研究会编印，2009 年，第 106 ～ 107 页。

汉　族 尧王本是天帝龙感所生。

【流传】 山西省 · 运城市 · 绛县

【出处】 宋玉秀：《尧王古道》，见田茂忠、申建华主编《尧王故里》，山西省绛县尧文化研究会编印，2009 年，第 165 ～ 167 页。

WTY007.5.4.1.1

感赤龙生尧

实　例

（参见下级母题实例）

WTY007.5.4.1.1.1

庆都感赤龙生尧

实 例

中华民族 帝尧陶唐氏，母曰庆都，生于斗维之野，常有黄云覆其上。及长，观于三河，常有龙随之，一旦龙负图而至，其文要曰：亦（赤）受天佑。眉八采，须发长七尺二寸，面锐上丰下，足履翼宿，既而阴风四合，赤龙感之，孕十四月而生尧，其状如图，及长，身长十尺，有圣德，封于唐。

【流传】（无考）

【出处】［东周］史官：《竹书纪年》。

中华民族 《世纪》云："帝尧，陶唐氏，伊祈姓，母曰庆都，生而神异，常有黄云覆其上，为帝喾妃，出以观河，遇赤龙唯然，阴风而感庆都，孕十四月而生尧于丹陵，部位九十八年崩。"

【流传】（无考）

【出处】［唐］孔颖达疏：《周易正义·系传下》。

汉　族 轩辕的四世孙帝喾长妻原是邰氏女，名唤姜源女佳人，生下后稷一条根。次妻陈锋女钗裙，名唤庆都小娇生，夜梦赤龙浑身照，怀胎二十四月零，生下尧王在丹陵。

【流传】湖北省·神农架林区

【出处】《人祖创世》，胡崇峻据秭归县新滩镇《黑暗传》清末抄本，阳日镇龙溪村村民杨有才和史光裕处口述材料，唐运青收集的祝天照、姜德龙抄本和唐运青采录的部分资料，贾邦修、张忠臣《黑暗大盘头》《黑暗纲鉴》资料以及林区下谷土家族民族乡石磨村戊子垭刘茂森处摘录转抄本的片断资料等整理，见胡崇峻搜集整理《黑暗传》，武汉：长江文艺出版社2002年版，第210页。

汉　族 有一次，尧母庆都在涞水河上乘船浏览，遇到一条赤龙在空中绕船舞动，感而有孕，14个月后，尧即出生于涞河南岸丹陵，名放勋，姓伊祁，号陶唐氏。尧是地道的"龙的传人"。

【流传】山西省·运城市·绛县·古绛镇·尧寓村

【出处】刘永昌：《尧王故里在绛县》，载《文史月刊》2007年第2期。

汉　族 庆都（人名），观河，遇赤龙，晻然阴风，感而有孕，十四月而生尧。

【流传】（无考）

【出处】《庆都》，见［晋］干宝著，李剑国辑校《新辑搜神记》卷一，北京：中华书局2007年版，第77页。

汉　族 庆都属陈锋氏族。她小时候没有父母亲，跟养父伊长孺生活，长大后被帝喾看中，接到宫中纳为妃子。因感赤龙生尧。

【流传】河北省·保定市·望都县

【出处】韩增寿采录：《赤龙感孕》，见中国民间文艺家协会组织编写，罗杨总主编，吴从志本卷主编《中国民间故事丛书》（河北省·保定市·望都县卷），北京：知识产权出版社2016年版，第3～5页。

汉　族 帝喾的妃子庆都与东海龙王的太子小赤龙产生恋情，孩子为感赤龙在窑洞中出生，庆都的养父母伊祁侯夫妇欢喜无限，为孩子取名尧（窑），因为是在窑洞中诞生的。

【流传】河北省 · 保定市 · 望都县

【出处】韩增寿采录：《赤龙感孕》，见中国民间文艺家协会组织编写，罗杨总主编，吴从志本卷主编《中国民间故事丛书》（河北省 · 保定市 · 望都县卷），北京：知识产权出版社 2016 年版，第 3 ～ 5 页。

中华民族 庆都感赤龙怀了身孕。十四个月后的一天，庆都正在门前做陶器，忽然一阵腹痛，连忙返回屋内，生下了一个男孩——尧。

【流传】（无考）

【出处】《尧 · 孝慈仁敬》，见卢静《尧舜禹》，北京：中华书局 2019 年版，第 4 页。

WTY007.5.4.1.2

感青龙生尧

实　例

（参见下级母题实例）

WTY007.5.4.1.2.1

庆都感青龙生尧

实　例

汉　族 绛县尧寓村原本有座圣母庙，圣母庙里供的是尧帝的母亲庆都。尧母庆都本是炎帝部落议长陈锋氏之女，嫁与黄帝重孙帝善为妻，后来神遇青龙投怀，生下“巍严配天”的炎黄始祖之——尧帝。

【流传】山西省 · 运城市 · 绛县

【出处】田承露：《宽慈匹地圣母庙》，见田茂忠、申建华主编《尧王故里》，山西省绛县尧文化研究会编印，2009 年，第 234 页。

汉　族 庆都乃上天仙女，转生人间，后神龙感受，青龙投胎，怀十四个月生尧，教化民众，治理天下。庆都天资聪明，才华过人，智慧出众，品德高尚。

【流传】山西省 · 运城市 · 绛县

【出处】任兴舜：《庆都圣母庙》，见田茂忠、申建华主编《尧王故里》，山西省绛县尧文化研究会编印，2009 年，第 232 页。

WTY007.5.5

感植物生尧

实　例

（实例待考）

WTY007.5.6

感自然物生尧

实　例

（参见下级母题实例）

WTY007.5.6.1

感风生尧

实　例

汉　族 庆都离开丈夫帝喾十四个月，因感风竟然生下一个男孩尧，不敢喂养。第一次扔进山洞，有羊喂奶。伊祁侯夫人又派人把孩子扔到西边十几里远的森林里，有人看见夜间有几只母狼给他喂奶。

【流传】河北省 · 保定市 · 唐县［采录地点：唐尧文化研究会］

【出处】王贵全（78 岁，农民）、刘福生（80 岁，农民）讲，王立子（59 岁，唐县旅游局原副局长）记录：《唐尧传说 · 出世》（2008），见中国民间文艺家协会组织编写，罗杨总主编，韩海山本卷主编《中国民间故事丛书》（河北省 · 保定市 · 唐县卷），北京：知识产权出版社 2016 年版，第 3 ～ 5 页。

WTY007.5.7

感其他特定物生尧

实　例

（参见下级母题实例）

WTY007.5.7.1

感黄云生尧

实　例

（参见下级母题实例）

WTY007.5.7.1.1

庆都感黄云生尧

实　例

汉　族 高辛娶得陈年女，名曰庆都是她身，庆都年近二十岁，一日黄云来附身，身怀有孕十四月，丹陵之下生尧君。

【流传】湖北省 · 神农架林区

【出处】《人祖创世》，胡崇峻据秭归县新滩镇《黑暗传》清末抄本，阳日镇龙溪村村民杨有才和史光裕处口述材料，唐运青收集的祝天照、姜德龙抄本和唐运青采录的部分资料，贾邦修、张忠臣《黑暗大盘头》《黑暗纲鉴》资料以及林区下谷土家族民族乡石磨村戊子垭刘茂森处摘录转抄本的片断资料等整理，见胡崇峻搜集整理《黑暗传》，武汉：长江文艺出版社 2002 年版，第 213 页。

WTY007.5.7.2

感红云生尧

实　例

（参见下级母题实例）

WTY007.5.7.2.1

庆都感红云生尧

实　例

汉　族 帝喾的妻子庆都正要起航，忽然一阵大风，只见东南角卷起一朵红云，那红云之中仿佛有一物蜿蜒翻滚，长约十丈，张牙舞爪，十分吓人。庆都尖叫一声昏倒在船上。几个月后，生了一个男孩，这就是大名鼎鼎的唐尧。

【流传】河北省 · 保定市 · 唐县［采录地点：唐尧文化研究会］

【出处】王贵全（78 岁，农民）、刘福生（80 岁，农民）讲，王立子（59 岁，唐县旅游局原副局长）记录：《唐尧传说 · 出世》（2008），见中国民间文艺家协会组织编写，罗杨总主编，韩海山本卷主编《中国民间故事丛书》（河北省 · 保定市 · 唐县卷），北京：知识产权出版社 2016 年版，第 3 ～ 5 页。

WTY007.6

感生尧的方法

实 例

（实例待考）

WTY007.7

感生尧的情形

实 例

汉 族（参见“WTY007.5.7.2.1 庆都感红云生尧”母题实例）

WTY007.8

感生尧的结果

实 例

汉 族（参见“WTY007.5.7.2.1 庆都感红云生尧”母题实例）

WTY007.9

与感生尧有关的其他母题

实 例

（实例待考）

WTY008

尧是转生的（托生尧）

实 例

（参见下级母题实例）

WTY008.1

转生尧的原因

实 例

（参见下级母题实例）

WTY008.1.1

尧是青龙天降转生

实 例

汉 族 三月三日的晚上，漆黑不见五指。人们看见半空中突然一道闪电，接着就是一声炸雷，只见一条金光灿灿的青龙从天而降，乘云驾雾飞到尧寓东尧岭，昂头西北，身尾伸向东南，足有一二里长。这条青龙自从落地后，焦躁不安，原地打滚十分痛苦的样子。四只爪子扬起满天的尘土，云遮雾罩一般。大约折腾了一袋烟功夫，中尧岭沟壁的一孔石窑洞里传出了一声响亮的婴儿的哭声，尧降生了。

【流传】山西省 · 运城市 · 绛县

【出处】申建华:《尧王出世》，见田茂忠、申建华主编《尧王故里》，山西省绛县尧文化研究会编印，2009 年，第 75 ～ 80 页。

WTY008.2

转生尧的时间

实 例

（参见下级母题实例）

WTY008.2.1

十四月转生尧

实　例

（参见下级母题实例）

WTY008.2.1.1

青龙投胎孕十四月生尧

实　例

汉　族 庆都乃上天仙女，转生人间，后神龙感受，青龙投胎，怀十四个月生尧，教化民众，治理天下。庆都天资聪明，才华过人，智慧出众，品德高尚。

【流传】山西省·运城市·绛县

【出处】任兴舜：《庆都圣母庙》，见田茂忠、申建华主编《尧王故里》，山西省绛县尧文化研究会编印，2009 年，第 232 页。

WTY008.3

转生尧的地点

实　例

汉　族（参见“WTY008.1.1 尧是青龙天降转生”母题实例）

WTY008.4

转生尧的情形

实　例

汉　族（参见“WTY008.2.1.1 青龙投胎孕十四月生尧”母题实例）

WTY008.5

转生尧的结果

实　例

汉　族（参见“WTY008.2.1.1 青龙投胎孕十四月生尧”母题实例）

WTY008.6

与转生尧有关的其他母题

实　例

（实例待考）

WTY009

与尧的产生有关的其他母题

实　例

（参见下级母题实例）

WTY009.1

尧产生的征兆

实　例

（参见下级母题实例）

WTY009.1.1

生尧之夜雷雨交加

实　例

汉　族 尧母庆都，在一个雷雨交加的夜晚，在尧寓村中尧岭一个密洞里生下了尧，将事先做好的老虎被，裹着尧王睡觉，直到尧长大，给了尧聪惠，给了尧富贵。

【流传】山西省 · 运城市 · 绛县

【出处】李友益、樊临淮:《老虎被的传说》，见田茂忠、申建华主编《尧王故里》，山西省绛县尧文化研究会编印，2009 年，第 161 ～ 164 页。

WTY009.1.1a

生尧前电闪雷鸣

实 例

汉 族 “庆都娘娘喜怀孕，十四个月方离身。电闪雷鸣青龙滚，尧王出生惊世人。”这首口口相传了几千年的民谣至今仍然在尧寓村传颂着。

【流传】山西省 · 运城市 · 绛县

【出处】申建华:《尧王出世》，见田茂忠、申建华主编《尧王故里》，山西省绛县尧文化研究会编印，2009 年，第 75 ～ 80 页。

WTY009.1.2

尧生之日，干涸西沟突涌泉

实 例

汉 族 据说尧出生前东沟有水，而西沟干涸。就在尧诞生的当天，西沟崖下从石缝中神奇般地冒出一股锵然有声的泉水。人们为了纪念此事，便将此泉叫作“尧王泉”。

【流传】山西省 · 运城市 · 绛县 · 古绛镇 · 尧寓村

【出处】(a) 张志善、赵新民:《尧王故里尧寓村》，载《山西日报》2003 年 6 月 5 日。(b) 同 (a)，载《华人时刊》2003 年第 10 期。

汉 族 三月三日尧降生当天，人们就发现西沟山脚下呼呼响的地方，冒出了一股清凌凌的水，哗哗流淌，人们惊喜地互相传说：尧是龙的传人，这股泉水，是尧带来的，是上天专门赐给尧饮用的神泉——尧王泉。

【流传】山西省 · 运城市 · 绛县 · 古绛镇 · 尧寓村

【出处】任兴舜:《神奇的尧王泉》，见田茂忠、申建华主编《尧王故里》，山西省绛县尧文化研究会编印，2009 年，第 104 ～ 105 页。

WTY009.1.3

生尧前夕，其亲同梦祥云

实 例

汉 族 尧出生前的晚上，庆都（尧的母亲）和父母做了一个相同的梦，梦见送子娘娘自天堂乘一朵祥云飘飘而降，进得门来，喜笑颜开地对她们母女三人说：“向你们道喜了，记住三月三日就是你家孩子降生的日子，孩子是青龙转世，贵人下凡，你们要好好照顾才是。”

【流传】山西省 · 运城市 · 绛县

【出处】申建华:《尧王出世》，见田茂忠、申建华主编《尧王故里》，山西省绛县尧文化研究会编印，2009 年，第 75 ～ 80 页。

WTY009.1.4

尧生之日，红光闪烁，众鸟欢歌

实 例

汉 族 帝喾的妃子庆都与东海龙王的太子小赤龙产生恋情，后来有了身孕。因不是帝喾的孩子，她独居到伊祁山的石洞中。人们看到伊祁山红光闪烁，数不清的鸟儿欢叫着向山洞飞来，尧诞生了。

【流传】河北省·保定市·望都县

【出处】韩增寿采录:《赤龙感孕》，见中国民间文艺家协会组织编写，罗杨总主编，吴从志本卷主编《中国民间故事丛书》（河北省·保定市·望都县卷），北京：知识产权出版社 2016 年版，第 3 ~ 5 页。

WTY009.2

尧产生的时间

实 例

（参见下级母题实例）

WTY009.2.1

尧生于上古时代

实 例

汉 族 帝尧位列上古五帝之一。其父帝喾去世后，由尧的同父异母兄挚即位，挚执政九年因荒淫无度被废除，各部族推举尧为王。史称：“帝挚立，不善，而弟放勋立，是为帝尧。”

【流传】（无考）

【出处】刘永昌:《话说尧王》，载《文史月刊》2006 年第 5 期。

WTY009.2.2

尧出现在大禹三千六百年后

实 例

汉 族 大禹，女娲十九代孙，寿三百六十岁，入九嶷山仙飞去。后三千六百岁，尧理天下，洪水既甚，人民垫溺。

【流传】（无考）

【出处】[清]马骕:《绎史》卷十一注引《遁甲开山图》。

WTY009.3

尧的生日

实 例

（参见下级母题实例）

WTY009.3.1

尧的生日二月初二

实 例

汉 族 赤龙族的首领喾和陈锋族的庆都成婚。喾带兵去平定战乱了。过了整整 14 个月，在来年二月初二，庆都的孩子尧终于降生了。

【流传】河北省·保定市·望都县

【出处】韩增寿采录:《尧母的传说·尧帝诞生》，见中国民间文艺家协会组织编写，罗杨总主编，吴从志本卷主编《中国民间故事丛书》（河北省·保定市·望都县卷），北京：知识产权出版社 2016 年版，第 20 ~ 22 页。

WTY009.3.2

尧的生日三月初三

实 例

汉 族 相传农历三月初三是尧王的生日，尧寓人每年三月三逢庙会，举行隆重的祭尧活动。

【流传】山西省 · 运城市 · 绛县 · 古绛镇 · 尧寓村

【出处】刘永昌、李学文:《灿烂的尧寓村》，载《文史月刊》2007 年第 5 期。

汉 族 舜王继位后，每年三月三在尧的生日这一天都要带着娥皇、女英和大臣回尧寓给尧王祝寿。

【流传】山西省 · 运城市 · 绛县 · 古绛镇 · 尧寓村

【出处】(a) 李筠霞:《源远流长的尧王传说》(2008)，见田茂忠、申建华主编《尧王故里》，山西省绛县尧文化研究会编印，2009 年，第 6 页。(b) 同 (a)，载《黄河晨报》2008 年 2 月 28 日。

汉 族 三月三日的晚上，漆黑不见五指。人们看见半空中突然一道闪电，接着就是一声炸雷，只见一条金光灿灿的青龙从天而降，乘云驾雾飞到尧寓东尧岭，昂头西北，身尾伸向东南，足有一二里长。这条青龙自从落地后，焦躁不安，原地打滚十分痛苦的样子。四只爪子扬起满天的尘土，云遮雾罩一般。大约折腾了一袋烟功夫，中尧岭沟壁的一孔石窑洞里传出了一声响亮的婴儿的哭声，尧降生了。

【流传】山西省 · 运城市 · 绛县

【出处】申建华:《尧王出世》，见田茂忠、申建华主编《尧王故里》，山西省绛县尧文化研究会编印，2009 年，第 75 ～ 80 页。

汉 族 一阵风雨过后，在中尧岭前的密窑洞处，又出现了神奇的一幕。只见金光四射，红霞罩山，一道亮丽的五色彩虹，悬挂在三尧岭的顶端。村民们觉得好奇，不约而同前去观看，方知身居密窑洞中的庆都，大喜临门，生下了个体胎过人，形态喜人，气度非凡的男婴，此时正是农历的三月初三。

【流传】山西省 · 运城市 · 绛县 · 古绛镇 · 尧寓村

【出处】徐志明:《尧寓村的来历》，见田茂忠、申建华主编《尧王故里》，山西省绛县尧文化研究会编印，2009 年，第 222 页。

WTY009.3.3

尧约生于公元前 2377 年

实 例

汉 族 帝尧，是黄帝的第五代孙。五帝之一帝喾与次妃庆都之子，约公元前 2377 年出生，随母姓祁，名放勋。

【流传】山西省 · 运城市 · 绛县 · 古绛镇 · 尧寓村

【出处】梓华、兰草:《山西尧寓村作为尧帝故里申报世界文化遗产地当之无愧》，载《中国焦点》2007 年第 1 ～ 2 期。

WTY009.4

尧的出生地

实 例

(参见下级母题实例)

WTY009.4.1

尧生于丹陵（尧生于古丹山、尧山）

实 例

汉 族 帝尧陶唐氏，祁姓也。母曰庆都，孕十四月而生尧于丹陵。

【流传】（无考）

【出处】［宋］李昉、李穆、徐铉等：《太平御览》卷八〇引《帝王世纪》。

汉 族 帝尧，高辛氏第二子。母帝喾四妃陈锋氏曰庆都，感赤龙之祥，孕，二有四月而生尧于丹陵，名放勋。

【流传】（山西）

【出处】［清］雍正《山西通志》。

汉 族 帝尧是帝喾之子，黄帝五世孙，相传尧母是陈锋氏，名庆都，有赤龙之祥，孕十四月，生尧于丹陵（翼城、浮山交界之处，尧山）。

【流传】（山西省翼城县）

【出处】王春元主编：《尧庙》，太原：山西经济出版社 1999 年版，第 16 页。

中华民族 帝尧陶唐氏：帝喾之子。母陈锋氏女，曰庆都。孕尧十有四月，当高辛丁亥岁，乃于丹陵生尧。后徙耆，以祁为姓，故曰伊祁氏。

【流传】（山西平阳府）

【出处】［清］康熙《平阳府志》“帝王篇”。

中华民族 尧生于丹陵，封于唐。丹陵即古丹山，也即今尧山，山在齐东今昌乐县以西，尧山下有尧河，古称丹水。

【流传】（山东）

【出处】景以恩：《华夏血缘族团源于东方新探》，载《复旦学报（社会科学版）》1999 年第 1 期。

汉 族 帝尧出生于尧山，即今之翼城、浮山之交界处。

【流传】（山西省平阳）

【出处】《尧舜时期的传说故事 · 尧山》，见赵大勇、赵随意著《尧都平阳与尧舜禹》，太原：山西古籍出版社 1999 年版，第 99 页。

汉 族 轩辕的四世孙帝喾长妻原是邰氏女，名唤姜源女佳人，生下后稷一条根。次妻陈锋女钗裙，名唤庆都小娇生，夜梦赤龙浑身照，怀胎二十四月零，生下尧王在丹陵。

【流传】湖北省 · 神农架林区

【出处】《人祖创世》，胡崇峻据秭归县新滩镇《黑暗传》清末抄本，阳日镇龙溪村村民杨有才和史光裕处口述材料，唐运青收集的祝天照、姜德龙抄本和唐运青采录的部分资料，贾邦修、张忠臣《黑暗大盘头》《黑暗纲鉴》资料以及林区下谷土家族民族乡石磨村戊子垭刘茂森处摘录转抄本的片断资料等整理，见胡崇峻搜集整理《黑暗传》，武汉：长江文艺出版社 2002 年版，第 210 页。

汉 族 高辛娶得陈年女，名曰庆都是她身，庆都年近二十岁，一日黄云来附身，身怀有孕十四月，丹陵之下生尧君。

【流传】湖北省 · 神农架林区

【出处】《人祖创世》，胡崇峻据秭归县新滩镇《黑暗传》清末抄本，阳日镇龙溪村村民杨有才和史光裕处口述材料，唐运青收集的祝天照、姜德龙抄本和唐运青采录的部分资料，贾邦修、张忠臣《黑暗大盘头》《黑暗纲鉴》资料以及林区下谷土家族民族乡石磨村戊子垭刘茂森处摘录转抄本的片断资料等整理，见胡崇峻搜集整理《黑暗传》，武汉：长江文艺出版社2002年版，第213页。

中华民族 《正义》"言尧能放上代之功，故曰放勋。谥尧。姓伊祁氏。《帝王纪》云：'帝尧陶唐氏，祁姓也。母庆都，十四月生尧'。"从这些记载看，一是说明帝尧的出生已无什么神话般的祥瑞故事；二是说明尧有姬、伊祁、祁三个姓，名字叫放勋，尧是谥号，陶唐是其称号；三是说明放勋未出生在喾都亳地，而是生在外祖父母家，具体地方是在丹陵。

【流传】（无考）

【出处】杨东晨：《华夏始祖：尧舜禹时代》"二、帝尧的伟业篇"，西安：三秦出版社2007年版，第17页。

中华民族 《史记·赵世家》记载："赵武灵王攻中山（其国时在今河北灵寿县北），合军曲阳，攻取丹丘。或曰：丹丘，恒山别名也，城在山上，因名。"因曲阳县故属望都，望都又曾称唐山县，尧山县，所以尧母庆都生育的地方丹陵（陵、丘同义通用），文献记载有的说在望都县，有的说在唐山或尧山，而实际上是在今河北曲阳县丹丘。

【流传】（无考）

【出处】杨东晨：《华夏始祖：尧舜禹时代》"二、帝尧的伟业篇"，西安：三秦出版社2007年版，第18页。

中华民族 传说中的尧，为黄帝五世孙，生于丹陵（今河北省顺平县的伊祈山、尧山），被封为唐侯。尧在唐县受"禅让"为帝后，建立起都城，因水患又迁移到平阳（今山西省临汾西）。

【流传】（河北省顺平县）

【出处】王玉亮：《冀西北地区与人文始祖黄帝》，载《河北大学学报（哲学社会科学版）》2011年第4期。

WTY009.4.1a

尧生于涑河南岸丹陵

实　例

汉　族 有一次，尧母庆都在涑水河上乘船浏览，遇到一条赤龙在空中绕船舞动，感而有孕，14个月后，尧即出生于涑河南岸丹陵，名放勋，姓伊祁，号陶唐氏。尧是地道的"龙的传人"。

【流传】山西省·运城市·绛县·古绛镇·尧寓村

【出处】刘永昌：《尧王故里在绛县》，载《文史月刊》2007年第2期。

WTY009.4.1b

尧生于潞地（今太行、太岳之"丹陵"）

实　例

汉　族 帝尧生于潞地，即今之太行、太岳山地域之“丹陵”。

【流传】(山西省)

【出处】《史籍记载的尧舜源流与功绩》，见赵大勇、赵随意著《尧都平阳与尧舜禹》，太原：山西古籍出版社 1999 年版，第 4 页。

WTY009.4.2

尧生于尧岭山密洞

实 例

汉 族 尧王就出生于中尧岭山腰的密洞中。

【流传】山西省・运城市・绛县・古绛镇・尧寓村

【出处】刘永昌、李学文:《灿烂的尧寓村》，载《文史月刊》2007 年第 5 期。

汉 族 人们爬上东尧岭，发现这道岭上多了一条脊梁，这就是那条青龙变化而成的。在青龙头部所向的中尧岭，壁上正好是一个石洞，这道岭，人们就叫它青龙岭，这个石洞，人们就叫它尧王出世时的密洞。

【流传】山西省・运城市・绛县

【出处】申建华:《尧王出世》，见田茂忠、申建华主编《尧王故里》，山西省绛县尧文化研究会编印，2009 年，第 75 ~ 80 页。

WTY009.4.2a

尧生于密窑洞

实 例

汉 族 一阵风雨过后，在中尧岭前的密窑洞处，又出现了神奇的一幕。只见金光四射，红霞罩山，一道亮丽的五色彩虹，悬挂在三尧岭的顶端。村民们觉得好奇，不约而同前去观看，方知身居密窑洞中的庆都，大喜临门，生下了个体胎过人，形态喜人，气度非凡的男婴，此时正是农历的三月初三。

【流传】山西省・运城市・绛县・古绛镇・尧寓村

【出处】徐志明:《尧寓村的来历》，见田茂忠、申建华主编《尧王故里》，山西省绛县尧文化研究会编印，2009 年，第 222 页。

WTY009.4.2b

尧生于尧岭沟壁石尧洞

实 例

汉 族 三月三日的晚上，漆黑不见五指。人们看见半空中突然一道闪电，接着就是一声炸雷，只见一条金光灿灿的青龙从天而降，乘云驾雾飞到尧寓东尧岭，昂头西北，身尾伸向东南，足有一二里长。这条青龙自从落地后，焦躁不安，原地打滚十分痛苦的样子。四只爪子扬起满天的尘土，云遮雾罩一般。大约折腾了一袋烟功夫，中尧岭沟壁的一孔石窑洞里传出了一声响亮的婴儿的哭声，尧降生了。

【流传】山西省・运城市・绛县

【出处】申建华:《尧王出世》，见田茂忠、申建华主编《尧王故里》，山西省绛县尧文化研究会编印，2009 年，第 75 ~ 80 页。

WTY009.4.3

尧生于伊祁山

实 例

中华民族 帝喾娶陈锋氏女庆都，生放勋于伊祁山（在今顺平县境内），故姓伊祁氏。

【流传】（顺平县）

【出处】杨秀敏、牛云平：《先周时期河北文化刍议》，载《河北师范大学学报（哲学社会科学版）》2013 年第 6 期。

WTY009.4.3.1

尧生于伊祁山西坡悬崖山洞

实 例

汉 族 伊祁山西坡悬崖上有个山洞，人们称作“尧母洞”。传说尧母庆都在这个山洞里生下了古圣天子尧。

【流传】河北省 · 保定市 · 望都县

【出处】韩增寿采录：《赤龙感孕》，见中国民间文艺家协会组织编写，罗杨总主编，吴从志本卷主编《中国民间故事丛书》（河北省 · 保定市 · 望都县卷），北京：知识产权出版社 2016 年版，第 3 ～ 5 页。

WTY009.4.4

尧生于尧寓村

实 例

汉 族 尧王，是黄帝的第四代孙帝喾与陈锋氏的女儿庆都所生，帝喾与庆都成婚后，因帝喾一直行军打仗，居无定所，庆都还一直寄居于伊祈娘家，后来生下了尧。尧是寄居在舅父之家长大，后人就把尧王出生的村庄称为尧寓村，意思是尧寄寓居住的地方。

【流传】山西省 · 运城市 · 绛县 · 古绛镇 · 尧寓村

【出处】（a）李筠霞：《源远流长的尧王传说》（2008），见田茂忠、申建华主编《尧王故里》，山西省绛县尧文化研究会编印，2009 年，第 4 页。（b）同（a），载《黄河晨报》2008 年 2 月 28 日。

汉 族 尧寓村因尧王出生地而得名，村南有三座土岭，是垚、堯等字形成和完善的实地依据。

【流传】山西省 · 运城市 · 绛县

【出处】常嗣新：《序言》，见田茂忠、申建华主编《尧王故里》，山西省绛县尧文化研究会编印，2009 年，第 2 页。

WTY009.4.4.1

尧生于尧寓村尧岭密洞

实 例

汉 族 尧于 4300 多年前出生在尧寓村中尧岭的密洞之中。

【流传】山西省 · 运城市 · 绛县 · 古绛镇 · 尧寓村

【出处】（a）李筠霞：《源远流长的尧王传说》（2008），见田茂忠、申建华主编《尧王故里》，山西省绛县尧文化研究会编印，2009 年，第 4 页。（b）同（a），载《黄河晨报》2008 年 2 月 28 日。

WTY009.4.4a

尧生于“窑峪村”

实 例

汉 族 尧寓村原名“窑峪村”。随着历史的变迁，帝尧圣君的降临，“窑峪村”易名为尧寓村。

【流传】山西省·运城市·绛县·古绛镇·尧寓村

【出处】徐志明:《尧寓村的来历》，见田茂忠、申建华主编《尧王故里》，山西省绛县尧文化研究会编印，2009 年，第 221 页。

WTY009.4.5

尧生于上党黎城

实 例

汉 族 尧王不仅生于上党黎城，长于上党黎城，居于上党黎城，并在黎城继炎帝之后，继续兴农耕，并对五谷原粮进行了新的发明与改制，为“面食”发展立下了丰碑。

【流传】（山西省·长治市）

【出处】贾保义:《上党是中国面食的发源地》，见马志生主编《上党炎帝》，太原：山西出版传媒集团·三晋出版社 2014 年版，第 75 页。

WTY009.4.6

尧出生于唐地

实 例

汉 族 帝喾听说妃子庆都生子后非常高兴，因为孩子出生在遥远的唐地，便给孩子取了个名字叫尧。

【流传】河北省·保定市·唐县［采录地点：唐尧文化研究会］

【出处】王贵全（78 岁，农民）、刘福生（80 岁，农民）讲，王立子（59 岁，唐县旅游局原副局长）记录:《唐尧传说·出世》（2008），见中国民间文艺家协会组织编写，罗杨总主编，韩海山本卷主编《中国民间故事丛书》（河北省·保定市·唐县卷），北京：知识产权出版社 2016 年版，第 3 ～ 5 页。

WTY009.4.7*

尧的出生地众说纷纭

实 例

汉 族 围绕帝尧的出生地，一些专家学者展开了深入研究和热烈争鸣，先后提出山西的晋南、晋东南、晋中，山东的菏泽、定陶、曲阜、益都，河北的顺丰、望都、唐县，江苏的金湖、高邮、宝应，浙江的兰溪、湖南的桃园、常德等地，众说纷纭，莫衷一是。

【流传】（无考）

【出处】刘玉栋:《帝尧溯源》，原载《古绛春秋》，北京：长征出版社 2007 年版，见田茂忠、申建华主编《尧王故里》，山西省绛县尧文化研究会编印，2009 年，第 40 页。

WTY009.5

尧的发祥地

实 例

（参见下级母题实例）

WTY009.5.1
山西长子是尧的发祥地

实 例

汉 族 山西长子是唐尧的生长发祥地。

【流传】(山西省·长治市·长子县)

【出处】刘振仲:《山西长子是唐尧的生长发祥地》,见马志生主编,吴天昌、贺真和副主编《炎帝文化——上党二十年研究集锦》,北京:大众文艺出版社 2007 年版,第 275 页。

WTY009.5.2
晋南是尧的发祥地

实 例

汉 族 晋南是尧、夏文化的重要发祥地

【流传】(山西省南部)

【出处】《光辉灿烂的古平阳大地》,见赵大勇、赵随意著《尧都平阳与尧舜禹》,太原:山西古籍出版社 1999 年版,第 52 页。

WTY009.6
尧产生的帮助者(尧产生的参与者)

实 例

(实例待考)

WTY009.7
尧产生的关联者

实 例

(参见下级母题实例)

WTY009.7.1
与尧同时产生的人物

实 例

(实例待考)

WTY009.7.2
与尧先后产生的人物

实 例

汉 族 舜的亲母早年死,继母才生象弟身。

【流传】湖北省·神农架林区

【出处】《人祖创世》,胡崇峻据秭归县新滩镇《黑暗传》清末抄本,阳日镇龙溪村村民杨有才和史光裕处口述材料,唐运青收集的祝天照、姜德龙抄本和唐运青采录的部分资料,贾邦修、张忠臣《黑暗大盘头》《黑暗纲鉴》资料以及林区下谷土家族民族乡石磨村戊子垭刘茂森处摘录转抄本的片断资料等整理,见胡崇峻搜集整理《黑暗传》,武汉:长江文艺出版社 2002 年版,第 222 页。

WTY009.8
有关尧产生的其他研究

实 例

(实例待考)

WTY009.9
尧产生的其他母题

实 例

(参见下级母题实例)

WTY009.9.1
与尧产生有关的非凡事件

实　例

（参见下级母题实例）

WTY009.9.1.1
尧生后几日不哭

实　例

汉　族 尧落地以后，好几天没哭过。

【流传】河北省 · 保定市 · 唐县［采录地点：唐尧文化研究会］

【出处】王贵全（78 岁，农民）、刘福生（80 岁，农民）讲，王立子（59 岁，唐县旅游局原副局长）记录：《唐尧传说 · 出世》（2008），见中国民间文艺家协会组织编写，罗杨总主编，韩海山本卷主编《中国民间故事丛书》（河北省 · 保定市 · 唐县卷），北京：知识产权出版社 2016 年版，第 3 ～ 5 页。

WTY009.9.1.2
尧生前被指"怪胎"

实　例

汉　族 巫婆帝喾的妃子庆都身上一股"妖气"，便断言，一定是怪胎。这孩子（尧）不立马打掉，会给全村带来灾难，也会给你们家带来灾难。

【流传】山西省 · 运城市 · 绛县

【出处】申建华：《尧王出世》，见田茂忠、申建华主编《尧王故里》，山西省绛县尧文化研究会编印，2009 年，第 75 ～ 80 页。

1. 尧的特征
【WTY010 ～ WTY019】

WTY010
尧的特征

实　例

汉　族（参见"WTY012 尧的综合体征"母题实例）

WTY011
尧特征的产生

实　例

汉　族［参见"WTY017 尧的性格特征（尧的品质）"母题实例］

WTY012
尧的综合体征

实　例

（参见下级母题实例）

WTY012.1
尧有特定的外形

实　例

（参见下级母题实例）

WTY012.1.1

尧初生为龙形，后转为人形

实 例

汉 族 有的说，尧刚生下来时，形体是龙，后转化为人，天降其人，洪福齐天，日后必成大器，定有王位。

【流传】山西省 · 运城市 · 绛县 · 古绛镇 · 尧寓村

【出处】徐志明：《尧寓村的来历》，见田茂忠、申建华主编《尧王故里》，山西省绛县尧文化研究会编印，2009 年，第 222 页。

WTY012.1.2

尧是半人半凤

实 例

汉 族 尧王的形象是半人半凤。

【流传】河南省 ·（郑州市）· 荥阳县（荥阳市）· 王村乡 · 蒋头村

【出处】赵衍生讲，赵子谋采录：《尧王立法》，见《中国民间故事集成》全国编辑委员会、《中国民间故事集成 · 河南卷》编辑委员会编《中国民间故事集成》（河南卷），北京：中国 ISBN 中心 2001 年版，第 44 页。

WTY012.2

尧的头与身体

实 例

中华民族 （参见“WTY012.3.1 尧身材高大，面上锐下丰，天庭饱满”母题实例）

WTY012.3

尧的脸与身体

实 例

（参见下级母题实例）

WTY012.3.1

尧身材高大，面上锐下丰，天庭饱满

实 例

中华民族 尧时年十五岁，却已长成身材高大的伟男子，他面部上锐下丰，天庭饱满，目光炯炯，英气逼人。

【流传】（山西省）

【出处】中国先秦史学会尧舜禹文化研究基地编，叶雨青、张培莲著：《尧舜传》第三章“帝喾临终传位挚，挚令弟尧赴陶都”，太原：山西出版集团 · 山西春秋电子音像出版社 2008 年版，第 19 页。

WTY013

尧的头部特征（尧的面部特征）

实 例

（参见下级母题实例）

WTY013.1

尧牛头

实 例

（实例待考）

WTY013.2

尧头上长角

实 例

（参见下级母题实例）

WTY013.2.1

尧龙颜羊角

实 例

中华民族 帝尧碑云：有神龙首出于常羊，庆都交之，生伊尧，不与凡等，龙颜羊角，眉八彩。

【**流传**】（无考）

【**出处**】［宋］罗泌：《路史》自注。

WTY013.3

尧的脸

实 例

中华民族 （参见“WTY012.3.1 尧身材高大，面上锐下丰，天庭饱满”“WTY013.2.1 尧龙颜羊角”母题实例）

WTY013.4

尧的嘴

实 例

（实例待考）

WTY013.5

尧的胡须

实 例

（参见下级母题实例）

WTY013.5.1

尧王白须

实 例

汉 族 人们看到尧王白发白须白眉有一百多岁。

【**流传**】河南省·（郑州市）·登封市

【**出处**】《尧王访许由》，见张振犁编著，孟宪明、朱淑君统纂《中原神话通鉴》（第三卷），郑州：河南大学出版社 2017 年版，第 979 页。

WTY013.6

尧人面龙颜

实 例

中华民族 （参见“WTY013.2.1 尧龙颜羊角”母题实例）

WTY013.7

尧的眉毛

实 例

（参见下级母题实例）

WTY013.7.1

尧为八字眉

实 例

汉 族 尧身材高大、形象特别，面色如蜡，长着彩色的八字眉毛，眼睛中有 3 个瞳孔，头发长达 7 尺 2 寸。

【**流传**】（无考）

【**出处**】刘玉栋：《帝尧溯源》，原载《古绛春秋》，北京：长征出版社 2007 年版，见田茂忠、申建华主编《尧王故里》，山西省绛县尧文化研究会编印，2009 年，第 34 页。

WTY013.7.2

尧眉宇开阔

实 例

汉 族 尧生下来便容貌出众，天堂饱满如日月，眉宇开阔似龙头。

【流传】山西省 · 运城市 · 绛县 · 古绛镇 · 尧寓村

【出处】范红霞、任兴舜：《庆都娘娘传奇》，见田茂忠、申建华主编《尧王故里》，山西省绛县尧文化研究会编印，2009 年，第 106 ~ 107 页。

WTY013.7.3

尧眉八彩

实 例

汉 族 若夫尧眉八彩。

【流传】（无考）

【出处】［西汉］淮南王刘安及门客：《淮南子 · 修务训》。

中华民族 帝尧碑云：有神龙首出于常羊，庆都交之，生伊尧，不与凡等，龙颜羊角，眉八彩。

【流传】（无考）

【出处】［宋］罗泌：《路史》自注。

中华民族 尧亲庆都盖天帝之女，寄伊长孺家，年二十九，无夫，出观于河，有赤龙负图而至。曰赤龙受天之图，有人赤衣，光面八采，鬓髯长赤，命帝起城元宝，及生尧，视如图，故眉有八采之色。以《帝王世纪》考之，尧为帝喾子，则岂为无父。

【流传】（无考）

【出处】［宋］董逌：《广川书跋 · 庆都碑》。

WTY014

尧的身体特征（尧的四肢特征）

实 例

（参见下级母题实例）

WTY014.1

尧的外形（尧的形体）

实 例

（参见下级母题实例）

WTY014.1.1

尧（放勋）身材高大

实 例

汉 族 根据放勋身材高大的特点，以村南 3 座高大的土岭叠合之意，为放勋起了个“尧”为号。

【流传】山西省 · 运城市 · 绛县 · 古绛镇 · 尧寓村

【出处】刘玉栋：《帝尧溯源》，原载《古绛春秋》，北京：长征出版社 2007 年版，见田茂忠、申建华主编《尧王故里》，山西省绛县尧文化研究会编印，2009 年，第 44 ~ 45 页。

WTY014.2

尧的身高

实 例

（参见下级母题实例）

WTY014.2.1

尧身长十尺

实 例

中华民族 庆都孕十四月而生尧，其状如图，及长，身长十尺，有圣德，封于唐。

【流传】（无考）

【出处】［东周］史官：《竹书纪年》。

WTY014.3

尧的体重

实 例

汉 族 尧母庆都孕期长达 14 个月，生下的婴儿体形巨大。

【流传】山西省・运城市・绛县・古绛镇・尧寓村

【出处】刘永昌：《尧王故里在绛县》，载《文史月刊》2007 年第 2 期。

WTY014.4

尧的皮肤

实 例

（参见下级母题实例）

WTY014.4.1

尧面色如蜡

实 例

汉 族 尧身材高大、形象特别，面色如蜡，长着彩色的八字眉毛，眼睛中有三个瞳孔，头发长达七尺二寸。

【流传】（无考）

【出处】刘玉栋：《帝尧溯源》，原载《古绛春秋》，北京：长征出版社 2007 年版，见田茂忠、申建华主编《尧王故里》，山西省绛县尧文化研究会编印，2009 年，第 34 页。

WTY014.5

尧的手臂特征

实 例

（实例待考）

WTY014.6

尧的腿部特征

实 例

（实例待考）

WTY015

尧的性别特征

实 例

（参见下级母题实例）

WTY015.1

尧是女性

【关联】［WTY024.5.3*］尧是母系社会最后一任联盟女领袖

实　例

中华民族 尧是母系社会最后一任联盟女领袖。

【流传】（无考）

【出处】郑慧生：《我国母系氏族社会与传说时代——黄帝等人为女人辨》，载《河南大学学报》1986 年第 4 期。

WTY015.2

尧是男性

实　例

中华民族 尧时年十五岁，却已长成身材高大的伟男子，他面部上锐下丰，天庭饱满，目光炯炯，英气逼人。

【流传】（山西省）

【出处】中国先秦史学会尧舜禹文化研究基地编，叶雨青、张培莲著：《尧舜传》第三章“帝喾临终传位挚，挚令弟尧赴陶都”，太原：山西出版集团・山西春秋电子音像出版社 2008 年版，第 19 页。

WTY015.3

尧雌雄同体

实　例

（实例待考）

WTY016

尧的其他体征

实　例

（参见下级母题实例）

WTY016.1

尧有力量

实　例

（实例待考）

WTY016.2

尧的内脏

实　例

（实例待考）

WTY016.3

尧的语言

实　例

汉　族 尧生下来便容貌出众，天堂饱满如日月，眉宇开阔似龙头，百日能说话，会行走，一两岁时能与成人交谈，谈吐中，表现出他那敏捷过人，智慧过人，才华过人的天资。

【流传】山西省・运城市・绛县・古绛镇・尧寓村

【出处】范红霞、任兴舜：《庆都娘娘传奇》，见田茂忠、申建华主编《尧王故里》，山西省绛县尧文化研究会编印，2009 年，第 106 ～ 107 页。

WTY016.4

尧的视力

实　例

汉　族 尧母庆都孕期长达 14 个月，生下的婴儿体形巨大，双目有神，且尧从小聪慧过人，制陶、农耕、渔猎等一见就会。

【流传】山西省 · 运城市 · 绛县 · 古绛镇 · 尧寓村

【出处】刘永昌：《尧王故里在绛县》，载《文史月刊》2007 年第 2 期。

WTY017

尧的性格特征（尧的品质）

实　例

（参见下级母题实例）

WTY017.1

尧善良

实　例

（参见下级母题实例）

WTY017.1.1

尧先人后己

实　例

汉　族 尧自己过着这样艰苦的生活，却丝毫不以为苦。他的心里常常想的是百姓的生活。

【流传】（无考）

【出处】《尧舜二帝》，见金麦田编著《中国古代神话故事》，北京：京华出版社 2003 年版，第 45 ～ 52 页。

中华民族 只是尧这人，有一副婆婆般的慈善心肠，看见有一个老百姓没饭吃没衣穿，他都会伤心落泪。可他唯独不关心的是他自己

【流传】（山西省）

【出处】中国先秦史学会尧舜禹文化研究基地编，叶雨青、张培莲著：《尧舜传》第十四章“散宜氏巧遇入宫，患疾病鹿女升天”，太原：山西出版集团 · 山西春秋电子音像出版社 2008 年版，第 88 页。

汉　族 尧因病在唐城王宫里休息，听到灾情报告后，不顾臣子们的劝阻，挣扎着从床上爬起来，坐上装饰十分简陋的马车，四处去察看灾情，慰问百姓。

【流传】河北省 · 保定市 · 唐县 ·（罗庄乡）· 赵家庄［采录地点：唐县赵家庄］

【出处】赵大乱（67 岁，唐县赵家庄村农民）讲，赵喜林记录：《仙人赐药》（2008.07），见中国民间文艺家协会组织编写，罗杨总主编，韩海山本卷主编《中国民间故事丛书》（河北省 · 保定市 · 唐县卷），北京：知识产权出版社 2016 年版，第 29 ～ 30 页。

WTY017.1.2

尧助鳏寡孤独

实　例

中华民族 尧常常从自己耕种田地收入中拿

出粮食，送给鳏寡孤独之人。

【流传】（山西省）

【出处】中国先秦史学会尧舜禹文化研究基地编，叶雨青、张培莲著：《尧舜传》第十章“凿齿部落犯南疆，唐尧设伏破强虏”，太原：山西出版集团·山西春秋电子音像出版社 2008 年版，第 62 页。

WTY017.2

尧聪明

实 例

汉 族 尧天生聪颖，年十二，即辅佐兄挚管理天下大事，被封于陶（山东定陶县西北）。

【流传】（山西省翼城县）

【出处】王春元主编：《尧庙》，太原：山西经济出版社 1999 年版，第 16 页。

汉 族 尧母庆都孕期长达 14 个月，生下的婴儿体形巨大，双目有神，且尧从小聪慧过人，制陶、农耕、渔猎等一见就会。

【流传】山西省·运城市·绛县·古绛镇·尧寓村

【出处】刘永昌：《尧王故里在绛县》，载《文史月刊》2007 年第 2 期。

WTY017.2a

尧英明

实 例

汉 族 尧王英明，单珠虽说是他的独生儿子，但他早知道单珠为人很坏。单珠的阴谋诡计咋能瞒过他的眼。

【流传】河南省·（濮阳市）·范县

【出处】冯传增采录，张中增采录整理：《尧除单珠》，见张振犁编著，孟宪明、朱淑君统纂《中原神话通鉴》（第三卷），郑州：河南大学出版社 2017 年版，第 974 页。

WTY017.3

尧贤德

实 例

汉 族 因为尧的贤德，天帝十分感动，于是在尧所居住的茅屋里突然出现了十种吉祥的征兆，来表示上天对他的嘉奖。如喂马的饲料变成了禾谷。

【流传】（无考）

【出处】《尧舜二帝》，见金麦田编著《中国古代神话故事》，北京：京华出版社 2003 年版，第 45 ～ 52 页。

汉 族 尧奉行德政、功业卓著，使当时的社会成为古代治世的典范。

【流传】山西省·运城市·绛县

【出处】田茂忠、申建华主编：《尧王故里》“前言”，山西省绛县尧文化研究会编印，2009 年，第 8 页。

中华民族 尧、舜担任部落联盟首领期间，首先其个人品德修为获得了当时各部族的普遍认可，如《史记》载尧“其仁如天，其知如神”，“富而不骄，贵而不舒”，“能明驯德，以亲九族”；舜“能和以孝，烝烝治”，“以孝闻”等。

【流传】（无考）

【出处】高强：《尧舜时代对后世大一统观念的影响》，见山东菏泽《首届中华伏羲祖源文化论坛论文集》，内部编印，2020 年 9 月，第 71 页。

WTY017.3.1

尧心系民众

【关联】[WTY023.7.1.1*] 尧被百姓奉为“圣人”

实　例

汉　族 尧关心百姓疾苦，“有一民饥，则曰：此我饥之也；有一人寒，则曰：此我寒之也；一民有罪，则曰：此我陷之也。”

【流传】（无考）

【出处】[西汉] 刘向：《说苑·君道》。

中华民族 尧对羲仲等四人道：“啊！四方之长，孟门山的洪水越来越大，滔天的洪水危害着人类，大水包围了高山，淹没了丘陵，浩浩荡荡，直逼云天，百姓们都在盼望询问，能让洪水得到治理吗？”

【流传】（山西省）

【出处】中国先秦史学会尧舜禹文化研究基地编，叶雨青、张培莲著：《尧舜传》第二十四章“舜陶河滨陶器牢，鲧窃息壤治洪水”，太原：山西出版集团·山西春秋电子音像出版社 2008 年版，第 158 页。

汉　族 帝尧接替其兄挚的帝位后，首先要做的事就是如何掌握天地运行规律，按照季节变化发展农业生产，让人民过上有吃有穿的好日子。

【流传】山西省·运城市·绛县

【出处】刘永昌：《尧王定历法》，见田茂忠、申建华主编《尧王故里》，山西省绛县尧文化研究会编印，2009 年，第 111 ～ 113 页。

汉　族 谁家有老弱病残，谁家缺吃少穿，谁家无房无地，都会得到尧王的救济照顾，深受村民爱戴。

【流传】山西省·运城市·绛县

【出处】刘永昌：《帝尧第一都——尧都村》，见田茂忠、申建华主编《尧王故里》，山西省绛县尧文化研究会编印，2009 年，第 225 页。

汉　族 那时候，老百姓的首领叫帝尧，他是一个能够关心人民疾苦的圣主。

【流传】江苏省·常州市 [采录地点：常州梳篦厂]

【出处】汤庚和讲，韦中权记录：《后羿的弓弦》(1980.12.29)，见姚宝瑄主编《中国各民族神话》(汉族)，太原：山西出版传媒集团·书海出版社 2014 年版，第 142 ～ 145 页。

汉　族 尧是个十分爱惜百姓的国君。他曾说过：“有 人饥则如我饥，有 人寒则如我寒，一民有罪则由我陷。”

【流传】河北省·保定市·唐县·(罗庄乡)·赵家庄 [采录地点：唐县赵家庄]

【出处】赵大乱（67 岁，唐县赵家庄村农民）讲，赵喜林记录：《仙人赐药》(2008.07)，见中国民间文艺家协会组织编写，罗杨总主编，韩海山本卷主编《中国民间故事丛书》(河北省·保定市·唐县卷)，北京：知识产权出版社 2016 年版，第 29 ～ 30 页。

汉　族 尧王命羿上射十日，令鲧下治洪水，日夜操劳，瘦得像个干腊人。

【流传】（中原一带）

【出处】《尧王选贤》，见孟宪明著《中原经典神话》，郑州：河南大学出版社 2016 年版，第 192 页。

汉　族 唐国又闹水灾。尧不顾臣子们的劝阻，挣扎着从床上爬起来，坐上装饰十分简陋的马车，四处去察看灾情，慰问百姓。

【流传】河北省 · 保定市 · 唐县［采录地点：唐县赵家庄］

【出处】赵大乱（67 岁，唐县赵家庄村农民）讲，赵喜林记录：《仙人赐药》，见中国民间文艺家协会组织编写，罗杨总主编，韩海山本卷主编《中国民间故事丛书》（河北省 · 保定市 · 唐县卷），北京：知识产权出版社 2016 年版，第 29 ～ 30 页。

WTY017.3.2

尧善纳谏

实　例

中华民族 议事后，尧和众臣出了议事堂，只见大门外设了一个大鼓，鼓下放着鼓槌，前面广场站了不少老百姓，尧道："众位臣民，这是致谏之鼓，不论谁有要谏之事，都可以敲鼓，放勋听到鼓声，会立刻前来听谏。"王宫门前的诽谤木，是一个竖立的木架子，尧指着放在架上的响木，说："但有诽谤之言，尽可用此响木敲此诽谤之木，放勋闻声，立即出宫聆听赐教。"

【流传】（山西省）

【出处】中国先秦史学会尧舜禹文化研究基地编，叶雨青、张培莲著：《尧舜传》第十六章"设诽谤木尧娶散宜，万邦协和欢庆升平"，太原：山西出版集团 · 山西春秋电子音像出版社 2008 年版，第 96 页。

中华民族 尧战猰貐时，根据艰难的战况道："猰貐首领英勇异常，手下兵将也个个凶猛，似如此的对仗硬拼地伤亡下去，不是良策，我意只可智取，不可力胜，各位有何良策。"

【流传】（山西省）

【出处】中国先秦史学会尧舜禹文化研究基地编，叶雨青、张培莲著：《尧舜传》第四章"猰貐部落侵北疆，唐尧率兵平外患"，太原：山西出版集团 · 山西春秋电子音像出版社 2008 年版，第 32 页。

汉　族 尧命羲和掌管天文时令，制定历法，教民稼啬，务好农事，他经常征询四方部落首领的意见，改进工作。

【流传】山西省 · 运城市 · 绛县

【出处】韩生泉：《荣辱不惊》，见田茂忠、申建华主编《尧王故里》，山西省绛县尧文化研究会编印，2009 年，第 208 页。

汉　族 帝尧听了《击壤歌》不顺耳的话非但没有加罪老者，连责备的话都没有，却更加谦恭，还当面拜这位姓席的壤文为师呢？你瞧，尧的心胸，圣德多么宽广啊！

【流传】山西省 · 运城市 · 绛县

【出处】韩生泉：《荣辱不惊》，见田茂忠、申建华主编《尧王故里》，山西省绛县尧文化研究会编印，2009 年，第 210 页。

中华民族 尧登上帝位后，命人竖立了一张大鼓，名字叫作“敢谏之鼓”，谁要是对他或国家有什么建议，随时可以击鼓。

【流传】（无考）

【出处】《尧·孝慈仁敬》，见卢静《尧舜禹》，北京：中华书局 2019 年版，第 5 页。

WTY017.3.3

尧宽宏

实 例

中华民族 尧对来降的众人道：“你等既然诚信归顺，我就不再进兵，待你等推出新首领，与我一块儿参见王兄，以示你等诚心，你等豢养的猰貐任由你等处置。”众长者齐声道：“谢陶都长宽宏大量。”

【流传】（山西省）

【出处】中国先秦史学会尧舜禹文化研究基地编，叶雨青、张培莲著：《尧舜传》第四章“猰貐部落侵北疆，唐尧率兵平外患”，太原：山西出版集团·山西春秋电子音像出版社 2008 年版，第 33 页。

汉 族 尧大胆起用东夷族有虞氏的首领舜和西戎部落的首领夏禹做自己的助手。

【流传】（无考）

【出处】刘玉栋：《帝尧溯源》，原载《古绛春秋》，北京：长征出版社 2007 年版，见田茂忠、申建华主编《尧王故里》，山西省绛县尧文化研究会编印，2009 年，第 36 ～ 37 页。

汉 族 尧的逆子丹朱悔悟后与妻子珠同往尧的住处负荆请罪，跪在了尧王行宫门口从早上一直跪到中午，烈火般的太阳烤得二人汗如雨下，但二人仍一动不动地跪在那里。尧王想起了丹朱的生母鹿仙女，又看到从未谋面的儿媳，便连忙走出来。

【流传】山西省·运城市·绛县

【出处】宋玉秀：《丹朱三拜尧王》，见田茂忠、申建华主编《尧王故里》，山西省绛县尧文化研究会编印，2009 年，第 157 ～ 160 页。

WTY017.3.4

尧勤政

实 例

汉 族 尧王当了部落联盟的大首领后，各部落的小首领互相争斗，抢夺的事情时有发生。仁慈的尧王看在眼里，痛在心头，为了民众有一个安定的生存环境，他召集所属部落首领，共商按抚大计，以战止战的意见统一后，按照尧王的部署，众首领各自回去整顿人马，随时待命出征。

【流传】山西省·运城市·绛县

【出处】韩生泉：《祭天坛》，见田茂忠、申建华主编《尧王故里》，山西省绛县尧文化研究会编印，2009 年，第 101 ～ 103 页。

汉 族 尧帝是一个善于体察民情的国君。

【流传】山西省·运城市·绛县

【出处】申建华：《太阳谢尧帝》，见田茂忠、申建华主编《尧王故里》，山西省绛县尧文化研究会编印，2009 年，第 175 ～ 176 页。

中华民族 四千多年前，尧舜盛世之时，尧天子勤政爱民、惠泽百姓，深受人民爱戴。因看到自己的儿子难成大器，他将天子之位传给了德才兼备的舜。

【流传】（黄河流域）

【出处】《尧舜与农历新年》，见郭先芳编著《黄河的神话传说和民间故事》，郑州：黄河水利出版社 2015 年版，第 98 页。

中华民族 清晨，朱车白马，尧帝又偕同趁光，去更远的地方察访了，直到天色趋黑，才返宫。

【流传】（无考）

【出处】《尧 · 击壤之歌》，见卢静《尧舜禹》，北京：中华书局 2019 年版，第 18 页。

WTY017.3.5

尧教子有方

【关联】［WTY055.2.3.1.7.4］尧教子（尧教导儿子）

实　例

汉　族 在尧耐心的教导下，他的不肖子丹朱开始学陶艺，务农桑，逐渐成为一个自食其力的人。

【流传】河北省 · 保定市 · 唐县［采录地点：唐尧文化研究会］

【出处】赵喜林采录：《唐尧传说 · 教子》（2009.06），见中国民间文艺家协会组织编写，罗杨总主编，韩海山本卷主编《中国民间故事丛书》（河北省 · 保定市 · 唐县卷），北京：知识产权出版社 2016 年版，第 22 ～ 24 页。

汉　族 尧的儿子丹朱下棋赢心太盛，赢了棋兴高采烈，输了棋垂头丧气。尧教他下棋要有平常心，胜不骄败不馁，每次下棋后都跟他复盘，总结胜败的经验教训。

【流传】河北省 · 保定市 · 唐县［采录地点：唐县峪山庄］

【出处】韩增寿采录：《唐尧传说 · 造围棋》（2008.04），见中国民间文艺家协会组织编写，罗杨总主编，韩海山本卷主编《中国民间故事丛书》（河北省 · 保定市 · 唐县卷），北京：知识产权出版社 2016 年版，第 24 ～ 27 页。

WTY017.4

尧谦让

实　例

（实例待考）

WTY017.5

尧廉政

实　例

（参见下级母题实例）

WTY017.5.1

尧不骄怠

实　例

汉　族 尧做了唐侯，不骄奢，不怠慢，要参加农业劳动，还要经常到各地巡视。

【流传】河北省・保定市・望都县

【出处】韩增寿采录:《尧母的传说・尧母制衣》,见中国民间文艺家协会组织编写,罗杨总主编,吴从志本卷主编《中国民间故事丛书》(河北省・保定市・望都县卷),北京:知识产权出版社 2016 年版,第 25 ～ 26 页。

WTY017.5.2

尧脂膏不润

实 例

汉 族 尧王被封为古唐国君主建都城时,定都定了个原则,都城建设一切从简,不要各个部族方国的捐赠,不收任何贵重礼品,老百姓为了感恩,给尧王奉送了许许多多名贵东西,可尧王领情之后,仍把礼物原封不动退还给本人。

【流传】山西省・运城市・绛县

【出处】刘永昌:《帝尧第一都——尧都村》,见田茂忠、申建华主编《尧王故里》,山西省绛县尧文化研究会编印,2009 年,第 225 页。

汉 族 晚年时,尧因操劳患了疾病,平民子辛为他敬献灵芝,他婉谢不收,说自己吃惯了粗米饭,不习惯精食。

【流传】(无考)

【出处】刘玉栋:《帝尧溯源》,原载《古绛春秋》,北京:长征出版社 2007 年版,见田茂忠、申建华主编《尧王故里》,山西省绛县尧文化研究会编印,2009 年,第 36 页。

WTY017.6

尧为人谋福祉

实 例

汉 族 后羿射日后,在尧帝的带领下,后羿到全国各地将危害人类的猛兽、山猪、毒蛇、凶禽全部射杀死了。从此,人们在和畅的阳光下,过着白昼分明、五谷丰登、有吃有穿、美满幸福的生活。

【流传】山西省・运城市・绛县

【出处】申建华:《太阳谢尧帝》,见田茂忠、申建华主编《尧王故里》,山西省绛县尧文化研究会编印,2009 年,第 175 ～ 177 页。

WTY017.6.1

尧带领百姓开荒

实 例

汉 族 伏羲皇帝立下了一条规矩,就是在每年的二月二这天,皇帝要亲自出宫,耕种土地,形成习俗。传到唐尧这一代,这种风气更盛了。尧帝在他的封地唐县一带,带领人们开荒,挖河,提出"劳作三十年,种地不靠天"。

【流传】河北省・保定市・唐县[采录地点:唐县南高和村]

【出处】李俊山(男,71 岁,唐县南高和村农民,不识字)讲,宋健(男,39 岁,唐县干部,大专)采录:《* 二月二的来历》(1986),见中国民间文学集成全国编辑委员会、《中国民间故事集成・河北卷》编辑委员会编《中国民间故事集成》(河北卷),北京:中国 ISBN 中心 2003

年版。

汉 族 尧帝在他的封地唐县一带，带领人们开荒，挖河。

【流传】河北省·保定市·唐县［采录地点：唐县南高和村］

【出处】李俊山（男，71 岁，唐县南高和村农民，不识字）讲，宋健（男，39 岁，唐县干部，大专）采录：《*二月二的来历》（1986），见中国民间文学集成全国编辑委员会、《中国民间故事集成·河北卷》编辑委员会编《中国民间故事集成》（河北卷），北京：中国 ISBN 中心 2003 年版。

WTY017.6.2

尧带领百姓致富

实 例

汉 族 尧是位开明首领，待族人如父母，带领他们织网打鱼、打猎、耕田、烧窑。因此，尧部落的老百姓日子一天比一天好。

【流传】山西省·运城市·绛县

【出处】宋玉秀：《南征北战锅锅门》，见田茂忠、申建华主编《尧王故里》，山西省绛县尧文化研究会编印，2009 年，第 118 ～ 120 页。

WTY017.7

尧的其他美德

实 例

（参见下级母题实例）

WTY017.7.1

尧公正

实 例

汉 族 尧王来到历山，看到舜正在犁地。尧王见舜掌的那个里首牛很好，就满口夸奖。舜急忙轻声对尧王说；"你夸里首牛好，外首牛听见生气了，能再好好地拉犁吗？"尧王一听大喜，暗暗佩服大舜处世公道。

【流传】（无考）

【出处】王上清讲，王孟晓记录：《大舜耕田》，见陶阳、钟秀编《中国神话》（中册），北京：商务印书馆 2008 年版，第 826 ～ 827 页。

WTY017.7.1.1

尧任人唯贤不唯亲

实 例

汉 族 尧辟位凡二十八年而崩。百姓悲哀，如丧父母。三年，四方莫举乐，以思尧。尧知子丹朱之不肖，不足以授天下，于是乃权授舜。

【流传】（无考）

【出处】［西汉］司马迁：《史记·五帝本纪》。

中华民族 一天早朝，尧让大家推荐人才。大臣放齐说："尧王的儿子朱很开明，可以大用！"尧马上驳斥："哼！这个小子不忠信，好争讼，不可用！"

【流传】（山西省）

【出处】中国先秦史学会尧舜禹文化研究

基地编，叶雨青、张培莲著：《尧舜传》第二十二章“尧私访听康衢谣，崇山访贤见许由”，太原：山西出版集团·山西春秋电子音像出版社 2008 年版，第 143 页。

汉 族 尧决定将王位禅让给舜。尧担心儿子丹朱反对，就采取措施，先颁下诏令，将丹朱放逐到南方丹水去做诸侯。

【**流传**】河北省·保定市·唐县［采录地点：唐尧文化研究会］

【**出处**】赵喜林采录：《唐尧传说·教子》（2009.06），见中国民间文艺家协会组织编写，罗杨总主编，韩海山本卷主编《中国民间故事丛书》（河北省·保定市·唐县卷），北京：知识产权出版社 2016 年版，第 22 ～ 24 页。

WTY017.7.1.2

尧一视同仁

实 例

汉 族 尧王有两个女儿，大闺女娥皇是养女，小闺女女英是尧王亲生的。娥皇和女英嫁给继位的舜后，尧妻心存一桩愁事，她总想让自己亲生女儿女英为正夫人，让养女娥皇为偏房，尧王坚决反对。

【**流传**】山西省

【**出处**】王宏搜集整理：《尧王嫁女》，载《民间文学》1981 年第 4 期。

WTY017.7.2

尧勤俭

【**关联**】［WTY031.6.2.1］母亲教尧树德立志

实 例

汉 族 尧做人间的国王时，以节俭、朴素出名，是一个非常关心百姓、注重民生疾苦的国君。

【**流传**】（无考）

【**出处**】《尧舜二帝》，见金麦田编著《中国古代神话故事》，北京：京华出版社 2003 年版，第 45 ～ 52 页。

中华民族 尧帝是上古五帝中最聪慧、最贤明的天子。他不仅体察民情，讲究民主，招贤纳士，而且生活节俭，吃穿朴素。

【**流传**】（无考）

【**出处**】刘开新：《从三皇五帝看发鸠山悠久历史和古文化》，见马志生主编，吴天昌、贺真和副主编《炎帝文化——上党二十年研究集锦》，北京：大众文艺出版社 2007 年版，第 178 页。

汉 族 帝尧屋顶上的草不要别人修剪，坐的车子不彩绘描画，铺的席子不收边缘，喝的羹汤不掺和面粉，吃的粮食不精细研磨。晚年时，尧因操劳患了疾病，平民子辛为他敬献灵芝，他婉谢不收，说自己吃惯了粗米饭，不习惯精食。

【**流传**】（无考）

【**出处**】刘玉栋：《帝尧溯源》，原载《古绛春秋》，北京：长征出版社 2007 年版，见田茂忠、申建华主编《尧王故里》，山西省绛县尧文化研究会编印，2009 年，第 36 页。

WTY017.7.2.1

尧生活节俭

【关联】[WTY033.5.1] 尧食粗糙谷物、[WTY034.7.2] 尧居所简陋

实 例

中华民族 人之言君天下者，瑶台九累，而尧白屋；黻衣九种，而尧大布；宫中三市，而尧鹑居；珍怪百种，而尧粝饭菜粥；麒麟青龙，而尧素车玄驹。

【流传】(无考)

【出处】[东周] 尸佼：《尸子》。

中华民族 尧统治天下时，茅草盖的屋顶不用修剪，树木做的椽子不用砍削；吃的是粗糙的谷物，喝的是用藜藿做的汤；冬天穿的鹿皮衣，夏天穿的是葛布衣。即使是看守大门的人，吃穿也不比帝尧差。

【流传】(无考)

【出处】《韩非子 · 五蠹》(译文)，见杨东晨：《华夏始祖：尧舜禹时代》“二、帝尧的伟业篇”，西安：三秦出版社 2007 年版，第 26 页。

汉 族 尧帝是一位艰苦朴素的国君。他一日三餐，吃的是糙米饭，喝的是野菜汤，就是这样的食物，吃剩下了也舍不得瞎了它，还留着下顿吃。

【流传】河北省 · 保定市 · 唐县 [采录地点：唐尧文化研究会]

【出处】赵喜林采录：《唐尧传说 · 尧堂瑞草》(2009.08)，见中国民间文艺家协会组织编写，罗杨总主编，韩海山本卷主编《中国民间故事丛书》(河北省 · 保定市 · 唐县卷)，北京：知识产权出版社 2016 年版，第 28 ～ 29 页。

WTY017.7.2.2

尧建都勤俭

实 例

汉 族 尧王被封为古唐国君主建都城时，定都定了个原则，都城建设一切从简，不建豪华的宫殿，不浪费人民用血汗换来的钱财，所有建筑物以“茅茨土阶”为基础，建筑面积以满足使用为准。

【流传】山西省 · 运城市 · 绛县

【出处】刘永昌：《帝尧第一都——尧都村》，见田茂忠、申建华主编《尧王故里》，山西省绛县尧文化研究会编印，2009 年，第 225 页。

WTY017.7.3

尧圣明

【关联】[WTY097.5.3.3*] 尧是圣君

实 例

汉 族 关雎风雅三千首，尧典文章第一篇。从此圣人都不说，且休便论伏羲前。

【流传】(无考)

【出处】[元] 郝经：《陵川集》卷十五，见文渊阁《四库全书》电子版。

汉 族 尧帝是个仁德君，圣泽滔天民感恩。

【流传】湖北省 · 神农架林区

【出处】《人祖创世》，胡崇峻据秭归县新滩镇《黑暗传》清末抄本，阳日镇龙溪村村民杨有才和史光裕处口述材料，唐运青收集的祝天照、姜德龙抄本和唐运青采录的部分资料，贾邦修、张忠臣《黑暗大盘头》《黑暗纲鉴》资料以及林区下谷土家族民族乡石磨村戊子垭刘茂森处摘录转抄本的片断资料等整理，见胡崇峻搜集整理《黑暗传》，武汉：长江文艺出版社 2002 年版，第 214 页。

WTY017.7.3.1

尧善用人

实 例

汉 族 尧支持舜命契为司徒“敬敷五教”，使父子有亲，君臣有义，夫妇有别，长幼有序，朋友有信，以顺天之则，行地之道，理顺各种关系，建立伦理道德新秩序，使社会出现了祥和的景象。

【流传】（无考）

【出处】刘玉栋：《帝尧溯源》，原载《古绛春秋》，北京：长征出版社 2007 年版，见田茂忠、申建华主编《尧王故里》，山西省绛县尧文化研究会编印，2009 年，第 39 页。

WTY017.7.3.2

尧才高行洁

实 例

汉 族 尧王的品行和才智都非凡绝伦，“其仁如天，其智如神，就之如日，望之如云，富而不骄，贵而不舒。”他即位后非常重视发展农业生产，亲自率领民众察看地形，修梯田，垦草荒，挖沟修渠，疏通水道，治住洪水，消除了灾难，让百姓种田自食。

【流传】山西省・运城市・绛县

【出处】胡文明：《女英设计平民愤》，见田茂忠、申建华主编《尧王故里》，山西省绛县尧文化研究会编印，2009 年，第 195 页。

WTY017.7.3.3

尧不杀战俘

实 例

汉 族 尧战胜东夷族俘获很多俘虏。但他没有残忍杀害他们，而是让男的开荒种地，打下粮食供国用军需，女的赏给有功将士做奴仆。

【流传】河北省・保定市・唐县［采录地点：唐县峪山庄］

【出处】韩增寿采录：《嫦娥奔月》（2008.08），见中国民间文艺家协会组织编写，罗杨总主编，韩海山本卷主编《中国民间故事丛书》（河北省・保定市・唐县卷），北京：知识产权出版社 2016 年版，第 34 ～ 37 页。

WTY017.8

尧的弱点

实 例

（参见下级母题实例）

WTY017.8.1

尧举棋不定

实 例

汉 族 洪水害苦了百姓，百姓在尧帝面前推举崇伯鲧来治理洪水。尧帝一时拿不定主意，百姓一再推举，尧帝也就应允。

【流传】（无考）

【出处】（a）钟伟今搜集整理：《禹的诞生》，载《山海经》1981年第4期。（b）同（a），见姚宝瑄主编《中国各民族神话》（汉族），太原：山西出版传媒集团·书海出版社2014年版，第107～110页。

WTY017.9

与尧性格特征有关的其他母题

实 例

（参见下级母题实例）

WTY017.9.1

尧赏罚不避亲

实 例

中华民族 帝尧娶散宜氏族部落之女曰“女皇”生丹朱。丹朱性格暴烈，傲慢荒淫，成年后被尧封于丹水（今山西高平市）。

【流传】（无考）

【出处】杨东晨：《华夏始祖：尧舜禹时代》“二、帝尧的伟业篇”，西安：三秦出版社2007年版，第37～38页。

汉 族 一次又有敌人来犯，朝中管军事的司衡大臣羿患病在床，谁担任领兵统帅呢？尧决定让丹朱去，看看儿子究竟有多大本领。

【流传】河北省·（保定市）·唐县·（高昌镇）·峪山庄［采录地点：唐县峪山庄］

【出处】韩增寿采录：《造围棋》（2008.04），见中国民间文艺家协会组织编写，罗杨总主编，韩海山本卷主编《中国民间故事丛书》（河北省·保定市·唐县卷），北京：知识产权出版社2016年版，第24～27页。

WTY017.9.2

尧重人才

实 例

中华民族 羲仲向尧奏道：“自去年至今，上天一直迭降祥瑞。上天连降祥瑞，臣以为兆示尧王发现贤人虞舜。臣等历数，共计有十种祥瑞。”

【流传】（山西省）

【出处】中国先秦史学会尧舜禹文化研究基地编，叶雨青、张培莲著：《尧舜传》第二十六章“尧访贤众臣举舜，娶二女嫔于虞城”，太原：山西出版集团·山西春秋电子音像出版社2008年版，第171页。

汉 族 尧不但本人是个好国君，他还十分重视人才，招募人才，故而在他左右办事的，几乎全是一些有名的贤臣良工，如像后稷作农师，倕做工师，皋作法官，夔作乐官，舜作司徒，掌管教育，契作司马，掌管军政。

【流传】山西省·运城市·绛县

【出处】韩生泉：《招良纳贤》，见田茂忠、申建华主编《尧王故里》，山西省绛县尧文化研究会编印，2009 年，第 214 页。

汉　族 尧不但本人是个好国君，他还十分重视人才，招募人才。

【流传】山西省 · 运城市 · 绛县

【出处】韩生泉：《招良纳贤》，见田茂忠、申建华主编《尧王故里》，山西省绛县尧文化研究会编印，2009 年，第 214 页。

汉　族 尧王用人唯贤，年老时，一心把天下传给有德有才，关爱天下百姓疾苦的尚德之人。他一方面让大臣们推荐人才，一方面在各地访才。不管哪方荐举的人才，尧王都要亲自考查。

【流传】山西省 · 运城市 · 绛县

【出处】任兴舜：《访贤古道》，见田茂忠、申建华主编《尧王故里》，山西省绛县尧文化研究会编印，2009 年，第 151 ～ 152 页。

汉　族 远远看见舜套牛扶犁，只见鞭打簸箕，不见落鞭打牛。尧王见此情景言道："果真是个有德的善良之才。"

【流传】山西省 · 运城市 · 绛县

【出处】任兴舜：《访贤古道》，见田茂忠、申建华主编《尧王故里》，山西省绛县尧文化研究会编印，2009 年，第 151 ～ 152 页。

WTY017.9.2a

尧善求贤

实　例

汉　族 尧帝下令征求贤德之人，百姓又推举了舜。舜亲自驾着马车，四出巡视，考察民情，抚慰百姓。

【流传】（无考）

【出处】钟伟今搜集整理：《禹的诞生》，载《山海经》1981 年第 4 期。

WTY017.9.2b

尧礼贤下士

实　例

汉　族 舜大贤大德的名气越传越远，一直传到皇帝尧的耳朵里，尧不相信天下有如此贤德的人，他就特地来找舜。

【流传】浙江省 ·（杭州市）· 萧山市［采录地点：萧山市桃源乡］

【出处】王焕根（男，30 岁，萧山市桃源乡，农民，高小）讲，吴桑梓（女，41 岁，萧山轻型车变速箱厂，工人，初小）采录：《舜拜天子》（1987），见中国民间文学集成全国编辑委员会、中国民间文学集成浙江卷编辑委员会编《中国民间故事集成》（浙江卷），北京：中国 ISBN 中心 1997 年版，第 77 页。

汉　族 尧到田间亲自拜访耕地的舜，发现舜果然精于耕作并爱惜耕牛，对舜说："我是尧，特意来请您的，上次我派舒罕来，他冲撞了您，我替他赔礼吧。"

【流传】山东省 ·（潍坊市）· 诸城市［采录地点：诸城市万家庄乡官庄店村］

【出处】范炳忠（62 岁，万家庄乡官庄店村，小学）讲，范凤廷（47 岁，万家庄乡官庄店村，初中）采录：《尧王访舜》（1986.08），见《中国民间故事集成》全国编辑委员会、《中国民间故事集成 · 山东卷》编辑委员会编《中国民间故事集成》(山东卷)，北京：中国 ISBN 中心 2007 年版，第 17 ～ 18 页。

汉 族 尧到田间亲自拜访耕地的舜。两人越拉越知心，像亲兄弟那样热乎。最后尧说："快跟我走吧，把您的这一套本领教给天下的百姓，让他们都过上好日子吧！"舜听到这里，激动得再也忍不住了："大王，咱这就走。"

【流传】山东省·(潍坊市)·诸城市［采录地点：诸城市万家庄乡官庄店村］

【出处】范炳忠(62 岁，万家庄乡官庄店村，小学)讲，范凤廷(47 岁，万家庄乡官庄店村，初中)采录：《尧王访舜》(1986.08)，见《中国民间故事集成》全国编辑委员会、《中国民间故事集成·山东卷》编辑委员会编《中国民间故事集成》(山东卷)，北京：中国 ISBN 中心 2007 年版，第 17 ～ 18 页。

WTY017.9.3

与尧管理有关的性格特征

实 例

(参见下级母题实例)

WTY017.9.3.1

尧纪律严明

实 例

中华民族 尧率军进驻凿齿部落，沿途秋毫无犯。凿齿部落的人称赞说："这是一支好军队。"

【流传】(山西省)

【出处】中国先秦史学会尧舜禹文化研究基地编，叶雨青、张培莲著：《尧舜传》第十一章"唐尧微服访华地，畴华臣服设新都"，太原：山西出版集团·山西春秋电子音像出版社 2008 年版，第 67 页。

WTY017.9.3.2

尧身先士卒

实 例

中华民族 尧帅军战凿齿军队。午后休战，尧和羿带了随从亲兵，到附近野外察看地形，除了巡哨人员，却让大军白日睡觉。

【流传】(山西省)

【出处】中国先秦史学会尧舜禹文化研究基地编，叶雨青、张培莲著：《尧舜传》第十章"凿齿部落犯南疆，唐尧设伏破强虏"，太原：山西出版集团·山西春秋电子音像出版社 2008 年版，第 65 页。

WTY017.9.3.3

尧赏罚分明

实 例

汉 族 听了羿的汇报，帝尧就收回成命，嘉奖羿。

【流传】安徽省·(阜阳市)·临泉县［采录地点：临泉县］

【出处】张冬采录：《马齿苋的传说》(1986.05)，见《中国民间故事集成》全国编辑委员会、《中国民间故事集成·安徽卷》编辑委员会编《中国民间故事集成》(安徽卷），北京：中国 ISBN 中心 2008 年版，第 609 ～ 610 页。

汉 族 每次出征前，尧王都要在点将台上召集部下举行宣誓仪式，并作战前动员。“各位部下，我郑重向你们宣告，玉皇大帝赐于我的点将台，是让我们讨灭天下的叛贼。只要点将台起风，四周大树叶哗哗作响，我们就一定能打胜仗。现在我们是在执行上天对叛贼的惩罚。你们必须奋不顾身，不怕死冲杀他们，杀敌立功者有赏，违背命令怕死脱逃的，给以严惩，妻儿罚为奴隶。”

【流传】山西省・运城市・绛县

【出处】呼红红：《尧王点将台》，见田茂忠、申建华主编《尧王故里》，山西省绛县尧文化研究会编印，2009 年，第 97 ～ 100 页。

WTY017.9.3.3.1

尧赏功

实 例

（参见下级母题实例）

WTY017.9.3.3.1.1

尧赏舜之德行

实 例

汉 族 尧为了表彰舜的德行，特意给他盖了几间草房，并送给他一群牛羊，让他的日子过得宽裕些。

【流传】山东省・济南市［采录地点：济南市］

【出处】徐臻（男，40 岁，干部，大专）讲，李奎元（男，40 岁，济南市委干部，大专）采录：《舜耕历山下》（1986 年春天），见《中国民间故事集成》全国编辑委员会、《中国民间故事集成・山东卷》编辑委员会编《中国民间故事集成》（山东卷），北京：中国 ISBN 中心 2007 年版，第 18 ～ 21 页。

WTY017.9.3.3.1.2

尧赏纳谏者

实 例

汉 族 尧决定，对于反映给“诽谤木”问题的人，给予奖赏。

【流传】山西省・运城市・绛县

【出处】胡文明：《女英设计平民愤》，见田茂忠、申建华主编《尧王故里》，山西省绛县尧文化研究会编印，2009 年，第 198 页。

WTY017.9.3.3.2

尧罚过

【关联】［WTY045.2.6.1.1.1］鲧因治水不力被尧处死

实 例

汉 族 尧让鲧治洪水，鲧治了九年的水，还是没有成功，就在羽山把他处死了。

【流传】淮河流域

【出处】常山讲述：《鲧王治水》，原载茆文斗搜集整理《河蚌姑娘》，见陶阳、钟秀编《中国神话》（上），北京：商务印书馆 2008 年版，第 412 ～ 418 页。

WTY017.9.3.4

尧大义灭亲

实 例

汉 族 尧王为了普天下黎民百姓能安居乐业，不受苦受难，尧王毅然大义灭亲，除掉自己不办人事的儿子丹朱。

【流传】河南省·（濮阳市）·范县［采录地点：范县·龙庄乡］

【出处】冯跃东（男，45岁，农民，初中）采录：《尧王惩子》（1990.02），见张振犁编著，孟宪明、朱淑君统纂《中原神话通鉴》（第三卷），郑州：河南大学出版社2017年版，第977页。

WTY017.9.3.5

尧谨慎

实 例

汉 族 尧王派在皋陶部下做事的小女儿女英去查处此事，并嘱咐女英，此事关乎着官员的声誉和民众的利益，更关乎着我部落"诽谤木"的形象问题，处理事情要慎重，女英点头称是。

【流传】山西省·运城市·绛县

【出处】胡文明：《女英设计平民愤》，见田茂忠、申建华主编《尧王故里》，山西省绛县尧文化研究会编印，2009年，第195～196页。

WTY018

尧具有特定能力（尧的能力；尧的本领）

实 例

（参见下级母题实例）

WTY018.1

尧会变化

实 例

（参见下级母题实例）

WTY018.1.1

尧变龙

实 例

（参见下级母题实例）

WTY018.1.1.1

尧变龙吸干河水

实 例

汉 族 尧王本是天帝龙感所生，一急之下，变成一条龙，吸干了岭下河里的水，这条河从此改道。

【流传】山西省·运城市·绛县

【出处】宋玉秀：《尧王古道》，见田茂忠、申建华主编《尧王故里》，山西省绛县尧文化研究会编印，2009年，第165～167页。

WTY018.1.1.2

尧变龙吓走长毛怪

实 例

汉 族 尧王知道长毛怪要下山吃人，一翻身飞到了半天空，变成一条巨龙，在长毛怪头上飞来飞去，长毛怪吓得一溜烟钻进了岭上头的山洞。

【流传】山西省·运城市·绛县

【出处】宋玉秀：《尧王三战长毛怪》，见田茂忠、申建华主编《尧王故里》，山西省绛县尧文化研究会编印，2009 年，第 137 ～ 139 页。

WTY018.2

尧的特定技能

实 例

（参见下级母题实例）

WTY018.2.1

尧善耕（尧好耕）

实 例

中华民族 尧扶着犁，方回和农夫在前拉犁，耕起了地。其他随从都换下拉犁的百姓们，帮助农民耕耘着土地。尧熟练地扶着犁，在太阳的烤晒下，脸上的汗珠汇成小溪流，身后是一片刚犁出的黑油油的土地。

【流传】（山西省）

【出处】中国先秦史学会尧舜禹文化研究基地编，叶雨青、张培莲著：《尧舜传》第六章“尧辞陶地管唐都，陶地借粮救灾荒”，太原：山西出版集团 · 山西春秋电子音像出版社 2008 年版，第 44 页。

汉 族 尧王自从在尧寺头建立了行宫以后着力发展农业，由于尧寺头南面倚山，东西两边傍河，地阔坡多，给发展农业生产提供了有利条件，尧王大多数时间为一方发展辛勤操劳着。

【流传】山西省 · 运城市 · 绛县

【出处】胡文明：《牤牛蛋》，见田茂忠、申建华主编《尧王故里》，山西省绛县尧文化研究会编印，2009 年，第 199 页。

WTY018.2.2

尧善管理（尧善治国）

实 例

汉 族 尧管理唐地和陶地，发挥自己才干，把两地治理得一派升平景象，为天下除害，受到天下诸侯和百姓的拥戴

【流传】（山西省 · 运城市 · 盐湖区 · 鸣条）

【出处】相水虎主编：《鸣条尧舜禹关四圣出巡古庙会》，运城市盐湖区鸣条二月二古庙会文化活动中心内部交流本，2016 年，第 5 页。

WTY018.2.2.1

尧克明俊德，以亲九族

实 例

汉 族 放勋钦明文，思安安，允恭克让，光被四表，格于上下。克明俊德，以亲九族，九族既睦，平章百姓，百姓昭明，协和万邦，黎民于变时雍。

【流传】（无考）

【出处】［先秦］《尚书 · 尧典》。

WTY018.2.2.2

尧胸怀天下，心连百姓

实 例

汉 族 尧王胸怀天下，心连百姓，经他几十年的潜心治理，天下太平，万民富乐。

【流传】山西省 · 运城市 · 绛县

【出处】任兴舜:《访贤古道》，见田茂忠、申建华主编《尧王故里》，山西省绛县尧文化研究会编印，2009 年，第 151 ～ 152 页。

WTY018.2.3

尧善泳

实 例

汉 族 尧七八岁时游泳的本领已经很高了。他会侧泳、仰泳、蛙泳各种游法，一个猛子扎下去，能潜出半里地远。

【流传】河北省 · 保定市 · 唐县［采录地点：唐县峪山庄］

【出处】韩增寿（56 岁，唐县峪山庄村人，干部）采录:《唐尧传说 · 得图》（2008.06），见中国民间文艺家协会组织编写，罗杨总主编，韩海山本卷主编《中国民间故事丛书》（河北省 · 保定市 · 唐县卷），北京：知识产权出版社 2016 年版，第 6 ～ 7 页。

WTY018.3

尧精通特定知识

实 例

（参见下级母题实例）

WTY018.3.1

尧识天文地理

实 例

汉 族 尧王是个明君，上知天文，下知地理，又爱护老百姓。

【流传】河南省 ·（焦作市）· 沁阳市［采录地点：沁阳市西向乡捏掌村］

【出处】李元怀（男; 72 岁，沁阳市西向乡捏掌村农民，识字不多）讲，尚立飞（男，43 岁，沁阳市怀剧团团长，高中）、李燕（女，27 岁，沁阳市博物馆干部，高中）采录:《尧王找水》（1986 年夏天），见《中国民间故事集成》全国编辑委员会、《中国民间故事集成 · 河南卷》编辑委员会编《中国民间故事集成》（河南卷），北京：中国 ISBN 中心 2001 年版，第 44 ～ 45 页。

汉 族 尧是明君，上知天文下知地理。

【流传】河南省 ·（焦作市）· 沁阳市 · 西向乡（西向镇）· 捏掌村

【出处】李元怀讲，尚立飞采录:《尧王找水》，见《中国民间故事集成》全国编辑委员会、《中国民间故事集成 · 河南卷》编辑委员会编《中国民间故事集成》（河南卷），北京：中国 ISBN 中心 2001 年版，第 44 页。

汉 族 尧王识天文，通地理。

【流传】中原一带

【出处】（a）尚立非记录整理:《捏掌见泉》，见张楚北编《中原神话》，郑州：海燕出版社 1988 年版。（b）同（a），见姚宝瑄主编《中国各民族神话》（汉族），太原：山西出版传媒集团 · 书海出版社 2014 年版，第 377 ～ 378 页。

汉 族 远古时候，尧王懂天文地理，又体贴民情。

【流传】河南省 ·（焦作市）· 沁阳县 ·（西向镇 · 捏掌村）

【出处】李元怀（72 岁，农民）讲，尚立飞、李燕采录：《尧王池》，见张振犁编著，孟宪明、朱淑君统纂《中原神话通鉴》（第三卷），郑州：河南大学出版社2017年版，第991页。

WTY018.4

尧善辨识

实 例

中华民族（参见“WTY018.2 尧的特定技能”母题实例）

WTY018.5

尧能预测

实 例

（实例待考）

WTY018.6

尧金口玉言

实 例

汉 族 尧带着一群调皮的小伙伴去河里洗澡摸螃蟹。尧看着自己被螃蟹夹得又红又肿的手指，骂道：“臭螃蟹，真不是东西，你以后就别往前直走，就横行霸道吧。”从此螃蟹就再不会向前走直路了。

【流传】山西省·运城市·绛县

【出处】李友植：《童年尧的三个传说》，见田茂忠、申建华主编《尧王故里》，山西省绛县尧文化研究会编印，2009年，第86～88页。

汉 族 尧帝见百姓们常光着脚干活儿，于是，他也就光着脚出门办事。有一次走到尧城村南不远的地方，被蒺藜扎了一下脚，尧帝说：“穷人多光脚走路，路上不该长蒺藜。”从此以后，这条路再也没有长过蒺藜。

【流传】河北省·保定市·顺平县

【出处】程双宝采录：《二月十五尧帝庙》，见中国民间文艺家协会组织编写，罗杨总主编，甄会龙本卷主编《中国民间故事丛书》（河北省·保定市·顺平卷），北京：知识产权出版社2016年版，第5～6页。

汉 族 尧说：“要是这蒺藜不长刺多好，踩上也扎不着了。”尧母也附和着说：“要真那样，敢情好了。”你说怪不怪，再看四周的蒺藜，一下子都变得光溜溜的了。

【流传】河北省·保定市·顺平县

【出处】张丙辰讲，张文亮记录：《甘河桥一带的蒺藜无刺》，见中国民间文艺家协会组织编写，罗杨总主编，甄会龙本卷主编《中国民间故事丛书》（河北省·保定市·顺平卷），北京：知识产权出版社2016年版，第20～21页。

汉 族 尧被蒺藜扎脚，对蒺藜说：“这该死的蒺藜怎么长刺扎人呢？不长刺不扎人该多好！”尧说到这里，四周蒺藜骨朵上的刺一下子不见了。

【流传】河北省·保定市·望都县

【出处】韩增寿采录：《尧母的传说·母子逃荒》，见中国民间文艺家协会组织编写，罗杨总主编，吴从志本卷主编《中国民间故事丛书》(河北省·保定市·望都县卷)，北京：知识产权出版社 2016 年版，第 23 ～ 24 页。

汉 族 黑夜里修建都城砸死人。尧帝叹了一口气对大臣们说："都是天太黑的缘故，要是那里有一盏灯就好了。"他用手指了指天空，说来也怪，那里马上出现了一轮又圆又大的月亮，把整个大地照得通亮。

【流传】河北省·保定市·顺平县

【出处】齐洛良、王老良讲，曹慧增记录：《尧城观月台的传说》，见中国民间文艺家协会组织编写，罗杨总主编，甄会龙本卷主编《中国民间故事丛书》(河北省·保定市·顺平卷)，北京：知识产权出版社 2016 年版，第 22 页。

WTY018.7

尧会法术

实 例

(参见下级母题实例)

WTY018.7.1

尧能呼风唤雨

实 例

(实例待考)

WTY018.7.2

尧会念咒语

实 例

汉 族 尧王念动咒语，岩山徐徐上升，黑虎、走神将火凤塞于山下，尧王让把妖凤头朝东斜谷中伸出。

【流传】山西省·运城市·绛县

【出处】胡文明：《尧王除凤妖》，见田茂忠、申建华主编《尧王故里》，山西省绛县尧文化研究会编印，2009 年，第 143 ～ 146 页。

WTY018.7.3

尧能使唤神灵

实 例

汉 族 尧王唤出山神，仔细询问了长毛怪的事情，山神一五一十地告诉了他。

【流传】山西省·运城市·绛县

【出处】宋玉秀：《尧王三战长毛怪》，见田茂忠、申建华主编《尧王故里》，山西省绛县尧文化研究会编印，2009 年，第 137 ～ 139 页。

WTY018.8

尧灵验(尧能显灵)

实 例

(参见下级母题实例)

WTY018.8.1

尧显灵惩恶

实 例

(实例待考)

WTY018.8.2

尧王爷护佑百姓

实 例

汉 族 历朝历代，周围村庄曾遭遇过数不清的战乱祸害，而尧寓村总是幸免于难，因为这是有尧王爷护着。

【流传】山西省・运城市・绛县

【出处】刘玉栋：《帝尧溯源》，原载《古绛春秋》，北京：长征出版社 2007 年版，见田茂忠、申建华主编《尧王故里》，山西省绛县尧文化研究会编印，2009 年，第 54 页。

WTY018.9
与尧具有特定能力有关的其他母题

实 例

（参见下级母题实例）

WTY018.9.1
尧胆大敢言

实 例

汉 族 放勋十二岁了，长得身板结实、五官端正，一颗大脑袋蕴藏着超群的智慧，想象丰富，敢想敢做，常常说出同龄孩子说不出的话、做出连大人都不敢想的事来。

【流传】河北省・保定市・望都县

【出处】韩增寿采录：《尧母的传说・唐尧学艺》，见中国民间文艺家协会组织编写，罗杨总主编，吴从志本卷主编《中国民间故事丛书》（河北省・保定市・望都县卷），北京：知识产权出版社 2016 年版，第 30 ～ 35 页。

WTY018.9.2
尧勇武过人

实 例

汉 族 尧少年当政后，由于勤学苦练，雄才大略，勇武过人，南下北上，连年征战。

【流传】山西省・运城市・绛县

【出处】呼红红：《抱拳问候的由来》，见田茂忠、申建华主编《尧王故里》，山西省绛县尧文化研究会编印，2009 年，第 168 ～ 170 页。

WTY018.9.3
尧生百日，能言会走

实 例

汉 族 尧生下来便容貌出众，天堂饱满如日月，眉宇开阔似龙头，百日能说话，会行走，一两岁时能与成人交谈，谈吐中，表现出他那敏捷过人，智慧过人，才华过人的天资。

【流传】山西省・运城市・绛县・古绛镇・尧寓村

【出处】范红霞、任兴舜：《庆都娘娘传奇》，见田茂忠、申建华主编《尧王故里》，山西省绛县尧文化研究会编印，2009 年，第 106 ～ 107 页。

WTY018.9.4
尧能逢凶化吉

实 例

汉 族 有的说，尧的降临，给全村人带来了万福。日后定能逢凶化吉，遇难呈祥。

【流传】山西省・运城市・绛县・古绛镇・尧寓村

【出处】徐志明：《尧寓村的来历》，见田茂忠、申建华主编《尧王故里》，山西省绛县尧文化研究会编印，2009 年，第 222 页。

WTY019

与尧特征有关的其他母题

实 例

（参见下级母题实例）

WTY019.1

尧具有智慧（尧睿智）

实 例

汉 族 远古时候，尧王懂天文地理，又体贴民情。

【流传】河南省·（焦作市）·沁阳县·（西向镇·捏掌村）

【出处】李元怀（72 岁，农民）讲，尚立飞、李燕采录：《尧王池》，见张振犁编著，孟宪明、朱淑君统纂《中原神话通鉴》（第三卷），郑州：河南大学出版社 2017 年版，第 991 页。

WTY019.2

尧的爱好

实 例

（实例待考）

WTY019.3

尧的原型

实 例

（实例待考）

WTY019.4

尧特征的应用

实 例

（实例待考）

WTY019.5

尧特征的变化

实 例

（实例待考）

WTY019.6

尧的图腾

实 例

（参见下级母题实例）

WTY019.6.1

猛兽是尧的图腾

实 例

中华民族 有熊氏实际就是唐尧的氏族，这个部落也就是尧舜所代表的猛兽图腾部落。

【流传】（无考）

【出处】郭世谦：《古史传说考》（五、三皇五帝及历代古史整理倾向），天津：天津出版传媒集团·天津古籍出版社 2019 年版，第 1308 页。

WTY019.6.2

熊是尧的图腾

实 例

中华民族 尧的图腾是熊。

【流传】（无考）

【出处】郭世谦:《古史传说考》（一、唐虞猛兽图腾集团），天津：天津出版传媒集团·天津古籍出版社2019年版，第42页。

中华民族 《史记》云："帝尧为陶唐。"是范宣子之祖即为帝尧陶唐氏，所谓其祖为熊，即是说陶唐氏以熊为图腾，亦即有熊氏。以地称为陶唐氏，以图腾称则为有熊氏。尧为有熊氏，属于熊图腾氏族亦即《舜典》的"朱虎熊黑"之熊族。

【流传】（无考）

【出处】郭世谦:《古史传说考》（一、唐虞猛兽图腾集团），天津：天津出版传媒集团·天津古籍出版社2019年版，第14～15页。

WTY019.7

尧的崇拜

实 例

中华民族 对陶寺文化内涵及特征的分析，表明它与以蟠龙为族徽图腾或神祇的陶唐氏、有虞氏、夏后氏等部落密不可分。因为这些部落都崇拜龙，并均以龙为族徽及神祇的，这在历史文献上都得到了充分的支持。

【流传】（山西襄汾）

【出处】王克林:《陶寺文化与唐尧虞舜》，载《文物世界》2001年第1～2期。

2. 尧的身份与职能【WTY020～WTY029】

WTY020

尧的身份

实 例

（参见下级母题实例）

WTY020.1

尧身份的产生

实 例

（参见下级母题实例）

WTY020.1.1

尧帝位的产生

实 例

（参见下级母题实例）

WTY020.1.1.1

兄帝挚让位于尧

实 例

汉 族 尧的同父异母哥哥帝挚见东夷覆

灭，又见各诸侯都亲近尧而疏远自己，觉得没法再混下去，提出把帝位让给尧。

【流传】河北省·保定市·唐县［采录地点：唐县峪山庄］

【出处】韩海山采录：《唐尧传说·伐东夷》（2008.09），见中国民间文艺家协会组织编写，罗杨总主编，韩海山本卷主编《中国民间故事丛书》（河北省·保定市·唐县卷），北京：知识产权出版社2016年版，第14～17页。

WTY020.2

尧身份的界定

实 例

（实例待考）

WTY021

尧是神

实 例

（参见下级母题实例）

WTY021.1

尧是神的来历

实 例

（实例待考）

WTY021.2

尧是创世神（尧是创造神）

实 例

（实例待考）

WTY021.3

尧是与方位有关的神

实 例

（参见下级母题实例）

WTY021.3.1*

尧是西方上帝

实 例

中华民族 唐虞之世中，尧为西方上帝。舜（东方上帝）禹（西方社神）稷（西方稷神）。

【流传】（无考）

【出处】杨宽：《中国上古史导论·综论》（1938），原载吕思勉、童书业编著《古史辨》第七册，1941年版，见马昌仪选编《中国神话学百年文论选》（上），西安：陕西师范大学出版总社有限公司2013年版，第216～224页。

WTY021.4

尧是人神

实 例

中华民族 大抵尧当是古时居今山东省定陶县一带的称为陶的部族的宗祖神。

【流传】（山东省定陶县）

【出处】张大可、朱枝富编著：《人文始祖黄帝》，北京：商务印书馆2018年版，第60页。

WTY021.5

尧是动植物神

实 例

（实例待考）

WTY021.6

尧是自然神

实 例

（实例待考）

WTY021.7

尧是特定职能的神

实 例

中华民族 （参见“WTY021.4 尧是人神”母题实例）

WTY021.8

尧是其他特定名称的神

实 例

中华民族 （参见“WTY021.4 尧是人神”母题实例）

WTY021.9

与尧是神有关的其他母题

实 例

（参见下级母题实例）

WTY021.9.1

尧身兼数神（尧是多神一体）

实 例

（实例待考）

WTY021.9.1.1

尧兼祖先神兼农业神

实 例

（实例待考）

WTY021.9.2

尧是特定时代的神

实 例

中华民族 （参见“WTY021.4 尧是人神”母题实例）

WTY021.9.3

尧是特定地域的神

实 例

中华民族 （参见“WTY021.4 尧是人神”母题实例）

WTY021.9.4

尧是特定群体的神

实 例

中华民族 大抵尧当是古时居今山东省定陶县一带的称为陶的部族的宗祖神。

【流传】（山东省定陶县）

【出处】张大可、朱枝富编著：《人文始祖黄帝》，北京：商务印书馆 2018 年版，第 60 页。

WTY022

尧是祖先（尧是祖先神）

实 例

（参见下级母题实例）

WTY022.1

尧是中华民族的祖先（尧是中华共祖）

实　例

汉　族 尧为中华民族“人类始祖”三皇五帝之一，姓伊祁，名放勋，号陶唐氏，也称帝尧、唐尧。约生于公元前2377年，在位70年，他政纲彰明，礼仪为本，选贤任能，禅让帝位，治水除害，造文字，立算术，创历法，制陶冶炼，安邦抚疆，是我国历史上罕见的明智帝王。

【流传】山西省·运城市·绛县·古绛镇·尧寓村

【出处】刘永昌、李学文：《灿烂的尧寓村》，载《文史月刊》2007年第5期。

WTY022.1.1*

尧是华夏人文始祖

实　例

汉　族 中华民族的人文世祖尧，在位时以礼义为本，政纲彰明，选贤任能，禅让帝位，治水除害，阡陌通衢，设立华表，钦定历法，安邦抚疆，是我国历史上公认的圣明君王。

【流传】山西省

【出处】（a）张志善、赵新民：《尧王故里尧寓村》，载《山西日报》2003年6月5日。（b）同（a），载《华人时刊》2003年第10期。

中华民族 尧舜禹都是原始社会末期的部落长，又相继被举荐为华夏部落联盟最高军事民主首长，皆为古史传说时代的帝王，更是中国文明曙光时代的典型代表人物、中华民族的文明祖先。

【流传】（无考）

【出处】杨东晨：《华夏始祖：尧舜禹时代》，西安：三秦出版社2007年版，第1页。

汉　族 尧王是创建华夏文明的奠基者，是一位杰出的圣明君主。

【流传】山西省·运城市·绛县·古绛镇·尧寓村

【出处】刘永昌：《尧王故里在绛县》，载《文史月刊》2007年第2期。

汉　族 尧帝是中华民族发展史上继“人文始祖”黄帝之后的一位杰出的帝王，是名副其实的华夏“文明始祖”。

【流传】山西省·运城市·绛县

【出处】田茂忠、申建华主编：《尧王故里》“前言”，山西省绛县尧文化研究会编印，2009年，第8页。

汉　族 尧一天天长大了，做了华夏民族拥戴的天子。因为尧是赤龙的后代，华夏民族称自己是“龙的传人”。

【流传】河北省·保定市·望都县

【出处】韩增寿采录：《赤龙感孕》，见中国民间文艺家协会组织编写，罗杨总主编，吴从志本卷主编《中国民间故事丛书》（河北省·保定市·望都县卷），北京：知识产权出版社2016年版，第3～5页。

WTY022.2
尧是特定氏族的祖先

实 例

中华民族（参见“WTY055.6.2.1 有熊氏是尧的后代”母题实例）

WTY022.3
尧是特定部落的祖先

实 例

（参见下级母题实例）

WTY022.3.1
尧是陶部族的宗祖神

实 例

中华民族 大抵尧当是古时居今山东省定陶县一带的称为陶的部族的宗祖神。

【流传】（山东省定陶县）

【出处】张大可、朱枝富编著：《人文始祖黄帝》，北京：商务印书馆 2018 年版，第 60 页。

WTY022.4
尧是特定民族的祖先

实 例

汉 族［参见“WTY022.1 尧是中华民族的祖先（尧是中华共祖）”母题实例］

WTY022.5
尧是其他特定群体的祖先

实 例

中华民族（参见“WTY055.6.2.1 有熊氏是尧的后代”母题实例）

WTY022.6
尧是特定职业的祖先

实 例

（实例待考）

WTY022.7
尧是特定名称的祖先

实 例

（实例待考）

WTY022.8
尧是其他特定对象的祖先

实 例

（实例待考）

WTY022.9
与尧是祖先有关的其他母题

实 例

（参见下级母题实例）

WTY022.9.1
尧是祖先的原因

实 例

汉 族 人们感谢祖先尧的发明，认为尧是“窑王”。每逢烧窑点火之前，师傅总要焚香烧纸，祈求窑王保佑成功。

【流传】河北省・保定市・望都县

【出处】韩增寿采录：《尧母的传说・唐尧学艺》，见中国民间文艺家协会组织编写，罗杨总主编，吴从志本卷主编《中国民间故事丛书》(河北省·保定市·望都县卷)，北京：知识产权出版社 2016 年版，第 30 ~ 35 页。

WTY022.9.2

尧是祖先的形成

实 例

汉 族 (参见“WTY022.9.1 尧是祖先的原因”母题实例)

WTY022.9.3

尧是祖先的发展

实 例

汉 族 (参见“WTY022.9.1 尧是祖先的原因”母题实例)

WTY022.9.4

尧是祖先的演变

实 例

汉 族 (参见“WTY022.9.1 尧是祖先的原因”母题实例)

WTY023

尧是其他特定神性人物

实 例

(参见下级母题实例)

WTY023.1

尧是文化英雄

实 例

(实例待考)

WTY023.2

尧是神人

实 例

中华民族 (参见“WTY022.3.1 尧是陶部族的宗祖神”母题实例)

WTY023.3

尧是巨人

实 例

(实例待考)

WTY023.4

尧是神仙(尧是仙人)

实 例

(实例待考)

WTY023.4.1

尧是农仙

实 例

(实例待考)

WTY023.4.2

尧是药仙

实 例

(实例待考)

WTY023.5

尧是菩萨

实 例

(实例待考)

WTY023.6

尧是天子（尧天子）

实　例

（参见下级母题实例）

WTY023.6.1*

尧被后人颂为“天子”

【关联】[WTY064.6] 尧的称谓“天子”

实　例

中华民族 羿武艺高强，所以才能奉帝尧之命击溃东方（今山东）的“十日”氏族、海隅的九夷及其他氏族部落，并击溃了洞庭湖一带的三苗，保护了华夏部落联盟人民的利益和安全。帝尧的威望由此大为提高，人们称颂他为“天子”。

【流传】（无考）

【出处】杨东晨：《华夏始祖：尧舜禹时代》“二、帝尧的伟业篇”，西安：三秦出版社 2007 年版，第 36 页。

WTY023.7

尧是其他特定神性人物

实　例

（参见下级母题实例）

WTY023.7.1*

尧是圣人

实　例

（参见下级母题实例）

WTY023.7.1.1*

尧被百姓奉为“圣人”

【关联】[WTY017.3.1] 尧心系民众

实　例

汉　族 帝尧时代社会和平而安定，因而深受老百姓爱戴，帝尧因此被后人称为圣人。

【流传】（无考）

【出处】刘永昌：《话说尧王》，载《文史月刊》2006 年第 5 期。

WTY024

尧是首领（尧是管理者）

实　例

（参见下级母题实例）

WTY024.1

尧是首领（尧是头领）

实　例

（参见下级母题实例）

WTY024.1.0

尧成为首领的时间

实　例

（参见下级母题实例）

WTY024.1.0.1

尧十五岁成为部落首领

【关联】[WTY031.5.3.2] 尧十五岁被举部

落首领

实 例

汉 族 尧处处都表现出他有志、有才、宽厚、诚实、仁爱的高尚品德，受到人们夸赞，十五岁就被推举为部落首领。

【流传】山西省 · 运城市 · 绛县 · 古绛镇 · 尧寓村

【出处】范红霞、任兴舜：《庆都娘娘传奇》，见田茂忠、申建华主编《尧王故里》，山西省绛县尧文化研究会编印，2009 年，第 106 ～ 107 页。

WTY024.1.0.2
尧十六岁成为首领

实 例

汉 族 尧十六岁那年，被族人拥戴当了首领。

【流传】山西省 · 运城市 · 绛县

【出处】宋玉秀：《南征北战锅锅门》，见田茂忠、申建华主编《尧王故里》，山西省绛县尧文化研究会编印，2009 年，第 118 ～ 120 页。

WTY024.1.1
尧是部落联盟首领（盟主）

实 例

汉 族 传说帝喾病死，挚任部落联盟领袖时，其弟尧辅佐政务，挚荒谬无度，不理公共事务，被各部族首领废去，另推选他的弟弟尧（放勋）为联盟首领。

【流传】（无考）

【出处】《史籍记载的尧舜源流与功绩》，见赵大勇、赵随意著《尧都平阳与尧舜禹》，太原：山西古籍出版社 1999 年版，第 2 页。

汉 族 黄帝以后，先后出了三个很出名的具有很高道德水准的部落联盟首领，他们的名字分别叫尧、舜和禹。

【流传】（无考）

【出处】《尧舜二帝》，见金麦田编著《中国古代神话故事》，北京：京华出版社 2003 年版，第 45 ～ 52 页。

汉 族 尧取代哥哥挚做了本部落联盟首领。

【流传】山西省 · 运城市 · 绛县 · 古绛镇 · 尧寓村

【出处】刘玉栋：《帝尧溯源》，原载《古绛春秋》，北京：长征出版社 2007 年版，见田茂忠、申建华主编《尧王故里》，山西省绛县尧文化研究会编印，2009 年，第 44 ～ 45 页。

汉 族 当时尧的部落已逐渐强大，尧王也成了众多部落联盟的首领。

【流传】山西省 · 运城市 · 绛县

【出处】呼红红：《尧王点将台》，见田茂忠、申建华主编《尧王故里》，山西省绛县尧文化研究会编印，2009 年，第 97 ～ 100 页。

汉 族 尧王自幼孝敬老人，他德高望重，深受人民拥戴，被推举为部落首领。

【流传】山西省 · 运城市 · 绛县

【出处】申建华：《埋人的传说》，见田茂忠、申建华主编《尧王故里》，山西省绛县尧文化研究会编印，2009 年，第 183 页。

中华民族 部族联盟的盟主尧帝主动宣告退位，让虞舜继承了帝位。

【流传】（浙江省·绍兴市）

【出处】《绍兴市禹陵公寓内鲧离神话文本》，据禹陵公寓宣传板整理，见毕旭玲等《中华禹迹寻踪——中华鲧禹创世神话田野调查报告》，上海：上海人民出版社 2020 年版，第 345 页。

WTY024.1.1.1

尧是华夏部落联盟的首领

实　例

汉　族 祁姓陶唐氏部落首领唐尧是华夏部落联盟的首领，名放勋，尧是他的谥号。

【流传】（无考）

【出处】刘永昌：《话说尧王》，载《文史月刊》2006 年第 5 期。

WTY024.1.1.1.1

尧为华夏部落联盟最高军事民主首长

实　例

中华民族 正因为陶唐氏尧的部落活动在黄河中下游一带，地域广、人口多，经济比较繁荣，所以尧的声望空前提高，迁陶仅一年就被诸部落长推荐为华夏部落联盟最高军事民主首长了。

【流传】（无考）

【出处】杨东晨：《华夏始祖：尧舜禹时代》“二、帝尧的伟业篇”，西安：三秦出版社 2007 年版，第 21 页。

WTY024.1.1.1a

尧是中原部落联盟的首领

实　例

汉　族 上古时候，中原一带有很多部落。各个部落联盟的首领是尧，人称陶唐氏，名放勋，就是历史上说的唐尧。

【流传】河南省·（郑州市）·登封市

【出处】《尧王访许由》，见张振犁编著，孟宪明、朱淑君统纂《中原神话通鉴》（第三卷），郑州：河南大学出版社 2017 年版，第 978 页。

WTY024.1.1.2

尧是陶唐部落首领

实　例

汉　族 放勋姓祁，因其 12 岁受封于陶，15 岁受封于唐，即分别为陶唐部落的首领，后代称其为陶唐氏。

【流传】（无考）

【出处】刘永昌：《话说尧王》，载《文史月刊》2006 年第 5 期。

WTY024.1.1.2a*

尧是中国氏族联盟时代帝尧陶唐氏政权的首任帝

实　例

中华民族 中国氏族联盟时代帝挚青阳氏政权的十六任帝姜斯遂（公元前 2403—前 2369 年），生四子，其中，四子名叫尧，父亲把他封在了唐邑（今河北保定市唐县西北），仍为姜姓，是为唐侯。名帝尧，又称唐尧。后成为中国氏族联盟时代帝尧陶唐氏政权的首任帝。

【流传】（无考）

【出处】刘志勇：《汉族族源新探》，载《成都大学学报（社会科学版）》2010 年第 2 期。

WTY024.1.1.3

尧是部落联盟军事首长

实 例

中华民族 尧的身份是部落联盟军事首长。

【流传】（无考）

【出处】郭世谦：《古史传说考》（一、唐虞猛兽图腾集团），天津：天津出版传媒集团·天津古籍出版社 2019 年版，第 62 页。

WTY024.1.1a*

尧是部族方国联盟的大盟主

实 例

汉 族 帝尧成为那时的最高文化的代表人物，故被推选为部族方国联盟的大盟主（首领），从而使国家政权集中于君主身上。

【流传】（无考）

【出处】《史籍记载的尧舜源流与功绩》，见赵大勇、赵随意著《尧都平阳与尧舜禹》，太原：山西古籍出版社 1999 年版，第 6 页。

WTY024.1.1b*

尧是部落族国的共同首领

实 例

汉 族 黄帝时期是中华民族东夷、西夷、南蛮三大部落族的首次大融合，到尧时，已形成这三大部族相互协商或者经过激烈的斗争而产生出、推选出当时各部落族国的共同首领，尧、舜、禹就是经东夷族与西方部落互相推让而协商产生的禅让领袖。

【流传】（无考）

【出处】《唐尧虞舜时的社会现状》，见赵大勇、赵随意著《尧都平阳与尧舜禹》，太原：山西古籍出版社 1999 年版，第 82 页。

WTY024.2

尧是酋长

实 例

（参见下级母题实例）

WTY024.2.1

尧是丹地部落酋长

实 例

汉 族 炎黄时代，因丹水发源于此，人称丹地。过了很多年，出了一位了不起的人物——尧王。尧号陶唐氏，名放勋（与《辞海》中的“放勋”异），是丹地部落酋长的儿子，后继父成为部落领袖。

【流传】（山西省·长治市）

【出处】上党经济文化开发丛书：《庙会》

“尧王与尧庙会”。

WTY024.2.2

尧是平阳一带的部落酋长

实 例

汉 族 早在五千多年以前，平阳（今山西临汾）内居住着一个有名的大部落，这个部落的酋长叫唐尧，就是后来人们所说的尧王。

【流传】（无考）

【出处】申双鱼搜集整理：《尧王举贤》，原载陶阳编《中国民间故事大观》，见陶阳、钟秀编《中国神话》（中），北京：商务印书馆 2008 年版，第 811 ～ 812 页。

WTY024.2.3

尧是陶唐氏部落酋长

实 例

中华民族 《新注》曰：“放勋：人名，传说为陶唐氏部落酋长，史称唐尧。尧，谥号。”《谥法》曰：“翼善传圣曰尧。”

【流传】（无考）

【出处】张大可、朱枝富编著：《人文始祖黄帝》，北京：商务印书馆 2018 年版，第 59 页。

WTY024.3

尧是族长（尧是部落长）

实 例

（参见下级母题实例）

WTY024.3.1*

帝喾封放勋为唐侯（尧被封部落长）

实 例

中华民族 放勋受封于唐，按帝喾在位 70 年析，应是喾所封之侯（实为氏族或部落长）

【流传】（无考）

【出处】杨东晨：《华夏始祖：尧舜禹时代》“二、帝尧的伟业篇”，西安：三秦出版社 2007 年版，第 18 页。

WTY024.3.1a

尧受封唐侯

实 例

汉 族 尧被封为唐侯以后，娶了散宜氏的女儿女皇为妻。

【流传】河北省·保定市·唐县［采录地点：唐尧文化研究会］

【出处】赵喜林采录：《*尧教子》（2009.06），见中国民间文艺家协会组织编写，罗杨总主编，韩海山本卷主编《中国民间故事丛书》（河北省·保定市·唐县卷），北京：知识产权出版社 2016 年版，第 22 ～ 24 页。

WTY024.4

尧是帝王

实 例

中华民族 少昊传位于颛顼，颛顼传位于帝尧。

【流传】（无考）

【出处】许庆山：《鲁西南地区与炎黄文化》，载《济宁师专学报》1995 年第 1 期。

WTY024.4.1
尧是王

实 例

（参见下级母题实例）

WTY024.4.1.1
尧王天下

实 例

汉 族（参见“WTY024.4.3.1* 尧是明智帝王”母题实例）

WTY024.4.1.2
尧坐天下

实 例

汉 族 尧被人们拥戴为首领后，成为一国之君，操持天下大事。

【流传】河北省 · 保定市 · 顺平县

【出处】齐洛良、王老良讲，曹慧增记录：《尧城观月台的传说》，见中国民间文艺家协会组织编写，罗杨总主编，甄会龙本卷主编《中国民间故事丛书》（河北省 · 保定市 · 顺平卷），北京：知识产权出版社 2016 年版，第 22 页。

WTY024.4.2
尧是皇帝

实 例

（实例待考）

WTY024.4.3
尧是古帝王

实 例

中华民族 尧即传说中的古帝陶唐氏。

【流传】（无考）

【出处】叶舒宪：《中华文明探源的神话学研究》，北京：社会科学文献出版社 · 经济与管理出版分社 2015 年版，第 395 页。

WTY024.4.3.1*
尧是明智帝王

实 例

汉 族 尧为中华民族“人类始祖”三皇五帝之一，姓伊祁，名放勋，号陶唐氏，也称帝尧、唐尧。约生于公元前 2377 年，在位 70 年，他政纲彰明，礼仪为本，选贤任能，禅让帝位，治水除害，造文字，立算术，创历法，制陶冶炼，安邦抚疆，是我国历史上罕见的明智帝王。

【流传】山西省 · 运城市 · 绛县 · 古绛镇 · 尧寓村

【出处】刘永昌、李学文：《灿烂的尧寓村》，载《文史月刊》2007 年第 5 期。

WTY024.4.3.1a*
尧是英明帝王

实 例

汉 族 尧帝因为留住了最后一个太阳，拯救了百姓万物，成为一代英明的帝王。

【流传】山西省 · 运城市 · 绛县

【出处】申建华：《太阳谢尧帝》，见田茂忠、申建华主编《尧王故里》，山西省绛县尧文化研究会编印，2009 年，第 178 页。

WTY024.4.3.2*

尧是帝王典范

实 例

汉 族 帝尧是一个极尽完美的帝王典范。

【流传】（无考）

【出处】刘玉栋：《帝尧溯源》，原载《古绛春秋》，北京：长征出版社 2007 年版，见田茂忠、申建华主编《尧王故里》，山西省绛县尧文化研究会编印，2009 年，第 35 页。

WTY024.4.3.3*

尧是德才出众的帝王

实 例

汉 族 尧是一个德行与才智都十分出众的帝王。

【流传】山西省 · 运城市 · 绛县 · 古绛镇 · 尧寓村

【出处】张志善：《娥皇女英助舜脱险的故事》，见田茂忠、申建华主编《尧王故里》，山西省绛县尧文化研究会编印，2009 年，第 130 ～ 136 页。

WTY024.4.4

尧是人皇

实 例

（实例待考）

WTY024.4.5

尧是君王（尧是国王）

实 例

汉 族 尧王是历史上出了名的节俭、朴素、顾念人民的好国君。

【流传】山西省 · 运城市 · 绛县

【出处】韩生泉：《平民国君》，见田茂忠、申建华主编《尧王故里》，山西省绛县尧文化研究会编印，2009 年，第 211 页。

汉 族 上古时候，尧王被封为古唐国君主时，就考察定都之事。

【流传】山西省 · 运城市 · 绛县

【出处】刘永昌：《帝尧第一都——尧都村》，见田茂忠、申建华主编《尧王故里》，山西省绛县尧文化研究会编印，2009 年，第 224 页。

汉 族 尧被人们拥戴为首领后，成为一国之君，操持天下大事。

【流传】河北省 · 保定市 · 顺平县

【出处】齐洛良、王老良讲，曹慧增记录：《尧城观月台的传说》，见中国民间文艺家协会组织编写，罗杨总主编，甄会龙本卷主编《中国民间故事丛书》（河北省 · 保定市 · 顺平卷），北京：知识产权出版社 2016 年版，第 22 页。

WTY024.4.5.1*

尧是明君圣王

实 例

汉 族 尧王是个明君，上知天文，下知

地理。

【流传】河南省·(焦作市)·沁阳市·西向乡(西向镇)·捏掌村

【出处】李元怀讲，尚立飞采录:《尧王找水》，见《中国民间故事集成》全国编辑委员会、《中国民间故事集成·河南卷》编辑委员会编《中国民间故事集成》(河南卷)，北京：中国 ISBN 中心 2001 年版，第 44 页。

汉 族 中华民族的人文世祖尧，在位时以礼义为本，政纲彰明，选贤任能，禅让帝位，治水除害，阡陌通衢，设立华表，钦定历法，安邦抚疆，是我国历史上公认的圣明君王。

【流传】山西省

【出处】(a) 张志善、赵新民:《尧王故里尧寓村》，载《山西日报》2003 年 6 月 5 日。(b) 同 (a)，载《华人时刊》2003 年第 10 期。

汉 族 尧王是创建华夏文明的奠基者，是一位杰出的圣明君主。

【流传】山西省·运城市·绛县·古绛镇·尧寓村

【出处】刘永昌:《尧王故里在绛县》，载《文史月刊》2007 年第 2 期。

汉 族 被世人尊为“三皇五帝”之一的尧帝，钦定历法，推广水井，设立华表，实行禅让，是中国历史上公认的第一位圣明君王。

【流传】山西省·运城市·绛县

【出处】(a) 李筠霞:《源远流长的尧王传说》(2008)，见田茂忠、申建华主编《尧王故里》，山西省绛县尧文化研究会编印，2009 年，第 3 页。(b) 同 (a)，载《黄河晨报》2008 年 2 月 28 日。

汉 族 尧在位的几十年中，曾设官掌管时令，制定历法，改造自然，造福于民，做了许多好事，堪称贤明君王。

【流传】山西省·运城市·绛县

【出处】张志善:《宿尧》，见田茂忠、申建华主编《尧王故里》，山西省绛县尧文化研究会编印，2009 年，第 227 页。

WTY024.4.5.2*

尧是典范仁君

实 例

汉 族 尧为仁君，一日十瑞。

【流传】(无考)

【出处】[南朝·梁] 任昉:《述异记》卷上。

汉 族 尧被历代人们视为典范的仁君，以勤俭、朴素著称，办事公正，体恤人民。

【流传】山西省·运城市·绛县

【出处】韩生泉:《荣辱不惊》，见田茂忠、申建华主编《尧王故里》，山西省绛县尧文化研究会编印，2009 年，第 208 页。

WTY024.4.6

尧是“三皇五帝”之一

实 例

汉 族 上古传说的三皇五帝，都是代表一段历史时期的文明。炎帝、黄帝、颛顼、帝喾诸人都系那时的先进文明高文化的代表者，同化了其他落后部族，而成为部落联盟首领。到尧舜禹时更进而说明了平阳大地是高文化、高文明、高礼仪、高法制之邦国，其君主是典型的出众的杰出领导者。

【流传】（无考）

【出处】《史籍记载的尧舜源流与功绩》，见赵大勇、赵随意著《尧都平阳与尧舜禹》，太原：山西古籍出版社 1999 年版，第 22 页。

汉　族 被世人尊为“三皇五帝”之一的尧帝，钦定历法，推广水井，设立华表，实行禅让。

【流传】山西省 · 运城市 · 绛县

【出处】（a）李筠霞：《源远流长的尧王传说》（2008），见田茂忠、申建华主编《尧王故里》，山西省绛县尧文化研究会编印，2009 年，第 3 页。（b）同（a），载《黄河晨报》2008 年 2 月 28 日。

WTY024.4.6.1

尧是三皇之一

实　例

（实例待考）

WTY024.4.6.2

尧是五帝之一

实　例

汉　族 帝尧位列上古五帝之一。其父帝喾去世后，由尧的同父异母兄挚即位，挚执政九年因荒淫无度被废除，各部族推举尧为王。史称：“帝挚立，不善，而弟放勋立，是为帝尧。”

【流传】（无考）

【出处】刘永昌：《话说尧王》，载《文史月刊》2006 年第 5 期。

中华民族 唐尧、虞舜是“五帝”中的两位末帝，禹则是上承尧舜、下启夏王朝建立的双重身份英雄人物。

【流传】（无考）

【出处】杨东晨：《华夏始祖：尧舜禹时代》“一、五帝英雄时代”，西安：三秦出版社 2007 年版，第 8 页。

汉　族 尧王是中华五千年文明史上的五帝之一，开人类文明之先河。

【流传】山西省 · 运城市 · 绛县

【出处】刘永昌：《尧王故里在绛县》，载《文史月刊》2007 年第 2 期。

中华民族 研究者对不同古籍记载的整理，归纳出“五帝”有五个系统，即“①黄帝、颛顼、帝喾、唐尧、虞舜；②伏羲、神农、黄帝、唐尧、虞舜；③太昊、炎帝、黄帝、少昊、颛顼；④少昊、颛顼、帝喾、唐尧、虞舜；⑤伏羲、神农、黄帝、少昊、颛顼”。

【流传】（无考）

【出处】张大可、朱枝富编著：《人文始祖黄帝》，北京：商务印书馆 2018 年版，第 9 页。

WTY024.5

尧是其他特定的首领

实　例

（参见下级母题实例）

WTY024.5.1

尧是唐侯尧王

实 例

汉 族 帝王封侯的时辰到了。首先，帝挚把侯国执政信物——一条放牛鞭、一件葛衣递给放勋。放勋躬身接过信物，高高地挂在身后的屏帐上。接着，各部落酋长依次把族旗交给唐侯尧王。

【流传】 河北省·保定市·唐县［采录地点：唐县丹凤山下］

【出处】 贾泉河（86 岁，唐县北店头村人，河北大学原副校长）讲，韩海山（65 岁，唐县南高和村人，唐县人大常委会原副主任）记录：《唐尧传说·受封》(2009.05)，见中国民间文艺家协会组织编写，罗杨总主编，韩海山本卷主编《中国民间故事丛书》(河北省·保定市·唐县卷)，北京：知识产权出版社 2016 年版，第 11 ～ 13 页。

WTY024.5.2

尧是都长

实 例

中华民族 挚的传旨官对尧道："都长可将陶地与唐地事务都管起来，陶地不再派新都长了。"

【流传】（山西省）

【出处】 中国先秦史学会尧舜禹文化研究基地编，叶雨青、张培莲著：《尧舜传》第五章"尧率百姓驱野猪，羿杀封豨除民害"，太原：山西出版集团·山西春秋电子音像出版社 2008 年版，第 39 页。

WTY024.5.3*

尧是母系社会最后一任联盟女领袖

实 例

中华民族 尧是母系社会最后一任联盟女领袖。

【流传】（无考）

【出处】 郑慧生：《我国母系氏族社会与传说时代——黄帝等人为女人辨》，载《河南大学学报》1986 年第 4 期。

WTY024.6

尧是主事者

实 例

（实例待考）

WTY024.7

尧是决策者

实 例

（实例待考）

WTY024.8

尧是特定事物的管理者

实 例

（参见下级母题实例）

WTY024.8.1*

尧管理中国

实 例

汉 族 很早的时候，天下分九州。有个叫尧的管理着中国。

【流传】山东省·（临沂市）·费县［采录地点：费县探沂镇立纪庄］

【出处】李素昌（50岁，探沂镇立纪庄小学教师，中专）讲，王有瑞（36岁，费县县志办公室干部，大专）采录：《尧王选贤》（1987年春天），见《中国民间故事集成》全国编辑委员会、《中国民间故事集成·山东卷》编辑委员会编《中国民间故事集成》（山东卷），北京：中国ISBN中心2007年版，第16页。

WTY024.8.2*

尧为天官

实　例

汉　族 道教尊尧舜禹为三官，尧为天官，舜为地官，禹为水官。

【流传】河南省·郑州市·登封市［采录地点：登封市郊］

【出处】常松木讲，毕旭玲、程鹏、郭腾飞、邱爱园访谈：《河南省登封市访谈材料（六）》（2018.08.04），见毕旭玲等《中华禹迹寻踪——中华鲧禹创世神话田野调查报告》，上海：上海人民出版社2020年版，第276页。

WTY024.9

与尧是首领有关的其他母题

实　例

（参见下级母题实例）

WTY024.9.1*

尧是圣主

实　例

汉　族 以前，老百姓的首领叫帝尧，他是一个能够关心人民疾苦的圣主。

【流传】江苏省·常州市

【出处】汤庚和讲，韦中权记录：《后羿的弓弦》（1980.12.29），见姚宝瑄主编《中国各民族神话》（汉族），太原：山西出版传媒集团·书海出版社2014年版，第142～145页。

WTY024.9.2*

尧是万民之主

实　例

汉　族 尧是万民之主。

【流传】淮河流域

【出处】常山讲：《鲧王治水》，原载茆文斗搜集整理《河蚌姑娘》，见姚宝瑄主编《中国各民族神话》（汉族），太原：山西出版传媒集团·书海出版社2014年版，第100～106页。

WTY025

尧是特定的人（尧是人）

实　例

（参见下级母题实例）

WTY025.1

尧是特定体征的人

实 例

中华民族 帝尧陶唐氏，母曰庆都，生于斗维之野，常有黄云覆其上。及长，观于三河，常有龙随之，一旦龙负图而至，其文要曰：亦（赤）受天佑。眉八采，须发长七尺二寸，面锐上丰下，足履翼宿，既而阴风四合，赤龙感之，孕十四月而生尧，其状如图，及长，身长十尺，有圣德，封于唐。

【流传】（无考）

【出处】［东周］史官：《竹书纪年》。

WTY025.2

尧是特定职业者

实 例

（实例待考）

WTY025.3

尧是灾难幸存者

实 例

（实例待考）

WTY025.4

尧是特定群体的代表

实 例

汉 族 ［参见“WTY024 尧是首领（尧是管理者）”母题实例］

WTY025.5

尧是历史人物

实 例

中华民族 （参见“WTY024.4.3 尧是古帝王”母题实例）

WTY025.6

尧是虚构的人物

实 例

（实例待考）

WTY025.7

与尧是人有关的其他母题

实 例

（参见下级母题实例）

WTY025.7.1

尧是农耕文明的创造者

实 例

汉 族 中华民族 5000 年的农耕文明，其创造者中的代表人物就是上古时期五帝之一的帝尧。

【流传】（无考）

【出处】刘玉栋：《帝尧溯源》，原载《古绛春秋》，北京：长征出版社 2007 年版，见田茂忠、申建华主编《尧王故里》，山西省绛县尧文化研究会编印，2009 年，第 33 页。

WTY026

尧其他特定身份

实 例

（参见下级母题实例）

WTY026.1

尧是神性动物

实 例

（参见下级母题实例）

WTY026.1.1

尧是龙

【关联】［WTY098.1*］龙的传人与尧有关

实 例

（参见下级母题实例）

WTY026.1.1.1

尧为龙子

实 例

汉 族 老百姓说放勋为龙子。

【流传】河北省·保定市·唐县［采录地点：唐县丹凤山下］

【出处】贾泉河（86岁，唐县北店头村人，河北大学原副校长）讲，韩海山（65岁，唐县南高和村人，唐县人大常委会原副主任）记录：《唐尧传说·受封》（2009.05），见中国民间文艺家协会组织编写，罗杨总主编，韩海山本卷主编《中国民间故事丛书》（河北省·保定市·唐县卷），北京：知识产权出版社2016年版，第11～13页。

WTY026.2

尧是动物

实 例

（实例待考）

WTY026.3

尧是特定物的化身

实 例

（参见下级母题实例）

WTY026.3.1

尧是龙的传人

实 例

汉 族 因尧母庆都在涞水河上感赤龙生尧，所以尧是地道的“龙的传人”。

【流传】山西省·运城市·绛县·古绛镇·尧寓村

【出处】刘永昌：《尧王故里在绛县》，载《文史月刊》2007年第2期。

WTY026.3.2

尧是火精

实 例

中华民族 尧，火精，鸟廷。

【流传】（无考）

【出处】［汉］无名氏撰：《孝经援神契》。

WTY026.3.3
尧是太阳

实 例

中华民族 尧之精阳，万物莫不从者。

【流传】（无考）

【出处】《易纬·坤灵图》，四库全书本。

WTY026.3.4
尧是翼星之精

实 例

中华民族 尧，翼星之精，在南方，其色赤。

【流传】（无考）

【出处】［汉］佚名：《春秋感精符》宋均注。

WTY026.4
尧是多种身份的综合体（尧有多重身份）

实 例

（参见下级母题实例）

WTY026.4.1
尧王是半人半凤

实 例

汉 族 尧王是半人半凤，白天是人主管天下，夜里是凤飞到天上和神仙聊天儿，人、神都很敬重他。

【流传】河南省·（郑州市）·荥阳县（荥阳市）［采录地点：荥阳县王村乡蒋头村］

【出处】赵衍生（男，64 岁，荥阳县王村乡蒋头村离休干部，大专）讲，赵子谋（男，39 岁，荥阳县王村乡蒋头学校教师，中师）采录：《尧王立法》（1979.06），见《中国民间故事集成》全国编辑委员会、《中国民间故事集成·河南卷》编辑委员会编《中国民间故事集成》（河南卷），北京：中国 ISBN 中心 2001 年版，第 44 页。

WTY026.4.1.1
尧王白天是人，晚上为凤

实 例

（参见下级母题实例）

WTY026.4.1.1.1
尧王白天是人主管天下，晚上为凤与仙畅聊

实 例

汉 族 尧王白天是人主管天下，夜里是凤飞到天上和神仙聊天。

【流传】河南省·（郑州市）·荥阳县（荥阳市）·王村乡·蒋头村

【出处】赵衍生讲，赵子谋采录：《尧王立法》，见《中国民间故事集成》全国编辑委员会、《中国民间故事集成·河南卷》编辑委员会编《中国民间故事集成》（河南卷），北京：中国 ISBN 中心 2001 年版，第 44 页。

WTY027
尧的身份归属

实 例

（参见下级母题实例）

WTY027.1

尧的族属

实 例

（参见下级母题实例）

WTY027.1.1

尧的族徽

实 例

（参见下级母题实例）

WTY027.1.1.1

尧的族徽是龙

【关联】［WTY099.1.3.2.1*］尧舜部落均崇拜龙（均以蟠龙为族徽与神祇）

实 例

汉 族 帝尧的族徽为“龙”，夏王朝图腾也为“龙”，商图腾为“凤”，周图腾为“麒麟”，也就是“龙”图腾之一种，所以“龙”既代表帝尧又代表夏王朝的族徽和国徽。

【流传】（山西省）

【出处】《尧舜时期的传说故事·陶寺周围承传的尧风民俗》，见赵大勇、赵随意著《尧都平阳与尧舜禹》，太原：山西古籍出版社 1999 年版，第 133 页。

WTY027.2

尧代表特定群体

实 例

（实例待考）

WTY028

尧的职能

实 例

（参见下级母题实例）

WTY028.1

尧管天

实 例

（参见下级母题实例）

WTY028.1.1*

尧是天官

实 例

汉 族 在宗教信仰传说中，帝尧被神化，成为道教中地位仅次于玉皇大帝的紫微大帝，又称天官，主宰为人间赐福降财。

【流传】（无考）

【出处】刘玉栋：《帝尧溯源》，原载《古绛春秋》，北京：长征出版社 2007 年版，见田茂忠、申建华主编《尧王故里》，山西省绛县尧文化研究会编印，2009 年，第 40 页。

WTY028.1.2*

尧是“天官大帝”

实 例

汉 族 晋南一带，民间传说尧帝为“天官大帝”。

【流传】（山西省南部）

【出处】《尧舜时期的传说故事·三官大帝》，见赵大勇、赵随意著《尧都平阳与尧舜禹》，太原：山西古籍出版社 1999 年版，第 131 页。

WTY028.2

尧管地

实 例

（实例待考）

WTY028.3

尧管人

实 例

［参见“WTY024 尧是首领（尧是管理者）”母题实例］

WTY028.4

尧管中国

实 例

汉 族 很早的时候，天下分九州。有个叫尧的管理着中国。

【流传】山东省·（临沂市）·费县［采录地点：费县探沂镇立纪庄］

【出处】李素昌（50 岁，探沂镇立纪庄小学教师，中专）讲，王有瑞（36 岁，费县县志办公室干部，大专）采录：《尧王选贤》（1987 年春天），见《中国民间故事集成》全国编辑委员会、《中国民间故事集成·山东卷》编辑委员会编《中国民间故事集成》（山东卷），北京：中国 ISBN 中心 2007 年版，第 16 页。

WTY029

与尧身份和职能有关的其他母题

实 例

（实例待考）

WTY029.1

尧身份的产生

实 例

（实例待考）

WTY029.2

尧身份的变化

实 例

（实例待考）

WTY029.3

尧的真实身份

实 例

（实例待考）

WTY029.4

尧的地位

实 例

（实例待考）

3. 尧的生活【WTY030 ~ WTY039】

WTY030
尧的生活

实 例

（参见下级母题实例）

WTY031
尧的成长（尧的成长历程）

实 例

（参见下级母题实例）

WTY031.1
尧出生后的磨难

实 例

（参见下级母题实例）

WTY031.1.1
尧出生后被遗弃

实 例

（参见下级母题实例）

WTY031.1.1.1
尧出生后被弃山洞

实 例

汉 族 尧出生后被扔到山洞中，有人看见一只羊钻进山洞正在给他喂奶。

【流传】河北省·保定市·唐县［采录地点：唐尧文化研究会］

【出处】王贵全（78 岁，农民）、刘福生（80 岁，农民）讲，王立子（59 岁，唐县旅游局原副局长）记录：《唐尧传说·出世》（2008），见中国民间文艺家协会组织编写，罗杨总主编，韩海山本卷主编《中国民间故事丛书》（河北省·保定市·唐县卷），北京：知识产权出版社 2016 年版，第 3 ~ 5 页。

汉 族 庆都离开丈夫帝喾十四个月，因感风竟然生下一个男孩尧。不知该如何处理，就忙叫人准备好衣服，将孩子裹好扔到北边十多里外的一个山洞里。

【流传】河北省·保定市·唐县［采录地点：唐尧文化研究会］

【出处】王贵全（78 岁，农民）、刘福生（80 岁，农民）讲，王立子（59 岁，唐县旅游局原副局长）记录：《唐尧传说·出世》（2008），见中国民间文艺家协会组织编写，罗杨总主编，韩海山本卷主编《中国民间故事丛书》（河北省·保定市·唐县卷），北京：知识产权出版社 2016 年版，第 3 ~ 5 页。

WTY031.1.1.2

尧出生后被弃森林

实 例

汉 族 庆都离开丈夫帝喾十四个月，因感风竟然生下一个男孩尧，不敢喂养。第一次扔进山洞，有羊喂奶。伊祁侯夫人又派人把孩子扔到西边十几里远的森林里，有人看见夜间有几只母狼给他喂奶。

【流传】河北省 · 保定市 · 唐县［采录地点：唐尧文化研究会］

【出处】王贵全（78 岁，农民）、刘福生（80 岁，农民）讲，王立子（59 岁，唐县旅游局原副局长）记录：《唐尧传说 · 出世》（2008），见中国民间文艺家协会组织编写，罗杨总主编，韩海山本卷主编《中国民间故事丛书》（河北省 · 保定市 · 唐县卷），北京：知识产权出版社 2016 年版，第 3 ～ 5 页。

WTY031.1.1.3

尧出生后被弃野外

实 例

汉 族 赤龙族的首领喾和陈锋族的庆都成婚。喾带兵去平定战乱了。因过了整整 14 个月尧出生，庆都认为不是好兆头，非要把孩子扔掉不可。于是叫人把孩子裹好，扔到野外。第二天，有人向伊祁侯夫人报告，说那孩子安然无恙，一只母羊正在给他喂奶。

【流传】河北省 · 保定市 · 望都县

【出处】韩增寿采录：《尧母的传说 · 尧帝诞生》，见中国民间文艺家协会组织编写，罗杨总主编，吴从志本卷主编《中国民间故事丛书》（河北省 · 保定市 · 望都县卷），北京：知识产权出版社 2016 年版，第 20 ～ 22 页。

WTY031.2

尧的抚养者

实 例

（参见下级母题实例）

WTY031.2.1

母亲庆都是尧的抚养者

实 例

汉 族 庆都生尧之后，庆都在家抚养尧成长，教尧学文化，学劳动技能，练吃苦耐劳精神，给尧讲治理天下的策略和主张，教导尧仁义治天下的道理，尧受良母庆都的熏陶教导，成长为“其仁如天，其智如神”的千古名帝。

【流传】山西省 · 运城市 · 绛县

【出处】任兴舜：《庆都圣母庙》，见田茂忠、申建华主编《尧王故里》，山西省绛县尧文化研究会编印，2009 年，第 233 页。

WTY031.2.1.1

尧与母相依为命生活艰难

实 例

汉 族 尧出生以后，母子俩相依为命，生活很艰难。

【流传】河北省 · 保定市 · 顺平县

【出处】齐洛良、王老良讲，曹慧增记录：《尧母洞的传说》，见中国民间文艺家协会组织编写，罗杨总主编，甄会龙本卷主编《中国民间故事丛书》(河北省·保定市·顺平卷)，北京：知识产权出版社 2016 年版，第 19 页。

汉　族 伊祁山尧母洞里住着的尧母和尧，日子过得可贫穷啦，每天都是尧母领着尧到附近挖野菜，年复一年，日复一日，不知道他们娘儿俩走了多少路，吃了多少苦，受了多少累。

【流传】河北省·保定市·顺平县

【出处】张丙辰讲，张文亮记录：《甘河桥一带的蒺藜无刺》，见中国民间文艺家协会组织编写，罗杨总主编，甄会龙本卷主编《中国民间故事丛书》(河北省·保定市·顺平卷)，北京：知识产权出版社 2016 年版，第 20 ～ 21 页。

汉　族 伊祁国的大臣们见庆都和儿子尧孤儿寡母，又与庆都的丈夫帝喾失去联系，便不把庆都当侯女和王妃看待，让她自己生活。庆都带着孩子，日子过得渐渐艰难。

【流传】河北省·保定市·望都县

【出处】韩增寿采录：《尧母的传说·庆都拾稷》，见中国民间文艺家协会组织编写，罗杨总主编，吴从志本卷主编《中国民间故事丛书》(河北省·保定市·望都县卷)，北京：知识产权出版社 2016 年版，第 22 ～ 23 页。

WTY031.2.2
动物是尧的抚养者

实　例

（参见下级母题实例）

WTY031.2.2.1
羊是尧的抚养者

实　例

（参见下级母题实例）

WTY031.2.2.1.1
羊为尧哺乳

实　例

汉　族 尧出生后被扔到山洞中，有人看见一只羊钻进山洞正在给他喂奶。

【流传】河北省·保定市·唐县［采录地点：唐尧文化研究会］

【出处】王贵全（78 岁，农民）、刘福生（80 岁，农民）讲，王立子（59 岁，唐县旅游局原副局长）记录：《唐尧传说·出世》(2008)，见中国民间文艺家协会组织编写，罗杨总主编，韩海山本卷主编《中国民间故事丛书》(河北省·保定市·唐县卷)，北京：知识产权出版社 2016 年版，第 3 ～ 5 页。

WTY031.2.2.2
母狼是尧的抚养者

实　例

（参见下级母题实例）

WTY031.2.2.2.1

母狼为尧哺乳

实 例

汉 族 庆都离开丈夫帝喾十四个月，因感风竟然生下一个男孩尧，不敢喂养。第一次扔进山洞，有羊喂奶。伊祁侯夫人又派人把孩子扔到西边十几里远的森林里，有人看见夜间有几只母狼给他喂奶。

【流传】河北省 · 保定市 · 唐县［采录地点：唐尧文化研究会］

【出处】王贵全（78 岁，农民）、刘福生（80 岁，农民）讲，王立子（59 岁，唐县旅游局原副局长）记录：《唐尧传说 · 出世》（2008），见中国民间文艺家协会组织编写，罗杨总主编，韩海山本卷主编《中国民间故事丛书》（河北省 · 保定市 · 唐县卷），北京：知识产权出版社 2016 年版，第 3 ～ 5 页。

WTY031.2.2.3

鸟群是尧的抚养者

实 例

（参见下级母题实例）

WTY031.2.2.3.1

鸟齐聚呵护尧

实 例

汉 族 庆都离开丈夫帝喾十四个月，因感风竟然生下一个男孩尧，不敢喂养。第一次扔进山洞，有羊喂奶。第二次扔到十几里远的森林里，有人看见夜间有几只母狼给他喂奶。第三次把孩子的衣服剥光，扔到一个结冻了的大池塘上，庆都就和伊祁侯夫人一起亲自去看究竟，发现一只大鸟在孩子上边盘旋号叫，又飞来无数只鸟，有的用翅膀垫在孩子的身体下边，有的用身体盖在孩子身上，呵护着孩子。

【流传】河北省 · 保定市 · 唐县［采录地点：唐尧文化研究会］

【出处】王贵全（78 岁，农民）、刘福生（80 岁，农民）讲，王立子（59 岁，唐县旅游局原副局长）记录：《唐尧传说 · 出世》（2008），见中国民间文艺家协会组织编写，罗杨总主编，韩海山本卷主编《中国民间故事丛书》（河北省 · 保定市 · 唐县卷），北京：知识产权出版社 2016 年版，第 3 ～ 5 页。

WTY031.3

尧的成长地点

实 例

（参见下级母题实例）

WTY031.3.1

尧寄居舅父家长大

实 例

汉 族 尧是寄居舅父之家长大，因此，后人就把尧出生的村庄称为尧寓村。

【流传】山西省 · 运城市 · 绛县 · 古绛镇 · 尧寓村

【出处】刘永昌：《尧王故里在绛县》，载

《文史月刊》2007 年第 2 期。

汉 族 尧王，是黄帝的第四代孙帝喾与陈锋氏的女儿庆都所生，帝喾与庆都成婚后，因帝喾一直行军打仗，居无定所，庆都还一直寄居于伊祈娘家，后来生下了尧。尧是寄居在舅父之家长大，后人就把尧王出生的村庄称为尧寓村，意思是尧寄寓居住的地方。

【流传】山西省 · 运城市 · 绛县 · 古绛镇 · 尧寓村

【出处】（a）李筠霞：《源远流长的尧王传说》（2008），见田茂忠、申建华主编《尧王故里》，山西省绛县尧文化研究会编印，2009 年，第 4 页。（b）同（a），载《黄河晨报》2008 年 2 月 28 日。

WTY031.3.1a

尧帝寓生舅庄

实 例

汉 族 在尧寓村村南的山坡上有一帝尧全神庙遗址，有残碑一块，碑文中刻有“伏羲女娲补天造世”“帝寓生舅庄”的述文。

【流传】山西省 · 运城市 · 绛县 · 古绛镇 · 尧寓村

【出处】刘永昌、李学文：《灿烂的尧寓村》，载《文史月刊》2007 年第 5 期。

WTY031.3.2

尧在母亲的娘家长大

实 例

汉 族 帝尧是帝喾之子，黄帝五世孙，相传尧母是陈锋氏，名庆都，有赤龙之祥，孕十四月，生尧于丹陵，育于母家。

【流传】山西省 · 运城市 · 绛县

【出处】韩生泉：《荣辱不惊》，见田茂忠、申建华主编《尧王故里》，山西省绛县尧文化研究会编印，2009 年，第 208 页。

WTY031.3.2a

尧长于伊村外祖母家

实 例

汉 族 （尧）育于母家伊侯之国（临汾市尧庙乡伊村），后徙祁（晋中祁县），以祁为姓，称伊祁氏。尧天生聪颖，年十二，即辅佐兄挚管理天下大事，被封于陶（山东定陶县西北）。

【流传】（山西省翼城县）

【出处】王春元主编：《尧庙》，太原：山西经济出版社 1999 年版，第 16 页。

汉 族 伊村传说该村系尧幼时居住的外祖母族所在地。

【流传】（山西省平阳）

【出处】《尧舜时期的传说故事 · 尧庙是历代皇廷祭尧之地》，见赵大勇、赵随意著《尧都平阳与尧舜禹》，太原：山西古籍出版社 1999 年版，第 99 页。

WTY031.3.2b

尧幼随母成长在“孺于伊耆侯家”

实 例

汉 族 尧是幼时随母在“孺于伊耆侯家”长大成人的，后来才回到父族居地平阳。

【流传】（无考）

【出处】《史籍记载的尧舜源流与功绩》，见赵大勇、赵随意著《尧都平阳与尧舜禹》，太原：山西古籍出版社 1999 年版，第 4 页。

WTY031.3.3

尧与母在庆都山生活

实 例

汉 族 尧帝放勋的幼年时代，跟着母亲在庆都山一带生活。

【流传】河北省 · 保定市 · 唐县［采录地点：唐县丹凤山下］

【出处】贾泉河（86 岁，唐县北店头村人，河北大学原副校长）讲，韩海山（65 岁，唐县南高和村人，唐县人大常委会原副主任）记录：《唐尧传说 · 受封》（2009.05），见中国民间文艺家协会组织编写，罗杨总主编，韩海山本卷主编《中国民间故事丛书》（河北省 · 保定市 · 唐县卷），北京：知识产权出版社 2016 年版，第 11 ～ 13 页。

WTY031.3.4

尧与母在伊祁山生活

实 例

汉 族 庆都和尧母子俩住在伊祁山，春挖野菜，夏采野果，秋拾稷穗，冬捡枯柴，日子过得十分艰难。

【流传】河北省 · 保定市 · 望都县

【出处】韩增寿采录：《尧母的传说 · 母子逃荒》，见中国民间文艺家协会组织编写，罗杨总主编，吴从志本卷主编《中国民间故事丛书》（河北省 · 保定市 · 望都县卷），北京：知识产权出版社 2016 年版，第 23 ～ 24 页。

WTY031.4

尧不平凡的成长

实 例

（参见下级母题实例）

WTY031.4.1

尧生而能言

实 例

汉 族 尧生下来就会说话走路，不用母亲照看，一年后就能帮母亲干活了。

【流传】河北省 · 保定市 · 顺平县

【出处】齐洛良、王老良讲，曹慧增记录：《尧母洞的传说》，见中国民间文艺家协会组织编写，罗杨总主编，甄会龙本卷主编《中国民间故事丛书》（河北省 · 保定市 · 顺平卷），北京：知识产权出版社 2016 年版，第 19 页。

WTY031.4.2

尧童年能力超群

实 例

汉 族 尧王小时候伶俐过人，力大过人，组织能力过人，孩子们都听他指挥，都愿意和他一起玩耍。

【流传】山西省 · 运城市 · 绛县 · 古绛镇 · 尧寓村

【出处】任兴舜：《“洗澡潭，石椅，石桌”趣事》，见田茂忠、申建华主编《尧王故里》，山西省绛县尧文化研究会编印，2009 年，第 108 ～ 110 页。

WTY031.5

尧成长不同阶段的情形

实 例

（参见下级母题实例）

WTY031.5.0

尧自幼聪慧

实 例

中华民族 庆都十分注重孩子尧的培养教育。尧自幼与母亲一样聪慧，又受母亲感染，爱看夕阳下的田野归牛，关心民间疾苦。

【流传】（无考）

【出处】《尧 · 孝慈仁敬》，见卢静《尧舜禹》，北京：中华书局 2019 年版，第 4 页。

WTY031.5.1

尧十二岁的情形

实 例

（参见下级母题实例）

WTY031.5.1.1

尧十二岁，辅兄治国被封于“陶”

实 例

汉 族 尧天生聪颖，年十二，即辅佐兄挚管理天下大事，被封于陶（山东定陶县西北）；年十五，改封唐（山西翼城县）；年十八代兄挚为天子，以火德王，都平阳。

【流传】（山西省翼城县）

【出处】王春元主编：《尧庙》，太原：山西经济出版社 1999 年版，第 16 页。

WTY031.5.1.2

尧十二岁学狩猎

实 例

汉 族 放勋（尧）十二岁时，母亲庆都对他说：“人要生存，就得打猎、种庄稼，还要有手艺。你先去学打猎，当个猎人吧！”

【流传】河北省 ·（保定市）· 唐县 ·（高昌镇）· 峪山庄

【出处】韩增寿采录：《尧学本领》（2008.07），见中国民间文艺家协会组织编写，罗杨总主编，韩海山本卷主编《中国民间故事丛书》（河北省 · 保定市 · 唐县卷），北京：知识产权出版社 2016 年版，第 7 ～ 11 页。

WTY031.5.2

尧十三岁的情形

实 例

（参见下级母题实例）

WTY031.5.2.1

尧十三岁，被父封于“陶”

实 例

汉 族 尧 13 岁时就以擅长制作陶器在

"陶"地闻名，被其父帝喾封为"陶"。

【流传】(无考)

【出处】刘玉栋:《帝尧溯源》，原载《古绛春秋》，北京：长征出版社 2007 年版，见田茂忠、申建华主编《尧王故里》，山西省绛县尧文化研究会编印，2009 年，第 34 页。

WTY031.5.3

尧十五岁的情形

实 例

(参见下级母题实例)

WTY031.5.3.1

尧十五岁，被封于"唐"

实 例

汉 族 尧天生聪颖，年十二，即辅佐兄挚管理天下大事，被封于陶（山东定陶县西北）；年十五，改封唐（山西翼城县）；年十八代兄挚为天子，以火德王，都平阳。

【流传】(山西省翼城县)

【出处】王春元主编:《尧庙》，太原：山西经济出版社 1999 年版，第 16 页。

汉 族 尧 13 岁时被其父帝帝喾为"陶"，15 岁时又被封"唐"。

【流传】(无考)

【出处】刘玉栋:《帝尧溯源》，原载《古绛春秋》，北京：长征出版社 2007 年版，见田茂忠、申建华主编《尧王故里》，山西省绛县尧文化研究会编印，2009 年，第 34 页。

汉 族 尧一天天大了，到了十五岁，长成一个健壮聪明的小伙子。一天帝喾派来使者，封尧为唐侯，辖地五百里，侯府设在渡水之畔的古城，于当年秋天举行封侯典礼。

【流传】河北省 · 保定市 · 望都县

【出处】韩增寿采录:《尧母的传说 · 尧母制衣》，见中国民间文艺家协会组织编写，罗杨总主编，吴从志本卷主编《中国民间故事丛书》(河北省 · 保定市 · 望都县卷)，北京：知识产权出版社 2016 年版，第 25 ~ 26 页。

WTY031.5.3.2

尧十五岁被举部落首领

【关联】[WTY024.1.0.1] 尧十五岁成为部落首领

实 例

汉 族 尧处处都表现出他有志、有才、宽厚、诚实、仁爱的高尚品德，受到人们夸赞，十五岁就被推举为部落首领。

【流传】山西省 · 运城市 · 绛县 · 古绛镇 · 尧寓村

【出处】范红霞、任兴舜:《庆都娘娘传奇》，见田茂忠、申建华主编《尧王故里》，山西省绛县尧文化研究会编印，2009 年，第 106 ~ 107 页。

WTY031.5.4

尧十六岁的情形

实 例

(参见下级母题实例)

WTY031.5.4.1

尧十六岁，任部落联盟首领

实 例

汉 族 尧16岁取代兄长“挚”就任中原部落联盟的大首领，号陶唐氏。

【流传】（无考）

【出处】刘玉栋：《帝尧溯源》，原载《古绛春秋》，北京：长征出版社2007年版，见田茂忠、申建华主编《尧王故里》，山西省绛县尧文化研究会编印，2009年，第34页。

WTY031.5.4.2

尧十六岁为天子

实 例

汉 族 尧天生聪颖，年十二，即辅佐兄挚管理国家大事，被封于陶（山东定陶西北）；年十五改封唐（山西翼城县）年十六代兄挚为天子。

【流传】山西省・运城市・绛县

【出处】韩生泉：《荣辱不惊》，见田茂忠、申建华主编《尧王故里》，山西省绛县尧文化研究会编印，2009年，第208页。

WTY031.5.5

尧学射箭

实 例

汉 族 庆都去收拾野兔，帝喾则教儿子尧怎样使箭。

【流传】山西省・运城市・绛县

【出处】范红霞、宋玉秀：《食兔》，见田茂忠、申建华主编《尧王故里》，山西省绛县尧文化研究会编印，2009年，第93～94页。

WTY031.5.6

尧学制陶

实 例

（参见下级母题实例）

WTY031.5.6.1

尧跟陈锋氏族学制陶

实 例

汉 族 尧的母亲庆都的娘家——陈锋氏族是制陶世家，于是庆都就把放勋送到陈锋氏族学制陶。

【流传】河北省・保定市・唐县［采录地点：唐县峪山庄］

【出处】韩增寿（56岁，唐县峪山庄村人，干部）采录：《唐尧传说・学艺》（2008.07），见中国民间文艺家协会组织编写，罗杨总主编，韩海山本卷主编《中国民间故事丛书》（河北省・保定市・唐县卷），北京：知识产权出版社2016年版，第7～11页。

WTY031.5.6.2

尧跟母亲学制陶

实 例

汉 族 尧的母亲庆都娘娘是个制陶能手，帮助尧学习和研究制陶技术，培育尧王勤劳俭朴习性。

【流传】山西省 · 运城市 · 绛县 · 古绛镇 · 尧寓村

【出处】范红霞、任兴舜:《庆都娘娘传奇》, 见田茂忠、申建华主编《尧王故里》, 山西省绛县尧文化研究会编印, 2009 年, 第 106 ～ 107 页。

WTY031.6
尧成长的其他经历

实 例

(参见下级母题实例)

WTY031.6.1
尧做游戏

实 例

(参见下级母题实例)

WTY031.6.1.1
尧与伙伴做游戏

实 例

(参见下级母题实例)

WTY031.6.1.1.1
尧与伙伴做"选国王"游戏

实 例

汉 族 尧与孩子们最感兴趣的就是选"国王"。七、八个孩子举手表决，得票最多的就是"国王"。别看放勋最小，每次都是他当选。他坐在"国王"位置上，任命文武大臣，发号施令，玩得十分开心。

【流传】山西省 · 运城市 · 绛县

【出处】申建华:《尧王出世》, 见田茂忠、申建华主编《尧王故里》, 山西省绛县尧文化研究会编印，2009 年，第 75 ～ 80 页。

WTY031.6.2
尧受教育

【关联】[WTY052.4.3]尧与母亲的关系

实 例

(参见下级母题实例)

WTY031.6.2.1
母亲教尧树德立志

【关联】[WTY017.7.2] 尧勤俭

实 例

汉 族 尧的母亲庆都娘娘是个制陶能手，一面帮助尧学习和研究制陶技术，培育尧王勤劳俭朴习性，一面教育尧树德立志，她教导尧王，有志男儿，志在天下。

【流传】山西省 · 运城市 · 绛县 · 古绛镇 · 尧寓村

【出处】范红霞、任兴舜:《庆都娘娘传奇》, 见田茂忠、申建华主编《尧王故里》, 山西省绛县尧文化研究会编印，2009 年，第 106 ～ 107 页。

汉 族 尧母年迈时对尧说:"你是天子，奉行节俭，我作为母亲也不能奢侈。我死后不必厚葬，你也不必亲到成阳，更不必兴师动众，只用牛车一乘，有孙儿送到即可。"

【流传】河北省 · 保定市 · 望都县

【出处】韩增寿采录:《尧母的传说·魂归故土》，见中国民间文艺家协会组织编写，罗杨总主编，吴从志本卷主编《中国民间故事丛书》(河北省·保定市·望都县卷)，北京：知识产权出版社 2016 年版，第 28 ～ 30 页。

WTY031.6.2.2

尧母领尧为人治病

实 例

汉 族 尧与母亲时常为山下的百姓行方便，谁家有大病小情，尧母便领着尧带着自采的草药不请自到。

【流传】河北省·保定市·顺平县

【出处】齐洛良、王老良讲，曹慧增记录:《尧母洞的传说》，见中国民间文艺家协会组织编写，罗杨总主编，甄会龙本卷主编《中国民间故事丛书》(河北省·保定市·顺平卷)，北京：知识产权出版社 2016 年版，第 19 页。

WTY031.7

与尧成长有关的其他母题

实 例

(实例待考)

WTY032

尧的服饰

实 例

(参见下级母题实例)

WTY032.1

尧没有衣服

实 例

(实例待考)

WTY032.2

尧的衣服

实 例

(参见下级母题实例)

WTY032.2.1

尧衣服的产生（尧衣服的获得）

实 例

汉 族 (参见“WTY032.2.2.1.2 尧着黄袍”母题实例)

WTY032.2.2

尧衣服的特征

实 例

(参见下级母题实例)

WTY032.2.2.1

尧衣服的颜色特征

实 例

(参见下级母题实例)

WTY032.2.2.1.1

尧着黑衣

实 例

中华民族 帝尧富有却不骄奢，高贵却不

傲慢。头戴黄帽，身穿黑衣，坐上红车，白马拉辕。能够以修明恭顺的德行，使九族亲密团结。

【流传】（无考）

【出处】张大可、朱枝富编著：《人文始祖黄帝》，北京：商务印书馆 2018 年版，第 167 页。

WTY032.2.2.1.2

尧着黄袍

实 例

汉 族 封侯大典那天，尧身穿宽大的黄色长袍，袍子上缀着闪闪的珍珠，头戴一顶插着羽毛的帽子，脚蹬一双鹿皮靴，显得华贵典雅，神圣威严，令各诸侯和大臣惊讶不已。

【流传】河北省 · 保定市 · 望都县

【出处】韩增寿采录：《尧母的传说 · 尧母制衣》，见中国民间文艺家协会组织编写，罗杨总主编，吴从志本卷主编《中国民间故事丛书》（河北省 · 保定市 · 望都县卷），北京：知识产权出版社 2016 年版，第 25 ～ 26 页。

WTY032.2.2.2

尧衣服的款式特征

实 例

（参见下级母题实例）

WTY032.2.2.2.1

尧着宽口缀珍珠长袍

实 例

汉 族 封侯大典那天，尧身穿宽大的黄色长袍，袍子上缀着闪闪的珍珠，头戴一顶插着羽毛的帽子，脚蹬一双鹿皮靴，显得华贵典雅，神圣威严，令各诸侯和大臣惊讶不已。

【流传】河北省 · 保定市 · 望都县

【出处】韩增寿采录：《尧母的传说 · 尧母制衣》，见中国民间文艺家协会组织编写，罗杨总主编，吴从志本卷主编《中国民间故事丛书》（河北省 · 保定市 · 望都县卷），北京：知识产权出版社 2016 年版，第 25 ～ 26 页。

WTY032.2.3

尧特定的衣服

实 例

（参见下级母题实例）

WTY032.2.3.1

尧着王服

实 例

汉 族 妖精火凤来到阵前，见一位王者，白净的脸上长有胡须，威武英俊，头上戴着王冠，身上穿着王服，手执令箭，想必是尧王。

【流传】山西省 · 运城市 · 绛县

【出处】胡文明：《尧王除凤妖》，见田茂忠、申建华主编《尧王故里》，山西省绛县尧文化研究会编印，2009 年，第 143 ～ 146 页。

WTY032.2.3.2

尧冬穿鹿皮，夏着葛布

实 例

中华民族 尧统治天下时，茅草盖的屋顶不用修剪，树木做的椽子不用砍削；吃的是粗糙的谷物，喝的是用藜藿做的汤；冬天穿的鹿皮衣，夏天穿的是葛布衣。即使是看守大门的人，吃穿也不比帝尧差。

【流传】（无考）

【出处】《韩非子·五蠹》（译文），见杨东晨：《华夏始祖：尧舜禹时代》“二、帝尧的伟业篇”，西安：三秦出版社 2007 年版，第 26 页。

WTY032.2.3.3

尧着黄龙袍

实 例

汉 族 民间奉尧帝为“上元一品赐福天官大帝”其神像头戴冕魔冠，高坐檀香金龙椅，身穿黄龙袍手执朝天笏，如沐春圣仙。天官大帝主宰人间善恶之籍，随福受报。

【流传】（山西省南部）

【出处】《尧舜时期的传说故事·三官大帝》，见赵大勇、赵随意著《尧都平阳与尧舜禹》，太原：山西古籍出版社 1999 年版，第 131 页。

WTY032.2.3.4

尧穿粗麻衣

实 例

汉 族 距今四千三百八十多年以前的尧身上穿的仍是粗麻做的衣和裳，天气冷了就加一件鹿皮挡风寒。

【流传】山西省·运城市·绛县

【出处】韩生泉：《平民国君》，见田茂忠、申建华主编《尧王故里》，山西省绛县尧文化研究会编印，2009 年，第 212 页。

中华民族 尧终生都住在简陋的茅草屋里，吃野菜粥，穿粗麻衣，屋里的梁、柱都只取一根原始木头做成。

【流传】（无考）

【出处】卢静：《尧舜禹》导读，北京：中华书局 2019 年版，第 1 页。

WTY032.2.3.4.1

尧穿葛麻衣

实 例

汉 族 尧身上穿的是用一种叫做“葛”的植物织成的麻布，天气冷了就往身上披一件鹿皮来御寒。

【流传】（无考）

【出处】《尧舜二帝》，见金麦田编著《中国古代神话故事》，北京：京华出版社 2003 年版，第 45 ～ 52 页。

WTY032.3

尧的帽子

实 例

（参见下级母题实例）

WTY032.3.1

尧帽子的颜色特征

实 例

（参见下级母题实例）

WTY032.3.1.1

尧戴黄帽

实 例

中华民族 帝尧富有却不骄奢，高贵却不傲慢。头戴黄帽，身穿黑衣，坐上红车，白马拉辕。能够以修明恭顺的德行，使九族亲密团结。

【流传】（无考）

【出处】张大可、朱枝富编著：《人文始祖黄帝》，北京：商务印书馆 2018 年版，第 167 页。

WTY032.3.2

尧帽子的款式特征

实 例

（参见下级母题实例）

WTY032.3.2.1

尧戴羽毛帽

实 例

汉 族 封侯大典那天，尧身穿宽大的黄色长袍，袍子上缀着闪闪的珍珠，头戴一顶插着羽毛的帽子，脚蹬一双鹿皮靴，显得华贵典雅，神圣威严，令各诸侯和大臣惊讶不已。

【流传】河北省 · 保定市 · 望都县

【出处】韩增寿采录：《尧母的传说 · 尧母制衣》，见中国民间文艺家协会组织编写，罗杨总主编，吴从志本卷主编《中国民间故事丛书》（河北省 · 保定市 · 望都县卷），北京：知识产权出版社 2016 年版，第 25 ～ 26 页。

WTY032.4

尧的头饰（尧的发型）

实 例

（实例待考）

WTY032.5

尧的鞋子

实 例

（参见下级母题实例）

WTY032.5.1

尧穿鹿皮靴

实 例

汉 族 封侯大典那天，尧身穿宽大的黄色长袍，袍子上缀着闪闪的珍珠，头戴一顶插着羽毛的帽子，脚蹬一双鹿皮靴，显得华贵典雅，神圣威严，令各诸侯和大臣惊讶不已。

【流传】河北省 · 保定市 · 望都县

【出处】韩增寿采录：《尧母的传说 · 尧母制衣》，见中国民间文艺家协会组织编写，罗杨总主编，吴从志本卷主编《中国民间故事丛书》（河北省 · 保定市 · 望都县卷），北京：知识产权出版社 2016 年版，第 25 ～ 26 页。

WTY032.6

尧的其他佩戴物

实 例

（实例待考）

WTY032.7

与尧服饰有关的其他母题

实 例

（参见下级母题实例）

WTY032.7.1

尧的“衣裳”

实 例

汉 族 尧时，人们披毛皮、麻纺布为衣，裸皮布为裳。从“陶寺文化”证实尧时已有了麻织布，广为人们使有。古称“披为衣、裸为裳”，上身为衣，下身为裳，连在一起的统称为衣裳。

【流传】（山西省）

【出处】《尧舜时期的传说故事·披衣裸裳》，见赵大勇、赵随意著《尧都平阳与尧舜禹》，太原：山西古籍出版社 1999 年版，第 123 页。

WTY033

尧的饮食（尧的食物）

实 例

（参见下级母题实例）

WTY033.1

尧食物的产生

实 例

汉 族（参见“WTY041.3.2 尧发明食物”母题实例）

WTY033.2

尧的一般性食物

实 例

汉 族（参见“WTY041.3.2 尧发明食物”母题实例）

WTY033.3

尧的特定食物

实 例

（参见下级母题实例）

WTY033.3.1

尧食野菜粥

实 例

中华民族 尧终生都住在简陋的茅草屋里，吃野菜粥，穿粗麻衣，屋里的梁、柱都只取一根原始木头做成。

【流传】（无考）

【出处】卢静：《尧舜禹》导读，北京：中华书局 2019 年版，第 1 页。

WTY033.4

尧的特殊食物

实 例

汉 族（参见“WTY041.3.2.2 尧发明‘尧王饼’”母题实例）

WTY033.5

尧食物的其他情形

实 例

（参见下级母题实例）

WTY033.5.1

尧的食物简单粗糙

【关联】［WTY017.7.2.1］尧生活节俭

实 例

（参见下级母题实例）

WTY033.5.1.1
尧食粗糙谷物

实 例

中华民族 尧统治天下时，茅草盖的屋顶不用修剪，树木做的椽子不用砍削；吃的是粗糙的谷物，喝的是用藜藿做的汤；冬天穿的鹿皮衣，夏天穿的是葛布衣。即使是看守大门的人，吃穿也不比帝尧差。

【流传】（无考）

【出处】《韩非子 · 五蠹》（译文），见杨东晨：《华夏始祖：尧舜禹时代》“二、帝尧的伟业篇”，西安：三秦出版社 2007 年版，第 26 页。

WTY033.5.1.2
尧食野菜汤、粗米饭

实 例

汉 族 尧喝的是野菜汤，吃的是糙米饭。

【流传】（无考）

【出处】《尧舜二帝》，见金麦田编著《中国古代神话故事》，北京：京华出版社 2003 年版，第 45 ～ 52 页。

汉 族 身为一国之君的尧帝，一日三餐都喝的是野菜汤，吃的是粗米饭，饮食还不及平民百姓。

【流传】山西省 · 运城市 · 绛县

【出处】韩生泉：《平民国君》，见田茂忠、申建华主编《尧王故里》，山西省绛县尧文化研究会编印，2009 年，第 211 页。

WTY033.6
尧的饮品

实 例

（参见下级母题实例）

WTY033.6.1
尧喝藜藿汤

实 例

中华民族 尧统治天下时，茅草盖的屋顶不用修剪，树木做的椽子不用砍削；吃的是粗糙的谷物，喝的是用藜藿做的汤；冬天穿的鹿皮衣，夏天穿的是葛布衣。即使是看守大门的人，吃穿也不比帝尧差。

【流传】（无考）

【出处】《韩非子 · 五蠹》（译文），见杨东晨：《华夏始祖：尧舜禹时代》“二、帝尧的伟业篇”，西安：三秦出版社 2007 年版，第 26 页。

WTY033.7
尧饮食的变化

实 例

（实例待考）

WTY033.8
与尧的饮食有关的其他母题

实 例

（实例待考）

WTY034

尧的居所

实 例

（参见下级母题实例）

WTY034.1

尧居住天上

实 例

（实例待考）

WTY034.2

尧居住人间

实 例

汉 族（参见“WTY034.3 尧居住特定的地区”母题实例）

WTY034.3

尧居住特定的地区

实 例

（参见下级母题实例）

WTY034.3.1

尧居住山上

实 例

（参见下级母题实例）

WTY034.3.1.1

尧居黑龙山

实 例

汉 族 尧的母亲对儿子尧说：“咱们常住的山，当地百姓原来叫它黑龙山。”

【流传】河北省·保定市·唐县［采录地点：唐县丹凤山下］

【出处】贾泉河（86岁，唐县北店头村人，河北大学原副校长）讲，韩海山（65岁，唐县南高和村人，唐县人大常委会原副主任）记录：《唐尧传说·受封》(2009.05)，见中国民间文艺家协会组织编写，罗杨总主编，韩海山本卷主编《中国民间故事丛书》(河北省·保定市·唐县卷)，北京：知识产权出版社2016年版，第11～13页。

WTY034.3.2

尧居住水边

实 例

（参见下级母题实例）

WTY034.3.2.1

尧居黄河沿岸

实 例

汉 族 尧的时候，各部落的人集居在山西一带的黄河沿岸。

【流传】河南省·(信阳市)·息县（豫南一带）

【出处】金美臣（男，83岁，老艺人）讲，李中民采录整理：《蒲息千秋》(1985.05)，见张振犁编著，孟宪明、朱淑君统纂《中原神话通鉴》(第三卷)，郑州：河南大学出版社2017年版，第1009页。

汉 族 在唐尧的时候，我们的祖先定居在黄河流域的平原上。

【流传】山西省·(长治市)·长子县

【出处】张国良、李天才采录:《“船”字的由来》，见郭万金主编《山西民间故事大系》(晋东南卷)，北京：商务印书馆 2017 年版，第 63 ~ 64 页。

WTY034.3.3

尧居住洞中

实 例

(参见下级母题实例)

WTY034.3.3.1

尧居“伊祁山”山洞

实 例

汉 族 完县西部有座伊祁山，群山环抱中有一山洞，洞中是时窄时宽、时高时低的石屋。相传，从前这里的石凳、石桌、石头、碗筷一应俱全。

【流传】河北省 · 保定市 · 顺平县

【出处】齐洛良、王老良讲，曹慧增记录:《尧母洞的传说》，见中国民间文艺家协会组织编写，罗杨总主编，甄会龙本卷主编《中国民间故事丛书》(河北省 · 保定市 · 顺平卷)，北京：知识产权出版社 2016 年版，第 19 页。

WTY034.3.4

尧居草屋宫殿

实 例

汉 族 作为一代国君的尧，他的所谓宫殿却都是几间茅草屋。

【流传】山西省 · 运城市 · 绛县

【出处】韩生泉:《平民国君》，见田茂忠、申建华主编《尧王故里》，山西省绛县尧文化研究会编印，2009 年，第 211 页。

WTY034.3.5

尧居行宫

实 例

(参见下级母题实例)

WTY034.3.5.1

尧居行宫尧寺头

实 例

汉 族 在尧王行宫的驻地尧寺头的东坡上，弃根据土壤、气候以及排水的有利条件，选择种植地瓜，组织了一个种植小分队专种地瓜。

【流传】山西省 · 运城市 · 绛县

【出处】胡文明:《女英设计平民愤》，见田茂忠、申建华主编《尧王故里》，山西省绛县尧文化研究会编印，2009 年，第 195 页。

WTY034.4

尧居特定的城邑

实 例

(参见下级母题实例)

WTY034.4.1

尧居完县

实 例

(参见下级母题实例)

WTY034.4.1.1

尧居完县城南“尧城村”

实 例

汉 族 完县城南八里地有个尧城村。据说这里曾是尧帝居住的地方。

【流传】河北省・保定市・顺平县

【出处】程双宝采录:《二月十五尧帝庙》,见中国民间文艺家协会组织编写,罗杨总主编,甄会龙本卷主编《中国民间故事丛书》(河北省・保定市・顺平卷),北京:知识产权出版社2016年版,第5～6页。

WTY034.4.2*

尧居于伊耆二地(今山西黎城县)

实 例

汉 族 唐尧为黄帝五世孙,生长居于伊耆二地,即今山西黎城县也。

【流传】(山西省・长治市)

【出处】《山西名贤辑要》“唐尧篇”。

WTY034.4.3

尧居陶邑

实 例

中华民族 陶都:古称尧为陶唐氏,因尧先居于陶地,后居唐地,因地名故称陶唐氏。今山西临汾市南30公里有陶寺遗址,经近几年考古发掘发现了大面积的宫殿区,专家认为是尧的都城,陶寺古称陶邑,应该是尧先居的陶地。都为古代行政建制,四县为都,县辖邑,邑辖聚。

【流传】(山西省)

【出处】中国先秦史学会尧舜禹文化研究基地编,叶雨青、张培莲著:《尧舜传》第三章“帝喾临终传位挚,挚令弟尧赴陶都”注释,太原:山西出版集团・山西春秋电子音像出版社2008年版,第27页。

WTY034.5

尧居住特定名称的地方

实 例

(参见下级母题实例)

WTY034.5.1

尧居平阳

实 例

汉 族 在上古时期,尧王居住在平阳(今日临汾)。他有十个儿子。

【流传】山西・临汾县(临汾市)

【出处】焦道行、王宏搜集整理:《尧王访贤》,载《山西民间文学》1982年第3期。

汉 族 尧母晚年随儿子尧住在平阳(今临汾)。

【流传】河北省・保定市・望都县

【出处】韩增寿采录:《尧母的传说・魂归故土》,见中国民间文艺家协会组织编写,罗杨总主编,吴从志本卷主编《中国民间故事丛书》(河北省・保定市・望都县卷),北京:知识产权出版社2016年版,第28～30页。

WTY034.5.2

尧居河东大地

实　例

汉　族 河东土地平易，有盐铁之饶，本唐尧所居。

【流传】山西省 · 运城市

【出处】《汉书 · 地理志》。

WTY034.5.2a*

尧居诗风唐魏之国

实　例

中华民族 河东土地平易，有盐铁之饶，本唐尧所居，诗风唐魏之国也。

【流传】（山西省）

【出处】《汉书 · 地理志》。

WTY034.5.3

尧居望都

实　例

汉　族 望都是上古明君尧和他的母亲出生和生活过的地方。

【流传】河北省 · 保定市 · 望都县

【出处】韩增寿采录：《尧母的传说》，见中国民间文艺家协会组织编写，罗杨总主编，吴从志本卷主编《中国民间故事丛书》（河北省 · 保定市 · 望都县卷），北京：知识产权出版社 2016 年版，第 11 页。

WTY034.5.3a

尧居河北唐县望都

实　例

中华民族 唐侯尧居河北唐县望都，一方面又说陶唐氏聚居区在冀州东北部的琢鹿。娥皇女英居琢鹿保岱乡，这里为古之妫汭、潘城。潘城有潘泉，也称妫水。

【流传】（无考）

【出处】任乃荣：《三皇五帝探源》第七章“帝尧陶唐氏时代”，北京：新华出版社 2011 年版，第 173 页。

WTY034.5.4

尧居紫微宫中

实　例

汉　族 民间的“三官庙”奉祀尧舜禹三神，起源于道教的兴起。道教是在我国土生土长的宗教，与民俗紧密联系，它奉尧帝为“上元一品赐福天官大帝”，居紫微宫中，又称“紫微帝君”“赐福天官”“曜灵元阳大帝”。其神像头戴冕魔冠，高坐檀香金龙椅，身穿黄龙袍手执朝天笏，如沐春圣仙。天官大帝主宰人间善恶之籍，随福受报。

【流传】（山西省南部）

【出处】《尧舜时期的传说故事 · 三官大帝》，见赵大勇、赵随意著《尧都平阳与尧舜禹》，太原：山西古籍出版社 1999 年版，第 131 页。

WTY034.5.5

尧居陶都

实 例

中华民族 陶都尧宅，宽大的宅院，鹿女正在房里抱着儿子朱逗笑。

【流传】（山西省）

【出处】中国先秦史学会尧舜禹文化研究基地编，叶雨青、张培莲著：《尧舜传》第十一章“唐尧微服访华地，畴华臣服设新都”，太原：山西出版集团·山西春秋电子音像出版社 2008 年版，第 71 页。

中华民族 史载帝尧号陶唐氏，而《说文》谓“陶在济阴。有尧城，尧尝所居，故尧号陶唐氏”。这个陶，也就是定陶。

【流传】（山东菏泽定陶县）

【出处】辛德勇：《我看帝尧故里》，见山东菏泽《首届中华伏羲祖源文化论坛论文集》，内部编印，2020 年 9 月，第 55 ～ 56 页。

WTY034.5.5a

尧游居于陶

实 例

汉 族 帝喾子，挚弟，姓伊耆。初封唐，以火德王，都平阳。在位一百年，禅位于舜。元年丙子，帝即位，命羲和。五十年，帝于游首山。五十八年，帝使后稷放帝子朱于丹水。六十一年，命鲧治河。七十年，锡虞舜命。釐降二女于妫汭。七十三年，舜受终于文祖。七十五年，司空禹治河。八十九年，作游宫于陶。

【流传】（山西）

【出处】［清］雍正《山西通志》。

WTY034.5.6*

尧居安阳市南尧城

实 例

中华民族 尧帝子丹朱后裔国，商代时在今安阳市南。《路史》罗苹注：相州安阳永和镇（今安阳市）南有故尧城。开皇四年载：“尧城县以为尧居，乃朱居也。”

【流传】（河南省安阳）

【出处】杨东晨：《商代河南地区的方国》，载《殷都学刊》1999 年第 4 期。

WTY034.6

尧居其他特定地方

实 例

（参见下级母题实例）

WTY034.6.1

尧居南方

实 例

中华民族 尧，翼星之精，在南方，其色赤。

【流传】（无考）

【出处】［汉］佚名：《春秋感精符》宋均注。

WTY034.7

尧居住的特征

实 例

（参见下级母题实例）

WTY034.7.1

尧居无定所

实 例

（实例待考）

WTY034.7.2

尧居所简陋

实 例

汉 族 尧住在用参差不齐的茅草盖的房屋里，屋子里的柱子和梁都是用山下砍伐下来的粗糙木头随便架起来的，连起码的刨都没有刨。

【流传】（无考）

【出处】《尧舜二帝》，见金麦田编著《中国古代神话故事》，北京：京华出版社 2003 年版，第 45 ～ 52 页。

中华民族 尧睡在不加装饰的草席上，出门坐的车子也朴素无华。

【流传】（无考）

【出处】《淮南子 · 主术训》（译文），见杨东晨：《华夏始祖：尧舜禹时代》“二、帝尧的伟业篇”，西安：三秦出版社 2007 年版，第 26 页。

中华民族 尧住在王宫西边的一座宅院里，房子虽然宽敞，却很简朴。

【流传】（山西省）

【出处】中国先秦史学会尧舜禹文化研究基地编，叶雨青、张培莲著：《尧舜传》第三章“帝喾临终传位挚，挚令弟尧赴陶都”，太原：山西出版集团 · 山西春秋电子音像出版社 2008 年版，第 20 页。

汉 族 作为一代国君的尧，他的所谓宫殿却都是几间茅草屋。

【流传】山西省 · 运城市 · 绛县

【出处】韩生泉：《平民国君》，见田茂忠、申建华主编《尧王故里》，山西省绛县尧文化研究会编印，2009 年，第 211 页。

中华民族 尧终生都住在简陋的茅草屋里，吃野菜粥，穿粗麻衣，屋里的梁、柱都只取一根原始木头做成。

【流传】（无考）

【出处】卢静：《尧舜禹》导读，北京：中华书局 2019 年版，第 1 页。

WTY034.7.2.1

尧的宫殿简陋

实 例

汉 族 尧的宫殿用“茅茨采椽土型之度”，传说帝尧的房屋是用树枝搭起来茅草覆盖屋顶，土墙土台阶，生活简陋，和群众在一起。

【流传】（山西省临汾市伊村）

【出处】《尧舜时期的传说故事 · 茅茨土阶》，见赵大勇、赵随意著《尧都平阳与尧舜禹》，太原：山西古籍出版社 1999 年版，第 109 页。

WTY034.7.3

尧居所宽敞

实 例

中华民族 陶都尧宅，宽大的宅院，鹿女正在房里抱着儿子朱逗笑。

【流传】(山西省)

【出处】中国先秦史学会尧舜禹文化研究基地编，叶雨青、张培莲著：《尧舜传》第十一章“唐尧微服访华地，畴华臣服设新都”，太原：山西出版集团·山西春秋电子音像出版社2008年版，第71页。

WTY034.8

尧居住的情形

实 例

(实例待考)

WTY034.9

与尧居所有关的其他母题

实 例

(参见下级母题实例)

WTY034.9.1

尧居所的产生

实 例

(参见下级母题实例)

WTY034.9.1.1

尧的封地

实 例

(参见下级母题实例)

WTY034.9.1.1.1

尧的封地唐国

实 例

(参见下级母题实例)

WTY034.9.1.1.1.1

尧的封地唐国在翼城

实 例

中华民族 唐侯尧始封之古唐国，就在汾浍之间翼城一带无疑。

【流传】(山西)

【出处】任乃荣：《三皇五帝探源》第七章“帝尧陶唐氏时代”，北京：新华出版社2011年版，第171页。

WTY034.9.1.1.1.1a

尧的封地在山西翼城

实 例

汉 族 尧十三岁时，受封于陶（今山东省菏泽县南陶丘），号陶唐氏，长到十五岁，又受封于唐（今山西省翼城县），故称唐尧。

【流传】(无考)

【出处】《史籍记载的尧舜源流与功绩》，见赵大勇、赵随意著《尧都平阳与尧舜禹》，太原：山西古籍出版社1999年版，第2页。

WTY034.9.1.1.1a

尧的封地唐县

实 例

中华民族 定州唐县，尧后所封。

【流传】(无考)

【出处】[唐]张守节：《史记正义》引《括地志》。

汉 族 尧帝在他的封地唐县一带，带领人们开垦荒地。

【流传】河北省·(保定市)·唐县·(都亭乡)·宗高和村［采录地点：唐县宗高和村］

【出处】李俊山（71岁，农民）讲，宗健记录：《二月二插小鸡》(1986.11)，见中国民间文艺家协会组织编写，罗杨总主编，韩海山本卷主编《中国民间故事丛书》(河北省·保定市·唐县卷)，北京：知识产权出版社2016年版，第105～106页。

WTY034.9.1.1.1a.1

尧在唐县垦荒筑坝

实 例

汉 族 尧帝在他的封地唐县一带，带领人们开垦荒地，筑坝挖河，提出了“劳作三十年，种地不靠天”的口号。

【流传】河北省·(保定市)·唐县·(都亭乡)·宗高和村［采录地点：唐县宗高和村］

【出处】李俊山（71岁，农民）讲，宗健记录：《二月二插小鸡》(1986.11)，见中国民间文艺家协会组织编写，罗杨总主编，韩海山本卷主编《中国民间故事丛书》(河北省·保定市·唐县卷)，北京：知识产权出版社2016年版，第105～106页。

WTY034.9.1.1.1b

尧受封于唐

实 例

汉 族 尧始封于唐，后迁于晋阳，及为天子，都平阳。

【流传】(无考)

【出处】［宋］郑樵：《通志·五帝纪》。

汉 族 尧受封于唐，众说纷纭，但据近代考古和专家认定，唐地实际在古冀州的唐地，即今之山西省平阳大地（临汾）之内。

【流传】(无考)

【出处】《史籍记载的尧舜源流与功绩》，见赵大勇、赵随意著《尧都平阳与尧舜禹》，太原：山西古籍出版社1999年版，第36页。

WTY034.9.1.1.2

尧的封地山东定陶

实 例

汉 族 我国古籍记载中称陶唐氏是因尧初封地在山东陶邑即定陶，而称此姓。今以陶器为由称陶唐氏虽与古籍不符合，但与人类进化史相吻合。

【流传】(无考)

【出处】《唐尧虞舜时的社会现状》，见赵大勇、赵随意著《尧都平阳与尧舜禹》，太原：山西古籍出版社1999年版，第90页。

WTY034.9.1.1.2a*

尧的封地在山东菏泽南陶丘

实 例

汉 族 尧十三岁时，受封于陶（今山东省菏泽县南陶丘），号陶唐氏，长到十五岁，又受封于唐（今山西省翼城县），故称唐尧。

【流传】(无考)

【出处】《史籍记载的尧舜源流与功绩》，见赵大勇、赵随意著《尧都平阳与尧舜禹》，太原：山西古籍出版社 1999 年版，第 2 页。

WTY034.9.2

尧居住的参与者

实　例

（实例待考）

WTY034.9.3

尧居所的变化

实　例

汉　族［参见“WTY047.2 尧建国（定都）”母题实例］

WTY034.9.4

尧的居住理念

实　例

（参见下级母题实例）

WTY034.9.4.1

尧倡导凿井定居

实　例

汉　族 尧倡导凿井定居，发展市井文化。

【流传】（无考）

【出处】刘永昌：《话说尧王》，载《文史月刊》2006 年第 5 期。

WTY035

尧的出行

实　例

（参见下级母题实例）

WTY035.1

尧出行的原因

实　例

中华民族 清晨，朱车白马，尧帝又偕同趁光，去更远的地方察访了，直到天色趋黑，才返宫。

【流传】（无考）

【出处】《尧 · 击壤之歌》，见卢静《尧舜禹》，北京：中华书局 2019 年版，第 18 页。

WTY035.2

尧出行的时间

实　例

中华民族（参见“WTY035.1 尧出行的原因”母题实例）

WTY035.3

尧出行的地点

实　例

中华民族（参见“WTY035.1 尧出行的原因”母题实例）

WTY035.4

尧出行的工具（尧出行的坐骑）

【关联】[WTY035.6] 尧乘动物出行

实 例

汉 族（参见“WTY035.6.1 尧乘大龙”母题实例）

WTY035.5

尧乘车出行

实 例

（参见下级母题实例）

WTY035.5.1

尧乘牛车出行

实 例

汉 族 尧帝出行简直与平民一样，毫无差别，路途稍远的，乘坐一辆牛车代步，稍近一些的，坚持步行，从不前呼后拥，讲排场。

【流传】山西省 · 运城市 · 绛县

【出处】韩生泉：《平民国君》，见田茂忠、申建华主编《尧王故里》，山西省绛县尧文化研究会编印，2009 年，第 212 页。

WTY035.5.2

尧乘白马辕车出行

实 例

中华民族 帝尧富有却不骄奢，高贵却不傲慢。头戴黄帽，身穿黑衣，坐上红车，白马拉辕。能够以修明恭顺的德行，使九族亲密团结。

【流传】（无考）

【出处】张大可、朱枝富编著：《人文始祖黄帝》，北京：商务印书馆 2018 年版，第 167 页。

WTY035.6

尧乘动物出行

实 例

（参见下级母题实例）

WTY035.6.1

尧乘大龙出行

实 例

汉 族 尧潜入唐河几天没有出来。唐河里突然出现一条龙，龙头上长着两只鹿角，马一样的身躯，绿毛赤纹，鳞光闪闪，背上长有双翅，翅下伏着一个孩子，正是尧。

【流传】河北省 · 保定市 · 唐县［采录地点：唐县峪山庄］

【出处】韩增寿（56 岁，唐县峪山庄村人，干部）采录：《唐尧传说 · 得图》(2008.06)，见中国民间文艺家协会组织编写，罗杨总主编，韩海山本卷主编《中国民间故事丛书》(河北省 · 保定市 · 唐县卷)，北京：知识产权出版社 2016 年版，第 6 ～ 7 页。

WTY035.6.1.1

尧乘大龙游龙宫

实 例

汉 族 放勋（尧）说：“我一到水里，就

骑到一条大龙身上，大龙带着我到一所大房子里。那房子又高又大，比咱们侯府还宽敞呢！房子里有个老公公，他说是我的老爷爷，给了我许多好吃好玩的东西，还叫一个花花绿绿的大姐陪我玩了半天。后来老爷爷给了我一件东西，让我放在口袋里，说千万不能弄丢了，长大后有大用处。以后又叫大龙送我回来了。”

【流传】河北省·（保定市）·唐县·（高昌镇）·峪山庄［采录地点：唐县峪山庄］

【出处】韩增寿（56岁，唐县峪山庄村人，干部）采录：《*尧帝得图》（2008.06），见中国民间文艺家协会组织编写，罗杨总主编，韩海山本卷主编《中国民间故事丛书》（河北省·保定市·唐县卷），北京：知识产权出版社2016年版，第6～7页。

WTY035.6.2

尧骑马出行

实　例

（参见下级母题实例）

WTY035.6.2.1

尧的坐骑白龙马

实　例

汉　族 帝尧骑着一匹白龙马。

【流传】江苏省·常州市

【出处】汤庚和讲，韦中权记录：《后羿的弓弦》（1980.12.29），见姚宝瑄主编《中国各民族神话》（汉族），太原：山西出版传媒集团·书海出版社2014年版，第142～145页。

WTY035.7

尧出行的陪伴者

实　例

（实例待考）

WTY035.8

尧出行的结果

实　例

（实例待考）

WTY035.9

与尧出行有关的其他母题

实　例

（实例待考）

WTY036

尧的用品（尧的工具；尧的手持物）

实　例

（参见下级母题实例）

WTY036.1

尧用品的获得

实　例

中华民族 ［参见“WTY036.4 尧有多种用品（工具）”母题实例］

WTY036.2

尧手持物

实 例

（参见下级母题实例）

WTY036.2.1

尧手执朝天笏

实 例

汉 族 民间奉尧帝为“上元一品赐福天官大帝”其神像头戴冕魔冠，高坐檀香金龙椅，身穿黄龙袍手执朝天笏，如沐春圣仙。天官大帝主宰人间善恶之籍，随福受报。

【流传】（山西省南部）

【出处】《尧舜时期的传说故事·三官大帝》，见赵大勇、赵随意著《尧都平阳与尧舜禹》，太原：山西古籍出版社 1999 年版，第 131 页。

WTY036.3

尧的宝物（尧的宝器）

实 例

（参见下级母题实例）

WTY036.3.1

尧的宝物“宝梳”

实 例

（参见下级母题实例）

WTY036.3.1.1

尧的宝物“象牙宝梳”

实 例

汉 族 帝尧赏给嫦娥一把象牙宝梳。

【流传】江苏省·常州市

【出处】汤庚和讲，韦中权记录：《后羿的弓弦》（1980.12.29），见姚宝瑄主编《中国各民族神话》（汉族），太原：山西出版传媒集团·书海出版社 2014 年版，第 142 ～ 145 页。

WTY036.3.1.1.1

宝梳梳头长出美发

实 例

汉 族 帝尧赏给嫦娥一把象牙宝梳，嫦娥天天拿它梳头，长出来的头发又牢又韧，三年零三个月后头发长了三尺三寸。

【流传】江苏省·常州市

【出处】汤庚和讲，韦中权记录：《后羿的弓弦》（1980.12.29），见姚宝瑄主编《中国各民族神话》（汉族），太原：山西出版传媒集团·书海出版社 2014 年版，第 142 ～ 145 页。

WTY036.3.2

尧的宝物“纳火丹”

实 例

（参见下级母题实例）

WTY036.3.2.1

神人送尧纳火丹

实 例

（参见下级母题实例）

WTY036.3.2.1.1

无极圣母送尧纳火丹

实 例

汉 族 无极圣母正在古云华山十二梁，与十二老母谈经论道，忽闻耳边有人祷告，知是尧王伏妖，便对诸圣言道："近日我东华圣地有一妖风横行，本欲缉来严惩，以除民害，怎奈，人间该有此劫。今日此妖气数已衰，自有人铲平，此功当帝尧莫属，我自差人送尧王一颗'纳火丹'灭火。"

【流传】山西省·运城市·绛县

【出处】胡文明：《尧王除风妖》，见田茂忠、申建华主编《尧王故里》，山西省绛县尧文化研究会编印，2009 年，第 143 ～ 146 页。

WTY036.3.3

尧的宝物"瑞草"

实 例

（参见下级母题实例）

WTY036.3.3.1

天赐尧瑞草"蓂荚"

实 例

汉 族 为了方便尧帝工作和生活，天赐一种奇异的瑞草降生在尧的草堂前阶上。这种吉祥瑞草名叫"蓂荚"，又叫"历荚"，生长在草堂前阶沿缝隙中。这种草非常神奇，每月初一开始生长出一个豆荚，一直到十五。从十六日这天开始，每天落下一个豆荚，到月底落完。

【流传】河北省·保定市·唐县［采录地点：唐尧文化研究会］

【出处】赵喜林采录：《唐尧传说·尧堂瑞草》（2009.08），见中国民间文艺家协会组织编写，罗杨总主编，韩海山本卷主编《中国民间故事丛书》（河北省·保定市·唐县卷），北京：知识产权出版社 2016 年版，第 28 ～ 29 页。

WTY036.3.4

尧的宝物"天书"

实 例

（参见下级母题实例）

WTY036.3.4.1

尧获天降"天书"

实 例

汉 族 一阵狂风到来，风头挟裹着一卷黄色的绢布，飘飘扬扬地落在了尧的脚下。尧赶快叫来史将军，史将军一看，喜出望外，连忙说："天书、天书，这是天帝昭示我们，我们就要走出大峪谷了"。

【流传】山西省·运城市·绛县

【出处】宋玉秀：《南征北战锅锅门》，见田茂忠、申建华主编《尧王故里》，山西省绛县尧文化研究会编印，2009 年，第 118 ～ 120 页。

WTY036.3.5

尧的宝物“玉版方尺”

实 例

汉 族 帝尧在位，圣德光洽。河洛之滨，得玉版方尺，图天地之形。

【流传】（无考）

【出处】［晋］王嘉：《拾遗记》卷一。

WTY036.3.6

尧的宝物“江山社稷图”

实 例

（参见下级母题实例）

WTY036.3.6.1

尧获“江山社稷图”

实 例

汉 族 老龙王给尧一张薄薄的兽皮，有一尺见方，又白又光滑，上写“江山社稷图”五个大字，图上绘着山川河流，写着密密麻麻的文字，标有冀、兖、青、徐、扬、荆、豫、梁、雍字样。

【流传】 河北省 · 保定市 · 唐县［采录地点：唐县峪山庄］

【出处】 韩增寿（56岁，唐县峪山庄村人，干部）采录：《唐尧传说 · 得图》（2008.06），见中国民间文艺家协会组织编写，罗杨总主编，韩海山本卷主编《中国民间故事丛书》（河北省 · 保定市 · 唐县卷），北京：知识产权出版社 2016年版，第6～7页。

WTY036.4

尧有多种用品（工具）

实 例

（参见下级母题实例）

WTY036.4.1

尧的武器

实 例

（参见下级母题实例）

WTY036.4.1.1

石钺是尧的武器

实 例

中华民族 尧挥石钺上前拼杀，忽当头被九婴军打来一棒，尧抛下手中石钺，倒在地上，骨碌碌地滚下东边的山坡。

【流传】（山西省）

【出处】 中国先秦史学会尧舜禹文化研究基地编，叶雨青、张培莲著：《尧舜传》第七章“尧让唐人学制陶，率兵西出击九婴”，太原：山西出版集团 · 山西春秋电子音像出版社 2008 年版，第 49 页。

WTY036.4.1.2

银圈是尧的武器

实 例

汉 族 尧王已探得了长毛怪的底细。向天帝讨得了银圈。他不马上擒它，只是觉得长毛怪如不祸害百姓，他就放它一条生路，今见它劣性难改，便决定降它。

【流传】山西省·运城市·绛县

【出处】宋玉秀：《尧王三战长毛怪》，见田茂忠、申建华主编《尧王故里》，山西省绛县尧文化研究会编印，2009 年，第 137 ～ 139 页。

WTY036.4.2

尧的狩猎工具

实 例

（参见下级母题实例）

WTY036.4.2.1

尧的狩猎石器

实 例

中华民族 尧率人猎野猪。一百多人的狩猎队伍向崇山进发，有的扛着石斧，有的拿着石矛，有的带着弓箭。

【流传】（山西省）

【出处】中国先秦史学会尧舜禹文化研究基地编，叶雨青、张培莲著：《尧舜传》第五章“尧率百姓驱野猪，羿杀封豨除民害”，太原：山西出版集团·山西春秋电子音像出版社 2008 年版，第 36 页。

WTY036.4.3

尧的农具

实 例

（参见下级母题实例）

WTY036.4.3.1

尧用木耒耕地

实 例

汉 族 王亥老人带放勋去挖地。挖地的工具是木耒，木耒像现在吃饭用的刀叉，放勋第一天干活，就弄得满手血泡。

【流传】河北省·（保定市）·唐县·（高昌镇）·峪山庄

【出处】韩增寿采录：《* 尧学本领》（2008.07），见中国民间文艺家协会组织编写，罗杨总主编，韩海山本卷主编《中国民间故事丛书》（河北省·保定市·唐县卷），北京：知识产权出版社 2016 年版，第 7 ～ 11 页。

WTY036.5

尧的陪伴物（尧的宠物）

实 例

（实例待考）

WTY036.6

尧的其他特定物

实 例

（实例待考）

WTY036.7

尧用品的特征

实 例

（参见下级母题实例）

WTY036.7.1
尧用品简陋

实 例

汉 族 尧使用的器皿都是一些土碗、土盆。他的生活水平连一个普通的小官都不如。

【流传】（无考）

【出处】《尧舜二帝》，见金麦田编著《中国古代神话故事》，北京：京华出版社 2003 年版，第 45 ～ 52 页。

汉 族 距今四千三百八十多年以前的尧使用的器皿不过是些土碗、土钵子。

【流传】山西省 · 运城市 · 绛县

【出处】韩生泉：《平民国君》，见田茂忠、申建华主编《尧王故里》，山西省绛县尧文化研究会编印，2009 年，第 212 页。

WTY036.8
尧用品的使用

实 例

（实例待考）

WTY036.9
与尧用品有关的其他母题

实 例

（实例待考）

WTY036.9.1
尧用品的变化

实 例

（实例待考）

WTY036.9.2
尧用品的消失

实 例

（实例待考）

WTY037
尧生活的时代

【关联】［WTY097］尧时代

实 例

汉 族（参见“WTY097”尧时代母题实例）

WTY038
尧生活区域（尧活动范围）

实 例

（参见下级母题实例）

WTY038.1
尧生活于特定地区

实 例

（参见下级母题实例）

WTY038.1.1
尧的活动范围是山西的晋南地区

实 例

汉 族 从唐尧部族的源流中，不难看出晋西南地墟在上古时是炎帝、黄帝部族的群居区，炎黄部族联盟的中心、先进文化地区，相继为帝喾、帝尧、舜禹诸多联盟主的政治活动中心。

【流传】（山西省西南部）

【出处】《史籍记载的尧舜源流与功绩》，见赵大勇、赵随意著《尧都平阳与尧舜禹》，太原：山西古籍出版社 1999 年版，第 14 页。

中华民族 山西晋南地区，是古冀州的中心地域，是中国上古时代的帝王所都之地，即炎、黄、颛顼、帝喾、帝尧、帝舜、帝禹，以及夏代的政治文化中心。
【流传】（山西省南部）
【出处】《冀州是远古传说时代三皇五帝和禹夏所都之地》，见赵大勇、赵随意著《尧都平阳与尧舜禹续集——尧舜禹夏都平阳大地史料》，2000 年山西省临汾市“海峡两岸尧文化学术研讨会”论文集，2000 年 6 月，内部编印，第 5 页。

中华民族 尧与其他部落的战争，拓展了陶唐氏部落的疆域，而尧的陶唐氏部落疆域虽然比过去大了许多，但其周围的部落依然是蛮夷戎狄等诸部落，即便是后来与舜的有虞氏及禹的夏后氏部落实现了大联盟，称作华夏氏族部落联盟，华夏氏族部落联盟的地域也仅仅只是据有今山西的晋南地区，华夏联盟周围依然是诸多蛮夷戎狄氏族部落。
【流传】（山西省）
【出处】中国先秦史学会尧舜禹文化研究基地编，叶雨青、张培莲著：《尧舜传》前言，太原：山西出版集团·山西春秋电子音像出版社 2008 年版，第 1 ～ 2 页。

WTY038.2

尧生活于特定的人群中

实 例

汉 族（参见“WTY020 尧的身份”母题实例）

WTY039

与尧的生活有关的母题

实 例

汉 族［参见“WTY024 尧是首领（尧是管理者）”母题实例］

4. 尧的事迹与经历【WTY040 ～ WTY049】

WTY040

尧创世（尧的发明；尧的创造）

实 例

（参见下级母题实例）

WTY041

尧创造物质文化

实 例

（参见下级母题实例）

WTY041.1

尧发明特定生产方式

实 例

（参见下级母题实例）

WTY041.1.1

尧发明采集

实　例

（实例待考）

WTY041.1.2

尧发明渔猎

实　例

（参见下级母题实例）

WTY041.1.2.1

尧发明狩猎陷阱

实　例

汉　族 放勋（尧）一个人在大茂山的森林里寻找猎物，不小心一下子跌进了泥坑，挣扎了半天才从坑里爬出来。他想出挖陷阱打猎的好办法。放勋和伙伴们在野兽出没的道路上挖了很多陷阱，上面盖上树枝，做好伪装。放勋的办法成功了，陷阱里常常掉进大野兽。

【流传】河北省·（保定市）·唐县·（高昌镇）·峪山庄

【出处】韩增寿采录：《*尧学本领》（2008.07），见中国民间文艺家协会组织编写，罗杨总主编，韩海山本卷主编《中国民间故事丛书》（河北省·保定市·唐县卷），北京：知识产权出版社 2016 年版，第 7 ～ 11 页。

汉　族 放勋一个人在树林里寻找猎物，不小心一下子跌进了泥坑，挣扎了半天才从坑里爬出来。受此启发，尧发明狩猎的陷阱。

【流传】河北省·保定市·望都县

【出处】韩增寿采录：《尧母的传说·唐尧学艺》，见中国民间文艺家协会组织编写，罗杨总主编，吴从志本卷主编《中国民间故事丛书》（河北省·保定市·望都县卷），北京：知识产权出版社 2016 年版，第 30 ～ 35 页。

WTY041.1.3

尧发明耕种

实　例

（参见下级母题实例）

WTY041.1.3.1

尧发明耕种规则

实　例

中华民族 尧又命令和仲，住在西方名叫昧谷的地方，以测定日落之处，恭敬地为太阳送行，并观察太阳入山时的次第，以规定秋季收获庄稼的工作，以秋分这天昼夜交替和虚星见于南方正中的时候，作为考定仲秋的依据。

【流传】（无考）

【出处】杨东晨：《华夏始祖：尧舜禹时代》“二、帝尧的伟业篇”，西安：三秦出版社 2007 年版，第 29 页。

WTY041.1.4

尧发明饲养

实　例

（参见下级母题实例）

WTY041.1.4.1

饲养家禽始于尧

实 例

汉 族 尧和孩子们捡鸟蛋时顺便逮回一只鸟。开始放在家里圈住喂养，下了好些蛋。他们觉得这样做比在树上掏的地上捡的都要方便得多，就想多抓回来一些在家里养。后来人们不再叫它野鸟，而给它起了个名字叫鸡。

【流传】山西省·运城市·绛县

【出处】李友植：《童年尧的三个传说》，见田茂忠、申建华主编《尧王故里》，山西省绛县尧文化研究会编印，2009年，第86～88页。

WTY041.1.5

尧发明贸易

实 例

（参见下级母题实例）

WTY041.1.5.1

尧定贸易时间

实 例

（参见下级母题实例）

WTY041.1.5.1.1

尧定午时为贸易时间

实 例

中华民族 尧在陶都与唐都交界处设市，以太阳当午时为交易时间。

【流传】（山西省）

【出处】中国先秦史学会尧舜禹文化研究基地编，叶雨青、张培莲著：《尧舜传》第六章“尧辞陶地管唐都，陶地借粮救灾荒”，太原：山西出版集团·山西春秋电子音像出版社2008年版，第46页。

WTY041.1.6

尧发明陶窑

实 例

汉 族 由于窑是放勋发明的，人们把放勋叫成“窑”，死后谥号“尧”。放勋发明的窑是烧陶器的，比原先的大多了，所以人们又把放勋等一帮烧制陶器的人称做陶唐氏（“唐”的原意是大、空荡）。

【流传】河北省·保定市·望都县

【出处】韩增寿采录：《尧母的传说·唐尧学艺》，见中国民间文艺家协会组织编写，罗杨总主编，吴从志本卷主编《中国民间故事丛书》（河北省·保定市·望都县卷），北京：知识产权出版社2016年版，第30～35页。

汉 族 以前制陶数量很少。尧制陶时善于思考，他选了一块梯状田地挖了一个竖洞，在竖洞的底端挖开一个横洞，竖洞装陶坯，横洞作通道烧火。这样，一个新式的烧陶装置就诞生了。

【流传】河北省·保定市·唐县［采录地点：唐县峪山庄］

【出处】韩增寿（56岁，唐县峪山庄村人，干部）采录：《唐尧传说·学艺》

（2008.07），见中国民间文艺家协会组织编写，罗杨总主编，韩海山本卷主编《中国民间故事丛书》（河北省·保定市·唐县卷），北京：知识产权出版社 2016 年版，第 7 ～ 11 页。

WTY041.1.7

尧发明制陶

实　例

汉　族 尧从姨妈家见到像碗的东西后，一直思索着用干泥捏成盆，捏成缸，捏成碗，捏成壶。他决定试试。他回到家，立刻和泥来捏，但他捏成的泥碗，根本不能见水，一见水就又变成了一堆泥。于是，他到姨父那里，背回了一袋子干泥。回来捏成各种用具。遇水虽然也渗，但比用自家村泥土捏成的碗强多了。于是，尧就想，怎样才能让这些由干泥捏成的用具不渗水，还美观耐用呢，他想啊想，终于决定把这些陶具放在火里烧。

【流传】山西省·运城市·绛县

【出处】宋玉秀：《制陶》，见田茂忠、申建华主编《尧王故里》，山西省绛县尧文化研究会编印，2009 年，第 95 ～ 96 页。

WTY041.1.7.1

尧获制陶材料

实　例

（参见下级母题实例）

WTY041.1.7.1.1

尧与众人寻陶料

实　例

中华民族 尧为制陶，与众人在崇山寻找坩泥，从崖土中刨寻，翻山越岭，渴了喝口山溪水，累了，坐在山坡草地休息。

【流传】（山西省）

【出处】中国先秦史学会尧舜禹文化研究基地编，叶雨青、张培莲著：《尧舜传》第七章“尧让唐人学制陶，率兵西出击九婴”，太原：山西出版集团·山西春秋电子音像出版社 2008 年版，第 48 页。

WTY041.1.7.2

尧发明制陶工具

实　例

汉　族 放勋（尧）日思夜想做出更多的陶器。他白天干活，夜间睡在山洞里。一天，放勋突然灵感爆发：这洞不是可以装陶坯吗?！洞大装坯多，洞深密封好，只要留出火道、烟道不就可以了？第二天，他把想法告诉师傅，师傅琢磨琢磨觉得有道理。于是选了一块梯状田地挖了一个竖洞，在竖洞的底端挖开一个横洞，竖洞装陶坯，横洞作通道烧火。这样，一个新式的烧陶装置就诞生了。

【流传】河北省·（保定市）·唐县·（高昌镇）·峪山庄

【出处】韩增寿采录：《* 尧学本领》（2008.07），见中国民间文艺家协会组织编写，罗杨总主编，韩海山本卷主编《中国民间故事丛书》(河北省·保定市·唐县卷)，北京：知识产权出版社 2016 年版，第 7 ～ 11 页。

WTY041.1.8

尧发明灌溉

实　例

汉　族 尧王看这里的水源足，水质好，就提出要大家修一条河，既能让更多的人喝到清水，又能灌溉两岸的农田。

【流传】河南省沁阳一带

【出处】李元怀（72 岁，沁阳县捏掌村农民）讲，尚立飞、李燕采集：《尧河源》，见孟宪明著《中原经典神话》，郑州：河南大学出版社 2016 年版，第 200 页。

WTY041.1.9

尧发明驯牛

实　例

汉　族 放勋（尧）找来几个伙伴帮助驯牛。他从牛棚里牵出一头半大的黄牛，用绳索的一头拴住牛脖子，把绳索的另一头拴在一根圆木上，让牛练习走路。

【流传】河北省·保定市·唐县［采录地点：唐县峪山庄］

【出处】韩增寿（56 岁，唐县峪山庄村人，干部）采录：《唐尧传说·学艺》(2008.07)，见中国民间文艺家协会组织编写，罗杨总主编，韩海山本卷主编《中国民间故事丛书》(河北省·保定市·唐县卷)，北京：知识产权出版社 2016 年版，第 7 ～ 11 页。

WTY041.2

尧发明生产工具

实　例

（参见下级母题实例）

WTY041.2.1

尧造车

实　例

（参见下级母题实例）

WTY041.2.1.1

尧造马车

实　例

（参见下级母题实例）

WTY041.2.1.1.1

尧造马车助耕种

实　例

汉　族 马是有灵性的动物，适于乘坐和拉车。放勋和师傅王亥做了一辆车，套上马送肥料、拉庄稼，成为种地人的好帮手。

【流传】河北省·保定市·唐县［采录地点：唐县峪山庄］

【出处】韩增寿（56 岁，唐县峪山庄村人，干部）采录：《唐尧传说·学艺》(2008.

07)，见中国民间文艺家协会组织编写，罗杨总主编，韩海山本卷主编《中国民间故事丛书》(河北省 · 保定市 · 唐县卷)，北京：知识产权出版社 2016 年版，第 7 ～ 11 页。

WTY041.2.2

尧发明农具

实 例

（参见下级母题实例）

WTY041.2.2.1

尧发明天犁

实 例

汉 族 尧王随牤牛蛋蛋来到巨槐前，见巨槐盘根半亩地，茎杆枝叶繁，粗皮衬绿影，攀缘可登天，果然树上有一枝，酷似犁形，尧王飞身上树砍将下来，做成三个犁身。按牤牛蛋蛋指点，挖出三张非金非铁的犁铧，安上犁身，造出三张天犁。

【流传】山西省 · 运城市 · 绛县

【出处】胡文明：《牤牛蛋》，见田茂忠、申建华主编《尧王故里》，山西省绛县尧文化研究会编印，2009 年，第 202 页。

WTY041.3

尧发明生活用品

实 例

（参见下级母题实例）

WTY041.3.1

尧发明衣服

实 例

（实例待考）

WTY041.3.2

尧发明食物

实 例

（参见下级母题实例）

WTY041.3.2.1

尧发明五谷原粮

实 例

汉 族 尧王不仅生于上党黎城，长于上党黎城，居于上党黎城，并在黎城继炎帝之后，继续兴农耕，并对五谷原粮进行了新的发明与改制，为“面食”发展立下了丰碑。

【流传】(山西省 · 长治市)

【出处】贾保义：《上党是中国面食的发源地》，见马志生主编《上党炎帝》，太原：山西出版传媒集团 · 三晋出版社 2014 年版，第 75 页。

WTY041.3.2.2

尧发明“尧王饼”

实 例

汉 族 尧王年老选贤让位于“舜”，他告老还乡故里后，非常俭朴，将谷浆用手捧到光滑的青石板上。后来，石头上的谷浆很快变得又干又黄，并散发出奇异的清香新鲜的味道。尧王顺手拿了一块两指一搓抿成细粉，放在嘴里一嚼，感觉绵软好吃。于是尧王便叫来村里的百姓，教他们用石斧、石锤、石臼，将各种谷物分别捣砸成碎粒，磨搓成细粉，加水和树叶混合搅拌成稠浆，薄薄地摊在青石板上，并在青石板下点燃柴火，待石板热后，谷物大饼也被烧烤成熟。这就是山西有名的“尧王饼”。

【流传】（山西省・长治市）

【出处】贾保义：《上党是中国面食的发源地》，见马志生主编《上党炎帝》，太原：山西出版传媒集团・三晋出版社 2014 年版，第 75 页。

WTY041.3.3

尧发明特定生活用品

实 例

（实例待考）

WTY041.4

尧发明其他特定物

实 例

（参见下级母题实例）

WTY041.4.1

尧发明火

实 例

（实例待考）

WTY041.4.2

尧发明医药

实 例

（实例待考）

WTY041.4.3

尧发明器物

实 例

（实例待考）

WTY041.4.4

尧发明围棋

实 例

汉 族 尧造围棋，丹朱善之。

【流传】（无考）

【出处】［先秦］史官修撰：《世本・作篇》。

WTY041.4.4.0

发明围棋的地点

实 例

（参见下级母题实例）

WTY041.4.4.0.1

围棋发明于云梦山

实 例

汉 族 尧王的老师蒲畛隐居山中，自号蒲伊子。他喜欢博弈，常到云梦山与王禅老祖临枰对坐。据说围棋就是在这里发明的。

【流传】山西省·(吕梁市)·交口县［采录地点：交口县］

【出处】张瑞元采录:《圣尧山(之三)》，见郭万金主编《山西民间故事大系》(晋西卷)，北京：商务印书馆2017年版，第579～580页。

WTY041.4.4.1

尧发明围棋的原因

实 例

(参见下级母题实例)

WTY041.4.4.1.1

尧为教子发明围棋

实 例

汉 族 尧看到儿子性情太乖戾，教育无效，暗中焦急。他因此发明制作了围棋施教于丹朱，希望用围棋来潜移默化地改造丹朱的性格，希望他能改邪归正。

【流传】山西省·运城市·绛县

【出处】韩生泉:《大义灭亲》，见田茂忠、申建华主编《尧王故里》，山西省绛县尧文化研究会编印，2009年，第124～126页。

汉 族 唐尧见儿子丹朱性情乖戾，屡教无效，心中十分焦虑。他想：做国君的儿子如此放荡，怎么去教化黎民百姓呢？为了教化丹朱，尧发明了围棋，希望用棋道来潜移默化地改造他的性情，使他改邪归正，做一个安分守己的人。

【流传】河北省·保定市·唐县［采录地点：唐尧文化研究会］

【出处】赵喜林采录:《唐尧传说·教子》(2009.06)，见中国民间文艺家协会组织编写，罗杨总主编，韩海山本卷主编《中国民间故事丛书》(河北省·保定市·唐县卷)，北京：知识产权出版社2016年版，第22～24页。

中华民族 一次，尧发现儿子丹朱总是自己做游戏，便命人专门造了围棋，将天地人的道理寄寓其中。

【流传】(无考)

【出处】《尧·击壤之歌》，见卢静《尧舜禹》，北京：中华书局2019年版，第27页。

WTY041.4.4.2

尧发明围棋的帮助者

实 例

(参见下级母题实例)

WTY041.4.4.2.1

蒲晗是尧制围棋的帮助者

实 例

汉 族 尧王不知围棋为何物，老师蒲晗告诉他：“天、地、人为三才。以地为盘、天画星、人为之，定以方圆，弈者运于天地之间，智高者胜。”接着，又谈了棋具的制作和行弈的方法。

【流传】山西省·(吕梁市)·交口县［采录地点：交口县］

【出处】张瑞元采录:《圣尧山(之三)》，见郭万金主编《山西民间故事大系》(晋西卷），北京：商务印书馆 2017 年版，第 579 ～ 580 页。

WTY041.4.4.3
与尧发明围棋有关的其他母题

实 例

（参见下级母题实例）

WTY041.4.4.3.1
棋经

实 例

（参见下级母题实例）

WTY041.4.4.3.1.1
《烂柯经》

实 例

汉 族 在今石口乡，人们还把尧王的老师蒲伊子的那段棋论称为《烂柯经》。《烂柯经》却越传越远，尧王的儿子丹朱还把它刻在石碑上。

【流传】 山西省·（吕梁市）·交口县［采录地点：交口县］

【出处】 张瑞元采录：《圣尧山（之三）》，见郭万金主编《山西民间故事大系》（晋西卷），北京：商务印书馆 2017 年版，第 579 ～ 580 页。

WTY041.4.4.3.2
围棋的作用

实 例

（参见下级母题实例）

WTY041.4.4.3.2.1
围棋使人稳重多思

实 例

汉 族 尧王来到山中，提到了自己顽劣不羁的儿子丹朱，求老师蒲畛指一教法。蒲畛就请尧王教丹朱学下围棋。

【流传】 山西省·（吕梁市）·交口县［采录地点：交口县］

【出处】 张瑞元采录：《圣尧山（之三）》，见郭万金主编《山西民间故事大系》（晋西卷），北京：商务印书馆 2017 年版，第 579 ～ 580 页。

WTY041.4.4.3.3
围棋的传承

实 例

（参见下级母题实例）

WTY041.4.4.3.3.1
围棋广为流传

实 例

汉 族 在尧王的倡导下，围棋广为流传。

【流传】 山西省·（吕梁市）·交口县［采录地点：交口县］

【出处】 张瑞元采录：《圣尧山（之三）》，见郭万金主编《山西民间故事大系》（晋西卷），北京：商务印书馆 2017 年版，第 579 ～ 580 页。

WTY041.4.5

尧发明度量衡

实 例

汉 族 尧舜时是我国度量衡制度初立的时期，经夏商周时而完善起来。

【流传】（无考）

【出处】《唐尧虞舜时的社会现状》，见赵大勇、赵随意著《尧都平阳与尧舜禹》，太原：山西古籍出版社 1999 年版。

WTY041.5

尧发明物质文化的情形

实 例

（参见下级母题实例）

WTY041.5.1

尧发现全凭采集与狩猎难保生活持久

实 例

汉 族 作为国君的尧看到大唐国人口一年比一年增多，食物不足，光靠打猎和采集野生果实维持生活也不是个长法。

【流传】河北省 · 保定市 · 唐县［采录地点：唐尧文化研究会］

【出处】赵喜林（77 岁，唐县广播电视局退休干部）采录：《聘农师》（2009.07），见中国民间文艺家协会组织编写，罗杨总主编，韩海山本卷主编：《中国民间故事丛书》（河北省 · 保定市 · 唐县卷），北京：知识产权出版社 2016 年版，第 17 ～ 18 页。

WTY041.6

尧发明物质文化的价值

实 例

中华民族 （参见“WTY022.1.1* 尧是华夏人文始祖”母题实例）

WTY041.7

与尧创造物质文化有关的其他母题

实 例

（实例待考）

WTY042

尧创造非物质文化

实 例

（参见下级母题实例）

WTY042.1

尧发明语言文字

实 例

（参见下级母题实例）

WTY042.1.1

尧发明语言的方式

实 例

（实例待考）

WTY042.1.2
尧发明文字的方式

实　例

（参见下级母题实例）

WTY042.1.2.1
尧派仓颉创造文字

实　例

汉　族 尧让仓颉创造文字，将贵族卿士的孩子们送到称作“庠”的学校集中接受教育。

【流传】（无考）

【出处】刘玉栋：《帝尧溯源》，原载《古绛春秋》，北京：长征出版社 2007 年版，见田茂忠、申建华主编《尧王故里》，山西省绛县尧文化研究会编印，2009 年，第 39 页。

WTY042.2
尧发明音乐

实　例

（参见下级母题实例）

WTY042.2.1
尧作舞乐《大章》

实　例

汉　族 帝尧亲自创作了舞乐《大章》，让夔作典乐，派一个叫质的乐官教授百姓音乐，以诗歌舞蹈陶冶人的心性情趣，用和谐的音律感染人们友好团结。

【流传】（无考）

【出处】刘玉栋：《帝尧溯源》，原载《古绛春秋》，北京：长征出版社 2007 年版，见田茂忠、申建华主编《尧王故里》，山西省绛县尧文化研究会编印，2009 年，第 39 页。

WTY042.2.1a
尧有《大章》

实　例

中华民族 黄帝有《咸池》，尧有《大章》，舜有《大韶》，禹有《大夏》。

【流传】（无考）

【出处】［战国］庄周：《庄子・天下》。

中华民族 帝尧立，乃命质为乐，质乃效山林溪谷之音以歌（注：质当为夔），乃以麋輅置缶而鼓之，乃拊石击石，以象上帝玉磬之音以致舞百兽。瞽叟乃拌五弦之瑟，作为十五弦之瑟，命之曰《大章》，以祭上帝。

【流传】（无考）

【出处】［战国］吕不韦及其门客编：《吕氏春秋・古乐》。

WTY042.2.2
尧发明乐器

实　例

（参见下级母题实例）

WTY042.2.2.1
尧制琴

实　例

（参见下级母题实例）

WTY042.2.2.1.1

尧制“瑶琴”

实 例

汉 族 有一天，瑶池旁边的梧桐树上落满了五色凤凰。尧王认为凤凰不落无宝之地，这梧桐一定是良材。于是命人将梧桐树砍倒，投入瑶池沤了一些日子，然后把它精心做成木琴，取名“瑶琴”。

【流传】 河南省 ·（南阳市）· 南阳县（1994年撤销，与原县级南阳市以人民路为界重组为宛城、卧龙二区）·（卧龙区）· 青华街（青华镇）

【出处】 邱海观（男，72岁，农民）讲，范牧采录：《瑶琴》，见张振犁编著《中原神话通鉴》(第三卷)，郑州：河南大学出版社2017年版，第992～993页。

WTY042.2.2.1.1.1

尧制瑶琴三尺六寸长

实 例

汉 族 尧王让人用梧桐木造瑶琴。一年三百六十天，瑶琴就做成三尺六寸长。按照五行：金、木、水、火、土，安上丝弦五根，发出五音，称之为宫、商、角、徵、羽。

【流传】 河南省 ·（南阳市）· 南阳县（1994年撤销，与原县级南阳市以人民路为界重组为宛城、卧龙二区）·（卧龙区）· 青华街（青华镇）

【出处】 邱海观（男，72岁，农民）讲，范牧采录：《瑶琴》，见张振犁编著《中原神话通鉴》(第三卷)，郑州：河南大学出版社2017年版，第992～993页。

WTY042.2.2.1.2

尧有十五弦之瑟

实 例

汉 族 帝尧立，瞽叟乃拌五弦之瑟，作以为十五弦之瑟，命之曰《大章》。

【流传】（无考）

【出处】［战国］吕不韦及其门客编:《吕氏春秋 · 古乐》。

WTY042.3

尧发明礼仪

实 例

（实例待考）

WTY042.4

尧发明典章制度

实 例

（参见下级母题实例）

WTY042.4.1

尧发明律法

实 例

（参见下级母题实例）

WTY042.4.1.1

尧时用象征性的典刑

实 例

汉 族 尧时的刑典为“象以典刑”，即象征性的。其刑有：流宥五刑，鞭作官刑，扑作教刑，金作赎刑。此外还有流放远地的刑法，鞭责坐官的刑，教育朴人的刑，罚以财物的赎罪之刑等。

【流传】（无考）

【出处】《唐尧虞舜时的社会现状》，见赵大勇、赵随意著《尧都平阳与尧舜禹》，太原：山西古籍出版社 1999 年版，第 96 页。

WTY042.4.1.2

尧定刑法

实 例

中华民族 夫圣王之制祀也，法施于民则祀之，以死勤事则祀之，以劳定国则祀之，能御大灾则祀之，能杆大患则祀之。非是族也，不在祀典。黄帝能成命百物，以明民共财。颛顼能修之，帝喾能序三辰以固民，尧能单均刑法以仪民。

【流传】（无考）

【出处】［春秋］左丘明：《国语·鲁语上》。

汉 族 尧根据民间的事象定出了刑法，叫"杀人抵命，打人受罚，偷人还物，抢人抄家"。尧王把定的刑法颁布下去，人人都说好。

【流传】河南省·（郑州市）·荥阳县（荥阳市）［采录地点：荥阳县王村乡蒋头村］

【出处】赵衍生（男，64 岁，荥阳县王村乡蒋头村离休干部，大专）讲，赵子谋（男，39 岁，荥阳县王村乡蒋头学校教师，中师）采录：《尧王立法》（1979.06），见《中国民间故事集成》全国编辑委员会、《中国民间故事集成·河南卷》编辑委员会编《中国民间故事集成》（河南卷），北京：中国 ISBN 中心 2001 年版，第 44 页。

WTY042.5

尧发明社会秩序

实 例

（实例待考）

WTY042.6

尧发明伦理道德

实 例

（实例待考）

WTY042.7

尧发明特定文化

实 例

（参见下级母题实例）

WTY042.7.1

尧制定社会关系

实 例

（参见下级母题实例）

WTY042.7.1.1

尧厘定九族

实 例

汉 族 帝尧亲自厘定九族，所谓"九族"，即高祖、曾祖、祖、父、自己、子、孙、曾孙和玄孙。

【流传】（无考）

【出处】刘玉栋：《帝尧溯源》，原载《古绛春秋》，北京：长征出版社 2007 年版，见田茂忠、申建华主编《尧王故里》，山西省绛县尧文化研究会编印，2009 年，第 38 ～ 39 页。

WTY042.7.2

舜发明土葬

实 例

汉 族 尧王告诉人们："从今以后，旧风俗咱们要改改，挖一穴坟，掏一个窑，垒一面炕，将老人遗体停放在炕上，再用土埋起来。这样做，既恪守了孝道，又避免了老人被鸟兽糟害。"

【流传】山西省 · 运城市 · 绛县

【出处】申建华：《埋人的传说》，见田茂忠、申建华主编《尧王故里》，山西省绛县尧文化研究会编印，2009 年，第 183 ～ 184 页。

WTY042.8

尧发明其他非物质文化

实 例

（参见下级母题实例）

WTY042.8.1

尧定历法

【关联】［WTY088.4］与尧有关的历法

实 例

（参见下级母题实例）

WTY042.8.1.1

尧定历法的内容

实 例

（参见下级母题实例）

WTY042.8.1.1.1

尧定一年三百六十六天

实 例

汉 族 尧分派四人观测鸟、火、虚、昴四恒星，以定节气，指导民众生产，测定出一年三百有六旬有六日。

【流传】（无考）

【出处】［先秦］《尚书 · 尧典》。

中华民族 （尧）帝曰："咨！汝羲暨和。朞三百有六旬有六日，以闰月定四时，成岁。允厘百工，庶绩咸熙。"

【流传】（无考）

【出处】［先秦］《尚书 · 尧典》。

汉 族 帝尧告诉人们，大概可以 366 日为一周年，剩下的天数，用闰月的办法解决。这样，春夏秋冬就确定好了。当时民众称这样的历法为尧历，一直沿用了几千年。

【流传】山西省 · 运城市 · 绛县

【出处】永昌：《尧王定历法》，见田茂忠、申建华主编《尧王故里》，山西省绛县尧文化研究会编印，2009 年，第 111 ～ 113 页。

WTY042.8.1.1.2

尧定闰月法则

实 例

中华民族 羲仲等人综合各方面内容，对一年的分月天数进行订正，向尧报告道："我等遵尧王谕旨，观测日月升降，又按历荚生落所示。今定一年为 366 天，每年 12 月，每月 30 天，小月少 1 天，12 月订正后，尚余 12 天，臣等意欲用闰月平定多余天数，3 年余天为 1 月，3 年设 1 闰月。"

【**流传**】（山西省）

【**出处**】中国先秦史学会尧舜禹文化研究基地编，叶雨青、张培莲著：《尧舜传》第十五章"阶生历荚岂天意，尧率大军平南蛮"，太原：山西出版集团 · 山西春秋电子音像出版社 2008 年版，第 90 页。

WTY042.8.1.1.3

尧推广羲仲历法

实 例

中华民族 尧对农夫道："部落里有几个大臣，为首的叫羲仲，他们通历法这个道道，我已经给他们说过，他们在春夏秋冬四季中分别定出几个节气，到了这个节气口咱就种，到那个节气口咱就收，过些时候这事准成。"

【**流传**】（山西省）

【**出处**】中国先秦史学会尧舜禹文化研究基地编，叶雨青、张培莲著：《尧舜传》第四章"猰貐部落侵北疆，唐尧率兵平外患"，太原：山西出版集团 · 山西春秋电子音像出版社 2008 年版，第 29 页。

WTY042.8.1.1.4

尧定太阳运行规则

实 例

汉 族 民间传说上古时太阳由乌鸦背负照明，故有白昼黑夜。尧时十日皆出，焦庄稼，民不能生存，尧命羿射掉九个背负太阳的乌鸦，乌鸦的"羽衣坠"，九个乌鸦死九日落，从此后十个太阳轮流值日，十天各出一次，余则在扶桑树下休息。

【**流传**】（山西省）

【**出处**】《尧舜时期的传说故事 · 日出汤谷》，见赵大勇、赵随意著《尧都平阳与尧舜禹》，太原：山西古籍出版社 1999 年版，第 124 页。

WTY042.8.1.1.5

尧复四时之纪

实 例

汉 族 四时之纪，闰之疏密，期之日数多寡，皆至尧而后定。非旧已有成法而中废，至尧又修复之也。

【**流传**】（无考）

【**出处**】［清］崔述：《崔东壁遗书 · 唐虞考信录》卷一。

WTY042.8.1.2

尧定历法的依据

实 例

（参见下级母题实例）

WTY042.8.1.2.1

尧据豆荚定历法

实 例

中华民族 尧住在平阳的王宫内，在院中台阶夹缝里长出一株草来，生长茂盛，每月月初长出一个豆荚，每天长一荚，到月半生十五荚，第十六天落一荚，以后日落一荚，月底落完，月小则有一荚枯焦而不落。尧据此让臣属制定出历法。

【流传】（山西省）

【出处】中国先秦史学会尧舜禹文化研究基地编，叶雨青、张培莲著：《尧舜传》第十五章“阶生历荚岂天意，尧率大军平南蛮”，太原：山西出版集团·山西春秋电子音像出版社 2008 年版，第 89 页。

WTY042.8.1.2.2

尧据日月星辰定历法

实 例

汉　族 尧命羲氏、和氏根据日月星辰的运行情况制定历法，然后颁布天下，使农业生产有所依循，故叫“敬授民时”。

【流传】（无考）

【出处】《唐尧虞舜时的社会现状》，见赵大勇、赵随意著《尧都平阳与尧舜禹》，太原：山西古籍出版社 1999 年版，第 86 页。

WTY042.8.1.3

尧定历法的结果

实 例

（参见下级母题实例）

WTY042.8.1.3.1

尧定历法，大利农耕

实 例

中华民族 尧定历法，大利天下，农人们喜道：“这下子种田知道下种收获的日子了。”百工们喜道：“这下子咱们做工有了年月日来作依据了。”

【流传】（山西省）

【出处】中国先秦史学会尧舜禹文化研究基地编，叶雨青、张培莲著：《尧舜传》第十五章“阶生历荚岂天意，尧率大军平南蛮”，太原：山西出版集团·山西春秋电子音像出版社 2008 年版，第 90 页。

WTY042.8.1.3.2

四时历法出于尧时

实 例

汉　族 后人视帝尧时为农耕文化出现飞跃的时代，四时历法公认出自尧时。

【流传】（无考）

【出处】《唐尧虞舜时的社会现状》，见赵大勇、赵随意著《尧都平阳与尧舜禹》，太原：山西古籍出版社 1999 年版，第 86 页。

WTY042.8.2
尧发明暗号

实 例

（参见下级母题实例）

WTY042.8.2.1
尧发明征战交流暗号

实 例

汉 族 尧王征战时使用的暗号双手抱拳在胸前的姿势一直没变，这能表明对方没带凶器，是善意友好的。抱拳的动作经过几千年的不断演变，成了问候亲朋好友见面的一种礼节。

【流传】山西省 · 运城市 · 绛县

【出处】呼红红：《抱拳问候的由来》，见田茂忠、申建华主编《尧王故里》，山西省绛县尧文化研究会编印，2009 年，第 168 ～ 170 页。

WTY042.8.3
尧发明节气

实 例

（参见下级母题实例）

WTY042.8.3.1
尧定春分

实 例

中华民族 帝尧又命令羲仲，住在东方海滨，名叫嵎谷的地方，恭敬地等待着日出，并通过观察来辨别不同时间日出的特点。以昼夜平分的那天作为春分，并以鸟星见于南方正中之时，为考定仲春的依据。这时人民分散在田野里劳作，鸟兽也顺时育生小鸟和小兽。

【流传】（无考）

【出处】杨东晨：《华夏始祖：尧舜禹时代》“二、帝尧的伟业篇”，西安：三秦出版社 2007 年版，第 28 页。

WTY042.9
与尧创造非物质文化有关的其他母题

实 例

（实例待考）

WTY043
尧创造其他特定物

实 例

（参见下级母题实例）

WTY043.1
尧命名

实 例

（参见下级母题实例）

WTY043.1.1
尧为儿子命名

实 例

中华民族 尧拎着朱砂袋道：“朱砂，避邪，我的儿子更要避邪，长大做正派人，就叫朱好啦。”

【流传】(山西省)

【出处】中国先秦史学会尧舜禹文化研究基地编，叶雨青、张培莲著:《尧舜传》第十章“凿齿部落犯南疆，唐尧设伏破强虏”，太原：山西出版集团·山西春秋电子音像出版社 2008 年版，第 64 页。

WTY043.1.2

尧为制陶装置命名

实 例

汉 族 放勋(尧)想出在挖的洞中做出更多的陶器的方法。师傅说:“这是放勋想出来的办法，放勋给新装置起个名字吧!”放勋说:“这家伙是缶(陶器名)住的屋子，就叫‘窑’吧。”

【流传】河北省·(保定市)·唐县·(高昌镇)·峪山庄

【出处】韩增寿采录:《*尧学本领》(2008.07)，见中国民间文艺家协会组织编写，罗杨总主编，韩海山本卷主编《中国民间故事丛书》(河北省·保定市·唐县卷)，北京：知识产权出版社 2016 年版，第 7 ～ 11 页。

WTY043.1.3

尧为酒命名

实 例

(参见下级母题实例)

WTY043.1.3.1

尧命酉时喝的水为“酒”

实 例

汉 族 仪狄把洞中红枣形成的浆水找来一个大陶罐盛起来。他提着一罐子枣浆去见尧帝，请尧帝尝尝。尧认为是酉时喝的水，取名为“酒”。

【流传】河北省·保定市·唐县[采录地点：唐县峪山庄]

【出处】林增寿采录:《仪狄酿枣酒》(2008.06)，见中国民间文艺家协会组织编写，罗杨总主编，韩海山本卷主编:《中国民间故事丛书》(河北省·保定市·唐县卷)，北京：知识产权出版社 2016 年版，第 30 ～ 32 页。

WTY043.2

尧定婚姻

实 例

(实例待考)

WTY044

尧教人(尧教人技能)

实 例

(参见下级母题实例)

WTY044.1

尧教人制造

实 例

汉 族 (参见“WTY041 尧创造物质文化”母题实例)

WTY044.2

尧教人衣食住行

实 例

汉 族 (参见“WTY041 尧创造物质文化”

母题实例）

WTY044.2.1

尧教人织布

实 例

（实例待考）

WTY044.2.2

尧教人制衣

实 例

（实例待考）

WTY044.2.3

尧教人选择食物

实 例

汉 族（参见“WTY041.3 尧发明生活用品”母题实例）

WTY044.2.4

尧教人吃特定食物

实 例

汉 族（参见“WTY041.3 尧发明生活用品”母题实例）

WTY044.2.5

尧教人饮食卫生

实 例

（实例待考）

WTY044.3

尧教人知识

实 例

（参见下级母题实例）

WTY044.3.1

尧教人识天文

实 例

中华民族（参见“WTY042.8.1.1 尧定历法的内容”母题实例）

WTY044.3.2

尧教人历法

实 例

汉 族 尧的居住房子中，栽植着一瑞草名萓荚，每月十五日以前，日生一叶，十五日后日落一叶，月小尽，则一叶压而不落，尧王观之可知旬朔，传给群众。

【流传】（山西省临汾市伊村）

【出处】《尧舜时期的传说故事·茅茨土阶》，见赵大勇、赵随意著《尧都平阳与尧舜禹》，太原：山西古籍出版社 1999 年版，第 109 页。

WTY044.3.3

尧教人耕种知识

实 例

（参见下级母题实例）

WTY044.3.3.1

尧命羲和氏教民众耕种时令

实 例

中华民族 尧任命羲氏、和氏，恭敬地顺从上天的意志，观测日月星辰的运行来制订历法，慎重地教导民众耕种的时令。

【流传】(无考)

【出处】张大可、朱枝富编著：《人文始祖黄帝》，北京：商务印书馆 2018 年版，第 167 页。

WTY044.3.4

尧教人辨识特定物

实 例

(实例待考)

WTY044.3.5

尧教人巫术

实 例

(实例待考)

WTY044.4

尧教人礼仪

实 例

汉 族 尧时五礼仪式俱备。尧时已经有了较成熟形态的国家机构，从而进入了文明社会，形成了我国周代礼仪制度称为五礼，即嘉礼、吉礼、宾礼、军礼、凶礼等的渊源。

【流传】(无考)

【出处】《光辉灿烂的古平阳大地》，见赵大勇、赵随意著《尧都平阳与尧舜禹》，太原：山西古籍出版社 1999 年版，第 77 ~ 78 页。

WTY044.4.1

尧向百姓倡导文明

实 例

汉 族 尧倡导互助友爱的道德风尚，教育人民讲道德，男女有别，讲诚信，以诚待人，讲礼貌，互相尊重，形成了路不拾遗、夜不闭户、互敬互爱、助人为乐的淳朴民风，史称“陶唐遗风”，千古流传。

【流传】(无考)

【出处】刘永昌：《话说尧王》，载《文史月刊》2006 年第 5 期。

汉 族 尧王爷得知是两家村民互不团结，才使小火酿成大灾。尧王爷接着给村人讲了邻里团结的重要性，并说远亲不如近邻，近邻不如对门，人与人有矛盾，家与家有是非，这都是难免的事，嘴里的舌头和牙齿还有个碰磕的时候，只要互相谅解，友好合作就好办了。

【流传】山西省 · 运城市 · 绛县 · 古绛镇 · 尧寓村

【出处】李友益：《拜大年》，见田茂忠、申建华主编《尧王故里》，山西省绛县尧文化研究会编印，2009 年，第 172 ~ 174 页。

WTY044.4.2

尧教人改旧习树新风

实 例

汉 族 尧王发现了更奇的事情，有些家户为了使自己的后辈发财做官，便提前请风水先生看坟地，发现是龙凤穴，有些六十岁的父母就甘愿占居，常年在坟内不出来，留下一个窗口，供子女送饭送水，直到父母寿终，才将坟墓埋好。尧王将坟中未死的老人挖出来，护送回家，或接到自己家中赡养，就这样，尧王用自己的言行，用自己的智慧，逐渐改变着村里的陈规陋习，使丧葬新风逐渐风行起来。

【流传】山西省・运城市・绛县

【出处】申建华：《埋人的传说》，见田茂忠、申建华主编《尧王故里》，山西省绛县尧文化研究会编印，2009 年，第 187 页。

WTY044.4.3

尧教人丧葬礼仪

实 例

汉 族 尧找到老者的儿子，对他说："姜娃，你的父亲操劳了一辈子，死后，你把他抛弃到山野，让野兽啃，乌鸦叼，这是不道德的，也是不孝顺的。"

【流传】山西省・运城市・绛县

【出处】申建华：《埋人的传说》，见田茂忠、申建华主编《尧王故里》，山西省绛县尧文化研究会编印，2009 年，第 183 页。

WTY044.4.4

尧教人孝道

实 例

中华民族 尧请同父异母的兄弟契，和合五教，敦化人伦，使人们懂得父义、母慈、兄友、弟恭、子孝的道理。

【流传】（无考）

【出处】《尧・击壤之歌》，见卢静《尧舜禹》，北京：中华书局 2019 年版，第 24 页。

WTY044.5

尧教人生存方式

实 例

汉 族 （参见"WTY044.2 尧教人衣食住行"母题实例）

WTY044.5.1

尧教人贸易

实 例

中华民族 （参见"WTY041.1.5 尧发明贸易"母题实例）

WTY044.5.2

尧教人吃药治病

实 例

（实例待考）

WTY044.6

尧教人其他生产生活技能

实 例

（参见下级母题实例）

WTY044.6.1

尧教人用火

实 例

（实例待考）

WTY044.6.2

尧教人制陶

实 例

（参见下级母题实例）

WTY044.6.2.1

尧教农人制陶

实 例

中华民族 尧对农人道："吃亏主要是咱不会制陶器，愿学制陶吗，愿学的话，你叫上几位乡亲，我让陶都的人教你们。"

【流传】（山西省）

【出处】中国先秦史学会尧舜禹文化研究基地编，叶雨青、张培莲著：《尧舜传》第七章"尧让唐人学制陶，率兵西出击九婴"，太原：山西出版集团·山西春秋电子音像出版社2008年版，第47页。

WTY044.6.2.2

尧邀众人制陶

实 例

汉 族 尧邀请舅舅，或者是表兄表弟来参加烧制陶器。尧烧制的第一批陶具，碗、盆、缸终于成功了。

【流传】山西省·运城市·绛县

【出处】宋玉秀:《制陶》，见田茂忠、申建华主编《尧王故里》，山西省绛县尧文化研究会编印，2009年，第95～96页。

WTY044.6.3

尧教人饲养

实 例

汉 族 （参见"WTY041.1.4 尧发明饲养"母题实例）

WTY044.6.4

尧教人建造

实 例

（参见下级母题实例）

WTY044.6.4.1

尧派从属教人建造

实 例

（参见下级母题实例）

WTY044.6.4.1.1

尧派夏禹父子教人建造

实 例

汉 族 尧派夏禹父子传授人民建造城郭、宫殿和房屋的技术。

【流传】（无考）

【出处】刘玉栋:《帝尧溯源》，原载《古绛春秋》，北京：长征出版社 2007 年版，见田茂忠、申建华主编《尧王故里》，山西省绛县尧文化研究会编印，2009 年，第 38 页。

WTY044.6.5

尧教人制造工具

实 例

（参见下级母题实例）

WTY044.6.5.1

尧派从属教人制造工具

实 例

（参见下级母题实例）

WTY044.6.5.1.1

尧派咎繇传授制造耒耜的技术

实 例

汉 族 尧派咎繇传授制造耒耜的技术，使人民在洪水退后尽快地恢复生产，重建家园。

【流传】（无考）

【出处】刘玉栋:《帝尧溯源》，原载《古绛春秋》，北京：长征出版社 2007 年版，见田茂忠、申建华主编《尧王故里》，山西省绛县尧文化研究会编印，2009 年，第 38 页。

WTY044.7

尧指教特定人物

实 例

中华民族 （参见“WTY044.3.3.1 尧命羲和氏教民众耕种时令”母题实例）

WTY044.8

尧教人的结果

实 例

中华民族 （参见“WTY044.3 尧教人知识”母题实例）

WTY044.9

与尧教人有关的其他母题

实 例

（实例待考）

WTY044.9.1

尧教人不辞劳苦

实 例

（实例待考）

WTY045

尧其他事迹

实 例

（参见下级母题实例）

WTY045.1

尧除害

【关联】[WTY045.5] 尧降服特定物

实 例

汉 族 尧王继位初期，在人称古云华山附近出了一个成了精的凤凰专门食人，闹得尧王行宫驻地尧寺头也不时遭到火凤的骚扰，在农田耕作的农夫也不时被妖凤吃掉。尧王和众大臣商量决心剿灭此妖。

【流传】山西省 · 运城市 · 绛县

【出处】胡文明:《尧王除凤妖》，见田茂忠、申建华主编《尧王故里》，山西省绛县尧文化研究会编印，2009 年，第 143 ～ 146 页。

WTY045.2

尧治水

实 例

（参见下级母题实例）

WTY045.2.1

尧治水的时间

实 例

（参见下级母题实例）

WTY045.2.1.1*

距今四五千年前，尧治水

实 例

汉 族 距今四五千年左右的那个时代，大水泛滥，人民生命财产遭受了很大损失。尧王继位后，决心治水，让百姓安居乐业。

【流传】山西省 · 运城市 · 绛县

【出处】胡文明:《问罪老鲧》，见田茂忠、申建华主编《尧王故里》，山西省绛县尧文化研究会编印，2009 年，第 205 页。

WTY045.2.1.2

尧十九年，命臣治水

实 例

中华民族 （尧）十九年命共工治河。

【流传】（山西省）

【出处】[东周] 史官:《竹书纪年 · 帝尧陶唐氏》。

WTY045.2.1.3

尧九十岁时指挥抗洪

实 例

汉 族 尧王大仁大德大贤，在平阳发大水时，舜和众大臣与洪水抢时间，帮助百姓往山上转移，舜和众臣看见 90 岁尧王站在雨中指挥百姓转移。

【流传】（山西省 · 运城市 · 盐湖区 · 鸣条）

【出处】相水虎主编:《鸣条尧舜禹关四圣出巡古庙会》，运城市盐湖区鸣条二月二古庙会文化活动中心内部交流本，2016 年，第 5 页。

WTY045.2.1.4

尧治水持续六十六年

实 例

中华民族 尧十九年记，命共工治河；于六十一年记，命崇伯鲧治河；于六十九年记，黜崇伯鲧；于七十五年记，命司空禹治河。于八十六年记，司空入观贽用玄圭。前后相距凡六十六年。

【流传】（无考）

【出处】［东周］史官：《竹书纪年》。

WTY045.2.2
尧治水的地点

实 例

（参见下级母题实例）

WTY045.2.2.1
尧在平阳城外治水

实 例

中华民族 尧帝率民夫在平阳城外治水时，妻子鹿仙女伴随在他身边，天黑了便高举火把。

【流传】（无考）

【出处】《尧·击壤之歌》，见卢静《尧舜禹》，北京：中华书局2019年版，第22页。

WTY045.2.2.2
尧在郭行一带治水

实 例

汉 族 中华大地上的降水分布不均，自古天上统筹安排，说尧王率领民众才治住了郭行一带的汪洋洪水，正回都庆贺。

【流传】山西省·运城市·绛县

【出处】王沛：《尧王泉》，见田茂忠、申建华主编《尧王故里》，山西省绛县尧文化研究会编印，2009年，第140～142页。

WTY045.2.2.3
尧在渭水流域治水

实 例

中华民族 帝尧曾到渭水流域巡视过洪水，到过今陕西蒲城县的尧山，小女儿“女英”也在此住过。

【流传】（无考）

【出处】杨东晨：《华夏始祖：尧舜禹时代》“五、尧舜禹文明篇”，西安：三秦出版社2007年版，第160页。

WTY045.2.2.4
尧在封地唐县治水

实 例

汉 族 尧帝在他的封地唐县一带，带领人们筑坝挖河。

【流传】河北省·（保定市）·唐县·（都亭乡）·宗高和村［采录地点：唐县宗高和村］

【出处】李俊山（71岁，农民）讲，宗健记录：《二月二插小鸡》（1986.11），见中国民间文艺家协会组织编写，罗杨总主编，韩海山本卷主编《中国民间故事丛书》（河北省·保定市·唐县卷），北京：知识产权出版社2016年版，第105～106页。

WTY045.2.3
尧时治水的方式

实 例

（参见下级母题实例）

WTY045.2.3.1

尧亲率治水

实 例

（实例待考）

WTY045.2.3.2

尧命臣治水

实 例

（参见下级母题实例）

WTY045.2.3.2.1

尧派鲧治水

实 例

汉 族 尧时，洪水泛滥，民不聊生。尧召来四岳首领商量，让大家推荐治理洪水者。四岳首领一致认为只有鲧能胜任，尧便派鲧去治水。

【流传】（山西省）

【出处】《尧舜时期的传说故事 · 命鲧治水》，见赵大勇、赵随意著《尧都平阳与尧舜禹》，太原：山西古籍出版社 1999 年版，第 113 页。

汉 族 尧派鲧治洪水。鲧五大三粗，威风凛凛，就知道真心实意地干。他凭着过去治水的经验，到处打坝子、垒石头，想把洪水堵住。这洪水可邪乎了，“呼隆”一下子冲倒了堤坝，十几丈高的浪头齐齐地往前赶。

【流传】山东省 ·（临沂市）· 临沭县［记录地点：临沭县城］

【出处】刘锡奎（34 岁，临沭文化局干部，中专）讲述采录：《鲧助禹王》（1989），见《中国民间故事集成》全国编辑委员会、《中国民间故事集成 · 山东卷》编辑委员会编《中国民间故事集成》（山东卷），北京：中国 ISBN 中心 2007 年版，第 23 ～ 25 页。

汉 族 鲧领受了尧的命令去治理洪水。

【流传】淮河流域

【出处】常山讲述：《鲧王治水》，原载茆文斗搜集整理《河蚌姑娘》，见陶阳、钟秀编《中国神话》（上），北京：商务印书馆 2008 年版，第 412 ～ 418 页。

汉 族 众首领推荐鲧去治水时，尧说，“若治不好洪水，耽误了时间，是要处死的。”

【流传】淮河流域

【出处】常山讲：《鲧王治水》，原载茆文斗搜集整理《河蚌姑娘》，见姚宝瑄主编《中国各民族神话》（汉族），太原：山西出版传媒集团 · 书海出版社 2014 年版，第 100 ～ 106 页。

WTY045.2.3.2.1.1

尧派鲧治水试其才干

实 例

汉 族 尧时，经常发生洪灾。尧决定让竞争对手之一的鲧去治水。通过治水考验鲧的才干。

【流传】山西省 · 运城市 · 绛县

【出处】张志善：《宿尧》，见田茂忠、申建华主编《尧王故里》，山西省绛县尧文化研究会编印，2009 年，第 228 ～ 229 页。

WTY045.2.3.2.1.2

尧命鲧治水，九年未成

实 例

汉 族 尧命夏鲧治水，九载无绩，鲧自沈于羽渊，化为玄鱼。

【流传】（无考）

【出处】（a）［晋］王嘉《拾遗记》卷二。（b）《羽渊》，见袁珂《中国神话大词典》，北京：华夏出版社 2015 年版，第 147 页。

汉 族 恶龙跑到人间行云吐雾，呼风唤雨，闹得洪水遍地。尧帝命鲧治水，九年没有成功。

【流传】河北省・保定市・满城县［采录地点：毛寿之家中］

【出处】毛寿之（86 岁，满城城内村人）讲，边守道（离休干部）、刘广郁（干部）记录：《看守禹王船》（1986.09），见中国民间文艺家协会组织编写，罗杨总主编，浩渺本卷主编《中国民间故事丛书》（河北省・保定市・满城卷），北京：知识产权出版社 2016 年版，第 6 ～ 7 页。

WTY045.2.3.2.2

尧派共工治水

实 例

中华民族 （尧）十九年命共工治河。

【流传】（山西省）

【出处】［东周］史官：《竹书纪年・帝尧陶唐氏》。

汉 族 尧母召尧帝商议退水的办法，尧帝决定派最能干的大臣共工去治水。

【流传】河北省・保定市・望都县

【出处】韩增寿采录：《水神》，见中国民间文艺家协会组织编写，罗杨总主编，吴从志本卷主编《中国民间故事丛书》（河北省・保定市・望都县卷），北京：知识产权出版社 2016 年版，第 5 ～ 7 页。

WTY045.2.3.2.3

尧举舜治水

实 例

汉 族 当尧之时，天下犹未平，洪水横流，泛滥于天下。尧独忧之，举舜而敷治焉。舜使益掌火，益烈山泽而焚之，禽兽逃匿。禹疏九河，瀹济、漯而注诸海，决汝、汉，排淮、泗而注之江，然后中国可得而食也。

【流传】（无考）

【出处】［战国］孟轲及其弟子：《孟子・滕文公下》。

WTY045.2.3.2.4

尧命防风治水

实 例

汉 族 尧王见防风治水有功，就把封山周围几百里方圆的地方封给他做了防风国。

【流传】浙江省・（湖州市）・德清县・三合乡

【出处】沈益民讲，钟铭、钟伟今采录：《尧封防风国》，见陶阳、钟秀编《中国神话》(中)，北京：商务印书馆 2008 年版，第 813 ～ 814 页。

WTY045.2.3.3

尧召集群臣商议治水

实 例

汉 族 仁慈而盛明的尧开始为人们处于洪水的困境而忧虑不安起来，他召集有文治武略的大臣，来商讨如何对付如此泛滥的洪水。

【流传】(无考)

【出处】《大禹治水》，见金麦田编著《中国古代神话故事》，北京：京华出版社 2003 年版，第 55 ～ 61 页。

中华民族 在洪水灾害降临后，帝尧十分焦急和忧愁，便召集官员议事，推举治水官员。

【流传】(无考)

【出处】杨东晨：《华夏始祖：尧舜禹时代》“二、帝尧的伟业篇”，西安：三秦出版社 2007 年版，第 32 页。

汉 族 为了治服洪水，尧举行了氏族部落会议，邀集各部首领，共同议论治水的大事。

【流传】淮河流域

【出处】常山讲述：《鲧王治水》，原载茆文斗搜集整理《河蚌姑娘》，见陶阳、钟秀编《中国神话》(上)，北京：商务印书馆 2008 年版，第 412 ～ 418 页。

汉 族 为了治服洪水，尧举行了氏族部落会议，邀集各部首领，共同议论治水的大事。

【流传】淮河流域

【出处】常山讲：《鲧王治水》，原载茆文斗搜集整理《河蚌姑娘》，见姚宝瑄主编《中国各民族神话》(汉族)，太原：山西出版传媒集团 · 书海出版社 2014 年版，第 100 ～ 106 页。

WTY045.2.3.4

尧视察洪水

实 例

中华民族 帝尧曾到渭水流域巡视过洪水，到过今陕西蒲城县的尧山，小女儿“女英”也在此住过。

【流传】(无考)

【出处】杨东晨：《华夏始祖：尧舜禹时代》“五、尧舜禹文明篇”，西安：三秦出版社 2007 年版，第 160 页。

WTY045.2.3.5

举荐治水者

实 例

(参见下级母题实例)

WTY045.2.3.5.1

百姓推伯鲧治水

实 例

汉 族 洪水害苦了百姓，百姓在尧帝面前推举崇伯鲧来治理洪水。

【流传】(无考)

【出处】(a) 钟伟今搜集整理：《禹的诞生》，载《山 海 经 》1981 年 第 4 期。(b) 同

（a），见姚宝瑄主编《中国各民族神话》（汉族），太原：山西出版传媒集团·书海出版社 2014 年版，第 107 ～ 110 页。

WTY045.2.3.5.2

四方首领推举鲧治洪水

实 例

汉 族 尧时发生了大规模的洪水泛滥，四方首领推举鲧治洪水，未能奏效。

【流传】（无考）

【出处】《尧》，见乌丙安主编《中国民间神谱》，沈阳：辽宁人民出版社 2007 年版，第 59 页。

WTY045.2.3.5.3

酋长崇伯鲧治水

实 例

汉 族 尧时发洪水，有个酋长崇伯鲧领着堵水，留下了一大片土地，可供居住。

【流传】中原一带

【出处】（a）甄秉浩整理：《涂山姚代姐育婴》，见张楚北编《中原神话》，郑州：海燕出版社 1988 年版。（b）同（a），见姚宝瑄主编《中国各民族神话》（汉族），太原：山西出版传媒集团·书海出版社 2014 年版，第 425 ～ 426 页。

WTY045.2.3.5.4

举鳖灵治水

实 例

汉 族 望帝杜宇以鳖灵为相。时玉山出水，若尧之洪水。望帝不能治，使鳖灵决玉山，民得安处。

【流传】（无考）

【出处】［清］严可均：《全上古三代秦汉三国六朝文·全汉文》辑《蜀王本纪》。

WTY045.2.4

尧治水的帮助者（陪伴者）

实 例

（参见下级母题实例）

WTY045.2.4.1

妻子伴尧治水

实 例

（参见下级母题实例）

WTY045.2.4.1.1

妻子鹿仙女随尧治水

实 例

中华民族 尧帝率民夫在平阳城外治水时，妻子鹿仙女伴随在他身边，天黑了便高举火把。

【流传】（无考）

【出处】《尧·击壤之歌》，见卢静《尧舜禹》，北京：中华书局 2019 年版，第 22 页。

WTY045.2.5

治水的结果

实 例

（参见下级母题实例）

WTY045.2.5.1
尧命鲧伯治水，九年无果

实 例

汉 族 洪水害苦了百姓，百姓在尧帝面前推举崇伯鲧来治理洪水。崇伯鲧治了九年洪水，东堵一道坝，西筑一道堤，到头来堤毁坝坍，还是制服不了洪水。

【流传】（无考）

【出处】钟伟今搜集整理：《禹的诞生》，载《山海经》1981 年第 4 期。

WTY045.2.6
与尧治水有关的其他母题

实 例

（参见下级母题实例）

WTY045.2.6.1
与治水有关的赏罚

实 例

（参见下级母题实例）

WTY045.2.6.1.1
因治水不力被惩罚

实 例

（参见下级母题实例）

WTY045.2.6.1.1.1
鲧因治水不力被尧处死

实 例

中华民族 尧使鲧治洪水，不胜其任，遂诛鲧于羽山，化为黄熊。

【流传】（无考）

【出处】［南朝・梁］任昉：《述异记》卷上。

汉 族 尧让鲧治洪水，鲧治了九年的水，还是没有成功，就在羽山把他处死了。

【流传】淮河流域

【出处】常山讲述：《鲧王治水》，原载茆文斗搜集整理《河蚌姑娘》，见陶阳、钟秀编《中国神话》（上），北京：商务印书馆 2008 年版，第 412 ～ 418 页。

WTY045.2.6.1.1.1.1
鲧治水不利死不瞑目

实 例

汉 族 鲧治水没有成功虽然被尧杀死，但他的心里仍然想着治水，想着人类的苦难。

【流传】淮河流域

【出处】常山讲：《鲧王治水》，原载茆文斗搜集整理《河蚌姑娘》，见姚宝瑄主编《中国各民族神话》（汉族），太原：山西出版传媒集团・书海出版社 2014 年版，第 100 ～ 106 页。

WTY045.2.6.1.1.1.2
鲧死，其魂求巫医救治

实 例

汉 族 鲧被尧杀死，他的魂灵到了灵山，央求一个叫巫阳一个叫巫咸的巫医把他治活。

【流传】淮河流域

【出处】常山讲：《鲧王治水》，原载茆文斗搜集整理《河蚌姑娘》，见姚宝瑄主编《中国各民族神话》(汉族)，太原：山西出版传媒集团・书海出版社 2014 年版，第 100 ～ 106 页。

WTY045.2.6.1.1.1.3
鲧死，其神化为黄熊

实 例

汉 族 昔尧殛鲧于羽山，其神化为黄熊，以入于羽渊。

【流传】(无考)

【出处】[春秋] 左丘明：《左传・昭公七年》。

WTY045.2.6.1.1.1.4
鲧死，化为玄鱼

实 例

汉 族 尧命夏鲧治水，九载无绩。鲧自沉于羽渊，化为玄鱼，时扬须振鳞，横修波之上，见者谓为河精。

【流传】(无考)

【出处】[晋] 王嘉：《拾遗记》卷二。

WTY045.2.6.1.2
因治水有功受赏

实 例

(参见下级母题实例)

WTY045.2.6.1.2.1
防风治水有功，尧封其国

实 例

汉 族 尧王见防风治水有功，就把封山周围几百里方圆的地方封给他做了防风国。

【流传】浙江省・(湖州市)・德清县・三合乡

【出处】沈益民讲，钟铭、钟伟今采录：《尧封防风国》，见陶阳、钟秀编《中国神话》(中)，北京：商务印书馆 2008 年版，第 813 ～ 814 页。

WTY045.3
尧治瘟疫

实 例

(实例待考)

WTY045.4
尧除旱灾

实 例

(参见下级母题实例)

WTY045.4.1
旱灾的持续时间

实 例

(参见下级母题实例)

WTY045.4.1.1
旱灾三个月

实 例

(参见下级母题实例)

WTY045.4.1.2
旱灾三年

实 例

汉 族 三年大旱，颗粒不收。尧帝领着人们又是开河又是挖井，可水却越来越少，人们只好烧香磕头，到龙王庙里去求雨。

【流传】河北省 · 保定市 · 唐县［采录地点：唐县南高和村］

【出处】李俊山（男，71 岁，唐县南高和村农民，不识字）讲，宋健（男，39 岁，唐县干部，大专）采录：《* 二月二的来历》（1986），见中国民间文学集成全国编辑委员会、《中国民间故事集成 · 河北卷》编辑委员会编《中国民间故事集成》（河北卷），北京：中国 ISBN 中心 2003 年版。

汉 族 玉帝知道尧帝带领人们开垦荒地，筑坝挖河，提出了"劳作三十年，种地不靠天"的口号，大怒道："我是万神之主，他小小的尧帝，胆敢蔑视于我？来呀，传我旨意，三年不许向他的封地降下一滴雨！"

【流传】河北省 ·（保定市）· 唐县 ·（都亭乡）· 宗高和村［采录地点：唐县宗高和村］

【出处】李俊山（71 岁，农民）讲，宗健记录：《二月二插小鸡》（1986.11），见中国民间文艺家协会组织编写，罗杨总主编，韩海山本卷主编《中国民间故事丛书》（河北省 · 保定市 · 唐县卷），北京：知识产权出版社 2016 年版，第 105 ～ 106 页。

WTY045.4.1.3
连年旱灾

实 例

汉 族 尧封任唐侯后，遇到了连年旱灾。

【流传】河北省 · 保定市 · 唐县［采录地点：唐县峪山庄］

【出处】韩海山采录：《唐尧传说 · 伐东夷》（2008.09），见中国民间文艺家协会组织编写，罗杨总主编，韩海山本卷主编《中国民间故事丛书》（河北省 · 保定市 · 唐县卷），北京：知识产权出版社 2016 年版，第 14 ～ 17 页。

WTY045.4.2
旱灾的地点

实 例

（实例待考）

WTY045.4.3
旱灾的原因

实 例

（参见下级母题实例）

WTY045.4.3.1
十日并出造成旱灾

实 例

汉 族 唐尧做唐国侯王的时候，遭遇大旱，十日并出，河干泽竭，草木焦枯。

【流传】河北省 · 保定市 · 唐县［采录地点：

唐尧文化研究会］

【出处】韩海山采录：《找泉水》(2008.08)，见中国民间文艺家协会组织编写，罗杨总主编，韩海山本卷主编：《中国民间故事丛书》(河北省·保定市·唐县卷)，北京：知识产权出版社2016年版，第13～14页。

WTY045.4.3.1a

十个太阳在天上嬉闹造成旱灾

实 例

汉 族 天帝帝俊的10个太阳儿子在天上嬉闹造成旱灾。帝俊派人召唤来神箭手后羿，面授机宜，让他帮助教训教训他的儿子。后羿在尧帝的陪同下，上到万丈高台上，向十个太阳高喊："你们是天帝的儿子，赶快回家去吧，不然的话，我们很难保证你们的安全。"

【流传】山西省·运城市·绛县

【出处】申建华：《太阳谢尧帝》，见田茂忠、申建华主编《尧王故里》，山西省绛县尧文化研究会编印，2009年，第175～176页。

WTY045.4.3.2

玉帝传旨三年不降雨致旱灾

实 例

汉 族 尧王提出"劳作三十年，种地不靠天"。玉帝听后大怒说："我是万神之主，他小小的尧帝，胆敢蔑视我。来呀，传我旨意，三年不许向他的封地降下一滴雨！"

【流传】河北省·保定市·唐县［采录地点：唐县南高和村］

【出处】李俊山（男，71岁，唐县南高和村农民，不识字）讲，宋健（男，39岁，唐县干部，大专）采录：《*二月二的来历》(1986)，见中国民间文学集成全国编辑委员会、《中国民间故事集成·河北卷》编辑委员会编《中国民间故事集成》(河北卷)，北京：中国ISBN中心2003年版。

汉 族 玉帝知道尧帝带领人们开垦荒地，筑坝挖河，提出了"劳作三十年，种地不靠天"的口号，大怒道："我是万神之主，他小小的尧帝，胆敢蔑视于我？来呀，传我旨意，三年不许向他的封地降下一滴雨！"

【流传】河北省·(保定市)·唐县·(都亭乡)·宗高和村［采录地点：唐县宗高和村］

【出处】李俊山（71岁，农民）讲，宗健记录：《二月二插小鸡》(1986.11)，见中国民间文艺家协会组织编写，罗杨总主编，韩海山本卷主编《中国民间故事丛书》(河北省·保定市·唐县卷)，北京：知识产权出版社2016年版，第105～106页。

WTY045.4.4

尧除旱灾的方式

实 例

（参见下级母题实例）

WTY045.4.4.1

尧寻清泉（水源）治旱灾

实 例

汉 族 有一年夏天，百十天不下雨，别说种庄稼了，连吃的水都没有，眼看人没法活了。尧王领着一伙人，到处找水。

【流传】河南省·（焦作市）·沁阳市［采录地点：沁阳市西向乡捏掌村］

【出处】李元怀（男，72 岁，沁阳市西向乡捏掌村农民，识字不多）讲，尚立飞（男，43 岁，沁阳市怀剧团团长，高中）、李燕（女，27 岁，沁阳市博物馆干部，高中）采录：《尧王找水》（1986 年夏天），见《中国民间故事集成》全国编辑委员会、《中国民间故事集成·河南卷》编辑委员会编《中国民间故事集成》（河南卷），北京：中国 ISBN 中心 2001 年版，第 44 ～ 45 页。

汉　族 有一年尧王带着近臣，又回到他的故里，来到三岭两沟的春岭前，看到村里人吃水困难，立即派近臣到东沟找水，自己带人到西沟找水。走到西沟口，尧王发现一片料角石上十分湿润，他顺手一拨，顿时从料角缝里冒出了手指粗的一股清泉，其他随员又在附近挖出了水。

【流传】山西省·运城市·绛县

【出处】韩生泉：《平民国君》，见田茂忠、申建华主编《尧王故里》，山西省绛县尧文化研究会编印，2009 年，第 213 页。

汉　族 尧王找到了泉水，都来拜见谢恩。

【流传】中原一带

【出处】（a）尚立非记录整理：《捏掌见泉》，见张楚北编《中原神话》，郑州：海燕出版社 1988 年版。（b）同（a），见姚宝瑄主编《中国各民族神话》（汉族），太原：山西出版传媒集团·书海出版社 2014 年版，第 377 ～ 378 页。

汉　族 唐尧做唐国侯王的时候，遭遇大旱。尧王发现密密的茅草里藏着一洼清水后，组织附近的村民来这里取水点种庄稼。就这样，除了方圆十里八乡的人和鸡鸭牛羊足够吃喝以外，还保活了上千亩庄稼得到好收成。

【流传】河北省·保定市·唐县［采录地点：唐尧文化研究会］

【出处】韩海山采录：《找泉水》（2008.08），见中国民间文艺家协会组织编写，罗杨总主编，韩海山本卷主编：《中国民间故事丛书》（河北省·保定市·唐县卷），北京：知识产权出版社 2016 年版，第 13 ～ 14 页。

汉　族 天下大旱。尧王视察民情途中，手搭凉棚往四下里一看，发现不远处有一丝儿岚气上升，就连忙走了过去。他弯腰抓起一把土在手里搦了搦，有土屑沾在手心。他站直身，拍打着手上的土说，有水了！

【流传】河南省沁阳一带

【出处】李元怀（72 岁，沁阳县捏掌村农民）讲，尚立飞、李燕采集：《尧河源》，见孟宪明著《中原经典神话》，郑州：河南大学出版社 2016 年版，第 197 页。

WTY045.4.4.2

尧开河挖井抗旱

实　例

汉　族 一次旱灾，尧王指着发现的泉水说："这里地底下泉水很旺。在这儿修一条河，旱天能浇地，涝天能排水，造福一万年。"

【流传】河南省·（焦作市）·沁阳市［采录地点：沁阳市西向乡捏掌村］

【出处】李元怀（男，72岁，沁阳市西向乡捏掌村农民，识字不多）讲，尚立飞（男，43岁，沁阳市怀剧团团长，高中）、李燕（女，27岁，沁阳市博物馆干部，高中）采录：《尧王找水》（1986年夏天），见《中国民间故事集成》全国编辑委员会、《中国民间故事集成·河南卷》编辑委员会编《中国民间故事集成》（河南卷），北京：中国ISBN中心2001年版，第44～45页。

汉　族 尧听说故里尧岭一带干旱已久，乡亲们吃水很是困难，马上下令："众臣听命，又有百姓处在困难之中，我们怎能袖手旁观？收拾家伙，准备出发，为百姓挖泉找水！"

【流传】山西省·运城市·绛县

【出处】王沛：《尧王泉》，见田茂忠、申建华主编《尧王故里》，山西省绛县尧文化研究会编印，2009年，第140～142页。

汉　族 尧帝在古唐地（今唐县）任唐侯时发生旱灾。唐侯尧一边带领人民挖井、开渠、抗旱，一边派女丑到联盟东夷族居住的山东海边求雨。

【流传】河北省·保定市·唐县［采录地点：保定七运公司］

【出处】裴建国（42岁，望都县人，保定职业技术学院干部）讲，韩海山记录：《唐城广场羿射日》（2006.05），见中国民间文艺家协会组织编写，罗杨总主编，韩海山本卷主编《中国民间故事丛书》（河北省·保定市·唐县卷），北京：知识产权出版社2016年版，第33～34页。

WTY045.4.4.3
尧派辅佐除旱灾

实　例

（参见下级母题实例）

WTY045.4.4.3.1
尧派女丑赴东海求雨除旱灾

实　例

汉　族 唐侯尧一边派女丑赴东海求雨，一边带领臣民抗旱。

【流传】河北省·保定市·唐县［采录地点：唐尧文化研究会］

【出处】韩海山采录：《找泉水》（2008.08），见中国民间文艺家协会组织编写，罗杨总主编，韩海山本卷主编：《中国民间故事丛书》（河北省·保定市·唐县卷），北京：知识产权出版社2016年版，第13～14页。

汉　族 尧帝在古唐地（今唐县）任唐侯时发生旱灾。唐侯尧一边带领人民挖井、开渠、抗旱，一边派女丑到联盟东夷族居住的山东海边求雨。

【流传】河北省·保定市·唐县［采录地点：保定七运公司］

【出处】裴建国（42岁，望都县人，保定职业技术学院干部）讲，韩海山记录：《唐城广场羿射日》（2006.05），见中国民间文艺家协会组织编写，罗杨总主编，韩海山本卷主编《中国民间故事丛书》(河北省·保定市·唐县卷)，北京：知识产权出版社 2016 年版，第 33 ～ 34 页。

WTY045.4.4.3.2

尧派射手羿射日除旱灾

实 例

汉 族 天下大旱。人们便结集跪地不起，请求帝尧惩除罪恶的太阳。帝尧答应百姓的请求，派神射手羿执行王命射日。

【流传】安徽省·(阜阳市)·临泉县［采录地点：临泉县］

【出处】张冬采录：《马齿苋的传说》(1986.05)，见《中国民间故事集成》全国编辑委员会、《中国民间故事集成·安徽卷》编辑委员会编《中国民间故事集成》(安徽卷)，北京：中国 ISBN 中心 2008 年版，第 609 ～ 610 页。

中华民族 当一场大旱袭来，焦庄稼，杀禾苗，爱民如子的尧帝，立即派遣神箭手后羿驱逐了旱魔。

【流传】(无考)

【出处】《尧·击壤之歌》，见卢静《尧舜禹》，北京：中华书局 2019 年版，第 28 页。

WTY045.4.4.4

尧带领群臣共抗旱

实 例

汉 族 唐侯尧一边派女丑赴东海求雨，一边带领臣民抗旱。

【流传】河北省·保定市·唐县［采录地点：唐尧文化研究会］

【出处】韩海山采录：《找泉水》(2008.08)，见中国民间文艺家协会组织编写，罗杨总主编，韩海山本卷主编：《中国民间故事丛书》(河北省·保定市·唐县卷)，北京：知识产权出版社 2016 年版，第 13 ～ 14 页。

WTY045.4.4.4a

尧带领黎民百姓抗旱

实 例

(参见下级母题实例)

WTY045.4.4.4a.1

尧率黎民百姓开泉挖渠，浇田灌园，奋力抗旱

实 例

汉 族 尧封任唐侯后，遇到了连年旱灾。烈日炎炎，河干泽竭，大地龟裂，草木枯焦。唐尧一方面祭祀上天，恳请降雨；另一方面率黎民百姓开泉挖渠，浇田灌园，奋力抗旱。

【流传】河北省·保定市·唐县［采录地点：唐县峪山庄］

【出处】韩海山采录：《唐尧传说·伐东夷》(2008.09)，见中国民间文艺家协会组织编写，罗杨总主编，韩海山本卷主编《中国民间故事丛书》(河北省·保定市·唐县卷)，北京：知识产权出版社 2016 年版，第 14 ～ 17 页。

WTY045.4.4.5

帮助者助尧除旱灾

实 例

（参见下级母题实例）

WTY045.4.4.5.1

九凤姑助尧除旱灾

实 例

汉 族 尧王刚刚继位。大地上旱灾涝灾，灾难一场接一场。老百姓死伤无数，面对困境，尧王想啊想啊，总想不出个带老百姓走出困境的办法。梦中一个白胡子老头告诉尧说："孩子，去见九凤姑，她能带你走出困境"。

【流传】山西省·运城市·绛县

【出处】宋玉秀：《九凤姑》，见田茂忠、申建华主编《尧王故里》，山西省绛县尧文化研究会编印，2009 年，第 121 ～ 123 页。

WTY045.4.4.5.2

百姓瞒尧祭祀求雨

实 例

汉 族 旱灾时，百姓们背着尧帝烧香磕头，到龙王庙里去求雨。龙王不忍心天下生灵遭难，就偷偷地给这里下了一场大雨。

【流传】河北省·（保定市）·唐县·（都亭乡）·宗高和村［采录地点：唐县宗高和村］

【出处】李俊山（71 岁，农民）讲，宗健记录：《二月二插小鸡》（1986.11），见中国民间文艺家协会组织编写，罗杨总主编，韩海山本卷主编《中国民间故事丛书》（河北省·保定市·唐县卷），北京：知识产权出版社 2016 年版，第 105 ～ 106 页。

WTY045.4.4.6

尧祭祀求雨除旱灾

实 例

汉 族 很早以前，天上突然出现了十个太阳，造成旱灾。当时有个叫尧的帝王很爱护老百姓，看到人们那么苦，心里很难受，天天祷告求雨。

【流传】四川省·成都市［采录地点：成都市东城区］

【出处】李芝（男，56 岁，退休教师）讲，张光荣（女，34 岁，牛市口辖区专干，高中）、李青（女，21 岁，二仙桥办事处文化专干，高中）采录：《舜射九日》（1987.03），见中国民间文学集成全国编辑委员会、《中国民间文学集成·四川卷》编辑委员会编《中国民间故事集成》（四川卷·上），北京：中国 ISBN 中心 1998 年版，第 90 ～ 91 页。

WTY045.4.4.6.1

尧到龙王庙焚香磕头求雨

实 例

汉 族 三年大旱，颗粒不收。尧帝领着人们又是开河又是挖井，可水却越来越少，人们只好烧香磕头，到龙王庙里去求雨。

【流传】河北省·保定市·唐县［采录地点：唐县南高和村］

【出处】李俊山（男，71岁，唐县南高和村农民，不识字）讲，宋健（男，39岁，唐县干部，大专）采录：《*二月二的来历》（1986），见中国民间文学集成全国编辑委员会、《中国民间故事集成·河北卷》编辑委员会编《中国民间故事集成》（河北卷），北京：中国ISBN中心2003年版。

WTY045.4.4.7

尧为除旱灾进谏

实 例

（参见下级母题实例）

WTY045.4.4.7.1

尧为除旱灾见天帝帝俊

实 例

汉 族 尧帝发现天下二十四小时全是白天，一个个太阳像火球，喷出熊熊火焰，照得大地干裂，河水干涸，井底朝天，庄稼冒烟。人们因得不到食物饥渴而死。没有死的也是干瘦如柴，有气无力，一片怨声。尧帝便亲自率使臣到天帝帝俊那里，报告人间百姓的疾苦，并建议管住十个儿子，不要让他们出来为非作歹。

【流传】山西省·运城市·绛县

【出处】申建华：《太阳谢尧帝》，见田茂忠、申建华主编《尧王故里》，山西省绛县尧文化研究会编印，2009年，第175～176页。

WTY045.4.5

尧除旱灾的结果

实 例

（参见下级母题实例）

WTY045.4.5.1

尧除旱后六畜兴旺，五谷丰登

实 例

汉 族 唐尧做唐国侯王的时候，遭遇大旱。尧王发现密密的茅草里藏着一洼清水后，组织附近的村民来这里取水点种庄稼。就这样，除了方圆十里八乡的人和鸡鸭牛羊足够吃喝以外，还保活了上千亩庄稼得到好收成。

【流传】河北省·保定市·唐县［采录地点：唐尧文化研究会］

【出处】韩海山采录：《找泉水》（2008.08），见中国民间文艺家协会组织编写，罗杨总主编，韩海山本卷主编：《中国民间故事丛书》（河北省·保定市·唐县卷），北京：知识产权出版社2016年版，第13～14页。

WTY045.4.5.2

尧开河挖井难以抗旱

实 例

汉 族 天连年大旱，庄稼枯黄，虽然尧帝领着人们又是开河又是挖井，可水却越来越少，旱情越来越严重。

【流传】河北省·（保定市）·唐县·（都亭

乡）· 宗高和村［采录地点：唐县宗高和村］

【出处】李俊山（71 岁，农民）讲，宗健记录：《二月二插小鸡》（1986.11），见中国民间文艺家协会组织编写，罗杨总主编，韩海山本卷主编《中国民间故事丛书》（河北省·保定市·唐县卷），北京：知识产权出版社 2016 年版，第 105 ～ 106 页。

WTY045.4.6

与尧除旱有关的其他母题

实　例

（实例待考）

WTY045.5

尧降服特定物

【关联】［WTY045.1］尧除害

实　例

（参见下级母题实例）

WTY045.5.1

尧杀蛇

实　例

（参见下级母题实例）

WTY045.5.1.1

尧的部下羿和逄蒙杀蛇

实　例

中华民族 尧的部下羿和逄蒙各带二十名士兵，分别埋伏在蛇洞的两侧前方，张弓搭箭，做好射杀修蛇的准备。经一番争斗，蛇鲜血耗尽，肚皮朝上，死在湖中。

【流传】（山西省）

【出处】中国先秦史学会尧舜禹文化研究基地编，叶雨青、张培莲著：《尧舜传》第八章“鹿女救尧回洞府，尧入洞房结良缘”，太原：山西出版集团·山西春秋电子音像出版社 2008 年版，第 60 ～ 61 页。

WTY045.5.2

尧除恶兽

实　例

（参见下级母题实例）

WTY045.5.2.1

尧斩虎、蛇

实　例

汉　族 尧时山有妖怪变成黑虎、蟒蛇，为害群众，尧长大后奋力除掉了妖魔，与虎、蛇苦斗并斩杀之，为民除害，使百姓得以安生。

【流传】（山西省平阳）

【出处】《尧舜时期的传说故事·尧山》，见赵大勇、赵随意著《尧都平阳与尧舜禹》，太原：山西古籍出版社 1999 年版，第 99 页。

WTY045.5.2.1.1

尧除恶虎

实　例

汉　族 尧王一直被犵牛蛋蛋护在身后，虽

然他手持利器，也没有出手机会，现在有了牤牛蛋蛋的护卫，他胆正气平，准备等到再次交锋时利用利斧，给恶虎一记重创，以助牤牛蛋蛋。这只恶虎围转多时，见无机可乘，只好长啸一声，猛回身窜入林中。

【流传】山西省·运城市·绛县

【出处】胡文明：《牤牛蛋》，见田茂忠、申建华主编《尧王故里》，山西省绛县尧文化研究会编印，2009 年，第 201 页。

WTY045.5.2.1.1.1

尧射虎救人

实 例

汉 族 尧王爷箭射猛虎，搭救幼童。

【流传】山西省·运城市·绛县·磨里镇·郭家庄

【出处】胡文明、杨久峰：《黑虎财神庙》，见田茂忠、申建华主编《尧王故里》，山西省绛县尧文化研究会编印，2009 年，第 147 ～ 150 页。

WTY045.5.2.2

尧除封豨

实 例

（参见下级母题实例）

WTY045.5.2.2.1

尧命羿擒封豨

实 例

汉 族 “尧之时，封豨修蛇皆为民害，尧乃使羿擒封豨于桑林。”高诱注：“封豨，大豕也；楚人谓豕为豨也。”

【流传】（无考）

【出处】［西汉］淮南王刘安及门客：《淮南子·本经》高诱注。

WTY045.5.3

尧除癞蛤蟆

实 例

（参见下级母题实例）

WTY045.5.3.1

尧于横岭关除癞蛤蟆

实 例

汉 族 尧王横岭关铲除了癞蛤蟆。

【流传】山西省·运城市·绛县

【出处】宋玉秀：《尧王三战长毛怪》，见田茂忠、申建华主编《尧王故里》，山西省绛县尧文化研究会编印，2009 年，第 137 ～ 139 页。

WTY045.5.4

尧斗凤凰

实 例

（参见下级母题实例）

WTY045.5.4.1

尧除凤凰精（凤妖）

实 例

汉 族 尧王继位初期，在人称古云华山附近出了一个成了精的凤凰专门食人，闹得尧王行宫驻地尧寺头也不时遭到火凤的骚扰，在农田耕作的农夫也不时被妖凤吃掉。尧王和众大臣商量决心剿灭此妖。

【流传】山西省·运城市·绛县

【出处】胡文明：《尧王除凤妖》，见田茂忠、申建华主编《尧王故里》，山西省绛县尧文化研究会编印，2009 年，第 143 ～ 146 页。

WTY045.5.4.1.1

尧斗凤妖前许愿祷告

实 例

汉 族 尧王斗凤妖前面向东方的古云华山无极圣母祷告："愿无极圣母显圣，保我一方安泰，此次降妖成功之后，定重修宝宇，再塑金身。"

【流传】山西省·运城市·绛县

【出处】胡文明：《尧王除凤妖》，见田茂忠、申建华主编《尧王故里》，山西省绛县尧文化研究会编印，2009 年，第 143 ～ 146 页。

WTY045.5.4.2

尧斗火凤

实 例

汉 族 妖精火凤一言不发，向尧王挥刀当头劈砍，尧王急忙举利剑相还，这一白一红，一男一女，一龙一凤，时而天上，时而地下，杀得天昏地暗。

【流传】山西省·运城市·绛县

【出处】胡文明：《尧王除凤妖》，见田茂忠、申建华主编《尧王故里》，山西省绛县尧文化研究会编印，2009 年，第 143 ～ 146 页。

WTY045.5.5

尧斗长毛怪

【关联】[WTY018.1.1.2] 尧变龙吓走长毛怪

实 例

汉 族 尧王知道长毛怪要下山吃人，一翻身飞到了半天空。天空中突然响起了一声接一声的炸雷，明晃晃一道道闪电。这时半空中一条巨龙，在长毛怪头上飞来飞去，长毛怪吓得一溜烟钻进了岭上头的山洞。

【流传】山西省·运城市·绛县

【出处】宋玉秀：《尧王三战长毛怪》，见田茂忠、申建华主编《尧王故里》，山西省绛县尧文化研究会编印，2009 年，第 137 ～ 139 页。

WTY045.6

尧拯救特定人物

实 例

（实例待考）

WTY045.7

尧造福后代

实 例

（参见下级母题实例）

WTY045.7.1

尧修路

实 例

（参见下级母题实例）

WTY045.7.1.1

尧修路便利交通

实 例

汉 族 尧修路便利交通，先后用鲧和禹治理洪水灾害。

【流传】（无考）

【出处】 刘永昌：《话说尧王》，载《文史月刊》2006 年第 5 期。

WTY045.7.1.2

尧率民众修路

实 例

汉 族 尧王横岭关铲除了癞蛤蟆，开通了此段道路之后，便率领民众察看地形，该填的填，该挖的挖，马不停蹄地开着道路。

【流传】 山西省 · 运城市 · 绛县

【出处】 宋玉秀：《尧王三战长毛怪》，见田茂忠、申建华主编《尧王故里》，山西省绛县尧文化研究会编印，2009 年，第 137 ～ 139 页。

WTY045.7.1.3*

尧修之路被尊称为“尧王古道”

实 例

汉 族 尧访贤归来，便组织百姓开通一条山道，历时两年，这条路终于通了，人们叫这条道为尧王古道。

【流传】 山西省 · 运城市 · 绛县

【出处】 宋玉秀：《尧王古道》，见田茂忠、申建华主编《尧王故里》，山西省绛县尧文化研究会编印，2009 年，第 165 ～ 167 页。

WTY045.7.1.4*

尧修之路被尊称为“贤人道”

实 例

汉 族 一条古驿道，从尧都平阳（今临汾市）为起，向南过曲沃翻紫金山，到绛县北步康村往南，涉流水河，越尧寓村南中尧岭，进中条山，经横岭关，进入垣曲县境到黄河渡口，渡黄河、入中原，是上古时期华北、西北通往中原的重要道路。传说它是由尧开辟出来的。这条古驿道记载了古圣贤尧帝一生的辉煌。所以，尧寓村里人叫它“贤人道”。

【流传】 山西省 · 运城市 · 绛县

【出处】 刘玉栋：《帝尧溯源》，原载《古绛春秋》，北京：长征出版社 2007 年版，见田茂忠、申建华主编《尧王故里》，山西省绛县尧文化研究会编印，2009 年，第 50 页。

WTY045.8

尧为特定物命名

实 例

汉 族 （参见“WTY043.1.2 尧为制陶装置命名”母题实例）

WTY045.9

尧时射日

实 例

（参见下级母题实例）

WTY045.9.1

射日的原因

实 例

汉 族（参见“WTY045.9.2.2 尧射日”母题实例）

WTY045.9.2

射日的主体（射日者）

实 例

（参见下级母题实例）

WTY045.9.2.1

后羿射日

实 例

汉 族尧时，天上出了十个日头，草木都被晒干，生灵也差不多晒死。尧叫羿射日头，为民除害。

【流传】浙江省·（温州市）·洞头县［采录地点：洞头县洞头乡］

【出处】吴艺（男，66岁，洞头县洞头乡后城村，农民，初小）讲，叶永福（男，34岁，洞头县洞头乡，工人，初中）采录：《嫦娥奔月》（1987.05.30），见中国民间文学集成全国编辑委员会、中国民间文学集成浙江卷编辑委员会编《中国民间故事集成》（浙江卷），北京：中国ISBN中心1997年版，第29～30页。

汉 族尧王时，十日并出有难星。禾苗晒得枯焦死，百姓地穴躲其身。忽然又是狂风起，民间屋宇倒干净，又有大兽大蛇大猪三个怪，它们到处乱吃人。尧帝一见后羿到，忙命后羿拯黎民。

【流传】湖北省·神农架林区

【出处】《人祖创世》，胡崇峻据秭归县新滩镇《黑暗传》清末抄本，阳日镇龙溪村村民杨有才和史光裕处口述材料，唐运青收集的祝天照、姜德龙抄本和唐运青采录的部分资料，贾邦修、张忠臣《黑暗大盘头》《黑暗纲鉴》资料以及林区下谷土家族民族乡石磨村戊子垭刘茂森处摘录转抄本的片断资料等整理，见胡崇峻搜集整理《黑暗传》，武汉：长江文艺出版社2002年版，第216页。

汉 族天下大旱。人们便结集跪地不起，请求帝尧惩除罪恶的太阳。帝尧答应百姓的请求，派神射手羿执行王命射日。

【流传】安徽省·（阜阳市）·临泉县［采录地点：临泉县］

【出处】张冬采录：《马齿苋的传说》（1986.05），见《中国民间故事集成》全国编辑委员会、《中国民间故事集成·安徽卷》编辑委员会编《中国民间故事集成》（安徽卷），北京：中国ISBN中心2008年版，第609～610页。

汉 族老百姓的首领叫帝尧。他看到十日并出，老百姓热得气也喘不过来，民不聊生，就召集手下的人来出主意、想办法，最后决定请夷族勇士后羿用弓箭把太阳射下来。

【流传】江苏省·常州市［采录地点：常州梳篦厂］

【出处】汤庚和讲，韦中权记录：《后羿的弓弦》(1980.12.29)，见姚宝瑄主编《中国各民族神话》(汉族)，太原：山西出版传媒集团·书海出版社 2014 年版，第 142 ~ 145 页。

汉 族 尧时十日并出，草木焦枯。尧命羿仰射十日。

【流传】(无考)

【出处】(a)《淮南子》，见《楚辞·天问》王逸注。(b) 同 (a)，见袁珂《中国神话大词典》，北京：华夏出版社 2015 年版，第 2 ~ 3 页。

汉 族 尧是当时管理地上生物的，他看见女娲被十个太阳晒昏了，就叫一个名叫羿的勇士，用神弓将太阳一个一个地射落下来。

【流传】上海市·虹口区［采录地点：江湾镇文化站］

【出处】林云奋（60 岁，工人，高中）讲，胡子平（65 岁，教师，大学）、潘绍良、石鸿兴记录：《天狗吃太阳》(1987.09)，见中国民间文艺家协会组织编写，罗杨总主编，陆健、赵亦农本卷主编《中国民间故事丛书》(上海市·虹口卷)，北京：知识产权出版社 2016 年版，第 4 ~ 5 页。

WTY045.9.2.2

尧射日

实 例

汉 族 烛十日。尧时十日并出，万物焦枯。尧上射十日，以故不并一日见也。

【流传】(无考)

【出处】［东汉］王充：《论衡·说日》引《淮南书》。

WTY045.9.3

射日的帮助者（陪伴者）

实 例

(参见下级母题实例)

WTY045.9.3.1

尧是射日的陪伴者

实 例

(参见下级母题实例)

WTY045.9.3.1.1

尧陪伴后羿警告十日

实 例

汉 族 天帝帝俊的 10 个太阳儿子在天上嬉闹造成旱灾。帝俊派人召唤来神箭手后羿，面授机宜，让他帮助教训教训他的儿子。后羿在尧帝的陪同下，上到万丈高台上，向十个太阳高喊：“你们是天帝的儿子，赶快回家去吧，不然的话，我们很难保证你们的安全。”

【流传】山西省·运城市·绛县

【出处】申建华:《太阳谢尧帝》，见田茂忠、申建华主编《尧王故里》，山西省绛县尧文化研究会编印，2009 年，第 175 ～ 176 页。

WTY045.9.3.2

嫦娥是射日的帮助者

实 例

（参见下级母题实例）

WTY045.9.3.2.1

嫦娥发丝制射日弓弦

实 例

汉 族 嫦娥告诉丈夫后羿说:“几年前，帝尧赏给我一把象牙宝梳以后，我天天拿它梳头，长出来的头发又牢又韧，到现在算起来已经三年零三个月了，头发长了三尺三寸，我想把它剪下来搓成弦，给你装上红弓去射太阳吧！”

【流传】江苏省·常州市［采录地点：常州梳篦厂］

【出处】汤庚和讲，韦中权记录:《后羿的弓弦》(1980.12.29)，见姚宝瑄主编《中国各民族神话》(汉族)，太原：山西出版传媒集团·书海出版社 2014 年版，第 142 ～ 145 页。

WTY045.9.4

射日的结果

实 例

（参见下级母题实例）

WTY045.9.4.1

后羿射日有功，受尧封赏

实 例

汉 族 上古时，武士后羿射落天上九个太阳，成了天下的无敌英雄。尧帝便封他为举国大将。

【流传】湖南省洞庭湖一带

【出处】金春华、吴竹溪记录整理:《嫦娥奔月》，见姚宝瑄主编《中国各民族神话》(汉族)，太原：山西出版传媒集团·书海出版社 2014 年版，第 244 ～ 245 页。

WTY045.9.4.1.1

因射日有功，尧赐后羿妻

实 例

汉 族 因后羿射日有功，尧帝便封他为举国大将，并把帝后最美丽、最善良的侍女嫦娥许配给他为妻。

【流传】湖南省洞庭湖一带

【出处】金春华、吴竹溪记录整理:《嫦娥奔月》，见姚宝瑄主编《中国各民族神话》(汉族)，太原：山西出版传媒集团·书海出版社 2014 年版，第 244 ～ 245 页。

WTY045.9.5

与射日有关的其他母题

实 例

（参见下级母题实例）

WTY045.9.5.1

羿因射日有功，欲夺尧位

实 例

汉 族 羿把九个日头射落了，万物回生，百姓安居乐业，都讲是羿的功劳。羿听了恁多好话，觉得自己了不起，德行比尧还要高，想叫尧让位。

【流传】 浙江省·（温州市）·洞头县［采录地点：洞头县洞头乡］

【出处】 吴艺（男，66 岁，洞头县洞头乡后城村，农民，初小）讲，叶永福（男，34 岁，洞头县洞头乡，工人，初中）采录：《嫦娥奔月》（1987.05.30），见中国民间文学集成全国编辑委员会、中国民间文学集成浙江卷编辑委员会编《中国民间故事集成》（浙江卷），北京：中国 ISBN 中心 1997 年版，第 29 ～ 30 页。

汉 族 尧时，羿射落 9 个太阳后，觉得自己了不起了，德行比尧还要高，想叫尧让位。

【流传】 浙江省·（温州市）·洞头县·洞头乡·后垅村

【出处】 吴艺讲，叶永福记录：《嫦娥吞仙丹》（1987.05.30），见姚宝瑄主编《中国各民族神话》（汉族），太原：山西出版传媒集团·书海出版社 2014 年版，第 240 ～ 241 页。

WTY045.9.5.2

天空剩一日（太阳）的原因

实 例

（参见下级母题实例）

WTY045.9.5.2.1

尧藏后羿一箭是剩一日之因

实 例

汉 族 羿射十日时，箭袋有十支箭，尧令人悄悄从羿的箭袋抽出一支箭，尧有意留一个太阳，让他普照大地，抚育人民。

【流传】（无考）

【出处】 陶阳根据《山海经》《淮南子》《楚辞》重述：《太阳神》，见陶阳、钟秀编《中国神话》（中），北京：商务印书馆 2008 年版，第 718 ～ 720 页。

汉 族 羿射十日时，尧想起太阳对人也有大功，是不能全射下来的，急命人暗中从羿的箭袋里抽出了一支箭。羿以为十支箭都射完了，就停下来，因此天空中的太阳终于还剩下一个。

【流传】（无考）

【出处】 袁珂重述：《射日奔月》，原载袁珂《神异篇》，见陶阳、钟秀编《中国神话》（上），北京：商务印书馆 2008 年版，第 279 ～ 288 页。

汉 族 尧帝站在身后，觉得有点不妥，便趁后羿不注意，将他背上的神箭抽下来一支暗暗藏起来。后羿一口气射了九个太阳。最后的一个太阳吓得面如土色。

【流传】 山西省·运城市·绛县

【出处】 申建华：《太阳谢尧帝》，见田茂忠、申建华主编《尧王故里》，山西省绛县尧文化研究会编印，2009 年，第 175 ～ 177 页。

汉 族 后羿从箭筒里抽出一枚素箭要射最后一个太阳时，命令射日的帝尧让他留下一个太阳。

【流传】江苏省·常州市

【出处】汤庚和讲，韦中权记录：《后羿的弓弦》（1980.12.29），见姚宝瑄主编《中国各民族神话》（汉族），太原：山西出版传媒集团·书海出版社 2014 年版，第 142 ～ 145 页。

WTY045.9.5.2.2

尧骑白马命后羿留一日

实 例

汉 族 天上的 10 个太阳被后羿射落 9 个。后羿搭上弓弦准备射向那最后一个太阳的辰光，帝尧骑着一匹白龙马急急忙忙赶来，喊道："不要射了！不要射了！让它留一个吧。留一个太阳对大地和人类还是有用场的。"

【流传】江苏省·常州市［采录地点：常州梳篦厂］

【出处】汤庚和讲，韦中权记录：《后羿的弓弦》（1980.12.29），见姚宝瑄主编《中国各民族神话》（汉族），太原：山西出版传媒集团·书海出版社 2014 年版，第 142 ～ 145 页。

WTY045.9.5.2.3

百姓、万物求尧留一日

实 例

汉 族 羿射日时，一气射落了 9 个太阳。剩下的 1 个太阳藏起来。人们及万物早向帝尧请求饶恕最后一个太阳，给世间留下光明。帝尧准许了这个请愿。

【流传】安徽省·（阜阳市）·临泉县［采录地点：临泉县］

【出处】张冬采录：《马齿苋的传说》（1986.05），见《中国民间故事集成》全国编辑委员会、《中国民间故事集成·安徽卷》编辑委员会编《中国民间故事集成》（安徽卷），北京：中国 ISBN 中心 2008 年版，第 609 ～ 610 页。

WTY045.9.5.2.4

剩一日是尧仁慈宽厚的结果

实 例

汉 族 大羿把天上的十个太阳射落九个，唐尧高声对着剩下的那个唯一的日头说："老兄一定要汲取教训，不能随心所欲，不能危害天下百姓和万物。今后，要照规矩办事，晨出暮没，按时辰周天运行！"这天上那个孤独的日头，感谢弟弟尧王的宽厚仁义，表示今后再不敢胡作非为了。

【流传】河北省·保定市·唐县［采录地点：保定七运公司］

【出处】裴建国（42 岁，望都县人，保定职业技术学院干部）讲，韩海山记录：《唐城广场羿射日》（2006.05），见中国民间文艺家协会组织编写，罗杨总主编，韩海山本卷主编《中国民间故事丛书》（河北省·保定市·唐县卷），北京：知识产权出版社 2016 年版，第 33 ～ 34 页。

WTY045.9.5.3

后羿不违射日帝命

实 例

汉 族 如今帝尧要后羿射太阳时，他倒有点为难了。因为弓的弹力是有限的，怎能射得到太阳呢？但是，帝尧的命令是不能违拗的。

【流传】江苏省 · 常州市［采录地点：常州梳篦厂］

【出处】汤庚和讲，韦中权记录：《后羿的弓弦》(1980.12.29)，见姚宝瑄主编《中国各民族神话》(汉族)，太原：山西出版传媒集团 · 书海出版社 2014 年版，第 142 ～ 145 页。

WTY045.9.5.4

后羿为射日犯难

实 例

(参见下级母题实例)

WTY045.9.5.4.1

后羿为射日弹弓弹力不足犯难

实 例

汉 族 帝尧让后羿射太阳，后羿感到为难。因为弓的弹力是有限的，射不到太阳。

【流传】江苏省 · 常州市

【出处】汤庚和讲，韦中权记录：《后羿的弓弦》(1980.12.29)，见姚宝瑄主编《中国各民族神话》(汉族)，太原：山西出版传媒集团 · 书海出版社 2014 年版，第 142 ～ 145 页。

WTY046

尧征战(尧的争斗)

【关联】［WTY058］尧的敌人(尧的对手)

实 例

(参见下级母题实例)

WTY046.1

尧征战的原因

实 例

(参见下级母题实例)

WTY046.1.1

尧征战以服南蛮

实 例

汉 族 尧有丹水之战以服南蛮。

【流传】(无考)

【出处】(a)［宋］李昉、李穆、徐铉等：《太平御览》卷六三引《吕氏春秋》。(b)《丹水》，见袁珂《中国神话大词典》，北京：华夏出版社 2015 年版，第 73 页。

WTY046.2

尧征战的对象

实 例

(参见下级母题实例)

WTY046.2.1
尧命臣征战诸部落

实 例

（参见下级母题实例）

WTY046.2.1.1
尧命羿征战各部落

【关联】[WTY049.1.1.8.1] 尧封有功者后羿

实 例

汉 族 尧令羿诛杀的猰貐、凿齿、九婴、大风、封豕希、修蛇等怪兽，可能是古代部落民族之名称。如大风可能是居于山东青丘地区的风夷，修蛇可能指三苗。猰貐可能为南蛮族。凶水可能是指黄河的西北部一部族。

【流传】（山西省）

【出处】《尧舜时期的传说故事・铲除六害》，见赵大勇、赵随意著《尧都平阳与尧舜禹》，太原：山西古籍出版社 1999 年版，第 107 页。

WTY046.2.1.1.1
尧命羿征“十日”氏族

实 例

中华民族 羿武艺高强，所以才能奉帝尧之命击溃东方（今山东）的“十日”氏族、海隅的九夷及其他氏族部落，并击溃了洞庭湖一带的三苗，保护了华夏部落联盟人民的利益和安全。帝尧的威望由此大为提高，人们称颂他为“天子”。

【流传】（无考）

【出处】杨东晨：《华夏始祖：尧舜禹时代》“二、帝尧的伟业篇”，西安：三秦出版社 2007 年版，第 36 页。

WTY046.2.1.1.2
尧命羿征九夷

实 例

中华民族 （参见“WTY046.2.1.1.1 尧命羿征‘十日’氏族”母题实例）

WTY046.2.1.1.3
尧命羿征三苗

实 例

中华民族 （参见“WTY046.2.1.1.1 尧命羿征‘十日’氏族”母题实例）

WTY046.2.2
尧征战猰貐

实 例

中华民族 尧火速回都，见过挚，便在部落议事堂商议征讨猰貐事宜，确定随征将官。尧率大军浩浩荡荡向北进发，两日后与猰貐部落大军相遇。

【流传】（山西省）

【出处】中国先秦史学会尧舜禹文化研究基地编，叶雨青、张培莲著：《尧舜传》第四章“猰貐部落侵北疆，唐尧率兵平外患”，太原：山西出版集团・山西春秋电子音像出版社 2008 年版，第 31 ～ 32 页。

WTY046.2.3
尧征战九婴

实 例

中华民族 九婴犯境。商议后，尧与羿选了三千精兵，次日向西河都进发迎战九婴。

【流传】（山西省）

【出处】中国先秦史学会尧舜禹文化研究基地编，叶雨青、张培莲著：《尧舜传》第七章“尧让唐人学制陶，率兵西出击九婴”，太原：山西出版集团 · 山西春秋电子音像出版社 2008 年版，第 48 页。

WTY046.2.4
尧征战凿齿

实 例

中华民族 尧帅军战凿齿军队。午后休战，尧和羿带了随从亲兵，到附近野外察看地形，除了巡哨人员，却让大军白日睡觉。

【流传】（山西省）

【出处】中国先秦史学会尧舜禹文化研究基地编，叶雨青、张培莲著：《尧舜传》第十章“凿齿部落犯南疆，唐尧设伏破强虏”，太原：山西出版集团 · 山西春秋电子音像出版社 2008 年版，第 65 页。

WTY046.2.5
尧征战南蛮

实 例

中华民族 尧道：“南蛮部落居于丹水，距我平阳达 300 里，道路遥远，屡征屡叛，非长久之计，故当攻心为上，使其心服，永不反叛，我欲亲征，羿可点精兵五千，驩兜备好粮草，明日备齐，后日出发”。

【流传】（山西省）

【出处】中国先秦史学会尧舜禹文化研究基地编，叶雨青、张培莲著：《尧舜传》第十五章“阶生历荚岂天意，尧率大军平南蛮”，太原：山西出版集团 · 山西春秋电子音像出版社 2008 年版，第 91 页。

WTY046.2.5.1
尧征丹水以服南蛮

实 例

中华民族 尧战于丹水之浦，以服南蛮。

【流传】（无考）

【出处】［战国］吕不韦及其门客编：《吕氏春秋 · 召类》。

WTY046.2.6
唐尧讨伐狄人

实 例

汉 族 唐尧讨伐狄人，己方人马包围了敌人，敌人又反围了己方。战场上犬牙交错，士兵们你抓住我，我扭住你，厮打在一起。

【流传】河北省 ·（保定市）· 唐县 ·（高昌镇）· 峪山庄［采录地点：唐县峪山庄］

【出处】韩增寿采录：《造围棋》（2008.04），见中国民间文艺家协会组织编写，罗杨总主编，韩海山本卷主编《中国民间故事丛书》

（河北省・保定市・唐县卷），北京：知识产权出版社 2016 年版，第 24 ～ 27 页。

WTY046.2.7

尧征共工

实 例

中华民族 昔有共工自贤，自以无臣，久空大官，下官交乱，民无所附，唐氏伐之，共工以亡。

【流传】（无考）

【出处】［先秦］佚名：《逸周书・史记解》。

WTY046.2.7.1

尧流共工于幽州

实 例

汉 族 帝尧，流共工于幽州，以变北戎。

【流传】（无考）

【出处】［西汉］戴德：《礼记・五帝德》

WTY046.2.7.2

尧诛共工于幽州

实 例

汉 族 尧又举兵而诛共工于幽州之都。

【流传】（无考）

【出处】［战国］韩非及后人：《韩非子・外储说左上》

WTY046.2.7.3

尧伐共工，共工以亡

实 例

中华民族 昔有共工自贤。唐氏（帝尧陶唐氏）伐之，共工以亡。

【流传】（无考）

【出处】［先秦］佚名：《逸周书・史记解》。

WTY046.2.8

尧伐驩兜

实 例

中华民族 苏秦曰："臣固疑大王之不能用也。昔者神农伐补遂，黄帝伐涿鹿而禽蚩尤，尧伐驩兜，舜伐三苗，禹伐共工，汤伐有夏，文王伐崇，武王伐纣，齐桓任战而霸天下。由此观之，恶有不战者乎。"

【流传】（无考）

【出处】［西汉］刘向编：《战国策・秦策一》。

WTY046.2.9

与尧征战对象有关的其他母题

实 例

（参见下级母题实例）

WTY046.2.9.1

尧征三苗

实 例

汉 族 尧把王位禅让给舜。三苗与尧的儿子丹朱勾结在一起，举兵反叛，企图进攻北方，推翻尧的统治。智慧高远的尧早已料到会有这么一着，便御驾亲征，平定反叛。

【流传】河北省・保定市・唐县［采录地点：唐尧文化研究会］

【出处】赵喜林采录：《唐尧传说・教子》

（2009.06），见中国民间文艺家协会组织编写，罗杨总主编，韩海山本卷主编《中国民间故事丛书》（河北省·保定市·唐县卷），北京：知识产权出版社2016年版，第22～24页。

中华民族 到尧舜时代，南方的三苗又像当年的蚩尤反抗黄帝族一样来对抗尧舜，尧也重新启用重、黎的后代来平治天下。

【流传】（无考）

【出处】金荣权：《蚩尤、三苗与苗族的关系》，载《信阳师范学院学报（哲学社会科学版）》2020年第5期。

WTY046.2.9.1.1

尧征有苗于丹水

实　例

中华民族 尧与有苗战于丹水之浦。

【流传】（无考）

【出处】［战国］姜子牙：《六韬》。

WTY046.2.9.1.2

尧征三苗于南方

实　例

汉　族 尧的不肖子丹朱与南方的三苗相互勾结起来，公然奉起反叛的大旗，企图进攻中原，推翻尧的统治。尧早就料到有这一着，决不因为三苗和丹朱的反对而改变他的政治主张。于是从容地调兵遣将，并亲自挂帅，开赴南方平叛。

【流传】山西省·运城市·绛县·

【出处】韩生泉：《大义灭亲》，见田茂忠、申建华主编《尧王故里》，山西省绛县尧文化研究会编印，2009年，第124～126页。

WTY046.2.9.1.3

尧征三苗，杀其首领

实　例

中华民族 昔尧以天下让舜，三苗之君非之，帝杀之，有苗之民叛入南海，为三苗国。

【流传】（无考）

【出处】［战国至汉］撰者不详：《山海经·海外南经》郭璞注。

WTY046.2.9.2

尧征东夷族

实　例

汉　族 唐尧派大臣皋陶去征调安国的人马，派儿子丹朱去征调隆尧柏乡的人马，派司衡大臣羿联络对东夷十日族不满的部落，组成唐军，在唐地饶阳会合誓师，去讨伐不义的东夷族。

【流传】河北省·保定市·唐县［采录地点：唐县峪山庄］

【出处】韩海山采录：《唐尧传说·伐东夷》（2008.09），见中国民间文艺家协会组织编写，罗杨总主编，韩海山本卷主编《中国民间故事丛书》(河北省·保定市·唐县卷)，北京：知识产权出版社2016年版，第14～17页。

WTY046.3

尧征战的时间

实 例

（实例待考）

WTY046.4

尧征战的地点

实 例

（参见下级母题实例）

WTY046.4.1

尧征于丹水

实 例

汉 族 尧有丹水之战以服南蛮。

【流传】（无考）

【出处】(a)[宋]李昉、李穆、徐铉等:《太平御览》卷六三引《吕氏春秋》。(b)《丹水》，见袁珂《中国神话大词典》，北京：华夏出版社2015年版，第73页。

中华民族 晋羊祜曰：“尧有丹水之伐，舜有三苗之征。”

【流传】（无考）

【出处】[宋]《册府元龟》卷四百三。

WTY046.5

尧征战的情形

实 例

（参见下级母题实例）

WTY046.5.1

尧征猰貐，两军厮杀至飞沙走石

实 例

中华民族 尧征战猰貐部落时，尧带领百名亲兵在后观战，只见两军杀得天昏地暗，飞沙走石。

【流传】（山西省）

【出处】中国先秦史学会尧舜禹文化研究基地编，叶雨青、张培莲著:《尧舜传》第四章“猰貐部落侵北疆，唐尧率兵平外患”，太原：山西出版集团·山西春秋电子音像出版社2008年版，第32页。

WTY046.5.2

尧征九婴，两军混战，昏天地暗

实 例

中华民族 尧和羿率兵赶到前面山头，果与九婴军相遇，那九婴军原来是九个孩子，各带一队人马，因带队的是孩子，个头矮小，故以婴儿相称，打起仗来分为九队。羿立刻率军冲杀过去，两军混战，杀得天昏地暗。

【流传】（山西省）

【出处】中国先秦史学会尧舜禹文化研究基地编，叶雨青、张培莲著:《尧舜传》第七章“尧让唐人学制陶，率兵西出击九婴”，太原：山西出版集团・山西春秋电子音像出版社 2008 年版，第 48 ～ 49 页。

WTY046.6

尧征战的结果

实 例

（参见下级母题实例）

WTY046.6.1

尧打败东夷族

实 例

汉 族 唐尧率兵打败了东夷族，得到了大批俘虏。

【流传】河北省・保定市・唐县［采录地点：唐县峪山庄］

【出处】韩增寿采录：《嫦娥奔月》（2008.08），见中国民间文艺家协会组织编写，罗杨总主编，韩海山本卷主编《中国民间故事丛书》（河北省・保定市・唐县卷），北京：知识产权出版社 2016 年版，第 34 ～ 37 页。

WTY046.6.2

尧征九婴，将其歼灭

实 例

中华民族 尧的部下逄蒙带领一队二队将士将山下七队残余的九婴军全部歼灭。

【流传】（山西省）

【出处】中国先秦史学会尧舜禹文化研究基地编，叶雨青、张培莲著：《尧舜传》第七章“尧让唐人学制陶，率兵西出击九婴”，太原：山西出版集团・山西春秋电子音像出版社 2008 年版，第 50 页。

WTY046.6.2a

尧打败九婴

实 例

中华民族 尧打败九婴，对九婴首领道：“你既然代表你们九婴都落愿加入我们陶唐部，你们今后就以九婴都为称，务必守好疆土，与其他相邻的部落和睦相处。”

【流传】（山西省）

【出处】中国先秦史学会尧舜禹文化研究基地编，叶雨青、张培莲著：《尧舜传》第九章“降伏九婴西境安，长驱洞庭除修蛇”，太原：山西出版集团・山西春秋电子音像出版社 2008 年版，第 57 页。

WTY046.6.3

尧战凿齿，占其部落

实 例

中华民族 尧亲率五团队向凿齿部落大营杀去，凿齿部落二头领率少数残兵守卫大营不堪一击，逃回本部落的山中。大军一路顺风，占领了凿齿部落。

【流传】（山西省）

【出处】中国先秦史学会尧舜禹文化研究基地编，叶雨青、张培莲著：《尧舜传》第十章“凿齿部落犯南疆，唐尧设伏破强虏”，太原：山西出版集团・山西春秋电子音像出版社 2008 年版，第 66 页。

WTY046.6.4

尧战南蛮，南蛮归顺

实　例

中华民族 南蛮酋长道："我等既已归服，请尧王赐给我等新的都名。"尧道："你我在这丹水之浦大战，你们就叫丹浦都吧，是咱们陶唐部落的第九个都。"

【**流传**】（山西省）

【**出处**】中国先秦史学会尧舜禹文化研究基地编，叶雨青、张培莲著：《尧舜传》第十五章"阶生历荚岂天意，尧率大军平南蛮"，太原：山西出版集团 · 山西春秋电子音像出版社 2008 年版，第 93 页。

WTY046.6.5

尧战三苗，三苗民众叛入南海

实　例

汉　族 昔尧以天下让舜，三苗之君非之，帝杀之，有苗之民，叛入南海，为三苗国。

【**流传**】（无考）

【**出处**】［战国至汉］撰者不详：《山海经 · 海外南经》郭璞注。

WTY046.6.6

尧有德，干戈不用三苗服

实　例

中华民族 禹劳心力，尧有德，干戈不用三苗服。

【**流传**】（无考）

【**出处**】［战国］荀况：《荀子 · 成相》。

WTY046.7

与尧征战有关的其他母题

实　例

（参见下级母题实例）

WTY046.7.1

尧疗伤

实　例

（参见下级母题实例）

WTY046.7.1.1

尧征战受伤，故疗伤

实　例

（参见下级母题实例）

WTY046.7.1.1.1

尧征战受伤，鹿仙女为其疗伤

实　例

中华民族 尧被九婴兵一棒击昏后，从山顶滚下东山坡。鹿女带着一头雄壮的雄鹿，正在山坡采草药，发现了从山头上滚下来的尧。鹿女将尧搬伏到鹿背上，驮回洞中将尧面部血迹擦净，从刚采回的草药中捡出几株草枝，放进石臼里捣成草浆，将草浆摊在一块干净的白葛布上，包到尧额部的伤口上，用布条将伤口裹好。

【**流传**】（山西省）

【出处】中国先秦史学会尧舜禹文化研究基地编，叶雨青、张培莲著：《尧舜传》第八章“鹿女救尧回洞府，尧入洞房结良缘”，太原：山西出版集团·山西春秋电子音像出版社 2008 年版，第 51 页。

WTY047

尧的特定经历

实 例

（参见下级母题实例）

WTY047.1

尧经历灾难（尧经历困境）

实 例

（参见下级母题实例）

WTY047.1.1

尧经历大旱

实 例

（参见下级母题实例）

WTY047.1.1.1

尧做唐侯遇大旱

实 例

汉 族 唐尧做唐国侯王的时候，遭遇大旱。

【流传】河北省·保定市·唐县［采录地点：唐尧文化研究会］

【出处】韩海山采录：《找泉水》（2008.08），见中国民间文艺家协会组织编写，罗杨总主编，韩海山本卷主编：《中国民间故事丛书》（河北省·保定市·唐县卷），北京：知识产权出版社 2016 年版，第 13 ~ 14 页。

汉 族 尧封任唐侯后，遇到了连年旱灾。

【流传】河北省·保定市·唐县［采录地点：唐县峪山庄］

【出处】韩海山采录：《唐尧传说·伐东夷》（2008.09），见中国民间文艺家协会组织编写，罗杨总主编，韩海山本卷主编《中国民间故事丛书》（河北省·保定市·唐县卷），北京：知识产权出版社 2016 年版，第 14 ~ 17 页。

WTY047.1.1.2

尧践帝位遇大旱

实 例

汉 族 唐尧践帝位后有一年遇到了大旱，三个月没有降一滴雨，草木庄稼干枯了。

【流传】河北省·保定市·唐县［采录地点：唐县峪山庄］

【出处】韩海山采录：《唐尧传说·立尧戒与谏木》（2008.08），见中国民间文艺家协会组织编写，罗杨总主编，韩海山本卷主编《中国民间故事丛书》（河北省·保定市·唐县卷），北京：知识产权出版社 2016 年版，第 18 ~ 20 页。

WTY047.1.2

尧经历部落争斗

实 例

汉 族 尧王当了部落联盟的大首领后，各部落的小首领互相争斗，抢夺的事情时有发生。

【流传】山西省·运城市·绛县

【出处】韩生泉：《祭天坛》，见田茂忠、申建华主编《尧王故里》，山西省绛县尧文化研究会编印，2009年，第101～103页。

汉　族 尧王面临的形势是战争不断、天下动荡、水灾旱灾、百姓疾苦，对尧王的部落联盟首领的地位造成了极大的威胁。尧王长年率领自己的士兵到处征战，有胜有输。有那么两年多的时间，甚至是输多胜少，损失惨重，不得不从尧都撤退到了故里尧寓村。原先和尧王联盟的一些部落，又各自为政，不断扩大自己的地盘。

【流传】山西省·运城市·绛县

【出处】呼红红：《尧王点将台》，见田茂忠、申建华主编《尧王故里》，山西省绛县尧文化研究会编印，2009年，第97～100页。

WTY047.2

尧建国（定都）

实　例

（参见下级母题实例）

WTY047.2.1

尧建国（定都）的时间

实　例

（参见下级母题实例）

WTY047.2.1.1

公元前2297年尧定都

实　例

汉　族 在公元前2297年，尧定都蒲坂。举行了既庄严又热闹的登基大典。

【流传】（山西省·运城市·盐湖区·鸣条）

【出处】相水虎主编：《鸣条尧舜禹关四圣出巡古庙会》，运城市盐湖区鸣条二月二古庙会文化活动中心内部交流本，2016年，第5页。

WTY047.2.2

尧建国（定都）的地点

实　例

（参见下级母题实例）

WTY047.2.2.1

尧都在临汾

实　例

中华民族 广布于临汾盆地的龙山文化遗存，当为尧部族的物质文化。考古界多认为尧都在此。临汾今有尧都城。

【流传】（无考）

【出处】杨东晨：《华夏始祖：尧舜禹时代》“二、帝尧的伟业篇”，西安：三秦出版社2007年版，第26页。

WTY047.2.2.2

尧定都蒲坂

实　例

汉　族 在公元前2297年，尧定都蒲坂。

举行了既庄严又热闹的登基大典。

【流传】（山西省 · 运城市 · 盐湖区 · 鸣条）

【出处】相水虎主编：《鸣条尧舜禹关四圣出巡古庙会》，运城市盐湖区鸣条二月二古庙会文化活动中心内部交流本，2016 年，第 5 页。

WTY047.2.2.3

尧定都尧都村

实　例

汉　族 尧王初次定都“尧都村”、尧王驻兵“尧寺头村”、尧王大将史将军史村驻过兵、尧王巡访时夜住过“宿尧村”等。

【流传】山西省 · 运城市 · 绛县 · 古绛镇

【出处】刘永昌：《尧王故里在绛县》，载《文史月刊》2007 年第 2 期。

汉　族 帝尧出生于绛县尧寓村，从小在此长大，学到了农耕、制陶许多本领，15 岁受封于唐，今翼城南唐，并初次建都于绛县尧都村。

【流传】山西省 · 运城市 · 绛县

【出处】刘永昌：《帝尧第一都——尧都村》，见田茂忠、申建华主编《尧王故里》，山西省绛县尧文化研究会编印，2009 年，第 224 页。

WTY047.2.2.4

尧定都平阳

实　例

中华民族 皇甫谧云：“尧为天子，都平阳。禹受舜禅，都平阳，或于安邑，或于晋阳。”则夏都亦在晋境，定四年《左传》云：“命以唐诰，而封于夏墟”是也。

【流传】（晋）

【出处】［唐］孔颖达：《毛诗正义》。

汉　族 尧天生聪颖，年十二，即辅佐兄挚管理天下大事，被封于陶（山东定陶县西北）；年十五，改封唐（山西翼城县）；年十八代兄挚为天子，以火德王，都平阳。

【流传】（山西省翼城县）

【出处】王春元主编：《尧庙》，太原：山西经济出版社 1999 年版，第 16 页。

汉　族 尧建都于平阳（今山西省临汾市），世人已经认可。

【流传】山西省 · 临汾市

【出处】（a）张志善、赵新民：《尧王故里尧寓村》，载《山西日报》2003 年 6 月 5 日。（b）同（a），载《华人时刊》2003 年第 10 期。

汉　族 帝尧执政伊始，百废待举，且财力有限。虽然在此建都城，但其规模不会很大，建筑标准也不会很高。数年后，帝尧励精图治，宏图大展，出于发展的需要，才把都城迁移到距此不足百里的平阳，即今山西省临汾市一带。

【流传】（山西省 · 临汾市）

【出处】刘玉栋：《帝尧溯源》，原载《古绛春秋》，北京：长征出版社 2007 年版，见田茂忠、申建华主编《尧王故里》，山西省绛县尧文化研究会编印，2009 年，第 53 页。

WTY047.2.2.4.1

尧都处平水之阳，故名平阳

实 例

汉 族 平阳，禹贡冀州之域，尧舜禹相继都之，以其地在平水之阳，故名。

【流传】（山西平阳）

【出处】［清］雍正《山西通志》。

WTY047.2.2.4.2

尧都平阳于冀州域

实 例

汉 族 昔颛顼、帝喾创置九州，平阳实冀州域，尧都平阳，临汾乃帝畿也。以其地平水之阳曰平阳。尧禅位于舜。国号有虞都蒲坂，即今蒲州，舜以天下为十二州，平阳仍为冀州；舜禅天下于禹，禹都安邑，在今夏县、安邑之间。禹复置九州，平阳仍为冀，汤代夏，都亳，国号商。五世孙祖乙以河患迁都耿，即今河津县南，去平阳二百六十里。自唐、虞、夏、商以来，临汾皆畿内地。

【流传】（山西平阳）

【出处】［清］乾隆《平阳府志》。

WTY047.2.2.5

尧定都唐国

实 例

（参见下级母题实例）

WTY047.2.2.5.1

尧都唐国在冀州之域，太行恒山之西，太原太岳之野

实 例

汉 族 （唐国）本帝尧旧都，在禹贡冀州之域，太行恒山之西，太原太岳之野，周成王封弟唐叔虞为唐国。

【流传】（无考）

【出处】《诗集传·唐风》，朱熹注。

WTY047.2.2.6

尧于伊村建都

实 例

汉 族 伊村传说该地系尧幼时居住的外祖母族所在地。尧掌政后即都于此。

【流传】（山西省平阳）

【出处】《尧舜时期的传说故事·尧庙是历代皇廷祭尧之地》，见赵大勇、赵随意著《尧都平阳与尧舜禹》，太原：山西古籍出版社 1999 年版，第 99 页。

WTY047.2.2.7

尧建都汾河南边村庄

实 例

汉 族 四千三百多年前，尧王将都址选在汾河南边一个小村庄，这里依岭傍水，交通方便，地势平坦，土地肥沃，易守难攻，历来为军事要地。建都之后，尧王为此村起名“尧都”，命一个姓史的将军在邻村驻兵镇守。

【流传】山西省·运城市·绛县

【出处】申君伟：《神奇的石子饼》，见田茂忠、申建华主编《尧王故里》，山西省绛县尧文化研究会编印，2009 年，第 191 页。

WTY047.2.2.8

尧于唐河岸建都

实　例

汉　族 尧的同父异母哥哥帝挚把帝位让给尧。尧无法推托了，于是践了帝位，在唐河岸边建了帝都，历史进入了尧帝时代。

【流传】河北省·保定市·唐县［采录地点：唐县峪山庄］

【出处】韩海山采录：《唐尧传说·伐东夷》(2008.09)，见中国民间文艺家协会组织编写，罗杨总主编，韩海山本卷主编《中国民间故事丛书》(河北省·保定市·唐县卷)，北京：知识产权出版社 2016 年版，第 14 ～ 17 页。

WTY047.2.2.9

其他与尧定都有关的母题

实　例

(参见下级母题实例)

WTY047.2.2.9.1

尧都于河东

实　例

汉　族 昔唐人都河东，殷人都河内，周人都河南。夫三河在天下之中，若足，王者所便居也。

【流传】(中原地区)

【出处】［西汉］司马迁：《史记·货殖列传》。

WTY047.2.2.9.2

尧都于泠水岸边

实　例

汉　族 尧做了国君后，把国都建在泠水岸边一个平坦肥沃，又易守难攻的地方——南樊北边的尧都。

【流传】山西省·运城市·绛县

【出处】韩生泉：《平民国君》，见田茂忠、申建华主编《尧王故里》，山西省绛县尧文化研究会编印，2009 年，第 211 页。

WTY047.2.2.9.3

尧建都完县城南尧城村

实　例

汉　族 完县城南八里地有个尧城村。据说这里曾是尧帝居住的地方，并曾在这里修过一个很大的都城。

【流传】河北省·保定市·顺平县

【出处】程双宝采录：《二月十五尧帝庙》，见中国民间文艺家协会组织编写，罗杨总主编，甄会龙本卷主编《中国民间故事丛书》(河北省·保定市·顺平卷)，北京：知识产权出版社 2016 年版，第 5 ～ 6 页。

WTY047.2.2.9.4

尧定都陶丘

实　例

中华民族 中国古文明的中心地标为古兖州之陶丘，陶丘在上古时期是帝尧之都，称“天下之中”。

【流传】（山东济宁兖州市）

【出处】卞玉山：《从世界四大文明古国起源的视角探索太昊伏羲氏生于中国东方古兖州雷泽的历史》，见山东菏泽《首届中华伏羲祖源文化论坛论文集》，内部编印，2020 年 9 月，第 34 页。

WTY047.2.5

尧的国名（定国号）

实 例

（参见下级母题实例）

WTY047.2.5.1

尧都平阳，《诗》为唐国

实 例

汉 族 尧都平阳，于《诗》为唐国。

【流传】（无考）

【出处】［晋］皇甫谧：《帝王世纪》。

WTY047.2.5.2

尧首建唐国

实 例

汉 族 五帝中尧是首建唐国者，当然，平阳就是尧建都之地。从此以后历代都有“尧都平阳”之说。

【流传】（无考）

【出处】《史籍记载的尧舜源流与功绩》，见赵大勇、赵随意著《尧都平阳与尧舜禹》，太原：山西古籍出版社 1999 年版，第 35 页。

WTY047.2.5.3

尧的国号陶唐

实 例

汉 族 兹闻陶唐者帝尧之国号也，而长子又称古舜封存，俗传为尧子丹朱受封之地。本村西地土庙即帝尧避暑乡，兹不具治第以庙之，规模宏大，概莫舆兹。

【流传】（山西省 · 长治市 · 长子县 · 宋村乡 · 陶唐村）

【出处】［清］道光癸未（公元 1823 年）仲秋制《移修土地庙碑记》。

WTY047.2.6

尧的国都

实 例

（参见下级母题实例）

WTY047.2.6.1

尧都唐城

实 例

汉 族 唐侯国尧的都城——唐城。

【流传】河北省 · 保定市 · 唐县［采录地点：保定七运公司］

【出处】裴建国（42 岁，望都县人，保定职业技术学院干部）讲，韩海山记录：《唐城广场羿射日》（2006.05），见中国民间文艺家协会组织编写，罗杨总主编，韩海山本卷主编《中国民间故事丛书》（河北省 · 保定市 · 唐县卷），北京：知识产权出版社 2016 年版，第 33 ～ 34 页。

汉　族 后稷随尧帝来到唐侯国的国都唐城。

【流传】河北省·保定市·唐县［采录地点：唐尧文化研究会］

【出处】赵喜林（77岁，唐县广播电视局退休干部）采录：《聘农师》（2009.07），见中国民间文艺家协会组织编写，罗杨总主编，韩海山本卷主编：《中国民间故事丛书》（河北省·保定市·唐县卷），北京：知识产权出版社2016年版，第17～18页。

WTY047.2.6.2

尧都平阳

【关联】［WTY047.3.2.1.2］尧于平阳称帝

实　例

中华民族 尧都平阳。

【流传】（无考）

【出处】［西汉］司马迁：《史记·五帝本纪》。

汉　族 从我国史籍记载的“尧都平阳”看，这是中国第一个帝王“唐尧”首创建设国都之举，所以“平阳”应是“中华第一都”。因平阳处于中原地域，故称尧的国家为中国。

【流传】（山西平阳）

【出处】《史籍记载的尧舜源流与功绩》，见赵大勇、赵随意著《尧都平阳与尧舜禹》，太原：山西古籍出版社1999年版，第34页。

中华民族 在地望上，陶寺文化和陶寺遗址与“尧都平阳”的古史传说相吻合。为此，包括笔者在内的一些学者多主张陶寺都邑乃帝尧陶唐氏的都城。

【流传】（山西陶寺）

【出处】王震中：《陶寺邦国文明与中国古史体系》，见郭世谦著《古史传说考》（五、三皇五帝及历代古史整理倾向），天津：天津出版传媒集团·天津古籍出版社2019年版，第1540页。

WTY047.2.6.2.1

尧都平阳在临汾

实　例

中华民族 尧都平阳即今临汾盆地之中。

【流传】（山西省临汾）

【出处】赵大勇、赵随意：《尧都平阳与尧舜禹续集——尧舜禹夏都平阳大地史料》，2000年山西省临汾市“海峡两岸尧文化学术研讨会”论文集，2000年6月，内部编印。

汉　族 唐尧为黄帝五世孙，生长居于伊耆二地，即今山西黎城县也。尧初号伊耆氏，实原于此。继受封于唐，故又号陶唐氏。旋徙晋阳，乃定都平阳，又即今山西临汾县也。

【流传】（山西省·长治市）

【出处】《山西名贤辑要》“唐尧篇”。

WTY047.2.6.2.1.1

尧都平阳在临汾城西金殿镇、龙祠村一带

实　例

汉　族 传说尧都平阳在临汾城西南平山脚下的金殿镇、龙祠村一带。

【流传】(无考)

【出处】《光辉灿烂的古平阳大地》，见赵大勇、赵随意著《尧都平阳与尧舜禹》，太原：山西古籍出版社 1999 年版，第 58 页。

WTY047.2.6.2.2

尧都平阳在河北灵山之西，阜平之东，平水之北

实　例

中华民族 中国氏族联盟时代(公元前 2357—前 2128 年)，尧称帝，国号陶唐，都平阳，在河北灵山之西，阜平之东，平水之北。封禅泰山。

【流传】(无考)

【出处】刘志勇:《汉族族源新探》，载《成都大学学报(社会科学版)》2010 年第 2 期。

WTY047.2.7

与尧建国(定都)有关的其他母题

实　例

(参见下级母题实例)

WTY047.2.7.1*

尧都平阳被誉为“中华第一都”

实　例

汉　族 从我国史籍记载的“尧都平阳”看，这是中国第一个帝王“唐尧”首创建设国都之举，所以“平阳”应是“中华第一都”。因平阳处于中原地域，故称尧的国家为中国。

【流传】(山西平阳)

【出处】《史籍记载的尧舜源流与功绩》，见赵大勇、赵随意著《尧都平阳与尧舜禹》，太原：山西古籍出版社 1999 年版，第 34 页。

WTY047.2.7.1a*

尧都平阳是我国史书中记载的第一个帝王建都的地方

实　例

汉　族 尧都平阳，这是我国史书中记载的第一个帝王建都的地方，传说尧、舜、禹三圣皆都于平阳。至夏商前，这里是中华民族最早的国家都城之地。

【流传】(无考)

【出处】《唐尧虞舜时的社会现状》，见赵大勇、赵随意著《尧都平阳与尧舜禹》，太原：山西古籍出版社 1999 年版，第 84 页。

WTY047.2.7.2*

尧的国家称中国

实　例

(参见下级母题实例)

WTY047.2.7.2.1*

尧都平阳地处中原，故称中国

实　例

汉　族 从我国史籍记载的“尧都平阳”看，这是中国第一个帝王“唐尧”首创建设国都之举，所以“平阳”应是“中华第一都”。因平阳处于中原地域，故称尧的国家为中国。

【流传】（山西平阳）

【出处】《史籍记载的尧舜源流与功绩》，见赵大勇、赵随意著《尧都平阳与尧舜禹》，太原：山西古籍出版社 1999 年版，第 34 页。

WTY047.2.7.2.2*

尧的唐国是国中之国，故称中国

实 例

汉 族 尧王所统领的华夏民族当时称为唐国，此后汉人均称唐人。因为唐国为国中之国，所以称中国。

【流传】山西省·运城市·绛县

【出处】刘永昌：《尧王故里在绛县》，载《文史月刊》2007 年第 2 期。

WTY047.3

尧称帝（尧称王）

实 例

（参见下级母题实例）

WTY047.3.1

尧称帝时间

实 例

（参见下级母题实例）

WTY047.3.1.1

尧元年丙子继位

实 例

中华民族 元年丙子帝即位居冀。命羲和历象。

【流传】（无考）

【出处】［东周］史官：《竹书纪年·帝尧陶唐氏》。

WTY047.3.1.2

尧甲辰年元月丙子日继位

实 例

中华民族 传旨官宣道："甲辰年元月丙子日，伊祁氏尧在祖庙祭告天帝祖宗，从即刻起继其兄挚登本部王位，仍都于平阳，号陶唐氏。特昭告天下。"

【流传】（山西省）

【出处】中国先秦史学会尧舜禹文化研究基地编，叶雨青、张培莲著：《尧舜传》第十三章"挚王病崩弃大位，唐尧继嗣统部落"，太原：山西出版集团·山西春秋电子音像出版社 2008 年版，第 78 ～ 79 页。

WTY047.3.1.3

尧十八岁代兄为天子

实 例

汉 族 尧天生聪颖，年十二，即辅佐兄挚管理天下大事，被封于陶（山东定陶县西北）；年十五，改封唐（山西翼城县）；年十八代兄挚为天子，以火德王，都平阳。

【流传】（山西省翼城县）

【出处】王春元主编：《尧庙》，太原：山西经济出版社 1999 年版，第 16 页。

WTY047.3.1.4

尧十六岁由唐侯升天子

实 例

汉 族 尧登位时，正值年富力强，十六岁由唐侯升为天子，取代挚登上帝位。

【流传】山西省·运城市·绛县

【出处】常嗣新：《序言》，见田茂忠、申建华主编《尧王故里》，山西省绛县尧文化研究会编印，2009 年，第 1 ～ 2 页。

WTY047.3.2

尧称帝概况

实 例

（参见下级母题实例）

WTY047.3.2.0

尧称帝的原因

实 例

（参见下级母题实例）

WTY047.3.2.0.1

尧兄病危，弟承王位

实 例

中华民族 传旨官宣挚部落长口谕：“挚王有旨，本王病势垂危，不能理朝，愿退出王位，由吾弟尧继承王位，以慰本王遗愿。”

【流传】（山西省）

【出处】中国先秦史学会尧舜禹文化研究基地编，叶雨青、张培莲著：《尧舜传》第十二章“羿率大兵除大风，部落投豆选唐尧”，太原：山西出版集团·山西春秋电子音像出版社 2008 年版，第 76 页。

WTY047.3.2.0.2*

尧兄不善帝位，尧承之

实 例

中华民族 尧作为弟弟继承的是治理国家不善的哥哥的王位；舜作为贫民一步登天获得王位。

【流传】（无考）

【出处】叶舒宪：《中华文明探源的神话学研究》，北京：社会科学文献出版社·经济与管理出版分社 2015 年版，第 396 页。

中华民族 尧的同父异母兄长挚为政无方，百姓遭殃。于是，八方部族的首领，众口一声推举尧登上帝位。心系苍生的尧，年纪不大却已执政天下。他建都平阳，却依旧住在茅草屋里。

【流传】（无考）

【出处】《尧·孝慈仁敬》，见卢静《尧舜禹》，北京：中华书局 2019 年版，第 5 页。

WTY047.3.2.0.3

轩辕黄帝传位于尧

实 例

汉 族 轩辕黄帝开创了天下。后来，他传给尧帝。

【流传】湖南省·（永州市）·蓝山县［采录地点：蓝山县］

【出处】邝圣恒（男，干部，高中）讲，李夕考（男，干部，高师）采录：《娥皇女英》（1986），见中国民间故事集成全国编辑委员会、《中国民间故事集成·湖南卷》编辑委员会编《中国民间故事集成》

（湖南卷），北京：中国 ISBN 中心 2002 年版，第 59 ～ 60 页。

WTY047.3.2.1
尧称帝的地点

实 例

（参见下级母题实例）

WTY047.3.2.1.1
尧即位居冀

实 例

中华民族 元年丙子帝即位居冀。命羲和历象。

【流传】（无考）

【出处】［东周］史官：《竹书纪年·帝尧陶唐氏》。

WTY047.3.2.1.2
尧于平阳称帝

【关联】［WTY047.2.6.2］尧都平阳

实 例

中华民族 传旨官宣道："甲辰年元月丙子日，伊祁氏尧在祖庙祭告天帝祖宗，从即刻起继其兄挚登本部王位，仍都于平阳，号陶唐氏。特昭告天下。"

【流传】（山西省）

【出处】中国先秦史学会尧舜禹文化研究基地编，叶雨青、张培莲著：《尧舜传》第十三章"挚王病崩弃大位，唐尧继嗣统部落"，太原：山西出版集团·山西春秋电子音像出版社 2008 年版，第 78 ～ 79 页。

WTY047.3.2.2
尧称帝的方法

实 例

（参见下级母题实例）

WTY047.3.2.2.1
部落投豆选唐尧

实 例

中华民族 各都都长均将豆投进尧的陶罐。监豆官道："现由部落重臣投豆。"众臣依次投豆，驩兜回头朝孔壬和鲧摇摇头，将豆投进尧的陶罐，朝臣依次将豆投入尧的陶罐。监豆官数陶罐中所投之豆，宣道："尧以全数 25 豆当选，由尧继承部落王位。"

【流传】（山西省）

【出处】中国先秦史学会尧舜禹文化研究基地编，叶雨青、张培莲著：《尧舜传》第十二章"羿率大兵除大风，部落投豆选唐尧"，太原：山西出版集团·山西春秋电子音像出版社 2008 年版，第 76 ～ 77 页。

WTY047.3.2.3
尧称帝的情形

实 例

（参见下级母题实例）

WTY047.3.2.3.1
尧于祖庙祭告天地祖宗，即刻继位

实 例

中华民族 传旨官宣道："甲辰年元月丙子

日，伊祁氏尧在祖庙祭告天帝祖宗，从即刻起继其兄挚登本部王位，仍都于平阳，号陶唐氏。特昭告天下。”

【流传】(山西省)

【出处】中国先秦史学会尧舜禹文化研究基地编，叶雨青、张培莲著:《尧舜传》第十三章“挚王病崩弃大位，唐尧继嗣统部落”，太原：山西出版集团·山西春秋电子音像出版社 2008 年版，第 78 ~ 79 页。

WTY047.3.2.3.2

尧继位时观天象

实 例

(参见下级母题实例)

WTY047.3.2.3.2.1

尧命大臣观天象

实 例

(参见下级母题实例)

WTY047.3.2.3.2.1.1

尧命羲仲、羲叔、和仲、和叔于四方观天象

【关联】[WTY056.2.1] 羲和氏是尧的部下

实 例

中华民族 尧继位时，让羲仲、羲叔、和仲、和叔分管东西南北四方事务，并到四个方向去观测日月运行情况。

【流传】(山西省)

【出处】中国先秦史学会尧舜禹文化研究基地编，叶雨青、张培莲著:《尧舜传》第十五章“阶生历荚岂天意，尧率大军平南蛮”，太原：山西出版集团·山西春秋电子音像出版社 2008 年版，第 89 页。

WTY047.3.3

尧在位情况

实 例

(参见下级母题实例)

WTY047.3.3.1

尧在位的时间

实 例

(参见下级母题实例)

WTY047.3.3.1.1

尧在位四十二年

实 例

(实例待考)

WTY047.3.3.1.2

尧在位六十年

实 例

汉 族 尧王死后，大舜做了皇帝。舜在位六十年，全国人民都能安居乐业，太平无事。这就是后来人们称赞的尧舜时代。

【流传】(无考)

【出处】王上清讲，王孟晓记录:《大舜耕田》，见陶阳、钟秀编《中国神话》(中册)，北京：商务印书馆 2008 年版，第 826 ~ 827 页。

WTY047.3.3.1.3

尧在位七十年

实 例

汉 族 尧帝七十年英明治理，古老的华夏大地上第一次出现了天下太平、四方归服、百姓富饶、人民安乐的升平景象。

【流传】山西省 · 运城市 · 绛县 · 古绛镇 · 尧寓村

【出处】梓华、兰草：《山西尧寓村作为尧帝故里申报世界文化遗产地当之无愧》，载《中国焦点》2007 年第 1 ～ 2 期。

汉 族 尧取代挚登上帝位，都平阳，在位七十年，据传享寿 118 岁。

【流传】山西省 · 运城市 · 绛县

【出处】常嗣新：《序言》，见田茂忠、申建华主编《尧王故里》，山西省绛县尧文化研究会编印，2009 年，第 1 ～ 2 页。

汉 族 唐尧素来以国、以民为本。他在位七十年，年事高了，面对继位的大事再三考虑，尽管四岳推荐说丹朱可继位，但尧深知丹朱品德不正，即对四岳说："我禅让帝位，不以天下之病而利于不肖子丹朱一人。把天下交给贤达之人，我才放心。"尧终于摒弃了丹朱。

【流传】河北省 · 保定市 · 唐县［采录地点：唐尧文化研究会］

【出处】赵喜林采录：《* 尧教子》（2009.06），见中国民间文艺家协会组织编写，罗杨总主编，韩海山本卷主编《中国民间故事丛书》（河北省 · 保定市 · 唐县卷），北京：知识产权出版社 2016 年版，第 22 ～ 24 页。

汉 族 唐尧在帝位七十年，深感年事已高，治理国事已显力不从心。一天，他召集众臣商议物色接班人问题。

【流传】河北省 · 保定市 · 唐县［采录地点：唐尧文化研究会］

【出处】赵喜林讲，韩海山记录：《唐尧传说 · 访许由》（2009.05），见中国民间文艺家协会组织编写，罗杨总主编，韩海山本卷主编《中国民间故事丛书》（河北省 · 保定市 · 唐县卷），北京：知识产权出版社 2016 年版，第 27 ～ 28 页。

WTY047.3.3.1.4

尧在位七十二年

实 例

汉 族 尧帝在位七十二，帝子丹朱不肖名，尧帝要让位许由坐，许由躲于箕山阴，又叫子交接父位，他又退病在其身。

【流传】湖北省 · 神农架林区

【出处】《人祖创世》，胡崇峻据秭归县新滩镇《黑暗传》清末抄本，阳日镇龙溪村村民杨有才和史光裕处口述材料，唐运青收集的祝天照、姜德龙抄本和唐运青采录的部分资料，贾邦修、张忠臣《黑暗大盘头》《黑暗纲鉴》资料以及林区下谷土家族民族乡石磨村戊子垭刘茂森处摘录转抄本的片断资料等整理，见胡崇峻搜集整理《黑暗传》，武汉：长江文艺出版社 2002 年版，第 221 页。

WTY047.3.3.1.5

尧在位九十年

实 例

汉 族 尧帝在位九十年，龙归大海升了天，阳寿一百单八春。

【流传】湖北省·神农架林区

【出处】《人祖创世》，胡崇峻据秭归县新滩镇《黑暗传》清末抄本，阳日镇龙溪村村民杨有才和史光裕处口述材料，唐运青收集的祝天照、姜德龙抄本和唐运青采录的部分资料，贾邦修、张忠臣《黑暗大盘头》《黑暗纲鉴》资料以及林区下谷土家族民族乡石磨村戊子垭刘茂森处摘录转抄本的片断资料等整理，见胡崇峻搜集整理《黑暗传》，武汉：长江文艺出版社 2002 年版，第 227 页。

中华民族 尧帝在位七十年后确立了继承人舜，又过了二十年退居二线，让舜代行天子之政，以观天命。

【流传】（无考）

【出处】《舜·分授百官》，见卢静《尧舜禹》，北京：中华书局 2019 年版，第 52 页。

WTY047.3.3.1.6

尧在位九十八年

实 例

中华民族 帝尧陶唐氏：帝喾之子。母陈锋氏女，曰庆都。孕尧十有四月，当高辛丁亥岁，乃于丹陵生尧。后徙耆，以祁为姓，故曰伊祁氏。帝喾崩，而长子挚代立，封尧为唐侯。帝挚立不善，在位九年。唐侯德盛，乃禅位于唐。以甲辰即位，都平阳，号陶唐氏。在位七十年。荐舜摄政，又二十八年，崩。在位九十八年，寿一百一十八岁。首甲辰，尽癸未。

【流传】（山西平阳府）

【出处】［清］康熙《平阳府志》“帝王篇”。

中华民族 黄帝 100 年，颛顼 78 年，帝喾 70 年，帝挚 9 年，帝尧 98 年。

【流传】（无考）

【出处】张闻玉：《辛亥革命后的黄帝纪年》，《贵州社会科学》2002 年第 1 期。

中华民族 据考订，五帝在位时间为黄帝 300 年，颛顼 78 年，帝喾 70 年，尧 98 年。

【流传】（无考）

【出处】杜勇：《中华文明五千年的学理问题》，见山东菏泽《首届中华伏羲祖源文化论坛论文集》，内部编印，2020 年 9 月，第 46 ～ 47 页。

WTY047.3.3.1.7

尧在位一百年

实 例

中华民族 帝尧陶唐氏：帝喾子，挚弟，姓伊耆。初封唐。以火德王，都平阳。在位一百年，禅位于舜。元年丙子，帝即位，命羲和。五十年，帝游于首山。五十八年，帝使后稷放帝子朱于丹水。六十一年，命鲧治河。七十年，锡虞舜命。釐降二女为妫汭。七十三年，舜受终于文祖。七十五年，司空禹治河。

八十九年，作游宫于陶。九十年，帝游居于陶。一百年，帝崩于陶。葬成（汤）［阳］。案：今平阳有尧陵。

【流传】（山西省）

【出处】［清］雍正《山西通志》。

WTY047.3.3.1.8

尧在位一百零六年

实 例

汉 族 尧王在尧都村执政二十多年后迁都平阳（今临汾附近）。八十六年后禅让帝位于舜。

【流传】山西省·运城市·绛县

【出处】刘永昌：《尧王故里在绛县》，载《文史月刊》2007 年第 2 期。

WTY047.3.4

尧禅让（尧传位情况）

实 例

（参见下级母题实例）

WTY047.3.4.1

尧禅让的原因

实 例

（参见下级母题实例）

WTY047.3.4.1.1

尧因无子禅让

实 例

汉 族 尧王老了，跟前没有儿子，临终时把大臣、皇后等人叫到跟前说："我死后，要让舜继承王位，你们一定要顺乎民意。"

【流传】（无考）

【出处】王上清讲，王孟晓记录：《大舜耕田》，见陶阳、钟秀编《中国神话》（中册），北京：商务印书馆 2008 年版，第 826 ～ 827 页。

WTY047.3.4.1.2

尧因年老禅让

实 例

汉 族 尧在位好多年，到年纪老了，就把帝位传给舜。

【流传】湖南省·（永州市）·蓝山县［采录地点：蓝山县］

【出处】邝圣恒（男，干部，高中）讲，李夕考（男，干部，高师）采录：《娥皇女英》（1986），见中国民间故事集成全国编辑委员会、《中国民间故事集成·湖南卷》编辑委员会编《中国民间故事集成》（湖南卷），北京：中国 ISBN 中心 2002 年版，第 59 ～ 60 页。

汉 族 尧老了之后，就把帝位让给了舜，舜又派鲧的儿子禹继续为人类治水。

【流传】淮河流域

【出处】常山讲述：《鲧王治水》，原载茆文斗搜集整理《河蚌姑娘》，见陶阳、钟秀编《中国神话》（上），北京：商务印书馆 2008 年版，第 412 ～ 418 页。

汉 族 当唐尧九十高龄的时候，觉得自己年迈力衰，不能担负公众委托的重任了，就要求公众重新推选一个领头人。

【流传】(无考)

【出处】申双鱼搜集整理:《尧王举贤》，原载陶阳编《中国民间故事大观》，见陶阳、钟秀编《中国神话》(中)，北京：商务印书馆 2008 年版，第 811 ～ 812 页。

汉　族 尧已经老了，他把帝位让给了舜。

【流传】淮河流域

【出处】常山讲:《鲧王治水》，原载茆文斗搜集整理《河蚌姑娘》，见姚宝瑄主编《中国各民族神话》(汉族)，太原：山西出版传媒集团・书海出版社 2014 年版，第 100 ～ 106 页。

汉　族 尧帝头发白了，腰背弯了，精力不支了，想选个合适人，继承他的帝位。按规矩，长子丹珠是当然的继承人，可尧帝知道丹珠不成器，难当大任。

【流传】河南省・南阳市・淅川县［采录地点：淅川县荆紫关镇吴村］

【出处】习警文讲，习诏记录:《丹江的传说》(1985.03)，见中国民间文艺家协会组织编写，罗杨总主编，王洪连、习诏本卷主编《中国民间故事丛书》(河南省・南阳市・淅川卷)，北京：知识产权出版社 2016 年版，第 19 ～ 21 页。

汉　族 尧王老的时候，力不从心了，想把天下大事让给能干的贤人。

【流传】河南省・南阳市

【出处】杜加典讲，张楚北采录:《尧王访贤(二)》(1982.02)，见张振犁编著，孟宪明、朱淑君统纂《中原神话通鉴》(第三卷)，郑州：河南大学出版社 2017 年版，第 987 页。

WTY047.3.4.1.2a
尧年老寻贤禅让

实　例

汉　族 尧上了年纪以后，十分想找一位自己中意而又才华出众的人接班，只有这样的人才能治国安邦，才能让百姓安居乐业。

【流传】河北省・保定市・顺平县

【出处】齐洛良、王老良讲，曹慧增记录:《"访舜桥"的传说》，见中国民间文艺家协会组织编写，罗杨总主编，甄会龙本卷主编《中国民间故事丛书》(河北省・保定市・顺平卷)，北京：知识产权出版社 2016 年版，第 21 ～ 22 页。

WTY047.3.4.1.3
尧崩，帝位禅让

实　例

(参见下级母题实例)

WTY047.3.4.1.3.1
尧死后，舜接替帝位

实　例

汉　族 尧死了以后，舜接替了他。

【流传】山东省・(临沂市)・临沭县［记录地点：临沭县城］

【出处】刘锡奎(34 岁，临沭文化局干部，中专)讲述采录:《鲧助禹王》(1989)，见《中国民间故事集成》全国编辑委员会、《中国民间故事集成·山东卷》编辑委员会编《中国民间故事集成》(山东卷)，北京：中国 ISBN 中心 2007 年版，第 23 ～ 25 页。

WTY047.3.4.1.4

尧承天命禅让

实 例

(参见下级母题实例)

WTY047.3.4.1.4.1

尧顺天承命让王位于舜

实 例

中华民族 尧对大臣们说："近来龙衔河图，玄龟负书，明示天象，天命归于虞舜，我欲顺天承命将联盟王位禅让给舜。"

【**流传**】(山西省)

【**出处**】中国先秦史学会尧舜禹文化研究基地编，叶雨青、张培莲著：《尧舜传》第三十一章"三凶扰朝阻禅让，虞舜代摄联盟王"，太原：山西出版集团·山西春秋电子音像出版社 2008 年版，第 210 页。

中华民族 尧曰："咨！尔舜！天之历数在尔躬，允执其中。四海困穷，天禄永终。"

【**流传**】(无考)

【**出处**】《论语·尧曰》。

WTY047.3.4.2

尧禅让的时间

实 例

(参见下级母题实例)

WTY047.3.4.2.1

舜年十八，尧让帝位于舜

实 例

汉 族 虞舜十八岁时，尧让位给他，舜做了皇帝。

【**流传**】浙江省·(金华市)·武义县·后树乡［采录地点：武义县后树乡］

【**出处**】张舍囡(男，46 岁，武义县后树乡黄泥坑村，盲艺人，不识字)讲，吴钟文(男，43 岁，武义县文化局，干部，大专)、程源源(女，44 岁，武义县文化馆，干部，大专)、邱德芝(女，26 岁，武义县后树乡文化站，干部，高中)采录：《虞舜开田》(1987)，见中国民间文学集成全国编辑委员会、中国民间文学集成浙江卷编辑委员会编《中国民间故事集成》(浙江卷)，北京：中国 ISBN 中心 1997 年版，第 51 页。

WTY047.3.4.2.2

尧九十五岁，舜二十八岁，尧禅位于舜

实 例

汉 族 尧九十五岁、舜二十八岁的时候，尧把帝位让给了舜。

【**流传**】(无考)

【**出处**】申双鱼搜集整理：《尧王举贤》，原载陶阳编《中国民间故事大观》，见陶阳、钟秀编《中国神话》(中)，北京：商务印书馆 2008 年版，第 811 ～ 812 页。

WTY047.3.4.2.3

尧九十八岁禅让帝位

实 例

汉 族 尧 98 岁时，将帝位禅让于舜。

【流传】山西省·运城市·绛县·古绛镇·尧寓村

【出处】梓华、兰草:《山西尧寓村作为尧帝故里申报世界文化遗产地当之无愧》,载《中国焦点》2007 年第 1 ～ 2 期。

WTY047.3.4.2.4

正月初一,尧禅让舜

实　例

中华民族 尧把帝位禅让给舜时,舜一再推让,都没有成功。正月初一,舜在文祖庙接受了尧的禅让。

【流传】(无考)

【出处】《舜·巡狩四方》,见卢静《尧舜禹》,北京:中华书局 2019 年版,第 45 页。

WTY047.3.4.3

尧禅让的地点

实　例

(参见下级母题实例)

WTY047.3.4.3.1

尧在文祖庙禅让

实　例

中华民族 尧把帝位禅让给舜时,舜一再推让,都没有成功。正月初一,舜在文祖庙接受了尧的禅让。

【流传】(无考)

【出处】《舜·巡狩四方》,见卢静《尧舜禹》,北京:中华书局 2019 年版,第 45 页。

WTY047.3.4.4

尧禅让的对象

实　例

(参见下级母题实例)

WTY047.3.4.4.1

尧禅让贤者

实　例

汉　族 唐尧素来以国、以民为本。他在位七十年,年事高了,面对继位的大事再三考虑,尽管四岳推荐说丹朱可继位,但尧深知丹朱品德不正,即对四岳说:"我禅让帝位,不以天下之病而利于不肖子丹朱一人。把天下交给贤达之人,我才放心。"尧终于摒弃了丹朱。

【流传】河北省·保定市·唐县[采录地点:唐尧文化研究会]

【出处】赵喜林采录:《*尧教子》(2009.06),见中国民间文艺家协会组织编写,罗杨总主编,韩海山本卷主编《中国民间故事丛书》(河北省·保定市·唐县卷),北京:知识产权出版社 2016 年版,第 22 ～ 24 页。

WTY047.3.4.4.1.1

尧禅让舜

实　例

汉　族 尧寻找继位者。发现舜之后,把舜带来都城,舜在群臣面前对答如流,国计民生,防敌御侮,上自天文,下至地理，无不精通，于是舜便继承尧志，称为舜王。

【流传】山西·临汾县（临汾市）

【出处】焦道行、王宏搜集整理：《尧王访贤》，载《山西民间文学》1982 年第 3 期。

汉 族 最后一次考试，舜又得了满分。尧王爷彻底放心了，就把天下让给他坐。

【流传】山西省·（临汾市）·翼城县［采录地点：翼城县西阎镇］

【出处】李士龙（男，79 岁，翼城县大河乡农民，初中）讲，王吉文（男，52 岁，翼城县文化局干部，中专）采录：《尧王传舜》（1986），见中国民间文学集成全国编辑委员会、《中国民间文学集成·山西卷》编辑委员会编《中国民间故事集成》（山西卷），北京：中国 ISBN 中心 1999 年版，第 39 ～ 40 页。

汉 族 尧王除掉了不善的儿子单珠，把王位传给了舜。

【流传】河南省·（濮阳市）·范县［采录地点：范县辛庄乡丹徐庄］

【出处】郭自山（男，68 岁，范县辛店乡丹徐庄农民，不识字）讲，冯传增（男，24 岁，河南大学中文系学生）、张中海（男，23 岁，河南大学中文系学生）采录：《尧除单珠》（1980.11），见《中国民间故事集成》全国编辑委员会、《中国民间故事集成·河南卷》编辑委员会编《中国民间故事集成》（河南卷），北京：中国 ISBN 中心 2001 年版，第 45 ～ 46 页。

汉 族 尧王把江山让给了舜。

【流传】河南省·（南阳市）·南阳县（1994 年撤销，与原县级南阳市以人民路为界重组为宛城、卧龙二区）·（卧龙区）·青华街（青华镇）

【出处】杜家典讲，张楚北采录：《尧王访贤》，见《中国民间故事集成》全国编辑委员会、《中国民间故事集成·河南卷》编辑委员会编《中国民间故事集成》（河南卷），北京：中国 ISBN 中心 2001 年版，第 46 页。

汉 族 许由被巢父说得又羞又气，后来又听说尧将位让给了贤能的虞舜便远逃到南方的九嶷山。

【流传】湖南省·（永州市）·宁远县［采录地点：宁远县］

【出处】吴枝旺（医生，大学）讲，李登琛（男，宁远县文化干部，大学）采录：《舜帝见许由》（1984），见中国民间故事集成全国编辑委员会、《中国民间故事集成·湖南卷》编辑委员会编《中国民间故事集成》（湖南卷），北京：中国 ISBN 中心 2002 年版，第 57 ～ 58 页。

汉 族 尧把自己的两个女儿嫁给了舜，后来又让帝位于舜，而没有让自己的儿子丹朱继位。

【流传】（无考）

【出处】《尧》，见乌丙安主编《中国民间神谱》，沈阳：辽宁人民出版社 2007 年版，第 59 页。

汉 族 尧老了，他把国家大权交给舜管理。

【流传】湖北省·宜昌市·西陵区［采录地点：宜昌市西陵区璞宝街］

【出处】陈补（59 岁，干部）讲，肖觉记录：《断江山》（1988 年冬天），见中国民间文艺家协会组织编写，罗杨总主编，王金碧、席群英、刘复军本卷主编《中国民间故事丛书》（湖北省·宜昌市·西陵点军卷），北京：知识产权出版社 2016 年版，第 44 ～ 45 页。

汉　族 唐尧经几度物色人选，终于选拔培养了有威信的虞舜，并决定将王位禅让给舜。

【流传】河北省·保定市·唐县［采录地点：唐尧文化研究会］

【出处】赵喜林采录：《*尧教子》（2009.06），见中国民间文艺家协会组织编写，罗杨总主编，韩海山本卷主编《中国民间故事丛书》（河北省·保定市·唐县卷），北京：知识产权出版社 2016 年版，第 22 ～ 24 页。

中华民族 部族联盟的盟主尧帝主动宣告退位，让虞舜继承了帝位。

【流传】（浙江省·绍兴市）

【出处】《绍兴市禹陵公寓内鲧离神话文本》，据禹陵公寓宣传板整理，见毕旭玲等《中华禹迹寻踪——中华鲧禹创世神话田野调查报告》，上海：上海人民出版社 2020 年版，第 345 页。

WTY047.3.4.4.1.1.1

尧让舜，因舜品行好，心怀百姓

实　例

汉　族 比虞舜早的一个皇帝叫唐尧。唐尧年纪大了，看到舜又勤劳又善良，对百姓十分关心、爱护，百姓也十分拥护他，便把帝位让给了虞舜。

【流传】浙江省·（宁波市）·慈溪市·石堰乡·上街头［采录地点：石堰乡上街头］

【出处】康启龙（40 岁，农民，初识字）讲，张信人（61 岁，医生，大专）记录：《虞舜传说》（1987），见中国民间文艺家协会组织编写，罗杨总主编，童银舫本卷主编《中国民间故事丛书》（浙江省·宁波市·慈溪卷），北京：知识产权出版社 2015 年版，第 7 ～ 8 页。

WTY047.3.4.4.1.1.2

尧识舜为帝王之才，故禅让

实　例

汉　族 尧问舜耕田时哪只牛耕得快。舜蹚水见到尧时才说雄牛耕得快。尧问："小哥，你刚才在田里就可以回答，何必蹚水过来？"舜答："长老，耕田的那只牛是雌的，当着它的面讲雄牛耕田快，它要伤心的。"尧一听，觉得这个舜确实不错，是个帝王之才，当即请舜入朝，拜为天子。

【流传】浙江省·（杭州市）·萧山市［采录地点：萧山市桃源乡］

【出处】王焕根（男，30 岁，萧山市桃源乡，农民，高小）讲，吴桑梓（女，41 岁，萧山轻型车变速箱厂，工人，初小）采录：《舜拜天子》（1987），见中国民间文学集成全国编辑委员会、中国民间文学集成浙江卷编辑委员会编《中国民间故事集成》（浙江卷），北京：中国 ISBN 中心 1997 年版，第 77 页。

汉　族 舜把地耕完了，才对尧王解释说："你要当面说出谁出力大，那黑牛听了就心里不自在，以后地就不好耕了！”尧王听了怪佩服，认为他有治理国家的本事。以后把位子让给他。

【流传】山东省·（临沂市）·费县［采录地点：费县探沂镇立纪庄］

【出处】李素昌（50岁，探沂镇立纪庄小学教师，中专）讲，王有瑞（36岁，费县县志办公室干部，大专）采录：《尧王选贤》（1987年春天），见《中国民间故事集成》全国编辑委员会、《中国民间故事集成·山东卷》编辑委员会编《中国民间故事集成》（山东卷），北京：中国ISBN中心2007年版，第16页。

汉　族 尧通过长时间的观察和试用，发现舜确实是一个不可多得的人才。于是，尧就把所有大臣都叫来，当着他们的面把帝位让给了舜。

【流传】河北省·保定市·顺平县

【出处】齐洛良、王老良讲，曹慧增记录：《“访舜桥”的传说》，见中国民间文艺家协会组织编写，罗杨总主编，甄会龙本卷主编《中国民间故事丛书》（河北省·保定市·顺平卷），北京：知识产权出版社2016年版，第21～22页。

WTY047.3.4.4.1.1.3

尧让舜，因其德才兼备（贤明）

实　例

中华民族 四千多年前，尧舜盛世之时，尧天子勤政爱民、惠泽百姓，深受人民爱戴。因看到自己的儿子难成大器，他将天子之位传给了德才兼备的舜。

【流传】（黄河流域）

【出处】《尧舜与农历新年》，见郭先芳编著《黄河的神话传说和民间故事》，郑州：黄河水利出版社2015年版，第98页。

汉　族 尧王发现舜办事细心，讲究方法，无论办啥事都能办得好，就把舜带进王宫，把自己的两个女儿娥皇、女英许配给舜为妃，把江山也让给了舜。

【流传】河南省·（南阳市）·南阳县（1994年撤销，与原县级南阳市以人民路为界重组为宛城、卧龙二区）［采录地点：南阳市南阳旅社］

【出处】杜家典（男，57岁，南阳县青华街农民，读过私塾）讲，张楚北（男，46岁，河南省民间文艺家协会干部，高中）采录：《尧王访贤》（1982.02），见《中国民间故事集成》全国编辑委员会、《中国民间故事集成·河南卷》编辑委员会编《中国民间故事集成》（河南卷），北京：中国ISBN中心2001年版，第46～47页。

汉　族 尧看到舜是一个治家有方，交友有道，贤明卓越的人才。这才决定让舜出来治理国家。

【流传】山东省·济南市［采录地点：济南市］

【出处】徐臻（男，40岁，干部，大专）讲，李奎元（男，40岁，济南市委干部，大专）采录：《舜耕历山下》（1986年春天），见《中国民间故事集成》全国编辑委员会、《中国民间故事集成·山东卷》编辑委员会编《中国民间故事集成》（山东卷），北京：中国ISBN中心2007年版，第18～21页。

汉 族 尧发现大儿子丹珠不是材料，就选拔贤明的舜，继承了帝位。

【流传】河南省·南阳市·淅川县［采录地点：淅川县荆紫关镇吴村］

【出处】习警文讲，习诏记录：《丹江的传说》(1985.03)，见中国民间文艺家协会组织编写，罗杨总主编，王洪连、习诏本卷主编《中国民间故事丛书》(河南省·南阳市·淅川卷)，北京：知识产权出版社2016年版，第19～21页。

WTY047.3.4.4.1.1.4

尧让舜，因其深得民心

实 例

汉 族 尧王又把许多重要的国家事务交给舜去办，想再考验舜治国的能力。舜贤明有道，又有两个妻子暗地里帮着，办得样样得体，桩桩合理，深得上下拥戴，尧王就把国家交给了舜。

【流传】(中原一带)

【出处】《尧王选贤》，见孟宪明著《中原经典神话》，郑州：河南大学出版社2016年版，第196页。

WTY047.3.4.4.1.1.5

尧因舜心地善良，而禅让

实 例

汉 族 尧帝年迈了，为了找一个称心的人来继位，亲自到民间察访。他发现了对牲口都疼爱的舜，于是就让舜继承了他的王位。

【流传】河北省·保定市·顺平县

【出处】程双宝采录：《二月十五尧帝庙》，见中国民间文艺家协会组织编写，罗杨总主编，甄会龙本卷主编《中国民间故事丛书》(河北省·保定市·顺平卷)，北京：知识产权出版社2016年版，第5～6页。

WTY047.3.4.4.1.1.6

尧因舜办事公道，故禅让

实 例

汉 族 尧见舜用的里首牛很好，就满口夸奖。舜赶忙说："你夸里首牛好，外首牛听见生气了，能会好好拉套吗?"尧王听了，暗暗佩服舜办事公道，是个贤才，后来就把王位让给了舜。

【流传】河南省·南阳市

【出处】王上清(男，50岁，宜阳县农民，高小)讲，王孟晓(河南大学中文系学生)采录：《*尧王访贤》，见《中国民间故事集成》全国编辑委员会、《中国民间故事集成·河南卷》编辑委员会编《中国民间故事集成》(河南卷)，北京：中国ISBN中心2001年版，第47页。

WTY047.3.4.4.1.2

尧欲禅让黄善

实 例

汉 族 尧帝选贤举能，首选中医术高妙的青年黄善，且赐美女尧娘与为妻，夫妻相亲爱。其后尧帝欲禅位与之，黄善不欲受帝位，偕妻逃至南方一山洞中而定居焉。

【流传】(江苏省·宜兴市)

【出处】袁珂改编：《黄善与尧娘》(原名《黄善与尧娘》)，原载乡土编辑部编《江苏山水传说集》，见袁珂《中国神话大词典》，北京：华夏出版社 2015 年版，第 390 页。

WTY047.3.4.4.1.3

尧欲禅让许由

实　例

汉　族 巢父，荆村人，年老，以树为巢居其上，称为巢父。与许由友，尧以天下让许由，由告巢父，巢曰："汝何不隐汝形藏，汝光，非吾友也。"乃击其膺而下之，过清冷之水洗耳，拭其目。

【流传】(山西省)

【出处】《尧舜时期的传说故事 · 巢父洗耳》，见赵大勇、赵随意著《尧都平阳与尧舜禹》，太原：山西古籍出版社 1999 年版，第 112 页。

汉　族 尧王老了，眼看儿子单珠不是个正经货，就想把王位让给许由。

【流传】河南省 ·(濮阳市)· 范县［采录地点：范县辛庄乡丹徐庄］

【出处】郭自山（男，68 岁，范县辛店乡丹徐庄农民，不识字）讲，冯传增（男，24 岁，河南大学中文系学生）、张中海（男，23 岁，河南大学中文系学生）采录：《尧除单珠》(1980.11)，见《中国民间故事集成》全国编辑委员会、《中国民间故事集成 · 河南卷》编辑委员会编《中国民间故事集成》(河南卷)，北京：中国 ISBN 中心 2001 年版，第 45 ～ 46 页。

汉　族 尧帝见许由有才能，想把帝位让给他。可是许由不愿干。

【流传】湖南省 ·(永州市)· 宁远县［采录地点：宁远县］

【出处】吴枝旺（医生，大学）讲，李登琛（男，宁远县文化干部，大学）采录：《舜帝见许由》(1984)，见中国民间故事集成全国编辑委员会、《中国民间故事集成 · 湖南卷》编辑委员会编《中国民间故事集成》(湖南卷)，北京：中国 ISBN 中心 2002 年版，第 57 ～ 58 页。

汉　族 尧帝在位七十二年，帝子丹朱不肖名，尧帝要让位许由坐，许由躲于箕山阴，又叫子交接父位，他又退病在其身。

【流传】湖北省 · 神农架林区

【出处】《人祖创世》，胡崇峻据秭归县新滩镇《黑暗传》清末抄本，阳日镇龙溪村村民杨有才和史光裕处口述材料，唐运青收集的祝天照、姜德龙抄本和唐运青采录的部分资料，贾邦修、张忠臣《黑暗大盘头》《黑暗纲鉴》资料以及林区下谷土家族民族乡石磨村戊子垭刘茂森处摘录转抄本的片断资料等整理，见胡崇峻搜集整理《黑暗传》，武汉：长江文艺出版社 2002 年版，第 221 页。

汉　族 尧王老了，眼看儿子又不行正道，就一心想把帝位让给许由。

【流传】河南省 ·(濮阳市)· 范县

【出处】冯传增采录，张中增采录整理：《尧除单珠》，见张振犁编著，孟宪明、朱淑君统纂《中原神话通鉴》(第三卷)，郑州：河南大学出版社 2017 年版，第 974 页。

WTY047.3.4.4.1.4

尧禅让黄帝后裔

实 例

中华民族 尧禹禅让，也只是在黄帝的后代子孙中禅让，并没有把帝位传给黄帝世系以外的人。

【流传】（无考）

【出处】仓林忠：《关于黄帝尧舜禹时期帝位继承制度的思辨》，载《天中学刊（驻马店师专学报）》1996 年第 3 期。

汉　族 尧舜禹都系黄帝的后裔。尧舜禹相继以禅让方式成为大首领。

【流传】（无考）

【出处】《史籍记载的尧舜源流与功绩》，见赵大勇、赵随意著《尧都平阳与尧舜禹》，太原：山西古籍出版社 1999 年版，第 26 页。

WTY047.3.4.5

尧禅让的情形

实 例

（参见下级母题实例）

WTY047.3.4.5.1

尧禅让前的准备工作

实 例

（参见下级母题实例）

WTY047.3.4.5.1.1

尧寻继位者

实 例

（参见下级母题实例）

WTY047.3.4.5.1.1.0

尧起初未寻到满意的继位者

实 例

汉　族 尧老了，正在到处寻找贤明的人接替他做国君。开始，尧只注意从他身边那些人中物色，一直没个中意的。

【流传】山东省·济南市［采录地点：济南市］

【出处】徐臻（男，40 岁，干部，大专）讲，李奎元（男，40 岁，济南市委干部，大专）采录：《舜耕历山下》（1986 年春天），见《中国民间故事集成》全国编辑委员会、《中国民间故事集成·山东卷》编辑委员会编《中国民间故事集成》（山东卷），北京：中国 ISBN 中心 2007 年版，第 18 ～ 21 页。

WTY047.3.4.5.1.1.1

尧经周折，寻舜为继位者

实 例

汉　族 尧到了晚年，心力交瘁，很想找个继承人。几经周折，尧找到了舜，认为其跟自己性情相近，胸怀天下百姓，忠孝双全，大小事务处理得当。

【流传】河北省·（保定市）·唐县·（高昌镇）·峪山庄［采录地点：唐县峪山庄］

【出处】韩增寿采录：《造围棋》（2008.04），见中国民间文艺家协会组织编写，罗杨总主编，韩海山本卷主编《中国民间故事丛书》（河北省·保定市·唐县卷），北京：知识产权出版社2016年版，第24～27页。

WTY047.3.4.5.1.1.2

尧为寻贤继位长途跋涉

实　例

汉　族 尧坐了帝位，选贤任能，百姓称道。到了晚年，他看到各大臣中没有一个是理想的接班人，就不怕辛苦，去各地寻找。后来，他终于发现年轻的虞舜有能耐，把虞舜选定为继承人。

【流传】河北省·保定市·望都县

【出处】韩增寿采录：《尧母的传说·找丹朱》，见中国民间文艺家协会组织编写，罗杨总主编，吴从志本卷主编《中国民间故事丛书》（河北省·保定市·望都县卷），北京：知识产权出版社2016年版，第38～40页。

WTY047.3.4.5.1.1.2.1

尧从江南到岐寻贤继位

实　例

汉　族 尧管理着中国。后来他上了年纪，想找个能人替他的班。他从江南一直找到岐山。

【流传】山东省·（临沂市）·费县［采录地点：费县探沂镇立纪庄］

【出处】李素昌（50岁，探沂镇立纪庄小学教师，中专）讲，王有瑞（36岁，费县县志办公室干部，大专）采录：《尧王选贤》（1987年春天），见《中国民间故事集成》全国编辑委员会、《中国民间故事集成·山东卷》编辑委员会编《中国民间故事集成》（山东卷），北京：中国ISBN中心2007年版，第16页。

WTY047.3.4.5.1.1.3

尧为禅让，于普天之下访贤选能

实　例

汉　族 尧晚年时，普天之下访贤选能，想禅让帝位。

【流传】河南省·济源市·邵原镇［采录地点：讲述者家中］

【出处】高庆国（男，60岁，邵原镇崔家庄人，高中）讲，王维军（男，35岁，邵原镇小学教师，高中）采录：《尧王访贤》（2001.03.17），见济源市邵原镇人民政府、济源邵州文化教育研究会编著《济源邵原创世神话群》，郑州：河南人民出版社2008年版，第29页。

WTY047.3.4.5.1.1.3a

尧为禅让，携二女访贤

实　例

汉　族 尧王爷岁数大了，他看到九个儿子都不成器，当不得大事，就带着他的两个女儿，一个叫娥皇、一个叫女英的出来访贤。

【流传】四川省·成都（成都市）

【出处】李茂生讲，陈钧整理：《害不死的大舜》，载《民间文学》1964年第3期。

WTY047.3.4.5.1.1.4

尧于民间访贤为继位者

实 例

汉 族 尧王老的时候，想找个人接替王位。他看到九个儿子，没有一个能治理天下的。满朝文武也不中意，就决定到民间去访一访，找个贤人，把江山让给他。

【流传】 河南省·（南阳市）·南阳县（1994年撤销，与原县级南阳市以人民路为界重组为宛城、卧龙二区）[采录地点：南阳市南阳旅社]

【出处】 杜家典（男，57岁，南阳县青华街农民，读过私塾）讲，张楚北（男，46岁，河南省民间文艺家协会干部，高中）采录：《尧王访贤》（1982.02），见《中国民间故事集成》全国编辑委员会、《中国民间故事集成·河南卷》编辑委员会编《中国民间故事集成》（河南卷），北京：中国ISBN中心2001年版，第46～47页。

WTY047.3.4.5.1.1.4a

尧微服私访以巡继位者

实 例

汉 族 尧王悄悄在民间巡访，想在察看民情时发现真正的人才。尧王很佩服大舜处世公道。认为天下有这样的贤人，定能挑起治国的重任。

【流传】（无考）

【出处】 王上清讲，王孟晓记录：《大舜耕田》，见陶阳、钟秀编《中国神话》（中册），北京：商务印书馆2008年版，第826～827页。

汉 族 帝尧晚年时，知道自己亲生的长子丹朱平庸，没有当帝王的才能，便不顾年迈体弱，悄悄带了几个贴身随从，化装为民，到各地考察访问。

【流传】 山西省·运城市·绛县

【出处】 刘玉栋：《帝尧溯源》，原载《古绛春秋》，北京：长征出版社2007年版，见田茂忠、申建华主编《尧王故里》，山西省绛县尧文化研究会编印，2009年，第50页。

WTY047.3.4.5.1.1.5

尧访特定的贤能继位对象

实 例

（参见下级母题实例）

WTY047.3.4.5.1.1.5.1

尧访贤人许由于磨岩山

实 例

汉 族 唐尧年事已高，决定禅让时，有人推荐他儿子丹朱，唐尧不同意，认为丹朱品行不好；有的举共工，唐尧认为他表面一套，背地里一套，不能把天下交给他这样不诚实的人。又有人介绍隐居在磨岩山水云洞的贤人许由，说他博学多才、贤能豁达，唐尧听了很高兴，便亲自去磨岩山拜访。

【流传】 河北省·保定市·唐县[采录地点：唐尧文化研究会]

【出处】 赵喜林讲，韩海山记录：《唐尧传说·访许由》(2009.05)，见中国民间文艺家协会组织编写，罗杨总主编，韩海山本卷主编《中国民间故事丛书》(河北省·保定市·唐县卷)，北京：知识产权出版社 2016 年版，第 27 ～ 28 页。

WTY047.3.4.5.1.1.6

尧王访贤到历山

实 例

汉 族 当地《花鼓曲》唱："一条毛巾织得长，中间绣了一盘龙，尧王出生在此庄，哎呀哎呀哎子呀！两条毛巾织得宽，二条龙绣中间，尧王访贤到历山，哎呀哎呀哎子呀！"

【流传】山西省·运城市·绛县·古绛镇·尧寓村

【出处】(a) 李筠霞:《源远流长的尧王传说》(2008)，见田茂忠、申建华主编《尧王故里》，山西省绛县尧文化研究会编印，2009 年，第 6 页。(b) 同 (a)，载《黄河晨报》2008 年 2 月 28 日。

WTY047.3.4.5.1.2

尧考察继位者

实 例

(参见下级母题实例)

WTY047.3.4.5.1.2.1

尧考察继位者的方法

实 例

(参见下级母题实例)

WTY047.3.4.5.1.2.1.1

尧考察继位候选人舜的求生能力

实 例

汉 族 尧为了禅让，开始对鲧的另一个竞争对手舜进行考验。他把舜放到一个古木森然的大山林里，看舜一个人怎样从那里走出来。

【流传】山西省·运城市·绛县

【出处】张志善:《宿尧》，见田茂忠、申建华主编《尧王故里》，山西省绛县尧文化研究会编印，2009 年，第 229 页。

WTY047.3.4.5.1.2.1.2

尧当面考察舜的贤德程度

实 例

汉 族 尧听说舜很贤德，想把帝位让给舜，可又有些不放心。他要当面试试舜，看他真好还是假好。

【流传】湖北省·(十堰市)·丹江口市 [采录地点：丹江口市狮子沟]

【出处】葛朝荣(男，73 岁，盲人，私塾)讲，李征康(干部，高中)采录:《尧王选贤》(1987)，见《中国民间故事集成》全国编辑委员会、《中国民间故事集成·湖北卷》编辑委员会编《中国民间故事集成》(湖北卷)，北京：中国 ISBN 中心 1999 年版，第 35 ～ 36 页。

汉 族 尧寻找继位者时，听说一个姓虞名舜的农民，很有德行，又有能力，就决定仔细地考察他一番。

【流传】山东省·济南市［采录地点：济南市］

【出处】徐臻（男，40岁，干部，大专）讲，李奎元（男，40岁，济南市委干部，大专）采录：《舜耕历山下》(1986年春天)，见《中国民间故事集成》全国编辑委员会、《中国民间故事集成·山东卷》编辑委员会编《中国民间故事集成》(山东卷)，北京：中国ISBN中心2007年版，第18～21页。

WTY047.3.4.5.1.2.1.3

尧征群臣、百姓意见考察继位者舜

实　例

汉　族 尧晚年找自己的继承人时，从政治上慎重从事，既征求四岳的意见，又走下层路线，访问群众，"有矜在民间"，民曰虞舜。尧听了群众的意见，亲自到历山访贤于舜，遂对舜进行了考察

【流传】(无考)

【出处】《史籍记载的尧舜源流与功绩》，见赵大勇、赵随意著《尧都平阳与尧舜禹》，太原：山西古籍出版社1999年版，第27页。

WTY047.3.4.5.1.2.1.4

尧试舜五典百官（从政能力）

实　例

汉　族 尧传位以前，还需要经过一些政治上的学习和锻炼，于是又让舜做了各种各样的官，他都很称职地完成了。

【流传】(无考)

【出处】《尧舜二帝》，见金麦田编著《中国古代神话故事》，北京：京华出版社2003年版，第45～52页。

中华民族 所谓舜五典百官，就是尧考验他的从政能力，为让其担任部落联盟副首领做准备。

【流传】(无考)

【出处】杨东晨：《华夏始祖：尧舜禹时代》"三、帝舜的明德"，西安：三秦出版社2007年版，第66页。

WTY047.3.4.5.1.2.1.4a

尧考察舜做百官之能

实　例

汉　族 尧王把帝位让给舜之前，把舜叫到朝廷里，让他先做了管农业的官，后来又做了管法律的官，再后来又做了管教育的官……朝廷里的各个官，舜都做遍了，样样干得好，尧决定再做最后一次考试。

【流传】山西省·(临汾市)·翼城县［采录地点：翼城县西阎镇］

【出处】李士龙（男，79岁，翼城县大河乡农民，初中）讲，王吉文（男，52岁，翼城县文化局干部，中专）采录：《尧王传舜》(1986)，见中国民间文学集成全国编辑委员会、《中国民间文学集成·山西卷》编辑委员会编《中国民间故事集成》(山西卷)，北京：中国ISBN中心1999年版，第39～40页。

WTY047.3.4.5.1.2.1.5

尧嫁二女观继位者舜内（治家能力）

实 例

中华民族 舜三十而帝尧问可用者。四岳咸荐虞舜，曰可。于是尧乃以二女妻舜以观其内，使九男与处以观其外。

【流传】（无考）

【出处】［西汉］司马迁：《史记·五帝本纪》。

汉 族 尧为了考察继位者舜，先把自己的两个女儿嫁给舜做妻子——“以观其内”；接着又把自己不长进的儿子交给舜，看舜能否把儿子教育好——“以观其外”。

【流传】山东省·济南市［采录地点：济南市］

【出处】徐臻（男，40岁，干部，大专）讲，李奎元（男，40岁，济南市委干部，大专）采录：《舜耕历山下》（1986年春天），见《中国民间故事集成》全国编辑委员会、《中国民间故事集成·山东卷》编辑委员会编《中国民间故事集成》（山东卷），北京：中国ISBN中心2007年版，第18～21页。

汉 族 尧把自己两个女儿娥皇、女英嫁给舜，又叫自己的九个儿子和舜一块儿工作，想先对舜进行经过一段时间的考察。

【流传】（无考）

【出处】《尧舜二帝》，见金麦田编著《中国古代神话故事》，北京：京华出版社2003年版，第45～52页。

中华民族 舜二十岁了，孝悌之名传播开来。尧帝将女儿娥皇、女英嫁给了舜，又派九个儿子和舜共处，来观察他的为人和能力。

【流传】（无考）

【出处】《舜·孝悌有闻》，见卢静《尧舜禹》，北京：中华书局2019年版，第37页。

中华民族 部落首领尧见了舜。为了考验舜的教化才能，尧把两个爱女娥皇、女英嫁给舜为妻，并且又把九个不成器的儿子安排在舜的身边共同生活。

【流传】（山东省济南市）

【出处】《娥皇、女英做舜妻》，见郭先芳编著《黄河的神话传说和民间故事》，郑州：黄河水利出版社2015年版，第77页。

WTY047.3.4.5.1.2.1.6

尧使九男与处观继位者舜外（治国能力）

实 例

汉 族 尧王爷坐天下。尧王爷眼看年纪大了，儿子又不成器，他不情愿叫天下老百姓跟上受害，就时常打听哪里有贤良的人，好把天下让给他坐。舜的名声越传越大，尧王爷听说了，亲自跑到厉山去打听。打听确实后，就指派他的九个儿子去和舜一起生活、劳动。看看他到底是一块真金还是烂铜。

【流传】山西省·（临汾市）·翼城县［采录地点：翼城县西阎镇］

【出处】李士龙（男，79岁，翼城县大河乡农民，初中）讲，王吉文（男，52 岁，翼城县文化局干部，中专）采录：《尧王传舜》（1986），见中国民间文学集成全国编辑委员会、《中国民间文学集成·山西卷》编辑委员会编《中国民间故事集成》（山西卷），北京：中国 ISBN 中心 1999 年版，第 39 ～ 40 页。

汉　族 尧把自己两个女儿娥皇、女英嫁给舜，又叫自己的九个儿子和舜一块儿工作，想先对舜进行经过一段时间的考察。

【流传】（无考）

【出处】《尧舜二帝》，见金麦田编著《中国古代神话故事》，北京：京华出版社 2003 年版，第 45 ～ 52 页。

中华民族 舜二十岁了，孝悌之名传播开来。尧帝将女儿娥皇、女英嫁给了舜，又派九个儿子和舜共处，来观察他的为人和能力。

【流传】（无考）

【出处】《舜·孝悌有闻》，见卢静《尧舜禹》，北京：中华书局 2019 年版，第 37 页。

中华民族 部落首领尧见了舜。为了考验舜的教化才能，尧把两个爱女娥皇、女英嫁给舜为妻，并且又把九个不成器的儿子安排在舜的身边共同生活。

【流传】（山东省济南市）

【出处】《娥皇、女英做舜妻》，见郭先芳编著《黄河的神话传说和民间故事》，郑州：黄河水利出版社 2015 年版，第 77 页。

WTY047.3.4.5.1.2.1.6a

尧使舜教其子以观其外

实　例

汉　族 尧为了考察继位者舜，先把自己的两个女儿嫁给舜做妻子——“以观其内”；接着又把自己不长进的儿子交给舜，看舜能否把儿子教育好——“以观其外”。

【流传】山东省·济南市［采录地点：济南市］

【出处】徐臻（男，40 岁，干部，大专）讲，李奎元（男，40 岁，济南市委干部，大专）采录：《舜耕历山下》（1986 年春天），见《中国民间故事集成》全国编辑委员会、《中国民间故事集成·山东卷》编辑委员会编《中国民间故事集成》（山东卷），北京：中国 ISBN 中心 2007 年版，第 18 ～ 21 页。

WTY047.3.4.5.1.2.1.7

尧考察继位者的胆量

实　例

汉　族 尧让位给舜之前，决定再做最后一次考试。这一天，满天黑云，压得人头都快抬不起来了，眼看大雷雨就来了，尧王派人把舜送到预先选好的大山林里。叫他等到大雷雨来了以后，一个人设法回去。这次主要是看看舜的胆量和勇气。

【流传】山西省·（临汾市）·翼城县［采录地点：翼城县西阎镇］

【出处】李士龙（男，79 岁，翼城县大河乡农民，初中）讲，王吉文（男，52 岁，翼城县文化局干部，中专）采录：《尧王传舜》(1986)，见中国民间文学集成全国编辑委员会、《中国民间文学集成·山西卷》编辑委员会编《中国民间故事集成》(山西卷)，北京：中国 ISBN 中心 1999 年版，第 39 ～ 40 页。

WTY047.3.4.5.1.2.1.8

尧以比赛的方式考察继位候选者

【关联】[WTY047.9.4.2.1.2] 丹朱与舜以比赛定天子之位

实 例

汉 族 (参见“WTY047.9.4.2.1.2 丹朱与舜以比赛定天子之位”母题实例)

WTY047.3.4.5.1.2.1.9

与尧考察继位者的方法有关的其他母题

实 例

(参见下级母题实例)

WTY047.3.4.5.1.2.1.9.1

尧考察继位对象丹朱的智力与德行

实 例

汉 族 尧为了让位给儿子丹珠，决心试试他的智力和德行。尧帝用文桑木做成棋盘，用犀角、象牙做成棋子，教丹珠下围棋。

【流传】河南省·南阳市·淅川县 [采录地点：淅川县荆紫关镇吴村]

【出处】习謦文讲，习诏记录：《丹江的传说》(1985.03)，见中国民间文艺家协会组织编写，罗杨总主编，王洪连、习诏本卷主编《中国民间故事丛书》(河南省·南阳市·淅川卷)，北京：知识产权出版社 2016 年版，第 19 ～ 21 页。

WTY047.3.4.5.1.2.2

尧考察继位者的时间

实 例

(参见下级母题实例)

WTY047.3.4.5.1.2.2.1

尧考察舜持续三个春秋

实 例

中华民族 尧帝对舜的考察，一晃已经三个春秋了。

【流传】(无考)

【出处】《舜·巡狩四方》，见卢静《尧舜禹》，北京：中华书局 2019 年版，第 44 ～ 45 页。

WTY047.3.4.5.1.3

尧为继位者扫除障碍

实 例

(参见下级母题实例)

WTY047.3.4.5.1.3.1

尧为禅让舜，流放丹朱

实 例

中华民族 (尧)让天下于虞，使子朱处于丹渊为诸侯。

【流传】（无考）

【出处】［东汉］班固等：《汉书·律历志》。

汉 族 尧决定将王位禅让给舜。他担心儿子丹朱反对，就采取措施，先颁下诏令，将丹朱放逐到南方丹水去做诸侯。

【流传】河北省·保定市·唐县［采录地点：唐尧文化研究会］

【出处】赵喜林采录：《*尧教子》（2009.06），见中国民间文艺家协会组织编写，罗杨总主编，韩海山本卷主编《中国民间故事丛书》（河北省·保定市·唐县卷），北京：知识产权出版社2016年版，第22～24页。

汉 族 尧决定把国君的位置让给舜，怕儿子丹朱不服，便先颁下诏命把丹朱放逐到南方的丹水去做诸侯，由后稷监督，即日动身起程。

【流传】山西省·运城市·绛县

【出处】韩生泉：《大义灭亲》，见田茂忠、申建华主编《尧王故里》，山西省绛县尧文化研究会编印，2009年，第124～126页。

汉 族 尧王决定把帝位禅让给舜之后，怕丹朱因此与舜闹磨擦，便把丹朱派往南方去做诸侯。

【流传】山西省·运城市·绛县

【出处】宋玉秀：《丹朱三拜尧王》，见田茂忠、申建华主编《尧王故里》，山西省绛县尧文化研究会编印，2009年，第157～160页。

汉 族 尧王爷拿儿子丹朱实在没办法，怕他闹事，他给舜让位之前，先把丹朱打发到南方的丹水一带当诸侯。

【流传】山西省·（临汾市）·翼城县［采录地点：翼城县西阎镇］

【出处】李士龙（男，79岁，翼城县大河乡农民，初中）讲，王吉文（男，52岁，翼城县文化局干部，中专）采录：《丹朱墓》（1986），见中国民间文学集成全国编辑委员会、《中国民间文学集成·山西卷》编辑委员会编《中国民间故事集成》（山西卷），北京：中国ISBN中心1999年版，第42～43页。

WTY047.3.4.5.1.3.2

尧击溃丹朱、三苗部队，为舜继位扫除障碍

实 例

汉 族 尧率众与三苗和丹朱的联盟军鏖战于丹水，一举击溃了丹朱和三苗的部队。反叛战争很快平息，为舜接班扫除了障碍。

【流传】河北省·保定市·唐县［采录地点：唐尧文化研究会］

【出处】赵喜林采录：《*尧教子》（2009.06），见中国民间文艺家协会组织编写，罗杨总主编，韩海山本卷主编《中国民间故事丛书》（河北省·保定市·唐县卷），北京：知识产权出版社2016年版，第22～24页。

WTY047.3.4.5.1.3.3
尧为禅让舜，诛杀鲧、共工

实　例

中华民族 尧欲传天下于舜，鲧谏曰：“不祥哉！孰以天下而传之于匹夫乎？”尧不听，举兵而诛杀鲧于羽山之郊。共工又谏曰：“孰以天下而传之于匹夫乎？”尧不听，又举兵而诛共工于幽州之都。于是天下莫敢言无传天下于舜。

【流传】（无考）

【出处】［战国］韩非及后人：《韩非子·外储说右上》。

WTY047.3.4.6
尧禅让的结果

实　例

（参见下级母题实例）

WTY047.3.4.6.1
舜承尧志，称舜王

实　例

汉　族 尧寻找继位者。发现舜之后，把舜带来都城，舜在群臣面前对答如流，国计民生，防敌御侮，上自天文，下至地理，无不精通，于是舜便继承尧志，称为舜王。

【流传】山西·临汾县（临汾市）

【出处】焦道行、王宏搜集整理：《尧王访贤》，载《山西民间文学》1982年第3期。

WTY047.3.4.6.2
尧欲让黄善，黄善不受帝位

实　例

汉　族 尧帝选贤举能，首选中医术高妙的青年黄善，且赐美女尧娘与为妻，夫妻相亲爱。其后尧帝欲禅位与之，黄善不欲受帝位，偕妻逃至南方一山洞中而定居焉。

【流传】（江苏省·宜兴市）

【出处】袁珂改编：《黄善与尧娘》（原名《黄善与尧娘》），原载乡土编辑部编《江苏山水传说集》，见袁珂《中国神话大词典》，北京：华夏出版社2015年版，第390页。

WTY047.3.4.6.3
尧欲让许由，许由不愿

实　例

汉　族 尧帝见许由有才能，想把帝位让给他。可是许由不愿干。

【流传】湖南省·（永州市）·宁远县［采录地点：宁远县］

【出处】吴枝旺（医生，大学）讲，李登琛（男，宁远县文化干部，大学）采录：《舜帝见许由》（1984），见中国民间故事集成全国编辑委员会、《中国民间故事集成·湖南卷》编辑委员会编《中国民间故事集成》（湖南卷），北京：中国ISBN中心2002年版，第57～58页。

汉　族 尧帝在位七十二，帝子丹朱不肖名，尧帝要让位许由坐，许由躲于箕山阴，又叫子交接父位，他又退病在其身。

【流传】湖北省・神农架林区

【出处】《人祖创世》，胡崇峻据秭归县新滩镇《黑暗传》清末抄本，阳日镇龙溪村村民杨有才和史光裕处口述材料，唐运青收集的祝天照、姜德龙抄本和唐运青采录的部分资料，贾邦修、张忠臣《黑暗大盘头》《黑暗纲鉴》资料以及林区下谷土家族民族乡石磨村戊子垭刘茂森处摘录转抄本的片断资料等整理，见胡崇峻搜集整理《黑暗传》，武汉：长江文艺出版社 2002 年版，第 221 页。

WTY047.3.4.6.3.1

许由不受位，逃于颍阳

实　例

汉　族 尧年老，见子不行正道，欲禅位与许由，许由不受，逃于颍阳。

【流传】（无考）

【出处】袁珂改编：《丹珠堌堆》（原名《尧除丹朱》），原载河南师大中文系编《河南民间故事》，见袁珂《中国神话大词典》，北京：华夏出版社 2015 年版，第 377 页。

汉　族 尧王老了，眼看儿子不行正道，就一心想把帝位让给许由。谁知道许由不愿意，偷偷逃到颍阳去了。

【流传】中原一带

【出处】（a）冯传海记录，张中增整理：《尧除“单珠”》，见张楚北编《中原神话》，郑州：海燕出版社 1988 年版。（b）同（a），见姚宝瑄主编《中国各民族神话》（汉族），太原：山西出版传媒集团・书海出版社 2014 年版，第 419 ～ 420 页。

汉　族 尧王老了，眼看儿子又不行正道，就一心想把帝位让给许由。谁知道许由不愿意，瞅机会就偷偷逃到颍阳去了。

【流传】（河南省）

【出处】冯传增记录，张中海整理：《尧除丹珠》，原载河南师大中文系编《河南民间故事》，见陶阳、钟秀编《中国神话》（中），北京：商务印书馆 2008 年版，第 818 ～ 819 页。

WTY047.3.4.6.4

尧以天下让舜，鲧不服

实　例

中华民族 尧以天下让舜，鲧为诸侯，怒于尧曰：“得天下之道者为帝，得地之道者为三公，今我得地之道，而不以我为三公。”以尧为失论。

【流传】（无考）

【出处】［战国］吕不韦及其门客编：《吕氏春秋・行论》。

中华民族 尧以天下让舜，鲧为诸侯。鲧欲得三公，怒其猛兽，欲以为乱；比兽之角，能以为城；举其尾，能以为旌。

【流传】（无考）

【出处】［战国］吕不韦及其门客编：《吕氏

春秋·恃君览》。

中华民族 尧以天下让舜，鲧为诸侯，怒于尧曰："得天之道者为帝，得地之道者为三公，今我得地之道，而不以我为三公。"以尧为失论，欲得三公，怒甚猛兽，欲以为乱，比兽之角，能以为城，举其尾，能以为旌。召之不来，仿佯于野以患帝。舜于是殛之于羽山，副之以吴刀。

【流传】（无考）

【出处】［战国］吕不韦及其门客编：《吕氏春秋·行论》。

WTY047.3.4.7

与尧禅让有关的其他母题

实 例

（参见下级母题实例）

WTY047.3.4.7.0

尧禅让后与继位者四处巡视

实 例

汉 族 尧将帝位禅让于舜后，仍"以观天命"时刻注意观察天下的政事，还不顾年老体迈，和舜一起四处巡视。

【流传】（无考）

【出处】刘玉栋：《帝尧溯源》，原载《古绛春秋》，北京：长征出版社 2007 年版，见田茂忠、申建华主编《尧王故里》，山西省绛县尧文化研究会编印，2009 年，第 35 ～ 36 页。

WTY047.3.4.7.1

尧禅让后嫁女予继位者

实 例

汉 族 尧王将国君禅让给舜后，又决定将两个女儿嫁舜为妻。

【流传】山西省

【出处】王宏搜集整理：《尧王嫁女》，载《民间文学》1981 年第 4 期。

WTY047.3.4.7.2

尧禅让后，回故里颐养天年

实 例

汉 族 尧王让位给舜，返回故里准备颐养天年。

【流传】山西省·运城市

【出处】宋玉秀：《过春节拜大年》，见田茂忠、申建华主编《尧王故里》，山西省绛县尧文化研究会编印，2009 年，第 181 页。

WTY047.3.4.7.3

尧不让不贤

实 例

（参见下级母题实例）

WTY047.3.4.7.3.1

尧因丹朱品行不好，不禅让

实 例

汉 族 唐尧年事已高，决定禅让时，有人推荐他儿子丹朱，唐尧不同意，认为丹朱品行不好；有的举共工，唐尧认为他表面一套，背地里一套，不能把天下交给他这样不诚实的人。又有人介绍隐居在磨岩山水云洞的贤人许由，说他博学多才、贤能豁达，唐尧听了很高兴，便亲自去磨岩山拜访。

【流传】河北省・保定市・唐县［采录地点：唐尧文化研究会］

【出处】赵喜林讲，韩海山记录：《唐尧传说・访许由》(2009.05)，见中国民间文艺家协会组织编写，罗杨总主编，韩海山本卷主编《中国民间故事丛书》(河北省・保定市・唐县卷)，北京：知识产权出版社 2016 年版，第 27 ～ 28 页。

WTY047.3.4.7.3.2

尧因共工表里不一，不禅让

实 例

汉 族 唐尧年事已高，决定禅让时，有人推荐他儿子丹朱，唐尧不同意，认为丹朱品行不好；有的举共工，唐尧认为他表面一套，背地里一套，不能把天下交给他这样不诚实的人。又有人介绍隐居在磨岩山水云洞的贤人许由，说他博学多才、贤能豁达，唐尧听了很高兴，便亲自去磨岩山拜访。

【流传】河北省・保定市・唐县［采录地点：唐尧文化研究会］

【出处】赵喜林讲，韩海山记录：《唐尧传说・访许由》(2009.05)，见中国民间文艺家协会组织编写，罗杨总主编，韩海山本卷主编《中国民间故事丛书》(河北省・保定市・唐县卷)，北京：知识产权出版社 2016 年版，第 27 ～ 28 页。

WTY047.3.4.7.4

后世对尧禅让的评价

实 例

(参见下级母题实例)

WTY047.3.4.7.4.1*

尧禅让是原始民主制和儒家创立德治理想的反映

实 例

中华民族 尧、舜、禹的禅让，既是原始民主制的反映，又是儒家以传说创立德治理想社会反映。

【流传】(无考)

【出处】杨东晨：《华夏始祖：尧舜禹时代》“四、大禹的治水篇”，西安：三秦出版社 2007 年版，第 146 页。

WTY047.3.4.7.4.2

尧之前，天下无禅让

实 例

中华民族 故尧之前千万年，天下之人，促促然不知其让之为美也。

【流传】(无考)

【出处】［唐］韩愈：《通解》。

WTY047.3.5

尧没有禅让

实 例

中华民族 世俗之为说者曰“尧舜擅(禅)

让。”是不然，天子者，势位至尊，无敌于天下，夫有谁与让矣。

【流传】（无考）

【出处】［战国］荀况：《荀子·正论篇》。

WTY047.3.6

与尧称帝有关的其他母题

实 例

（参见下级母题实例）

WTY047.3.6.1

尧册封

实 例

（参见下级母题实例）

WTY047.3.6.1.1

尧封裔子朱于丹

实 例

中华民族 尧封其裔子朱于丹，即今浮山县，封其庶子于翼之唐城。

【流传】（山西临汾县）

【出处】《临汾县志》。

WTY047.3.6.1.2

尧封庶子于翼之唐城

实 例

中华民族 尧封其裔子朱于丹，即今浮山县，封其庶子于翼之唐城。

【流传】（山西临汾县）

【出处】《临汾县志》。

WTY047.3.6.2

舜囚尧

实 例

汉 族 舜囚尧，复偃塞丹朱，不与父相见。

【流传】（无考）

【出处】［东周］史官：《竹书纪年》。

汉 族 故尧城在濮州鄄城县东北十五里，《竹书》云，“尧德衰，为舜所囚”也。又有偃朱故城，在县西北十五里，《竹书》云，“囚尧，复偃塞丹朱，使不与父相见”也。

【流传】（无考）

【出处】［清］王谟：《汉唐地理书钞》辑《括地志》。

WTY047.3.6.2.1

昔尧德衰，为舜所囚

实 例

汉 族 昔尧德衰，为舜所囚也。

【流传】（无考）

【出处】［东周］史官：《竹书纪年》。

WTY047.3.6.2.1a

舜夺尧位

实 例

汉 族 尧到了晚年，德衰，为舜所囚，其位为舜所夺。

【流传】(无考)

【出处】《尧》，见乌丙安主编《中国民间神谱》，沈阳：辽宁人民出版社2007年版，第59页。

WTY047.3.6.2.2

舜囚尧于尧城

实 例

汉 族 舜囚尧地即故尧城，在濮州鄄城县东北十五里。

【流传】(无考)

【出处】《史籍记载的尧舜源流与功绩》，见赵大勇、赵随意著《尧都平阳与尧舜禹》，太原：山西古籍出版社1999年版，第10页。

WTY047.3.6.2.2.1

尧城在濮洲鄄城县东北

实 例

中华民族 尧城，故尧城在濮洲鄄城县东北十五里。《竹书》云："昔尧末德衰，为舜所囚"也。又有偃朱故城，在县西北十五里。《竹书》云："舜囚尧，复偃丹朱使不得与父相见"也。(《括地志》《元和志》云："《十道志》已今不欲去之。")小城阳，城在阳城西南半里许，俗云囚尧城（《续述征记》）。王僧辨《上元帝表》云："閶阖受白登之辱，象魏致尧城之疑。"

【流传】(无考)

【出处】[明]陈耀文：《天中记》。

WTY047.3.6.2.2.2

尧城在濮州郭城县东北

实 例

中华民族 《括地志》云："故尧城在濮州郭城县东北十五里。"《竹书》云："昔尧德衰，为舜所囚"也，又有偃朱故城，在县西北十五里。

【流传】(无考)

【出处】[唐]张守节：《史记正义》。

WTY047.3.6.2.3*

舜囚尧为后世讹传

实 例

汉 族 《竹书纪年》所载"昔尧德衰，为舜所囚"，可能是尧禅舜后，有的尧裔部族首领，不服舜的领导，被舜关押于濮阳，讹传为尧，也可能有之。

【流传】(无考)

【出处】《史籍记载的尧舜源流与功绩》，见赵大勇、赵随意著《尧都平阳与尧舜禹》，太原：山西古籍出版社1999年版，第10页。

WTY047.3.6.3

尧帝命不可违

实 例

汉 族 帝尧的命令是不能违拗的。

【流传】江苏省·常州市

【出处】汤庚和讲，韦中权记录：《后羿的弓弦》(1980.12.29)，见姚宝瑄主编《中国各民族神话》(汉族)，太原：山西出版传媒集团·书海出版社 2014 年版，第 142 ～ 145 页。

WTY047.3.6.3a

尧帝王权神威

实 例

汉 族 鲧被尧杀死，他的魂灵到了灵山，央求巫士把他治活。一个叫巫阳的巫士说："天帝是万神之主，尧是万民之主，你得罪了他们，我们怎能给你医治？如果给你治了，我们也会像你一样被杀掉的。"

【**流传**】淮河流域

【**出处**】常山讲：《鲧王治水》，原载茆文斗搜集整理《河蚌姑娘》，见姚宝瑄主编《中国各民族神话》(汉族)，太原：山西出版传媒集团·书海出版社 2014 年版，第 100 ～ 106 页。

WTY047.4

尧葬亲

实 例

(参见下级母题实例)

WTY047.4.1

尧葬妻子鹿女

实 例

(参见下级母题实例)

WTY047.4.1.1

尧葬妻鹿女于姑射洞前

实 例

中华民族 过了两天，妻子鹿女撒手归天。尧按鹿女遗愿，在姑射山洞前安葬鹿女。

【**流传**】(山西省)

【**出处**】中国先秦史学会尧舜禹文化研究基地编，叶雨青、张培莲著：《尧舜传》第十四章"散宜氏巧遇入宫，患疾病鹿女升天"，太原：山西出版集团·山西春秋电子音像出版社 2008 年版，第 88 页。

WTY047.4.2

尧葬兄挚

实 例

(参见下级母题实例)

WTY047.4.2.1

尧率众臣葬挚

实 例

中华民族 尧率众臣为挚送葬，各都都长也紧随于后，灵车装载挚的棺木，走在平阳街头。

【**流传**】(山西省)

【**出处**】中国先秦史学会尧舜禹文化研究基地编，叶雨青、张培莲著：《尧舜传》第十三章"挚王病崩弃大位，唐尧继嗣统部落"，太原：山西出版集团·山西春秋电子音像出版社 2008 年版，第 81 页。

WTY047.4.3

尧葬父

实 例

（参见下级母题实例）

WTY047.4.3.1

尧葬父于崇山之阴

实 例

中华民族 喾崩后，尧协助挚为其父喾举办隆重的葬礼，葬其父于崇山之阴。

【流传】（山西省）

【出处】中国先秦史学会尧舜禹文化研究基地编，叶雨青、张培莲著：《尧舜传》第三章“帝喾临终传位挚，挚令弟尧赴陶都”，太原：山西出版集团·山西春秋电子音像出版社 2008 年版，第 18 页。

WTY047.5

尧嫁女（嫁二女于舜）

实 例

（参见下级母题实例）

WTY047.5.1

尧嫁女（于舜）的原因

实 例

（参见下级母题实例）

WTY047.5.1.1

尧赏识舜，遂嫁二女

实 例

汉 族 尧把自己的两个女儿嫁给了舜，后来又让帝位于舜，而没有让自己的儿子丹朱继位。

【流传】（无考）

【出处】《尧》，见乌丙安主编《中国民间神谱》，沈阳：辽宁人民出版社 2007 年版，第 59 页。

汉 族 瑶琴做好后，尧王就叫手下人来弹奏。据说舜弹得最好，尧便令娥皇、女英跟着舜学。后来，尧就把两个女儿嫁给舜做妻子。

【流传】河南省·（南阳市）·南阳县（1994 年撤销，与原县级南阳市以人民路为界重组为宛城、卧龙二区）·（卧龙区）·青华街（青华镇）

【出处】邱海观（男，72 岁，农民）讲，范牧采录：《瑶琴》，见张振犁编著《中原神话通鉴》（第三卷），郑州：河南大学出版社 2017 年版，第 992 ～ 993 页。

WTY047.5.1.2

尧闻舜与母之故事受感动，遂嫁二女

实 例

汉 族 舜耕历山，岁不熟。舜粜，其母诣籴，每还钱与米，问之，子也。因相抱泣。拭其父目，寻自明。尧闻而妻之。

【流传】（无考）

【出处】(a)[宋]罗泌:《路史·后纪十一》，罗苹注，引《类林》。(b)《舜耕历山》，见袁珂《中国神话大词典》，北京：华夏出版社 2015 年版，第 321 页。

WTY047.5.1.3

尧因舜做事张弛有道，遂嫁二女

实 例

汉 族 尧王发现舜办事细心，讲究方法，无论办啥事都能办得好，就把舜带进王宫，把自己的两个女儿娥皇、女英许配给舜为妃，把江山也让给了舜。

【流传】河南省·(南阳市)·南阳县(1994年撤销，与原县级南阳市以人民路为界重组为宛城、卧龙二区)[采录地点：南阳市南阳旅社]

【出处】杜家典(男，57 岁，南阳县青华街农民，读过私塾)讲，张楚北(男，46岁，河南省民间文艺家协会干部，高中)采录:《尧王访贤》(1982.02)，见《中国民间故事集成》全国编辑委员会、《中国民间故事集成·河南卷》编辑委员会编《中国民间故事集成》(河南卷)，北京：中国 ISBN 中心 2001 年版，第 46 ～ 47 页。

WTY047.5.1.4

尧试舜治家本领，遂嫁二女

实 例

汉 族 尧王回到宫中，跟姚娘一商量，决定把两个女儿娥皇、女英一齐嫁给舜，试试他治家的本领。

【流传】(中原一带)

【出处】《尧王选贤》，见孟宪明著《中原经典神话》，郑州：河南大学出版社 2016年版，第 196 页。

WTY047.5.2

尧嫁女的时间

实 例

(参见下级母题实例)

WTY047.5.2.1

尧禅让舜前嫁二女于舜

实 例

汉 族 尧王经过考察，决定将君王的位置禅让给德才兼备的舜，在这之前，他把自己的两个女儿娥皇、女英都嫁给了舜，并置办了丰厚的嫁妆，既有谷包，又有牛羊，使舜的生活出现了很大的变化，一下子好了起来。

【流传】山西省·运城市·绛县·古绛镇·尧寓村

【出处】张志善:《娥皇女英助舜脱险的故事》，见田茂忠、申建华主编《尧王故里》，山西省绛县尧文化研究会编印，2009 年，第 130 ～ 136 页。

WTY047.5.2.2

尧禅让舜后嫁二女于舜

实 例

汉 族 尧王把王位禅让给舜后，又把娥皇、女英两个女儿一起许配给舜。

【流传】山西省·临汾市［采录地点：临汾市郭珩乡］

【出处】逄忠辄（男，73岁，临汾市郭圻乡退休中学教师）讲，王宏（男，46岁，临汾蒲剧院干部，大专）采录：《尧王嫁女》(1981)，见中国民间文学集成全国编辑委员会、《中国民间文学集成·山西卷》编辑委员会编《中国民间故事集成》（山西卷），北京：中国ISBN中心1999年版，第37～38页。

汉　族 帝尧生二女，大女名娥皇，二女名女英，非常聪明贤良。帝尧选择舜为继承人后，将二女嫁给舜为妻。

【流传】（山西省）

【出处】《尧舜时期的传说故事·娥皇、女英与丹朱的传说遗迹》，见赵大勇、赵随意著《尧都平阳与尧舜禹》，太原：山西古籍出版社1999年版，第103页。

汉　族 尧选拔贤明的舜，继承了帝位，还把自己的两个女儿，娥皇和女英给舜做了妻子。

【流传】河南省·（南阳市）·淅川县（丹江两岸）

【出处】习謦文（商人，上过私塾）讲，习诏采录整理：《丹江的传说》，见张振犁编著，孟宪明、朱淑君统纂《中原神话通鉴》（第三卷），郑州：河南大学出版社2017年版，第995页。

WTY047.5.2.3

尧嫁二女辅佐舜治国

实　例

汉　族 帝尧嫁女于舜，视二女的才干，令女英辅佐舜帝执政，管理天下大事，令娥皇管理家务之事，后人称赞二女为“良辅佐，贤内助”。

【流传】（山西省洪洞县）

【出处】《尧舜时期的传说故事·娥皇、女英与丹朱的传说遗迹》，见赵大勇、赵随意著《尧都平阳与尧舜禹》，太原：山西古籍出版社1999年版，第103页。

WTY047.5.2.4

尧二女豆蔻年华时，尧嫁女于重华（舜）

实　例

中华民族 尧王有两个女儿，大的叫娥皇，小的叫女英，正是年方二八的豆蔻年华，尧王欲将两个女儿嫁给重华。

【流传】（山西省）

【出处】中国先秦史学会尧舜禹文化研究基地编，叶雨青、张培莲著：《尧舜传》第二十六章“尧访贤众臣举舜，娶二女嫔于虞城”，太原：山西出版集团·山西春秋电子音像出版社2008年版，第173页。

WTY047.5.2.5

尧七十一年，嫁女

实　例

中华民族 七十一年帝命二女嫁于舜。

【流传】（无考）

【出处】［东周］史官：《竹书纪年·帝尧陶唐氏》。

WTY047.5.3

尧嫁女的地点

实 例

（参见下级母题实例）

WTY047.5.3.1

尧在“羊獬村”嫁二女

实 例

中华民族 山西省和全国各省有尧庙、尧祠、尧山、尧陵者很多，非只一处。山西浮山县有尧山尧庙，洪洞县有尧庙，均系宋、金、元、明时所建，洪洞县的学者说洪洞县有“羊獬村”，是尧嫁二女的地方。尧将娥皇、女英嫁到舜耕之历山，历山距羊獬村只有七十里。

【流传】（山西省）

【出处】任乃荣：《三皇五帝探源》第七章“帝尧陶唐氏时代”，北京：新华出版社2011年版，第178页。

WTY047.5.3.2

尧在“二鹿门”嫁二女

实 例

汉 族 在山西省绛县尧寓村的东岭上有一个古老的小山庄叫“二鹿门”，相传这里是圣德配天的尧王爷两个女儿出嫁的地方。

【流传】山西省·运城市·绛县·古绛镇·尧寓村

【出处】李友植：《二鹿门》，见田茂忠、申建华主编《尧王故里》，山西省绛县尧文化研究会编印，2009年，第127～129页。

WTY047.5.4

尧嫁女的参与者

实 例

（实例待考）

WTY047.5.5

尧嫁女的经过（尧嫁女的情形）

实 例

（参见下级母题实例）

WTY047.5.5.1

尧嫁女前，为女儿置办丰厚嫁妆

实 例

汉 族 尧王经过考察，决定将君王的位置禅让给德才兼备的舜，在这之前，他把自己的两个女儿娥皇、女英都嫁给了舜，并置办了丰厚的嫁妆，既有谷包，又有牛羊，使舜的生活出现了很大的变化，一下子好了起来。

【流传】山西省·运城市·绛县·古绛镇·尧寓村

【出处】张志善：《娥皇女英助舜脱险的故

事》，见田茂忠、申建华主编《尧王故里》，山西省绛县尧文化研究会编印，2009 年，第 130 ～ 136 页。

WTY047.5.6

尧嫁女的结果

【关联】[WTY047.5.1] 尧嫁女（于舜）的原因

实 例

汉 族 尧选拔贤明的舜，继承了帝位，还把自己的两个女儿，娥皇和女英给舜做了妻子。

【流传】河南省·（南阳市）·淅川县（丹江两岸）

【出处】习警文（商人，上过私塾）讲，习诏采录整理：《丹江的传说》，见张振犁编著，孟宪明、朱淑君统纂《中原神话通鉴》（第三卷），郑州：河南大学出版社 2017 年版，第 995 页。

WTY047.5.7

与尧嫁女有关的其他母题

实 例

（参见下级母题实例）

WTY047.5.7.1*

尧嫁女是尧族与舜族世通婚姻的写照

实 例

中华民族 尧妻之二女：尧把女儿嫁给舜的故事流传很广，不少文献均有记载，这当是尧族与舜族世通婚姻的写照。

【流传】（无考）

【出处】张大可、朱枝富编著：《人文始祖黄帝》，北京：商务印书馆 2018 年版，第 86 页。

WTY047.5.7.2

尧与二女访贤择婿

实 例

汉 族 尧王把希望寄托在女儿身上，于是他和两个女儿一同离开尧都，要访贤择婿了。

【流传】山西省·运城市·绛县·古绛镇·尧寓村

【出处】郭延峰、李友益：《尧王访贤》，见田茂忠、申建华主编《尧王故里》，山西省绛县尧文化研究会编印，2009 年，第 114 ～ 117 页。

WTY047.5.7.3*

尧二女共嫁一夫是“姊妹共夫的遗风”

实 例

中华民族 从尧的二女共嫁一夫来看，应当还是对偶婚形成的过程中的“姊妹共夫的遗风”，即普那路亚家庭的遗风。

【流传】（无考）

【出处】郭世谦：《古史传说考》（一、唐虞猛兽图腾集团），天津：天津出版传媒集团·天津古籍出版社 2019 年版，第 122 页。

WTY047.6

尧的迁徙

实 例

（参见下级母题实例）

WTY047.6.1*

尧氏族迁居河北

实 例

（参见下级母题实例）

WTY047.6.1.1*

尧氏族迁居河北行唐县、隆尧县

实 例

中华民族 唐尧的氏族部落之氏族，有的迁居于今河北行唐县及隆尧县西南尧山镇一带。

【流传】（无考）

【出处】 杨东晨：《华夏始祖：尧舜禹时代》“二、帝尧的伟业篇”，西安：三秦出版社 2007 年版，第 18 页。

WTY047.6.2

尧由陶迁唐

实 例

中华民族 放勋初封于陶地，后徙于唐（即今保定市唐县一带），所以又称为陶唐氏，继帝位后被尊称为帝尧。

【流传】（河北省）

【出处】 杨秀敏、牛云平：《先周时期河北文化刍议》，载《河北师范大学学报（哲学社会科学版）》2013 年第 6 期。

WTY047.6.3

尧由浍南迁晋阳

实 例

汉 族 帝尧，高辛氏第二子。母帝喾四妃陈锋氏曰庆都，感赤龙之祥，孕，二有四月而生尧于丹陵，名放勋，育于母家伊侯之国，后徙耆，故姓伊耆。年十三佐帝挚，受封于陶。十有五封唐为唐侯，合翼于浮山南为国，而都浍南之尧都，后迁于晋阳。年十有六以侯伯践帝位，都平阳，号陶唐氏。

【流传】（山西）

【出处】［清］雍正《山西通志》。

WTY047.6.4

尧由晋阳迁平阳

实 例

汉 族 帝尧，高辛氏第二子。母帝喾四妃陈锋氏曰庆都，感赤龙之祥，孕，二有四月而生尧于丹陵，名放勋，育于母家伊侯之国，后徙耆，故姓伊耆。年十三佐帝挚，受封于陶。十有五封唐为唐侯，合翼于浮山南为国，而都浍南之尧都，后迁于晋阳。年十有六以侯伯践帝位，都平阳，号陶唐氏。

【流传】（山西）

【出处】［清］雍正《山西通志》。

WTY047.6.5

尧由尧都村迁至平阳

实 例

汉 族 尧王在尧都村执政二十多年后迁都平阳（今临汾附近）。

【流传】山西省 · 运城市 · 绛县

【出处】刘永昌：《尧王故里在绛县》，载《文史月刊》2007 年第 2 期。

WTY047.7

尧遇到特定人物

实 例

（参见下级母题实例）

WTY047.7.1

尧遇到舜

【关联】［WYS047.6］舜遇到特定人物

实 例

汉 族 尧帝年迈了，为了找一个称心的人来继位，亲自到民间察访。他发现了对牲口都疼爱的舜，于是就让舜继承了他的王位。后来人们管尧见到舜的那座桥叫访舜桥，也就是今天的方顺桥。

【流传】河北省 · 保定市 · 顺平县

【出处】程双宝采录：《二月十五尧帝庙》，见中国民间文艺家协会组织编写，罗杨总主编，甄会龙本卷主编《中国民间故事丛书》（河北省 · 保定市 · 顺平卷），北京：知识产权出版社 2016 年版，第 5 ～ 6 页。

WTY047.8

尧驯化特定物（尧饲养特定物）

实 例

（实例待考）

WTY047.9

与尧的经历有关的其他母题

实 例

（参见下级母题实例）

WTY047.9.1

尧获取特定物

实 例

（参见下级母题实例）

WTY047.9.1.1

尧狩猎

实 例

（参见下级母题实例）

WTY047.9.1.1.1

尧猎野猪

实 例

中华民族 尧对农户道："咱成立个狩猎队，专门去打野猪，既护了庄稼，又能吃到美味的野猪肉。”

【流传】（山西省）

【出处】中国先秦史学会尧舜禹文化研究基地编，叶雨青、张培莲著：《尧舜传》第五章“尧率百姓驱野猪，羿杀封豨除民害”，太原：山西出版集团·山西春秋电子音像出版社2008年版，第36页。

WTY047.9.1.1.2

尧猎山猪

实 例

（参见下级母题实例）

WTY047.9.1.1.2.1

尧猎山猪与百姓分食

实 例

汉 族 尧王和随从们捕捉到大山猪。尧王命令随从，用木棍石刀将山猪开膛破肚，剥洗干净，分给村民。

【流传】山西省·运城市·绛县

【出处】呼红红：《尧王点将台》，见田茂忠、申建华主编《尧王故里》，山西省绛县尧文化研究会编印，2009年，第97～100页。

WTY047.9.2

尧供奉特定物（尧信奉特定物）

实 例

（参见下级母题实例）

WTY047.9.2.1

尧供奉财神

实 例

（参见下级母题实例）

WTY047.9.2.1.1

尧建“黑虎财神庙”

实 例

汉 族 尧王翌日命工匠百人，大兴土木，在金盆之西（今郭家庄村西）建造庙宇，名曰“黑虎财神庙。”

【流传】山西省·运城市·绛县·磨里镇·郭家庄

【出处】胡文明、杨久峰：《黑虎财神庙》，见田茂忠、申建华主编《尧王故里》，山西省绛县尧文化研究会编印，2009年，第147～150页。

WTY047.9.2.1.1.1

“黑虎财神庙”护佑尧的统治

实 例

汉 族 尧建黑虎财神庙后，黑虎财神秉承正义，除霸安良，保证一方平安。从此，这方圆百里风调雨顺，五谷丰登，百姓富足。为尧王后来的华夏统一大业奠定了牢固的基础。

【流传】山西省·运城市·绛县·磨里镇·郭家庄

【出处】胡文明、杨久峰：《黑虎财神庙》，见田茂忠、申建华主编《尧王故里》，山西省绛县尧文化研究会编印，2009 年，第 147 ~ 150 页。

WTY047.9.3

尧发现特定物（尧寻找特定物）

实　例

（参见下级母题实例）

WTY047.9.3.1

尧观天象

实　例

中华民族 一个夜晚，尧独自一人出了宫，登上观象的高台，仰望灼灼闪光的北斗七星。三百六十度的周天星座，呈现出神圣壮丽的图案，有条不紊地随季节缓缓移动着。

【流传】（无考）

【出处】《尧 · 击壤之歌》，见卢静《尧舜禹》，北京：中华书局 2019 年版，第 30 页。

WTY047.9.4

尧与比赛

实　例

（参见下级母题实例）

WTY047.9.4.1

比赛的内容

实　例

（参见下级母题实例）

WTY047.9.4.1.1

比赛速度

实　例

（参见下级母题实例）

WTY047.9.4.1.1.1

尧让二女比速度

实　例

汉　族 尧王出三道考题让两个女儿比试。其中一道考题是比谁快。先到历山坡舜帝的住地者为胜。

【流传】山西省

【出处】王宏搜集整理：《尧王嫁女》，载《民间文学》1981 年第 4 期。

WTY047.9.4.1.2

比赛煮食物

实　例

（参见下级母题实例）

WTY047.9.4.1.2.1

尧予二女十豆，命比赛煮之

实　例

汉　族 尧王出三道考题让两个女儿比试。第一道考题：煮豆子。尧王给两个女儿各十粒豆子，五斤柴禾，先煮熟者胜。

【流传】山西省

【出处】王宏搜集整理：《尧王嫁女》，载《民间文学》1981 年第 4 期。

WTY047.9.4.1.3
比赛做手工

实 例

（参见下级母题实例）

WTY047.9.4.1.3.1
尧让二女赛纳鞋底

实 例

汉 族 尧王出三道考题让两个女儿比试。其中一道考题是纳鞋底。尧王让老伴取来一双鞋底和两把绳子，分给两个女儿各一只鞋底和一把绳子，谁先纳成，谁就为胜。

【流传】山西省

【出处】王宏搜集整理：《尧王嫁女》，载《民间文学》1981 年第 4 期。

WTY047.9.4.1.4
棋赛

实 例

（参见下级母题实例）

WTY047.9.4.1.4.1
尧命丹朱与舜赛围棋

实 例

汉 族 尧命丹朱和舜下一盘围棋较量，赢者当天子继承人。尧面如秋水，一言不发，静观棋局变化。

【流传】河北省 ·（保定市）· 唐县 ·（高昌镇）· 峪山庄［采录地点：唐县峪山庄］

【出处】韩增寿采录：《造围棋》（2008.04），见中国民间文艺家协会组织编写，罗杨总主编，韩海山本卷主编《中国民间故事丛书》（河北省 · 保定市 · 唐县卷），北京：知识产权出版社 2016 年版，第 24 ～ 27 页。

WTY047.9.4.2
比赛的原因

实 例

（参见下级母题实例）

WTY047.9.4.2.1
以比赛定地位

实 例

（参见下级母题实例）

WTY047.9.4.2.1.1
娥皇女英以比赛定偏正

实 例

汉 族 尧的女儿娥皇和女英嫁给继位的舜后，尧妻总想让自己的亲生女儿女英为正夫人，让养女娥皇为偏房。尧王坚决反对，于是出三道考题让两个女儿比试，以确定偏正。

【流传】山西省

【出处】王宏搜集整理：《尧王嫁女》，载《民间文学》1981 年第 4 期。

汉 族 尧王把娥皇、女英两个女儿一起许配给舜。面对姐妹中谁当夫人时，尧王出了三道题考女儿，谁赢了谁当正夫人。第一道题是煮豆子，第二道题是纳鞋底。第三道题，不管用什么办法走到特定目的地。

【流传】山西省·临汾市［采录地点：临汾市郭珩乡］

【出处】遆忠辄（男，73岁，临汾市郭圻乡退休中学教师）讲，王宏（男，46岁，临汾蒲剧院干部，大专）采录：《尧王嫁女》（1981），见中国民间文学集成全国编辑委员会、《中国民间文学集成·山西卷》编辑委员会编《中国民间故事集成》（山西卷），北京：中国ISBN中心1999年版，第37～38页。

汉　族 尧的两个女儿嫁给舜后，本应大女儿为舜的大夫人，小女儿为舜的二夫人。可尧夫人有偏爱，想让小女儿为大。尧想出了个办法说："咱俩谁说都不能算，应该比本领，三局为胜，胜者为先。"尧夫人一听颇有道理，就共同商定了约法三章。

【流传】山西省·运城市·绛县·古绛镇·尧寓村

【出处】李友植：《二鹿门》，见田茂忠、申建华主编《尧王故里》，山西省绛县尧文化研究会编印，2009年，第127～129页。

WTY047.9.4.2.1.2

丹朱与舜以比赛定天子之位

【关联】［WTY047.3.4.5.1.2.1.8］尧以比赛的方式考察继位候选者

实　例

汉　族 尧命丹朱和舜下一盘围棋较量，赢者当天子继承人，输者甘心做助手。棋赛由最公正的司法大臣皋陶担任裁判。

【流传】河北省·（保定市）·唐县·（高昌镇）·峪山庄［采录地点：唐县峪山庄］

【出处】韩增寿采录：《造围棋》（2008.04），见中国民间文艺家协会组织编写，罗杨总主编，韩海山本卷主编《中国民间故事丛书》（河北省·保定市·唐县卷），北京：知识产权出版社2016年版，第24～27页。

WTY047.9.4.3

比赛的情形

实　例

（参见下级母题实例）

WTY047.9.4.3.1

尧观比赛沉着镇定

实　例

（参见下级母题实例）

WTY047.9.4.3.1.1

尧观棋不语

实　例

汉　族 尧命丹朱和舜下一盘围棋较量，赢者当天子继承人。尧面如秋水，一言不发，静观棋局变化。

【流传】河北省·（保定市）·唐县·（高昌镇）·峪山庄［采录地点：唐县峪山庄］

【出处】韩增寿采录：《造围棋》（2008.04），见中国民间文艺家协会组织编写，罗杨总主编，韩海山本卷主编《中国民间故事丛书》（河北省·保定市·唐县卷），北京：知识产权出版社 2016 年版，第 24 ～ 27 页。

WTY047.9.4.4

比赛的结果

【关联】［WTY047.9.4.2］比赛的原因

实　例

汉　族 尧的女儿娥皇和女英嫁给继位的舜后，尧妻总想让自己的亲生女儿女英为正夫人，让养女娥皇为偏房。尧王坚决反对，于是出三道考题让两个女儿比试，以确定偏正。

【流传】山西省

【出处】王宏搜集整理：《尧王嫁女》，载《民间文学》1981 年第 4 期。

WTY047.9.5

尧经历劫难

实　例

（参见下级母题实例）

WTY047.9.5.1

尧经历溺水

实　例

汉　族 唐尧做了帝王后，也曾遭一劫难，过马溺河时马倒人溺水。

【流传】河北省·保定市·唐县［采录地点：唐尧文化研究会］

【出处】赵喜林讲，韩海山记录：《唐尧传说·溺水》（2009.05），见中国民间文艺家协会组织编写，罗杨总主编，韩海山本卷主编《中国民间故事丛书》（河北省·保定市·唐县卷），北京：知识产权出版社 2016 年版，第 20 ～ 22 页。

WTY047.9.6

尧植树

实　例

（参见下级母题实例）

WTY047.9.6.1

尧与随从共植树

实　例

中华民族 尧和随从挖坑栽树，从河里挑水浇树，桃树成活了，尧望着这一片绿油油的小桃树林，笑得十分开心。

【流传】（山西省）

【出处】中国先秦史学会尧舜禹文化研究基地编，叶雨青、张培莲著：《尧舜传》第四章“猰貐部落侵北疆，唐尧率兵平外患”，太原：山西出版集团·山西春秋电子音像出版社 2008 年版，第 30 页。

WTY048*

尧事迹研究（尧功绩评价）

实　例

（参见下级母题实例）

WTY048.1

尧事迹的产生

实 例

（实例待考）

WTY048.2

尧事迹的类型

实 例

（参见下级母题实例）

WTY048.2.1

尧的治国功绩

实 例

（参见下级母题实例）

WTY048.2.1.1

尧治国，九族既睦，协和万邦

实 例

中华民族（尧）克明俊德，以亲九族。九族既睦，平章百姓。百姓昭明，协和万邦。黎民于变时雍。

【流传】（无考）

【出处】[先秦]《尚书·尧典》。

WTY048.2.2

尧的发明功绩

实 例

（参见下级母题实例）

WTY048.2.2.1

尧王培育面粉

实 例

汉 族尧王在上党发现、培育了“面食”的面粉。

【流传】（山西省·长治市）

【出处】贾保义：《上党是中国面食的发源地》，见马志生主编《上党炎帝》，太原：山西出版传媒集团·三晋出版社 2014 年版，第 74 页。

WTY048.2.2.2

尧王命人定时历

实 例

汉 族尧选命羲和二氏，敬授人时，定岁三百六十六日，以闰月正四时成岁。

【流传】（山西省·长治市）

【出处】钮宇大：《尧是山西黎城人》，见马志生主编，吴天昌、贺真和副主编《炎帝文化——上党二十年研究集锦》，北京：大众文艺出版社 2007 年版，第 282 页。

WTY048.3

尧事迹的价值

实 例

（参见下级母题实例）

WTY048.3.1

帝尧功绩浩大

实 例

汉 族帝尧功绩浩大，可概括为：大公天下，广纳民言，教民稼啬，丰衣足食；礼仪为本，政纲彰明；解厄安民，治国安民，治理水患，铲除六害；协和万国，天下太平；选贤任能，禅让帝位。

【流传】山西省·运城市·绛县·古绛镇·尧寓村

【出处】刘永昌：《尧王故里在绛县》，载《文史月刊》2007 年第 2 期。

WTY048.3.2

尧制陶具改进人民生活

实 例

汉 族 尧烧制出第一批陶具，碗、盆、缸后，人们改变了把食物放在地上，用手抓着吃的习惯，改用盆、碗盛，然后找来几根树枝，往嘴里扒拉着吃，这树枝经过多少年的演变，终于演变成现在的筷子。

【流传】山西省·运城市·绛县

【出处】宋玉秀：《制陶》，见田茂忠、申建华主编《尧王故里》，山西省绛县尧文化研究会编印，2009 年，第 95 ～ 96 页。

WTY048.4

尧事迹的影响

实 例

（参见下级母题实例）

WTY048.4.1

尧的事迹流传久远

实 例

汉 族 北董村地方流传着尧王带领臣民在此驱逐猛兽，排除水患，助耕丰收等故事。

【流传】（山西省·长治市）

【出处】刘振仲：《山西长子是唐尧的生长发祥地》，见马志生主编，吴天昌、贺真和副主编《炎帝文化——上党二十年研究集锦》，北京：大众文艺出版社 2007 年版，第 275 页。

WTY048.4.1a

帝尧功绩浩大

实 例

汉 族 帝尧功绩浩大。概括为大公天下，禅让帝位；选贤任能，治国安邦；治理水患，解厄安民；铲除六害，天下太平；教民稼穑，丰衣足食；礼仪为本，政纲彰明；尧天舜日，太平盛世。

【流传】（无考）

【出处】《史籍记载的尧舜源流与功绩》，见赵大勇、赵随意著《尧都平阳与尧舜禹》，太原：山西古籍出版社 1999 年版，第 5 页。

WTY048.4.2

尧王创造第一个太平盛世

实 例

汉 族 尧即位之初，江河洪水泛滥成灾，中原地区五谷歉收，猛兽频繁出没，伤害百姓。再加上边远地区氏族部落林立，战争连年不断，天下动荡不安。经过尧帝 70 年英明治理，古老的华夏大地上第一次出现了天下太平、四方归服、百姓富足、安乐升平景象。

【流传】（无考）

【出处】刘玉栋：《帝尧溯源》，原载《古绛春秋》，北京：长征出版社 2007 年版，见田茂忠、申建华主编《尧王故里》，山西省绛县尧文化研究会编印，2009 年，第 34 ~ 35 页。

WTY049

与尧的事迹与经历有关的其他母题

实 例

（参见下级母题实例）

WTY049.1

尧治国理政

实 例

（参见下级母题实例）

WTY049.1.0

尧治国的管理范围

实 例

（参见下级母题实例）

WTY049.1.0.1

尧治天下南抚交趾，北降幽都，东西至日所出入

实 例

中华民族 昔者尧治天下，南抚交趾，北降幽都，东西至日所出入，莫不宾服。

【流传】（无考）

【出处】《墨子·节用》。

WTY049.1.0.2*

尧时疆域西达今甘肃东，东达海，北达今内蒙古阴山南，南达今越南河内

实 例

中华民族 帝尧时期的疆域，西达今甘肃东部，东达海，北达今内蒙古阴山以南，南达今越南河内。其中心活动地域在黄河中、下游，四方边远地区可能是影响所及。

【流传】（无考）

【出处】杨东晨：《华夏始祖：尧舜禹时代》“二、帝尧的伟业篇”，西安：三秦出版社 2007 年版，第 32 页。

WTY049.1.0.3

尧治理唐地

实 例

中华民族 尧的随从对唐地的民众介绍道：“这是陶都长，现如今来管你们唐都了。”几名百姓听后，立即跪在地上道：“小民早就听说陶都长将陶都治理得十分富裕，小民们有眼无珠，不知陶都长来临，真是该死。”

【流传】（山西省）

【出处】中国先秦史学会尧舜禹文化研究基地编，叶雨青、张培莲著：《尧舜传》第六章“尧辞陶地管唐都，陶地借粮救灾荒”，太原：山西出版集团·山西春秋电子音像出版社 2008 年版，第 40 页。

WTY049.1.1
尧治国理政的方法

实 例

（参见下级母题实例）

WTY049.1.1.1
尧为治国访贤

实 例

（参见下级母题实例）

WTY049.1.1.1.1
尧为国事访许由

实 例

汉 族 尧王想让位给许由，曾到石坡窑口三次拜见许由。这石坡窑口便留下了三过尧的美名。

【流传】河南省·（郑州市）·登封市

【出处】《尧王访许由》，见张振犁编著，孟宪明、朱淑君统纂《中原神话通鉴》（第三卷），郑州：河南大学出版社 2017 年版，第 980 页。

WTY049.1.1.1.2
尧扮百姓访贤

实 例

汉 族 尧王去访贤，改扮成普通百姓，独自一人到各处察访，走过了山山水水，察过了大小部落。

【流传】河南省·（濮阳市）·范县［采录地点：范县·王楼乡］

【出处】崔金甲（男，65 岁，农民，不识字）讲，崔金钊采录：《尧王访贤（一）》（1989.10.22），见张振犁编著，孟宪明、朱淑君统纂《中原神话通鉴》（第三卷），郑州：河南大学出版社 2017 年版，第 986 页。

WTY049.1.1.1.3
尧因子不肖访贤

实 例

汉 族 尧王评介儿子丹朱说：“他有力量，驱猛兽，开垦荒田，种庄稼还有些办法，但他光顾吃喝玩乐，不关心民间疾苦，怎能执掌江山呢？我要寻访一个有能耐的人当帝王。”

【流传】河南省·（濮阳市）·范县［采录地点：范县·王楼乡］

【出处】崔金甲（男，65 岁，农民，不识字）讲，崔金钊采录：《尧王访贤（一）》（1989.10.22），见张振犁编著，孟宪明、朱淑君统纂《中原神话通鉴》（第三卷），郑州：河南大学出版社 2017 年版，第 986 页。

WTY049.1.1.2
尧为治国广纳谏

实 例

汉 族 几千年前，唐尧时候，他将招贤选才列为朝阁头等大事。有一年，朝臣们向尧推荐，说中岳嵩山下阳城地方有个贤人，姓许名由，此人熟农耕、识天文、知地理，兵法也略知一二。

【流传】河南省·（郑州市）·登封市

【出处】王鸿钧采录整理:《尧访许由和巢父》，见张振犁编著，孟宪明、朱淑君统纂《中原神话通鉴》（第三卷），郑州：河南大学出版社 2017 年版，第 983 ～ 984 页。

汉　族 尧帝召集百官，问谁可以接替帝位。

【流传】河南省·南阳市·淅川县［采录地点：淅川县荆紫关镇吴村］

【出处】习警文讲，习诏记录:《丹江的传说》（1985.03），见中国民间文艺家协会组织编写，罗杨总主编，王洪连、习诏本卷主编《中国民间故事丛书》（河南省·南阳市·淅川卷），北京：知识产权出版社 2016 年版，第 19 ～ 21 页。

WTY049.1.1.2a

尧为治国广纳善言

实　例

汉　族 尧经常到群众中去访问，广听群众对自己执政的意见

【流传】（无考）

【出处】《尧舜时期的传说故事·康衢击壤》，见赵大勇、赵随意著《尧都平阳与尧舜禹》，太原：山西古籍出版社 1999 年版，第 110 页。

WTY049.1.1.3

尧为治国立“谏木”（“诽谤木”）

实　例

中华民族 程雅问曰：“尧设诽谤之木，何也？”答曰：“今之华表木也。以横木交柱头，状若花也。形似桔槔，大路交衢悉施焉。或谓之表木，以表王者纳谏也。亦以表识衢路也。”

【流传】（无考）

【出处】［晋］崔豹:《古今注·问答释义》。

中华民族 议事后，尧和众臣出了议事堂，只见大门外设了一个大鼓，鼓下放着鼓槌，前面广场站了不少老百姓，尧道：“众位臣民，这是致谏之鼓，不论谁有要谏之事，都可以敲鼓，放勋听到鼓声，会立刻前来听谏。”王宫门前的诽谤木，是一个竖立的木架子，尧指着放在架上的响木，说：“但有诽谤之言，尽可用此响木敲此诽谤之木，放勋闻声，立即出宫聆听赐教。”

【流传】（山西省）

【出处】中国先秦史学会尧舜禹文化研究基地编，叶雨青、张培莲著:《尧舜传》第十六章“设诽谤木尧娶散宜，万邦协和欢庆升平”，太原：山西出版集团·山西春秋电子音像出版社 2008 年版，第 96 页。

中华民族 尧帝派趁光在交通要道设立“诽谤之木”，即埋上一根木柱，民众可以向柱旁的看守陈述意见，如愿去面谈，看守将给予指引。这样就更方便人们进谏了。

【流传】（无考）

【出处】《尧·击壤之歌》，见卢静《尧舜禹》，北京：中华书局 2019 年版，第 19 页。

汉　族 尧特意在府邸门前立了一根“诽谤木”，真诚地、求之若渴地欢迎来自任何

方面和任何人的批评与建议，使得“上下同心，君臣揖睦”。

【流传】山西省・运城市・绛县・古绛镇・尧寓村

【出处】见田茂忠、申建华主编《尧王故里》，山西省绛县尧文化研究会编印，2009 年。

汉 族 为避免类似的失误，广开言路，唐尧又命人在宫殿前、城门外、交通路口等处栽上一根根粗大的木头，晓谕天下百姓有什么意见或建议写在木头上，特别说明要多直陈朝政得失。人们管这些木头叫“谏木”，又叫“诽谤木”。

【流传】河北省・保定市・唐县［采录地点：唐县峪山庄］

【出处】韩海山采录：《唐尧传说・立尧戒与谏木》（2008.08），见中国民间文艺家协会组织编写，罗杨总主编，韩海山本卷主编《中国民间故事丛书》（河北省・保定市・唐县卷），北京：知识产权出版社 2016 年版，第 18 ～ 20 页。

WTY049.1.1.3a

尧为治国创制“立木进谏”

实 例

汉 族 尧时，为“进谏”大开绿灯想了不少办法。其中典型的要数“击鼓进谏”和“立木进谏”。

【流传】山西省・运城市・绛县

【出处】韩生泉：《“鼓”“木”进谏》，见田茂忠、申建华主编《尧王故里》，山西省绛县尧文化研究会编印，2009 年，第 153 ～ 156 页。

WTY049.1.1.3b

尧设华表，听谏言

实 例

中华民族 程雅问曰：尧设诽谤木柱何也？答曰：今之华表也。以横木交柱头，状若花，形似桔槔，大路交衢悉识也，也以表识衢路也。

【流传】（无考）

【出处】［晋］崔豹：《古今注・问答释义》。

WTY049.1.1.4

尧为治国创制“击鼓进谏”

实 例

汉 族 （参见“WTY049.1.1.3a 尧为治国创制‘立木进谏’”母题实例）

WTY049.1.1.5

尧为治国挑选仁人贤士

实 例

汉 族 尧是被历代人们视为典范的仁君，以勤俭、朴素著称，办事公正，体恤人民，他召集了许多贤德之人来帮助他治理国家分管政事，如后稷（名弃，后为周族的祖先）作农师，倕作工师、皋陶（谣）作法官，夔作乐官，舜作司徒掌管教育，契作司马掌管军队。

【流传】（无考）

【出处】《史籍记载的尧舜源流与功绩》，见赵大勇、赵随意著《尧都平阳与尧舜禹》，太原：山西古籍出版社 1999 年版，第 5 页。

汉　族 唐尧说："治理天下首先是选人才，把那些仁人贤士有才能的人放在关键的职位上。"

【流传】河北省・保定市・唐县［采录地点：唐县峪山庄］

【出处】韩海山采录：《唐尧传说・立尧戒与谏木》（2008.08），见中国民间文艺家协会组织编写，罗杨总主编，韩海山本卷主编《中国民间故事丛书》（河北省・保定市・唐县卷），北京：知识产权出版社 2016 年版，第 18 ～ 20 页。

WTY049.1.1.5a

尧善用人

实　例

中华民族 中国实现大一统局面，得到长期稳定，要归功于帝尧审慎选拔干部，治理洪水，造福人民。

【流传】（无考）

【出处】任乃荣：《三皇五帝探源》第七章"帝尧陶唐氏时代"，北京：新华出版社 2011 年版，第 180 页。

WTY049.1.1.5a.1

尧考察干部

实　例

中华民族 舜在受帝尧考察的阶段，曾被尧召到京都，同尧帝终日论道——天道、地道、人道、治国之道。舜对答如流，显示了舜能站在超出常人的高度来理解治国之道，有极高的政治眼光和治国才能。

【流传】（无考）

【出处】任乃荣：《三皇五帝探源》第八章"舜有虞氏时代"，北京：新华出版社 2011 年版，第 210 页。

WTY049.1.1.6

尧创制以法治国

实　例

汉　族 尧创制出以法治国，得到"九族既睦，平章百姓"的好评论。

【流传】（无考）

【出处】《史籍记载的尧舜源流与功绩》，见赵大勇、赵随意著《尧都平阳与尧舜禹》，太原：山西古籍出版社 1999 年版，第 6 页。

WTY049.1.1.7

尧为治国制定巡视制度

实　例

汉　族 尧王将视察下情和狩猎，规定成制度，年年如此，即"岁，二月东巡狩，五月南巡狩，八月西巡狩，十一月北巡狩，皆如初归，至于祖称庙（祭祀父庙）"，"用特牲礼，五岁一巡狩，群侯四朝，编告以言，各诸侯四五年以上贡，进帝都奏报"。

【流传】（山西省）

【出处】《尧舜时期的传说故事・巡狩四方》，见赵大勇、赵随意著《尧都平阳与尧舜禹》，太原：山西古籍出版社 1999 年版，第 113 页。

WTY049.1.1.8

尧赏治国有功者

实 例

（参见下级母题实例）

WTY049.1.1.8.1

尧封有功者后羿

实 例

（参见下级母题实例）

WTY049.1.1.8.1.1

尧封后羿为青州部族首领

实 例

汉 族 后羿射日和为民除害，帝尧感其功，封后羿为青州之部族首领，后羿一到青州，教群众做弓箭和射箭术，故弓箭传说出自东夷青州。

【流传】（山西省）

【出处】《尧舜时期的传说故事·嫦娥奔月》，见赵大勇、赵随意著《尧都平阳与尧舜禹》，太原：山西古籍出版社 1999 年版，第 124 ～ 125 页。

WTY049.1.1.9

与尧治国理政方法有关的其他母题

实 例

（参见下级母题实例）

WTY049.1.1.9.1

尧治国时分工明确

实 例

中华民族 尧登王位，血气方刚，他独立秉政，第二天议事时，他对众臣言道："如今我们的地盘比过去大了许多，这几年先后有猰貐、吉方、畴华、安泽都四部族加入我们的部落，各方事务增多，为了尽快处理各项事务，现特设四方长官。今特命羲仲管东方事务，唐都、安泽都的各项事务，先由你酌处，然后再行禀报，凡事大难处，则先禀报，大家商定后，再行处置。羲叔主管南方事务，陶都、畴华都方面事情由你处理，尔后禀报。和仲主管西方事务，西河都和吉方都由你管理。和叔主管北方事务，主要管理岳阳和猰貐二都。你们四人年青，身富力强，要勤于政事。羲仲你可住到东边太行山上的肠谷，弄准日出的规律，给老百姓一个耕地下种的准日子，把春天的节气搞准了。羲叔你可住到畴华都的南交，弄清夏季节气，帮助老百姓们管好庄稼。和仲你可以住到西边吕梁山的昧谷，弄清秋天节气，以助万物生成，以正三秋之序。和叔你可以住到霍山北边的幽都，以正冬之三节，使民改岁而入其室，以避风寒。待你等四人弄清春夏秋冬之节气后，再回到部落，以定四时而成岁。"

【流传】（山西省）

【出处】中国先秦史学会尧舜禹文化研究基地编，叶雨青、张培莲著：《尧舜传》第十三章"挚王病崩弃大位，唐尧继嗣统部落”，太原：山西出版集团·山西春秋电子音像出版社 2008 年版，第 79 ～ 80 页。

WTY049.1.1.9.1a

尧治国分设各个官职

实 例

汉 族 尧建置负责农业、礼仪、军事、外交、司法、建筑等管理部门，任命舜为司徒，契为司马，伯夷为秩宗，皋陶为大理，益为虞官，奚仲为工官。

【**流传**】（无考）

【**出处**】刘玉栋：《帝尧溯源》，原载《古绛春秋》，北京：长征出版社 2007 年版，见田茂忠、申建华主编《尧王故里》，山西省绛县尧文化研究会编印，2009 年，第 37 页。

WTY049.1.1.9.2*

尧治国时“祭神”

实 例

（参见下级母题实例）

WTY049.1.1.9.2.1*

尧治国时祭“天地神”“自然神”“祖先神”

实 例

汉 族 尧时事“神”与事“人”为帝王之大事，事神即祭天地神、祭自然神、祭祖宗，乃国王之头等大事。

【**流传**】（无考）

【**出处**】《光辉灿烂的古平阳大地》，见赵大勇、赵随意著《尧都平阳与尧舜禹》，太原：山西古籍出版社 1999 年版，第 80 页。

WTY049.1.2

尧治国理政的原则

实 例

（参见下级母题实例）

WTY049.1.2.1

尧主张以孝治天下

实 例

汉 族 尧任帝后，以孝治天下，在如何对待丧葬问题上，也彰显了他的超前意识和处置才能。

【**流传**】山西省·运城市·绛县

【**出处**】申建华：《埋人的传说》，见田茂忠、申建华主编《尧王故里》，山西省绛县尧文化研究会编印，2009 年，第 183 页。

WTY049.1.2.2*

尧主张“以法治国，礼仪为本，政纲彰明”

实 例

汉 族 尧创制出“以法治国，礼仪为本，政纲彰明”，得到“九族既睦，平章百姓”的好评论。

【**流传**】山西省·运城市·绛县

【**出处**】刘永昌：《“巍严配天”石匾的来历》，见田茂忠、申建华主编《尧王故里》，山西省绛县尧文化研究会编印，2009 年，第 239 页。

WTY049.1.2.3

尧治国以民为本

实 例

中华民族 禅让和设立诽谤木，是帝尧以民为本思想的典型代表，为后世所效仿。

【流传】（无考）

【出处】任乃荣：《三皇五帝探源》第七章“帝尧陶唐氏时代”，北京：新华出版社2011年版，第182页。

WTY049.1.2.3.1

尧关心百姓

实 例

（参见下级母题实例）

WTY049.1.2.3.1.1

尧关心牧民

实 例

汉 族 陶唐氏称王后，关心农牧民，常来姑射山的牧马坡与牧民讲论牧畜之道。

【流传】（山西省）

【出处】《尧舜时期的传说故事·仙洞成婚》，见赵大勇、赵随意著《尧都平阳与尧舜禹》，太原：山西古籍出版社1999年版，第111页。

WTY049.1.2.3.1.2

尧关心耕者

实 例

中华民族 尧又对农夫道：“你们回去告诉大家，谁家田不够种，让他来找我，我给他调剂田地。不但让大家有田种，还要地够种，多种地。有种才有收，有收就不会挨饿受冻。”

【流传】（山西省）

【出处】中国先秦史学会尧舜禹文化研究基地编，叶雨青、张培莲著：《尧舜传》第四章“猰貐部落侵北疆，唐尧率兵平外患”，太原：山西出版集团·山西春秋电子音像出版社2008年版，第29页。

WTY049.1.2.4

尧施仁政

实 例

中华民族 帝尧以仁政治天下，是儒家所津津乐道的，不免有溢美之辞，但起码是当时取得的效果是较好的。

【流传】（无考）

【出处】杨东晨：《华夏始祖：尧舜禹时代》“二、帝尧的伟业篇”，西安：三秦出版社2007年版，第37页。

WTY049.1.2.5

尧主张以德治国

实 例

中华民族 尧和舜两位古帝，都是儒家津津乐道的以“德”治理天下的“明君”。帝舜则又被儒家宣扬为能吃大苦、耐大劳、尽孝道的世人楷模。

【流传】（无考）

【出处】杨东晨：《华夏始祖：尧舜禹时代》“三、帝舜的明德”，西安：三秦出版社2007年版，第41页。

WTY049.1.2.5a

尧施德政

实 例

中华民族 人之言君天下者，瑶台九累，而尧白屋；黻衣九种，而尧大布；宫中三市，而尧鹑居；珍怪百种，而尧粝饭菜粥；麒麟青龙，而尧素车玄驹。

【流传】（无考）

【出处】［东周］尸佼：《尸子》。

WTY049.1.2.6

尧提倡节俭

实 例

中华民族 太公曰：帝尧王天下之时，金银珠玉弗服，锦绣文绮弗衣，奇怪异物弗听，宫垣屋室弗崇，桷椽柱楹不藻饰，茅茨之阶弗剪。齐黻之挂履不弊，尽不更为也；滋味不重，糁弗食也，温饭暖羹，不酸馁不易也。不以私曲之故，留耕种之时，削心约志，从事无予为。

【流传】（无考）

【出处】《六韬》。

WTY049.1.2.7

尧提倡天下为公

实 例

中华民族 （帝尧）大道之行也，天下为公。选贤与能，讲信修睦。故人不独亲其亲，不独子其子，使老有所终，壮有所用，幼有所长，鳏寡孤独废疾者，皆有所养。男有分，女有归。货恶其弃于地也，不必藏于己；力恶其不出于身也，不必为己。是故谋闭而不兴，盗窃乱贼而不作。故外户不闭，是谓大同。

【流传】（无考）

【出处】［西汉］戴圣编：《礼记·礼运篇》。

WTY049.1.3

尧治国办公的地点

实 例

（参见下级母题实例）

WTY049.1.3.1

尧于西伊村“茅茨土阶”办公

实 例

汉 族 传说尧庙西伊村即尧办公的地方，名“茅茨土阶”处。

【流传】（山西省平阳）

【出处】《尧舜时期的传说故事·尧庙是历代皇廷祭尧之地》，见赵大勇、赵随意著《尧都平阳与尧舜禹》，太原：山西古籍出版社1999年版，第100页。

汉 族 传说帝尧都平阳，是因尧成长于舅母家，从舅姓为伊祁氏。舅母家系临汾市伊村，尧建都平阳，选择于伊村，现该村西南沟旁，有宋碑一块，上书“茅茨土阶”，这是帝尧执政办公之地。

【流传】（山西省临汾市伊村）

【出处】《尧舜时期的传说故事·茅茨土阶》，见赵大勇、赵随意著《尧都平阳与尧舜禹》，太原：山西古籍出版社1999年版，第 109 页。

WTY049.1.4

与尧治国理政有关的事迹

实　例

（参见下级母题实例）

WTY049.1.4.1

尧为国操劳

实　例

中华民族 部落议事堂内，尧和众臣等了一天，从早等到午时。

【流传】（山西省）

【出处】中国先秦史学会尧舜禹文化研究基地编，叶雨青、张培莲著：《尧舜传》第三章“帝喾临终传位挚，挚令弟尧赴陶都”，太原：山西出版集团·山西春秋电子音像出版社 2008 年版，第 22 页。

WTY049.1.4.1.1*

尧白天主管天下，夜里与神仙沟通

实　例

汉　族 尧王是半人半凤，白天是人主管天下，夜里是凤飞到天上和神仙聊天儿，人、神都很敬重他。就因为这，他当帝王几十年，风调雨顺，五谷丰登。

【流传】河南省·（郑州市）·荥阳县（荥阳市）[采录地点：荥阳县王村乡蒋头村]

【出处】赵衍生（男，64 岁，荥阳县王村乡蒋头村离休干部，大专）讲，赵子谋（男，39 岁，荥阳县王村乡蒋头学校教师，中师）采录：《尧王立法》（1979.06），见《中国民间故事集成》全国编辑委员会、《中国民间故事集成·河南卷》编辑委员会编《中国民间故事集成》（河南卷），北京：中国 ISBN 中心 2001 年版，第 44 页。

WTY049.1.4.2

尧访民情（尧巡视）

实　例

汉　族 尧王爱民，经常到各地察问民情。

【流传】河南省·（焦作市）·沁阳县

【出处】尚立非采录整理：《捏掌见泉》，见张振犁编著，孟宪明、朱淑君统纂《中原神话通鉴》（第三卷），郑州：河南大学出版社 2017 年版，第 990 页。

WTY049.1.4.2.1

尧至康庄访民情

实　例

中华民族 尧很关心百姓的生活疾苦，他经常到民间察访。一天，尧到康庄去，在康庄聚前的大路上，有一群儿童在玩耍，边玩边唱。

【流传】（山西省）

【出处】中国先秦史学会尧舜禹文化研究基地编，叶雨青、张培莲著：《尧舜传》第二十二章“尧私访听康衢谣，崇山访贤见许由”，太原：山西出版集团·山西春秋电子音像出版社 2008 年版，第 138 页。

WTY049.1.4.2.2

部下陪尧巡疆域

实 例

（参见下级母题实例）

WTY049.1.4.2.2.1

部下羿和吉方陪尧巡疆域

实 例

中华民族 尧在羿、吉方等陪同下，巡察吉方都疆域。

【**流传**】（山西省）

【**出处**】中国先秦史学会尧舜禹文化研究基地编，叶雨青、张培莲著：《尧舜传》第八章“鹿女救尧回洞府，尧入洞房结良缘”，太原：山西出版集团·山西春秋电子音像出版社 2008 年版，第 58 页。

WTY049.1.4.2.3

尧至田间访民情

实 例

中华民族 尧带着随从，来到田间访查民情。

【**流传**】（山西省）

【**出处**】中国先秦史学会尧舜禹文化研究基地编，叶雨青、张培莲著：《尧舜传》第四章“猰貐部落侵北疆，唐尧率兵平外患”，太原：山西出版集团·山西春秋电子音像出版社 2008 年版，第 29 页。

WTY049.1.4.3

尧练兵

实 例

（参见下级母题实例）

WTY049.1.4.3.1

尧督羿练兵

实 例

汉 族 帝尧带领文武百官去教场看羿练兵。

【**流传**】河南省·（南阳市）·桐柏县［采录地点：桐柏县·西十里村］

【**出处**】释海良讲，刘剑采录：《师徒比武》（1985.07），见张振犁编著，孟宪明、朱淑君统纂《中原神话通鉴》（第三卷），郑州：河南大学出版社 2017 年版，第 849 页。

WTY049.1.4.4

尧封疆域

实 例

（参见下级母题实例）

WTY049.1.4.4.1

尧封九州（十二州）

实 例

汉 族 尧封九州，又称十二州，传说是我国中原上古行政区划之始，沿袭到春秋时，《禹贡》作九州，即冀、兖、青、徐、扬、荆、豫、梁、雍，平阳在冀州之中。

【流传】（山西省）

【出处】《尧舜时期的传说故事·尧封疆域》，见赵大勇、赵随意著《尧都平阳与尧舜禹》，太原：山西古籍出版社 1999 年版，第 108 页。

WTY049.1.4.4.1.1*

尧定十二州为治世开先河

实　例

汉　族 尧所做的许多事情都是开创性的。他所划定的十二州的行政区划，既方便了当时的管理，也为后世的分州（府）而治开了先河。

【流传】山西省·运城市·绛县

【出处】常嗣新：《序言》，见田茂忠、申建华主编《尧王故里》，山西省绛县尧文化研究会编印，2009 年，第 2 页。

WTY049.1.4.5

尧兴农业

实　例

中华民族 在尧的精心治理下，陶地秋后一片丰收景象，田野里谷穗沉甸甸地弯垂着，桑麻丰收。

【流传】（山西省）

【出处】中国先秦史学会尧舜禹文化研究基地编，叶雨青、张培莲著：《尧舜传》第四章“猰貐部落侵北疆，唐尧率兵平外患”，太原：山西出版集团·山西春秋电子音像出版社 2008 年版，第 30 页。

WTY049.1.4.5.1

尧兴农业，天下得利

实　例

汉　族 “后稷，又名弃”，尧之异母弟。尧舜时的农官。他善于种植农作物，立志于农业，喜好耕田，群众皆学习他种植农作物的方法，帝尧命名为农师，天下得其利，帝尧曰“弃黎民始饥，尔后稷播，时百谷”。尧封后稷于邰，即今稷山县，号曰后稷，殁后葬于稷王山。

【流传】（山西省）

【出处】《尧舜时期的传说故事·教民稼穑》，见赵大勇、赵随意著《尧都平阳与尧舜禹》，太原：山西古籍出版社 1999 年版，第 108 页。

WTY049.1.4.5.2

尧鼓励农耕

实　例

中华民族 陶都大地，春意盎然。百姓们在田间犁地，准备下种，尧在田间，与百姓们叙谈，勉励大家多打粮。

【流传】（山西省）

【出处】中国先秦史学会尧舜禹文化研究基地编，叶雨青、张培莲著：《尧舜传》第五章“尧率百姓驱野猪，羿杀封豨除民害”，太原：山西出版集团·山西春秋电子音像出版社 2008 年版，第 39 页。

中华民族 尧治理陶唐二地，他鼓励农民多耕种田地。

【流传】（山西省）

【出处】中国先秦史学会尧舜禹文化研究基地编，叶雨青、张培莲著：《尧舜传》第十章“凿齿部落犯南疆，唐尧设伏破强虏”，太原：山西出版集团·山西春秋电子音像出版社2008年版，第62页。

WTY049.1.4.5.3

尧推广耕作物

实 例

汉 族 唐尧做了帝王后，不辞劳苦亲自视察推广种嘉禾。

【流传】河北省·保定市·唐县［采录地点：唐尧文化研究会］

【出处】赵喜林讲，韩海山记录：《唐尧传说·溺水》（2009.05），见中国民间文艺家协会组织编写，罗杨总主编，韩海山本卷主编《中国民间故事丛书》（河北省·保定市·唐县卷），北京：知识产权出版社2016年版，第20～22页。

WTY049.1.5

尧治国理政的结果

实 例

（参见下级母题实例）

WTY049.1.5.1

尧治国有方

实 例

汉 族 尧建国于唐，建都平阳（今山西临汾西南），曾设官掌管时令，制定历法，改进农耕，烧制陶器，掌管教育，掌管军政事宜，把国家治理得很好。

【流传】河南省·（郑州市）·登封市

【出处】《尧王访许由》，见张振犁编著，孟宪明、朱淑君统纂《中原神话通鉴》（第三卷），郑州：河南大学出版社2017年版，第978页。

汉 族 尧强化对其他部落的领导，特派羲仲、羲叔、和仲、和叔四个得力大臣分别长期居住在东方场谷、南方古交趾、西方昧谷、北方幽都，即离“中国”最远的地方观测天象，推行历法，管理农事，监督生产，敬行教化，整肃官吏，稳定边疆。

【流传】（无考）

【出处】刘玉栋：《帝尧溯源》，原载《古绛春秋》，北京：长征出版社2007年版，见田茂忠、申建华主编《尧王故里》，山西省绛县尧文化研究会编印，2009年，第37页。

WTY049.1.5.1.1

尧治国时风调雨顺，五谷丰登

实 例

汉 族 尧王是半人半凤，白天是人主管天下，夜里是凤飞到天上和神仙聊天儿，人、神都很敬重他。就因为这，他当帝王几十年，风调雨顺，五谷丰登。

【流传】河南省·（郑州市）·荥阳县（荥阳市）［采录地点：荥阳县王村乡蒋头村］

【出处】赵衍生（男，64岁，荥阳县王村乡蒋头村离休干部，大专）讲，赵子谋（男，39岁，荥阳县王村乡蒋头学校教师，中师）采录：《尧王立法》（1979.06），见《中国民间故事集成》全国编辑委员会、《中国民间故事集成·河南卷》编辑委员会编《中国民间故事集成》(河南卷)，北京：中国 ISBN 中心 2001 年版，第 44 页。

WTY049.1.5.1.2*

尧治国时，创太平盛世

实 例

汉 族 尧治国有道，安邦有策，知人善任，民主决策，致使社会繁荣稳定，百姓安居乐业，创造了远古的太平盛世。

【流传】山西省·运城市·绛县

【出处】常嗣新：《序言》，见田茂忠、申建华主编《尧王故里》，山西省绛县尧文化研究会编印，2009 年，第 2 页。

汉 族 尧帝在位的时候，每年都是风调雨顺，年年五谷丰登，真正是路不拾遗、夜不闭户的太平天下。

【流传】河北省·保定市·顺平县

【出处】程双宝采录：《二月十五尧帝庙》，见中国民间文艺家协会组织编写，罗杨总主编，甄会龙本卷主编《中国民间故事丛书》(河北省·保定市·顺平卷)，北京：知识产权出版社 2016 年版，第 5 ～ 6 页。

WTY049.1.5.1.3*

尧治国获“九族既睦，平章百姓”好评

实 例

汉 族 尧创制出“以法治国，礼仪为本，政纲彰明”，得到“九族既睦，平章百姓”的好评论。

【流传】山西省·运城市·绛县

【出处】刘永昌：《“巍严配天”石匾的来历》，见田茂忠、申建华主编《尧王故里》，山西省绛县尧文化研究会编印，2009 年，第 239 页。

WTY049.1.5.2

尧为仁君，一日十瑞

实 例

汉 族 尧为仁君，一日十瑞。

【流传】(无考)

【出处】[南朝·梁] 任昉：《述异记》卷上。

WTY049.1.5.3

帝尧之世，天下大和

实 例

汉 族 帝尧之世，天下大和，百姓无事，有八九十老人击壤而歌。

【流传】(无考)

【出处】[晋] 皇甫谧：《帝王世纪》。

5. 尧的关系
【WTY050 ～ WTY059】

WTY050

尧的关系

实 例

(参见下级母题实例)

WTY051

尧的祖先

实　例

（参见下级母题实例）

WTY051.1

尧的祖先是神

实　例

（实例待考）

WTY051.2

尧的祖先是神性人物

实　例

（实例待考）

WTY051.3

尧的祖先是特定的人

实　例

（参见下级母题实例）

WTY051.3.1

尧的祖先黄帝

实　例

（参见下级母题实例）

WTY051.3.1.1

黄帝是尧的五世祖

实　例

汉　族 帝尧，是黄帝的第五代孙。五帝之一帝喾与次妃庆都之子，约公元前 2377 年出生，随母姓祁，名放勋。

【流传】山西省·运城市·绛县·古绛镇·尧寓村

【出处】梓华、兰草：《山西尧寓村作为尧帝故里申报世界文化遗产地当之无愧》，载《中国焦点》2007 年第 1 ～ 2 期。

WTY051.3.1a

尧的祖先黄帝族

实　例

中华民族 黄帝族的一支由冀西北溯源而上，到达壶流河源头后，又顺唐河而下，出太行山，来到河北省的唐县、望都一带，立国受禅，也就是唐尧这一支。

【流传】（无考）

【出处】王玉亮：《冀西北地区与人文始祖黄帝》，载《河北大学学报（哲学社会科学版）》2011 年第 4 期。

WTY051.3.2

尧的祖先神农氏

实　例

中华民族 神农氏裔先后建立炎帝神农氏政权、帝喾高辛氏、帝挚青阳氏政权、帝尧陶唐氏政权及后来的商朝、周朝、汉朝政权。

【流传】（无考）

【出处】刘志勇：《汉族族源新探》，载《成都大学学报（社会科学版）》2010 年第 2 期。

WTY051.3.3
尧的祖先炎帝块隗

实 例

汉 族 帝尧之先是炎帝块隗。

【流传】山东省 · 菏泽市

【出处】潘建荣:《在"伏羲桑梓、尧舜故里"菏泽市牡丹区胡集镇举办公祭伏羲尧舜禹仪式最为合适》，见山东菏泽《首届中华伏羲祖源文化论坛论文集》，内部编印，2020 年 9 月，第 8 页。

WTY051.3.3a
尧的祖先伏羲炎帝

实 例

汉 族 帝尧是以龙为图腾的伏羲炎帝之后。

【流传】山东省 · 菏泽市

【出处】潘建荣:《在"伏羲桑梓、尧舜故里"菏泽市牡丹区胡集镇举办公祭伏羲尧舜禹仪式最为合适》，见山东菏泽《首届中华伏羲祖源文化论坛论文集》，内部编印，2020 年 9 月，第 9 页。

WTY051.4
尧的祖先是动物

实 例

（实例待考）

WTY051.5
尧的其他祖先

实 例

（实例待考）

WTY051.6
尧的祖父母

实 例

（参见下级母题实例）

WTY051.6.1
尧的祖父蟜极

实 例

中华民族 黄帝产玄嚣，玄嚣产蟜极，蟜极产高辛，是为帝喾。帝喾产放勋是为帝尧。

【流传】（无考）

【出处】［西汉］戴德:《礼记 · 帝系》。

WTY051.6.1a
尧的祖父娇极

实 例

汉 族 黄帝活了一百一十一岁，有两个孩子继承了他的王位，一个叫昌意，一个叫玄嚣。昌意生颛顼，玄嚣生蟜极，蟜极生帝喾，帝喾生放勋，放勋就是帝尧。

【流传】河南省 ·（郑州市）· 新郑市

【出处】蔡柏顺采录整理:《轩辕故里》，见张振犁编著，孟宪明、朱淑君统纂《中原神话通鉴》（第二卷），郑州：河南大学出版社 2017 年版，第 514 页。

WTY051.7
尧的外祖父母

实 例

（参见下级母题实例）

WTY051.7.1

尧的外祖父母伊祁侯夫妇

实 例

汉 族 伊祁侯夫妇看到女儿庆都生的又白又胖的外孙尧，十分高兴。

【流传】河北省·保定市·唐县［采录地点：唐尧文化研究会］

【出处】王贵全（78岁，农民）、刘福生（80岁，农民）讲，王立子（59岁，唐县旅游局原副局长）记录：《唐尧传说·出世》（2008），见中国民间文艺家协会组织编写，罗杨总主编，韩海山本卷主编《中国民间故事丛书》（河北省·保定市·唐县卷），北京：知识产权出版社2016年版，第3～5页。

WTY051.7.1.1

伊祁侯夫妇为尧取名

实 例

汉 族 帝喾的妃子庆都与东海龙王的太子小赤龙产生恋情，孩子为感赤龙在窑洞中出生，庆都的养父母伊祁侯夫妇欢喜无限，为孩子取名尧（窑），因为是在窑洞中诞生的。

【流传】河北省·保定市·望都县

【出处】韩增寿采录：《赤龙感孕》，见中国民间文艺家协会组织编写，罗杨总主编，吴从志本卷主编《中国民间故事丛书》（河北省·保定市·望都县卷），北京：知识产权出版社2016年版，第3～5页。

WTY051.8

尧的其他辈次的祖先

实 例

（参见下级母题实例）

WTY051.8.1

尧的曾祖父玄嚣

实 例

中华民族 黄帝产玄嚣，玄嚣产蟜极，蟜极产高辛，是为帝喾。帝喾产放勋是为帝尧。

【流传】（无考）

【出处】［西汉］戴德：《礼记·帝系》。

汉 族 黄帝活了一百一十一岁，有两个孩子继承了他的王位，一个叫昌意，一个叫玄嚣。昌意生颛顼，玄嚣生蟜极，蟜极生帝喾，帝喾生放勋，放勋就是帝尧。

【流传】河南省·（郑州市）·新郑市

【出处】蔡柏顺采录整理：《轩辕故里》，见张振犁编著，孟宪明、朱淑君统纂《中原神话通鉴》（第二卷），郑州：河南大学出版社2017年版，第514页。

WTY051.8.2

尧的五世祖黄帝

实 例

中华民族 黄帝产玄嚣，玄嚣产蟜极，蟜极产高辛，是为帝喾。帝喾产放勋是为帝尧。

【流传】(无考)

【出处】[西汉]戴德:《礼记·帝系》。

汉 族 黄帝活了一百一十一岁，有两个孩子继承了他的王位，一个叫昌意，一个叫玄嚣。昌意生颛顼，玄嚣生蟜极，蟜极生帝喾，帝喾生放勋，放勋就是帝尧。

【流传】河南省·(郑州市)·新郑市

【出处】蔡柏顺采录整理:《轩辕故里》，见张振犁编著，孟宪明、朱淑君统纂《中原神话通鉴》(第二卷)，郑州：河南大学出版社 2017 年版，第 514 页。

WTY051.9

与尧的祖先有关的其他母题

实 例

(参见下级母题实例)

WTY051.9.1

尧的祖先的图腾

实 例

(参见下级母题实例)

WTY051.9.1.1

尧的祖先伏羲炎帝以龙为图腾

实 例

汉 族 帝尧是以龙为图腾的伏羲炎帝之后。

【流传】山东省·菏泽市

【出处】潘建荣:《在“伏羲桑梓、尧舜故里”菏泽市牡丹区胡集镇举办公祭伏羲尧舜禹仪式最为合适》，见山东菏泽《首届中华伏羲祖源文化论坛论文集》，内部编印，2020 年 9 月，第 9 页。

WTY052

尧的父母(尧的父辈)

实 例

(参见下级母题实例)

WTY052.1

尧没有父母

实 例

(实例待考)

WTY052.2

尧特定的父母

实 例

中华民族 (参见“WTY052.3 尧的父亲”“WTY052.4 尧的母亲”母题实例)

WTY052.3

尧的父亲

实 例

(参见下级母题实例)

WTY052.3.1

尧父亲的产生

实 例

(参见下级母题实例)

WTY052.3.1.1

尧的父亲帝喾（高辛）

实 例

汉 族 帝尧者，放勋。其仁如天，其知如神。帝喾次子，初封于陶，又封于唐，故有天下之号为陶唐氏。

【**流传**】（无考）

【**出处**】［西汉］司马迁：《史记·五帝本纪》。

中华民族 黄帝产玄嚣，玄嚣产蟜极，蟜极产高辛，是为帝喾。帝喾产放勋是为帝尧。

【**流传**】（无考）

【**出处**】［西汉］戴德：《礼记·帝系》。

中华民族 以《帝王世纪》考之，尧为帝喾子，则岂为无父。

【**流传**】（无考）

【**出处**】［宋］董逌：《广川书跋·庆都碑》。

汉 族 黄帝活了一百一十一岁，有两个孩子继承了他的王位，一个叫昌意，一个叫玄嚣。昌意生颛顼，玄嚣生蟜极，蟜极生帝喾，帝喾生放勋，放勋就是帝尧。

【**流传**】河南省·（郑州市）·新郑市

【**出处**】蔡柏顺采录整理：《轩辕故里》，见张振犁编著，孟宪明、朱淑君统纂《中原神话通鉴》（第二卷），郑州：河南大学出版社 2017 年版，第 514 页。

汉 族 尧是父系氏族社会后期部落联盟领袖，又称陶唐氏，名放勋，史称唐尧，其父即帝喾。

【**流传**】（无考）

【**出处**】《尧》，见乌丙安主编《中国民间神谱》，沈阳：辽宁人民出版社 2007 年版，第 59 页。

WTY052.3.1.1.1

尧是高辛王最小的儿子

实 例

汉 族 尧是高辛王最小的一个儿子，后来却继承他做了国君。

【**流传**】（无考）

【**出处**】袁珂重述：《射日奔月》，原载袁珂《神异篇》，见陶阳、钟秀编《中国神话》（上），北京：商务印书馆 2008 年版，第 279 ～ 288 页。

WTY052.3.1.1.1a

尧是帝喾的小儿子

实 例

汉 族 帝尧是帝喾的小儿子，母为炎族人陈锋氏。

【**流传**】（无考）

【**出处**】《史籍记载的尧舜源流与功绩》，见赵大勇、赵随意著《尧都平阳与尧舜禹》，太原：山西古籍出版社 1999 年版，第 2 页。

WTY052.3.1.1.2

帝喾（高辛）产放勋帝尧

实 例

汉 族 帝喾产放勋，是为帝尧。

【流传】（无考）

【出处】［西汉］戴德：《礼记·帝系》。

中华民族 宰我曰：请问帝尧？孔子曰：高辛之子也，曰放勋。

【流传】（无考）

【出处】［西汉］戴德：《礼记·五帝德》。

WTY052.3.1.2

尧的父亲姜斯遂

实 例

中华民族 中国氏族联盟时代帝挚青阳氏政权的十六任帝姜斯遂（公元前 2403—前 2369 年），生四子，其中，四子名叫尧，父亲把他封在了唐邑（今河北保定市唐县西北），仍为姜姓，是为唐侯。名帝尧，又称唐尧。后成为中国氏族联盟时代帝尧陶唐氏政权的首任帝。

【流传】（无考）

【出处】刘志勇：《汉族族源新探》，载《成都大学学报（社会科学版）》2010 年第 2 期。

WTY052.3.2

尧父亲的身份

实 例

（参见下级母题实例）

WTY052.3.2.1

尧父帝喾是部落首领

实 例

汉 族 （尧的母亲）庆都与帝喾成婚后，两人共商天下大事，给帝喾出了许多神奇的妙计和主意，帮帝喾当了部落首领，成就了一番大事业，为人民做了许多好事。

【流传】山西省·运城市·绛县

【出处】任兴舜：《庆都圣母庙》，见田茂忠、申建华主编《尧王故里》，山西省绛县尧文化研究会编印，2009 年，第 232 ～ 233 页。

WTY052.3.2.1.1

尧父帝喾炎黄部落联盟首领

实 例

汉 族 帝尧是帝喾的小儿子。帝喾，姓姬，一作帝俈。号高辛氏，又号浚，炎黄部落联盟首领，五帝中之一。

【流传】（无考）

【出处】《史籍记载的尧舜源流与功绩》，见赵大勇、赵随意著《尧都平阳与尧舜禹》，太原：山西古籍出版社 1999 年版，第 2 ～ 3 页。

WTY052.3.2.1.2

尧父帝喾担任黄帝族联盟首领

实 例

汉 族 帝喾担任了黄帝族的联盟首领，有妃子四人，名姜嫄、简狄、庆都、常仪，分别生四子。放勋之母为庆都，是陈锋氏女。放勋即是帝尧，是黄帝的曾孙子。

【流传】（无考）

【出处】刘永昌：《话说尧王》，载《文史月刊》2006 年第 5 期。

WTY052.3.3

尧与父亲的关系

实 例

（实例待考）

WTY052.4

尧的母亲

实 例

（参见下级母题实例）

WTY052.4.1

尧母亲的产生

实 例

（参见下级母题实例）

WTY052.4.1.1

尧的母亲是庆都

实 例

汉 族 帝尧陶唐氏，祁姓也。母曰庆都，孕十四月而生尧于丹陵。

【流传】（无考）

【出处】［宋］李昉、李穆、徐铉等：《太平御览》卷八〇引《帝王世纪》。

汉 族 尧的母亲庆都是仙女下凡，长得特漂亮。

【流传】河北省 · 保定市 · 唐县［采录地点：唐县丹凤山下］

【出处】贾泉河（86 岁，唐县北店头村人，河北大学原副校长）讲，韩海山（65 岁，唐县南高和村人，唐县人大常委会原副主任）记录：《唐尧传说 · 受封》（2009.05），见中国民间文艺家协会组织编写，罗杨总主编，韩海山本卷主编《中国民间故事丛书》（河北省 · 保定市 · 唐县卷），北京：知识产权出版社 2016 年版，第 11 ～ 13 页。

汉 族 帝喾担任了黄帝族的联盟首领，有妃子四人，名姜嫄、简狄、庆都、常仪，分别生四子。放勋之母为庆都，是陈锋氏女。放勋即是帝尧，是黄帝的曾孙子。

【流传】（无考）

【出处】刘永昌：《话说尧王》，载《文史月刊》2006 年第 5 期。

中华民族 《新注》曰：“陈锋：古部族名，陈锋氏女即尧母，名庆都。”

【流传】（无考）

【出处】张大可、朱枝富编著：《人文始祖黄帝》，北京：商务印书馆 2018 年版，第 59 页。

WTY052.4.1.1.1

尧母庆都生于斗维之野

实 例

中华民族 尧的母亲庆都生于斗维之野，长在三阿之南，传说一朵黄云时常覆护着她。黄帝的曾孙帝喾，不禁悄悄爱上了这位姑娘，后来庆都便成为帝善的四位妃子之一。

【流传】（无考）

【出处】《尧·孝慈仁敬》，见卢静《尧舜禹》，北京：中华书局 2019 年版，第 3 页。

WTY052.4.1.2

尧的母亲姜嫄圣母

实 例

汉 族 尧王的大妈姜嫄圣母，从小受到良好的教育，深知“为母之道，生育为大”的道理，所以一心想为丈夫生个儿子。

【流传】山西省·运城市·绛县

【出处】李友益、樊临淮：《老虎被的传说》，见田茂忠、申建华主编《尧王故里》，山西省绛县尧文化研究会编印，2009 年，第 161 ～ 164 页。

WTY052.4.2

尧母亲的身份

实 例

（参见下级母题实例）

WTY052.4.2.1

尧母庆都是仙女下凡

实 例

汉 族 尧的母亲庆都是仙女下凡，长得特漂亮。

【流传】河北省·保定市·唐县［采录地点：唐县丹凤山下］

【出处】贾泉河（86 岁，唐县北店头村人，河北大学原副校长）讲，韩海山（65 岁，唐县南高和村人，唐县人大常委会原副主任）记录：《唐尧传说·受封》（2009.05），见中国民间文艺家协会组织编写，罗杨总主编，韩海山本卷主编《中国民间故事丛书》（河北省·保定市·唐县卷），北京：知识产权出版社 2016 年版，第 11 ～ 13 页。

WTY052.4.2.2

尧母庆都是帝喾的妃子

实 例

汉 族 帝喾担任了黄帝族的联盟首领，有妃子四人，名姜嫄、简狄、庆都、常仪，分别生四子。放勋之母为庆都，是陈锋氏女。放勋即是帝尧，是黄帝的曾孙子。

【流传】（无考）

【出处】刘永昌：《话说尧王》，载《文史月刊》2006 年第 5 期。

中华民族 尧的母亲庆都生于斗维之野，长在三阿之南，传说一朵黄云时常覆护着她。黄帝的曾孙帝喾，不禁悄悄爱上了这位姑娘，后来庆都便成为帝喾的四位妃子之一。

【流传】（无考）

【出处】《尧·孝慈仁敬》，见卢静《尧舜禹》，北京：中华书局 2019 年版，第 3 页。

WTY052.4.2.3

尧母庆都为天帝之女

实 例

中华民族 尧母冢在濮州雷泽县，有碑，余得而考之，盖建宁五年廷尉臣仲定所建，济阴守粲晃元让、成阳令管遵君台遣大掾辅助以成。其说感赤龙而生尧，则本《春秋合诚图》，谓庆都生于斗维之野，常在三河东南，天大雷电，则血流润大石之中，生庆都，为黄云覆盖，蔑食不饥。许慎尝为之论曰：尧亲庆都盖天帝之女，寄伊长孺家，年二十九，无夫，出观于河，有赤龙负图而至。日赤龙受天之图，有人赤衣，光面八采，鬓髯长赤，命帝起城元宝，及生尧，视如图，故眉有八采之色。以《帝王世纪》考之，尧为帝喾子，则岂为无父。汉人尚谶纬，其论每若此。彼以汉高祖为雷电感大泽中以生，则追叙尧事相配，且为尧之后。虽帝王之兴，必有祯祥，不应怪诡至此。刘焯尝谓《左氏》称：在夏谓陶唐氏，其处为刘氏，非鲁史本文，乃汉儒欲其传，特为此语，以汉出尧后。独尧，左氏为有明文，以此求重于世。孔颖达特信其说。观此碑所录，与许慎立论，则焯之说有所推考之矣。昔皇甫谧以毂城为阳城，而碑作成阳，《集古录》以碑为正。余按，成阳本成伯国地，记谓在濮州雷泽。《述征记》曰："成阳东南有尧冢"，则成阳惟谧为误，他书皆得证之。延光四年书祠唐尧于成阳，古未尝乱也。

【流传】(无考)

【出处】[宋]董逌：《广川书跋·庆都碑》。

汉　族 尧的母亲庆都不知生身父母是谁，人们传说是天上大帝的女儿。

【流传】河北省·保定市·望都县

【出处】韩增寿采录：《尧母的传说·天帝之女》，见中国民间文艺家协会组织编写，罗杨总主编，吴从志本卷主编《中国民间故事丛书》(河北省·保定市·望都县卷)，北京：知识产权出版社 2016 年版，第 11 ～ 13 页。

WTY052.4.2.4

尧母庆都出生于制陶世家

实　例

汉　族 尧的母亲庆都的娘家——陈锋氏族是制陶世家，于是庆都就把放勋送到陈锋氏族学制陶。

【流传】河北省·保定市·唐县[采录地点：唐县峪山庄]

【出处】韩增寿(56 岁，唐县峪山庄村人，干部)采录：《唐尧传说·学艺》(2008.07)，见中国民间文艺家协会组织编写，罗杨总主编，韩海山本卷主编《中国民间故事丛书》(河北省·保定市·唐县卷)，北京：知识产权出版社 2016 年版，第 7 ～ 11 页。

WTY052.4.2.5

尧母庆都为炎帝族后裔

实　例

汉　族 帝喾之妻陈锋氏名庆都，生尧，传说庆都为炎帝族之后裔。

【流传】(无考)

【出处】《史籍记载的尧舜源流与功绩》，见赵大勇、赵随意著《尧都平阳与尧舜禹》，太原：山西古籍出版社 1999 年版，第 3 ～ 4 页。

汉　族 者，姜姓国名，炎帝之先自伊徙耆，故早伊耆氏。伊即帝尧母家，耆即文王所伐，皆炎帝支庶之封，使守桃宗邑者也。

【**流传**】（山西省・长治市）

【**出处**】雷学淇：《竹书纪年义证》，转引自马志生主编，吴天昌、贺真和副主编《炎帝文化——上党二十年研究集锦》，北京：大众文艺出版社 2007 年版，第 69 页。

WTY052.4.2.6

尧母庆都是临汾伊村人

实　例

汉　族 尧的母亲庆都是临汾伊村人，尧从小聪明伶俐，才智过人。

【**流传**】（山西省・运城市・盐湖区・鸣条）

【**出处**】相水虎主编：《鸣条尧舜禹关四圣出巡古庙会》运城市盐湖区鸣条二月二古庙会文化活动中心内部交流本，2016 年，第 3 页。

WTY052.4.2.7

尧母为炎族人陈锋氏

实　例

汉　族 庆都属陈锋氏族。她小时候没有父母亲，跟养父伊长孺生活，长大后被帝喾看中，接到宫中纳为妃子。因感赤龙生尧。

【**流传**】河北省・保定市・望都县

【**出处**】韩增寿采录：《赤龙感孕》，见中国民间文艺家协会组织编写，罗杨总主编，吴从志本卷主编《中国民间故事丛书》（河北省・保定市・望都县卷），北京：知识产权出版社 2016 年版，第 3 ～ 5 页。

汉　族 帝尧是帝喾的小儿子，母为炎族人陈锋氏。

【**流传**】（无考）

【**出处**】《史籍记载的尧舜源流与功绩》，见赵大勇、赵随意著《尧都平阳与尧舜禹》，太原：山西古籍出版社 1999 年版，第 2 页。

WTY052.4.3

尧与母亲的关系

【**关联**】［WTY031.6.2］尧受教育

实　例

汉　族 尧的母亲庆都娘娘是个制陶能手，一面帮助尧学习和研究制陶技术，培育尧王勤劳俭朴习性，一面教育尧树德立志，她教导尧王，有志男儿，志在天下。

【**流传**】山西省・运城市・绛县・古绛镇・尧寓村

【**出处**】范红霞、任兴舜：《庆都娘娘传奇》，见田茂忠、申建华主编《尧王故里》，山西省绛县尧文化研究会编印，2009 年，第 106 ～ 107 页。

WTY052.4.4

与尧母有关的其他母题

实　例

（参见下级母题实例）

WTY052.4.4.1
与尧母有关的命名

实 例

（参见下级母题实例）

WTY052.4.4.1.1
与尧母有关的山名

实 例

（参见下级母题实例）

WTY052.4.4.1.1.1
庆都山

实 例

（参见下级母题实例）

WTY052.4.4.1.1.1.1
庆都山以尧的母亲庆都命名

实 例

中华民族 “尧”字的本义是“高”。尧的母亲庆都所居之地称为庆都，后世屡次改名异界，今名望都县。唐县境内还有以尧母命名的庆都山。

【流传】（河北省望都县）

【出处】杨秀敏、牛云平：《先周时期河北文化刍议》，载《河北师范大学学报（哲学社会科学版）》2013 年第 6 期。

WTY052.4.4.1.1.1.2
庆都山是尧母生尧处

实 例

汉 族 帝喾听说妃子庆都生子后非常高兴，因为孩子出生在遥远的唐地，便给孩子取了个名字叫尧。后来，人们把庆都生尧的黑龙山改名为庆都山。

【流传】河北省 · 保定市 · 唐县［采录地点：唐尧文化研究会］

【出处】王贵全（78 岁，农民）、刘福生（80 岁，农民）讲，王立子（59 岁，唐县旅游局原副局长）记录：《唐尧传说 · 出世》（2008），见中国民间文艺家协会组织编写，罗杨总主编，韩海山本卷主编《中国民间故事丛书》（河北省 · 保定市 · 唐县卷），北京：知识产权出版社 2016 年版，第 3 ～ 5 页。

WTY052.4.4.1.1.2
四楞山

实 例

（参见下级母题实例）

WTY052.4.4.1.1.2.1
四楞山是尧母望夫处

实 例

汉 族 尧寓村东有一个又圆又高的青石山，叫四楞山，据说当年尧母经常站在上面瞭望，等待丈夫帝喾的归来。

【流传】山西省·运城市·绛县·古绛镇·尧寓村

【出处】刘玉栋:《帝尧溯源》,原载《古绛春秋》,北京:长征出版社 2007 年版,见田茂忠、申建华主编《尧王故里》,山西省绛县尧文化研究会编印,2009 年,第 49 页。

WTY052.4.4.2
与尧母有关的建筑

实 例

(参见下级母题实例)

WTY052.4.4.2.1
与尧母有关的庙

实 例

(参见下级母题实例)

WTY052.4.4.2.1.1
庆都娘娘庙

实 例

汉 族 (尧的母亲)庆都以超人的智慧和才能,帮助帝喾和尧王治理天下的功绩,乐于助人、和睦邻里的美德,虽是千古传说,却牢牢扎根于村民心灵,人们感恩戴德,建庙祭祀,人们供以香火,经久不熄,庆都被人们尊称为圣母。

【流传】山西省·运城市·绛县

【出处】任兴舜:《庆都圣母庙》,见田茂忠、申建华主编《尧王故里》,山西省绛县尧文化研究会编印,2009 年,第 233 页。

WTY052.4.4.2.1.1.1
庆都娘娘庙香火旺盛

实 例

汉 族 尧的母亲庆都娘娘高尚的品行,出众的智慧才能,仁慈的心肠深受世人称颂。人们为了纪念这一仁慈的圣母,在村里建起了庆都娘娘庙,经常祭祀。悠悠岁月越千年,庆都庙里有求子女的,有求平安的,世代相传,香火不断。

【流传】山西省·运城市·绛县·古绛镇·尧寓村

【出处】范红霞、任兴舜:《庆都娘娘传奇》,见田茂忠、申建华主编《尧王故里》,山西省绛县尧文化研究会编印,2009 年,第 106 ～ 107 页。

WTY052.4.4.2.1.1.2
后世为圣母庆都修建庙宇

实 例

汉 族 (尧的母亲)圣母庆都去世后,人们在尧寓村为她镌塑金身,修建了庙宇。

【流传】山西省·运城市·绛县

【出处】田承露:《宽慈匹地圣母庙》,见田茂忠、申建华主编《尧王故里》,山西省绛县尧文化研究会编印,2009 年,第 234 页。

WTY052.4.4.2.1.2
尧母庙

实 例

(参见下级母题实例)

WTY052.4.4.2.1.2.1
尧母庙毗邻尧母陵

实 例

中华民族 《水经注》:“成阳城西二里有尧陵，陵南一里有尧母陵，皆立庙。”

【流传】(曹州府)

【出处】《清一统志・曹州府》。

WTY052.4.4.2.1.2.2
望都东羌的尧母庙

实 例

汉 族 尧帝和尧母都很心疼百姓们，尧母常给人们治病，后来尧母死在望都县，人们为了纪念她就给她修了一个庙，就是当今望都东羌的尧母庙。

【流传】河北省・保定市・顺平县

【出处】程双宝采录:《二月十五尧帝庙》，见中国民间文艺家协会组织编写，罗杨总主编，甄会龙本卷主编《中国民间故事丛书》(河北省・保定市・顺平卷)，北京:知识产权出版社2016年版，第5～6页。

WTY052.4.4.2.1.3
尧母灵台庙

实 例

(参见下级母题实例)

WTY052.4.4.2.1.3.1
尧母灵台庙在本州岛雷泽县东穀林山

实 例

中华民族 宋神宗熙宁元年知濮州韩铎言:尧陵在本州岛雷泽县东穀林山，陵南有尧母灵台庙，请敕本州致祭置守陵户，俾奉洒扫。诏给守陵五户，则尧陵有确据矣。

【流传】(曹州府)

【出处】《清一统志・曹州府》。

WTY052.4.4.3
与尧母有关的事迹

实 例

(参见下级母题实例)

WTY052.4.4.3.1
尧母与帝喾成婚，婚后辅佐帝喾成就大事业

实 例

汉 族 (尧的母亲)庆都与帝喾成婚后，两人共商天下大事，给帝喾出了许多神奇的妙计和主意，帮帝喾当了部落首领，成就了一番大事业，为人民做了许多好事。

【流传】山西省・运城市・绛县

【出处】任兴舜:《庆都圣母庙》，见田茂忠、申建华主编《尧王故里》，山西省绛县尧文化研究会编印，2009年，第232～233页。

汉 族 庆都(尧的母亲)与帝喾成婚之后，给帝喾出了许多好主意，帮帝喾成就了一番大事业。

【流传】山西省・运城市・绛县・古绛镇・尧寓村

【出处】范红霞、任兴舜：《庆都娘娘传奇》，见田茂忠、申建华主编《尧王故里》，山西省绛县尧文化研究会编印，2009 年，第 106 ～ 107 页。

WTY052.4.4.3.2

尧母常给百姓治病

实 例

汉 族 尧帝和尧母都很心疼百姓们，尧母常给人们治病，后来尧母死在望都县。

【流传】河北省 · 保定市 · 顺平县

【出处】程双宝采录：《二月十五尧帝庙》，见中国民间文艺家协会组织编写，罗杨总主编，甄会龙本卷主编《中国民间故事丛书》（河北省 · 保定市 · 顺平卷），北京：知识产权出版社 2016 年版，第 5 ～ 6 页。

WTY052.4.4.3.3

尧母成仙

实 例

（参见下级母题实例）

WTY052.4.4.3.3.1

尧母得法，乘龙而仙

实 例

汉 族 尧时有老母，以蓝染为业，后得九转丹砂法，乘九色龙而仙。

【流传】（无考）

【出处】（a）［汉］王烈：《蟠桃记》。（b）《太姥山》，见袁珂《中国神话大词典》，北京：华夏出版社 2015 年版，第 52 页。

WTY052.4.4.3.4

尧母以蓝染为业

实 例

汉 族 尧时有老母，以蓝染为业。

【流传】（无考）

【出处】（a）［汉］王烈：《蟠桃记》。（b）《太姥山》，见袁珂《中国神话大词典》，北京：华夏出版社 2015 年版，第 52 页。

WTY052.4.4.3.5

尧母庆都学治病

实 例

汉 族 庆都和尧母子二人在逃荒途中，走到一个村子。庆都向老人学习了三年，学会了老人所教的内、外、妇科治病及采药制药技术。庆都心思灵巧，悟性很高，还在治病过程中创造了很多新的技术和配方。

【流传】河北省 · 保定市 · 望都县

【出处】韩增寿采录：《尧母的传说 · 施医救人》，见中国民间文艺家协会组织编写，罗杨总主编，吴从志本卷主编《中国民间故事丛书》（河北省 · 保定市 · 望都县卷），北京：知识产权出版社 2016 年版，第 24 ～ 25 页。

WTY052.4.4.3.6

尧母庆都善制陶

实 例

汉 族 尧的母亲庆都娘娘是个制陶能手，

一面帮助尧学习和研究制陶技术，培育尧王勤劳俭朴习性，一面教育尧树德立志，她教导尧王，有志男儿，志在天下。

【流传】山西省·运城市·绛县·古绛镇·尧寓村

【出处】范红霞、任兴舜:《庆都娘娘传奇》，见田茂忠、申建华主编《尧王故里》，山西省绛县尧文化研究会编印，2009年，第106～107页。

WTY052.4.4.4

与尧母相关的评价

实　例

（参见下级母题实例）

WTY052.4.4.4.1

尧母庆都天资聪明，才华过人

实　例

汉　族 庆都乃上天仙女，转生人间，后神龙感受，青龙投胎，怀十四个月生尧，教化民众，治理天下。庆都天资聪明，才华过人，智慧出众，品德高尚。

【流传】山西省·运城市·绛县

【出处】任兴舜:《庆都圣母庙》，见田茂忠、申建华主编《尧王故里》，山西省绛县尧文化研究会编印，2009年，第232页。

WTY052.4.4.4.2

尧母庆都乐于助人，和睦邻里

实　例

汉　族（尧的母亲）庆都以超人的智慧和才能，帮助帝喾和尧王治理天下的功绩，乐于助人、和睦邻里的美德，虽是千古传说，却牢牢扎根于村民心灵，人们感恩戴德，建庙祭祀，人们供以香火，经久不熄，庆都被人们尊称为圣母。

【流传】山西省·运城市·绛县

【出处】任兴舜:《庆都圣母庙》，见田茂忠、申建华主编《尧王故里》，山西省绛县尧文化研究会编印，2009年，第233页。

WTY052.4.4.4.3

后世称尧母庆都为“圣母娘娘”

实　例

汉　族（尧的母亲）庆都以超人的智慧和才能，帮助帝喾和尧王治理天下的功绩，乐于助人、和睦邻里的美德，虽是千古传说，却牢牢扎根于村民心灵，人们感恩戴德，建庙祭祀，人们供以香火，经久不熄，庆都被人们尊称为圣母。

【流传】山西省·运城市·绛县

【出处】任兴舜:《庆都圣母庙》，见田茂忠、申建华主编《尧王故里》，山西省绛县尧文化研究会编印，2009年，第233页。

WTY052.4.4.4.4

尧母品德高尚

实　例

汉　族 庆都是部落首领陈锋氏的女儿，生得天资聪明，智慧过人，美貌而不娇气，大方而不傲气，且素有教养，品德高尚。

【流传】山西省·运城市·绛县·古绛镇·尧寓村

【出处】范红霞、任兴舜：《庆都娘娘传奇》，见田茂忠、申建华主编《尧王故里》，山西省绛县尧文化研究会编印，2009年，第106～107页。

WTY052.4.4.5
尧母的死亡与埋葬

实 例

（参见下级母题实例）

WTY052.4.4.5.1
尧母的死亡

实 例

（参见下级母题实例）

WTY052.4.4.5.1.1
尧母的死亡地点

实 例

（参见下级母题实例）

WTY052.4.4.5.1.1.1
尧母死在望都县

实 例

汉 族 尧帝和尧母都很心疼百姓们，尧母常给人们治病，后来尧母死在望都县。

【流传】河北省·保定市·顺平县

【出处】程双宝采录：《二月十五尧帝庙》，见中国民间文艺家协会组织编写，罗杨总主编，甄会龙本卷主编《中国民间故事丛书》(河北省·保定市·顺平卷)，北京：知识产权出版社2016年版，第5～6页。

WTY052.4.4.5.2
尧母的埋葬

实 例

（参见下级母题实例）

WTY052.4.4.5.2.1
尧母的埋葬地点

实 例

（参见下级母题实例）

WTY052.4.4.5.2.1.1
尧母冢在濮州雷泽县

实 例

中华民族 尧母冢在濮州雷泽县，有碑，余得而考之，盖建宁五年廷尉臣仲定所建，济阴守家晃元让、成阳令管遵君台遣大掾辅助以成。其说感赤龙而生尧，则本《春秋合诚图》，谓庆都生于斗维之野，常在三河东南，天大雷电，则血流润大石之中，生庆都，为黄云覆盖，蔑食不饥。许慎尝为之论曰：尧亲庆都盖天帝之女，寄伊长孺家，年二十九，无夫，出观于河，有赤龙负图而至。曰赤龙受天之图，有人赤衣，光面八采，鬓髯长赤，命帝起城元宝，及生尧，视如图，故眉有八采之色。以《帝王世纪》考之，尧为帝喾子，则岂为无父。汉人尚谶纬，其论每若此。彼以汉高祖为雷电感大泽中以生，则追叙尧事相配，且为尧之后。虽帝王之兴，必有祯祥，不应怪诡至此。刘焯尝谓《左氏》称：在夏谓陶唐氏，其处为刘氏，非鲁史本文，乃汉儒欲其传，特为此语，以汉出尧后。独尧，左氏为有明文，以此求重于世。孔颖达特信其说。观此碑所录，与许慎立论，则焯之说有所推考之矣。昔皇甫谧以穀城为阳城，而碑作成阳，《集古录》以碑为正。余按，成阳本成伯国地，记谓在濮州雷泽。《述征记》曰："成阳东南有尧冢"，则成阳惟谧为误，他书皆得证之。延光四年书祠唐尧于成阳，古未尝乱也。

【流传】（无考）

【出处】［宋］董逌：《广川书跋·庆都碑》。

WTY052.4.4.5.2.1.2

尧母陵在尧陵南一里

实 例

中华民族 《水经注》："成阳城西二里有尧陵，陵南一里有尧母陵，皆立庙。"

【流传】（曹州府）

【出处】《清一统志·曹州府》。

WTY052.5

尧的叔父

实 例

（实例待考）

WTY052.6

尧的姑母

实 例

（实例待考）

WTY052.7

尧的其他父母辈关系

实 例

（参见下级母题实例）

WTY052.7.1

尧的岳父

实 例

（参见下级母题实例）

WTY052.7.1.1

尧的岳父焦变

实 例

（参见下级母题实例）

WTY052.7.1.1.1

尧的岳父焦变识别草药

实 例

中华民族 鹿女（尧后来的妻子）告诉尧道："我父焦变，善识别草药，父女以采药为生。"

【流传】（山西省）

【出处】中国先秦史学会尧舜禹文化研究基地编，叶雨青、张培莲著：《尧舜传》第八章"鹿女救尧回洞府，尧入洞房结良缘"，太原：山西出版集团·山西春秋电子音像出版社2008年版，第52页。

WTY052.7.1.2
尧的岳父是国王

实 例

（参见下级母题实例）

WTY052.7.1.2.1
尧的岳父是凤凰岭老国王

实 例

汉 族 凤凰岭的老国王只有九女九凤姑仍待闺中。他掐指一算，九凤姑与尧王有缘，尧王是真龙下凡，女儿是凤凰之身，龙凤配是世界上最佳姻缘，他今天算着女婿要来，便早早守候在这里，想考考女婿是否真心。

【流传】山西省·运城市·绛县

【出处】宋玉秀：《九凤姑》，见田茂忠、申建华主编《尧王故里》，山西省绛县尧文化研究会编印，2009 年，第 121 ～ 123 页。

WTY052.7.2
尧的姨母

实 例

（参见下级母题实例）

WTY052.7.2.1
尧的姨母庆莫

实 例

汉 族 十三岁那年，尧随母亲去姨妈庆莫家探亲。姨父姨母都很热情地招待他们。

【流传】山西省·运城市·绛县

【出处】宋玉秀：《制陶》，见田茂忠、申建华主编《尧王故里》，山西省绛县尧文化研究会编印，2009 年，第 95 ～ 96 页。

WTY052.8
与尧的父母有关的其他母题

实 例

（实例待考）

WTY053
尧的兄弟姐妹

实 例

（参见下级母题实例）

WTY053.1
尧的兄弟姐妹的产生

实 例

中华民族 （参见“WTY053.3.1.1.2 挚是尧同父异母的兄弟”母题实例）

WTY053.2
尧的兄弟姐妹的情况

实 例

中华民族 （参见“WTY053.3.1.1.2 挚是尧同父异母的兄弟”母题实例）

WTY053.3
尧的兄弟

实 例

（参见下级母题实例）

WTY053.3.1

尧的兄长

实 例

（参见下级母题实例）

WTY053.3.1.1

尧的兄长挚

实 例

（参见下级母题实例）

WTY053.3.1.1.1

兄长挚赐尧封地

实 例

汉 族 放勋 15 岁时，兄帝挚要把弟弟出生的唐地封给他。

【流传】河北省・保定市・唐县［采录地点：唐县丹凤山下］

【出处】贾泉河（86 岁，唐县北店头村人，河北大学原副校长）讲，韩海山（65 岁，唐县南高和村人，唐县人大常委会原副主任）记录：《唐尧传说・受封》(2009.05)，见中国民间文艺家协会组织编写，罗杨总主编，韩海山本卷主编《中国民间故事丛书》(河北省・保定市・唐县卷)，北京：知识产权出版社 2016 年版，第 11 ～ 13 页。

WTY053.3.1.1.2

挚是尧同父异母的兄弟

实 例

中华民族 帝喾卜其四妃之子而皆有天下，上妃有邰氏之女也，曰姜嫄氏，产后稷；次妃有娀氏之女也，曰简狄氏，产契；次妃陈锋氏之女也，曰庆都氏，产帝尧；次妃訾陬氏之女也，曰常仪氏，产帝挚。

【流传】（无考）

【出处】［西汉］戴德：《礼记・帝系》。

WTY053.3.1.1.3

兄挚封尧

实 例

（参见下级母题实例）

WTY053.3.1.1.3.1

兄挚封尧为唐侯

实 例

中华民族 挚继位的第五年，封弟放勋为唐侯。第八年又将放勋改封为陶侯。

【流传】（无考）

【出处】杨东晨：《华夏始祖：尧舜禹时代》"二、帝尧的伟业篇"，西安：三秦出版社 2007 年版，第 20 页。

WTY053.3.1.1.3.2

兄挚封尧为陶侯

实 例

中华民族 挚继位的第五年，封弟放勋为唐侯。第八年又将放勋改封为陶侯。

【流传】（无考）

【出处】杨东晨：《华夏始祖：尧舜禹时代》"二、帝尧的伟业篇"，西安：三秦出版社 2007 年版，第 20 页。

WTY053.3.1.1.4

尧辅佐兄挚

实 例

中华民族 尧十余岁时，初封于陶，后受封于唐地为唐侯，以辅佐兄长挚。

【流传】（无考）

【出处】《尧·孝慈仁敬》，见卢静《尧舜禹》，北京：中华书局 2019 年版，第 4 页。

WTY053.3.2

尧的弟弟

实 例

（参见下级母题实例）

WTY053.3.2.1

尧的弟弟后稷

实 例

（参见下级母题实例）

WTY053.3.2.1.1

后稷是尧的异母弟

实 例

中华民族 帝喾卜其四妃之子而皆有天下，上妃有邰氏之女也，曰姜嫄氏，产后稷；次妃有娀氏之女也，曰简狄氏，产契；次妃陈锋氏之女也，曰庆都氏，产帝尧；次妃訾陬氏之女也，曰常仪氏，产帝挚。

【流传】（无考）

【出处】［西汉］戴德：《礼记·帝系》。

汉 族 “后稷，又名弃”，尧之异母弟。尧舜时的农官。

【流传】（山西省）

【出处】《尧舜时期的传说故事·教民稼穑》，见赵大勇、赵随意著《尧都平阳与尧舜禹》，太原：山西古籍出版社 1999 年版，第 108 页。

WTY053.3.2.1.1.1

后稷志向高远

实 例

汉 族 后稷同尧是一父异母兄弟，小时候就有远大的志向。

【流传】山西省·运城市·绛县

【出处】韩生泉：《招良纳贤》，见田茂忠、申建华主编《尧王故里》，山西省绛县尧文化研究会编印，2009 年，第 214 页。

WTY053.3.2.2

尧的弟弟契

实 例

（参见下级母题实例）

WTY053.3.2.2.1

契是尧的异母弟

实 例

中华民族 帝喾卜其四妃之子而皆有天下，上妃有邰氏之女也，曰姜嫄氏，产后稷；次妃有娀氏之女也，曰简狄氏，产契；次妃陈锋氏之女也，曰庆都氏，产帝尧；

次妃訾陬氏之女也，曰常仪氏，产帝挚。

【流传】(无考)

【出处】[西汉]戴德:《礼记·帝系》。

WTY053.4

尧的姐妹

实 例

(实例待考)

WTY053.4.1

尧的姐姐

实 例

(实例待考)

WTY053.4.2

尧的妹妹

实 例

(实例待考)

WTY053.5

尧兄弟姐妹的关系人

实 例

(实例待考)

WTY053.6

尧兄弟姐妹的事迹

实 例

中华民族 (参见“WTY053.3.1.1.4 尧辅佐兄挚”母题实例)

WTY053.7

与尧兄弟姐妹有关的其他母题

实 例

(实例待考)

WTY054

尧的妻子(尧的配偶;尧的婚姻)

实 例

(参见下级母题实例)

WTY054.1

尧婚姻的产生

实 例

(参见下级母题实例)

WTY054.1.1

尧娶散宜氏(富宜氏、女皇、娥氏)为妻

【关联】[WTY054.8.1.1]尧妻散宜氏，谓之“女皇”

实 例

中华民族 尧娶散宜氏之子，谓之女皇。

【流传】(山西省)

【出处】[先秦]史官修撰:《世本·帝系篇》。

中华民族 帝尧娶于散宜氏之子，谓之女皇氏。

【流传】(无考)

【出处】[西汉]戴德:《礼记·帝系》。

中华民族 尧取富宜氏女，曰女皇。

【流传】(无考)

【出处】[唐]《艺文类聚》引《帝王世纪》。

中华民族 帝初取富宜氏曰皇，生朱。

【流传】(无考)

【出处】[宋]罗泌:《路史后纪》十一。

中华民族 尧娶散宜氏子，谓之女皇。

【流传】(无考)

【出处】[宋]李昉、李穆、徐铉等:《太平御览》卷一三五引《世本》。

中华民族 《大戴礼·帝系》云:"帝尧娶于散宜氏之子，谓之女皇氏。"宜与仪通，是常羲、常仪、常娥、常宜古皆可通。然则尧妻称女皇氏，亦称宜氏。宜氏即羲氏，羲、娥古通，亦可谓之娥氏。

【流传】(无考)

【出处】郭世谦:《古史传说考》(一、唐虞猛兽图腾集团)，天津：天津出版传媒集团·天津古籍出版社 2019 年版，第 40 页。

中华民族 尧对散宜氏道:"那时小小的毛丫头就知道嫁人了。你既然愿意，我让方回将你父母接到平阳，找一个宅子住下，你也搬过去，从平阳迎娶进宫。"

【流传】(山西省)

【出处】中国先秦史学会尧舜禹文化研究基地编，叶雨青、张培莲著:《尧舜传》第十六章"设诽谤木尧娶散宜，万邦协和欢庆升平"，太原：山西出版集团·山西春秋电子音像出版社 2008 年版，第 97 页。

汉　族 尧后娶散宜氏为妻，生儿子丹朱。

【流传】(山西省平阳)

【出处】《尧舜时期的传说故事·尧山》，见赵大勇、赵随意著《尧都平阳与尧舜禹》，太原：山西古籍出版社 1999 年版，第 99 页。

汉　族 丹朱是尧的长子，尧娶了散宜氏的姑娘名叫女皇，生了丹朱。

【流传】山西省·运城市·绛县

【出处】韩生泉:《大义灭亲》，见田茂忠、申建华主编《尧王故里》，山西省绛县尧文化研究会编印，2009 年，第 124 ~ 126 页。

汉　族 尧封为唐侯以后，娶了散宜氏的女儿女皇为妻。

【流传】河北省·保定市·唐县[采录地点：唐尧文化研究会]

【出处】赵喜林采录:《唐尧传说·教子》(2009.06)，见中国民间文艺家协会组织编写，罗杨总主编，韩海山本卷主编《中国民间故事丛书》(河北省·保定市·唐县卷)，北京：知识产权出版社 2016 年版，第 22 ~ 24 页。

WTY054.1.1a

尧封侯后娶女皇为妻

实　例

汉　族 尧封为唐侯以后，娶了散宜氏的女儿女皇为妻，不长时间，便生了一个小子，取名叫丹朱。

【流传】河北省·保定市·唐县［采录地点：唐尧文化研究会］

【出处】赵喜林采录：《*尧教子》(2009.06)，见中国民间文艺家协会组织编写，罗杨总主编，韩海山本卷主编《中国民间故事丛书》(河北省·保定市·唐县卷)，北京：知识产权出版社2016年版，第22～24页。

WTY054.1.2

尧娶妻子鹿仙女

实 例

中华民族 天帝惩罚尧的妻子鹿仙女，让她与帝尧割断尘缘。鹿仙女无奈，从此隐居深山。

【流传】(无考)

【出处】《尧·击壤之歌》，见卢静《尧舜禹》，北京：中华书局2019年版，第23页。

汉 族 尧王想起了丹朱的生母鹿仙女，又看到从未谋面的儿媳，就原谅了叛逆的儿子丹朱。

【流传】山西省·运城市·绛县

【出处】宋玉秀：《丹朱三拜尧王》，见田茂忠、申建华主编《尧王故里》，山西省绛县尧文化研究会编印，2009年，第157～160页。

WTY054.1.2.1

尧与鹿仙女私订终身

实 例

汉 族 一天，尧忽遇一女，手持火种，天色绝人。尧因勤于部族之业，无心留意儿女之情。当晚回到平阳寝宫，做了一梦，梦女向他求婚，言白昼相遇，一见钟情，愿与尧同结芳心，共扶帝业。尧醒后十分惊喜。传说此女是焦变的女儿，名鹿仙女。焦变是个勤劳的农民，居住在城北的焦堡村，鹿仙女勤劳好学，善于用火烧制各种器具。后来，两人相识之后心投意合，当天鹿仙女就和尧帝订了终身。

【流传】(山西省)

【出处】《尧舜时期的传说故事·仙洞成婚》，见赵大勇、赵随意著《尧都平阳与尧舜禹》，太原：山西古籍出版社1999年版，第111页。

WTY054.1.2a

尧与鹿女婚

实 例

(参见下级母题实例)

WTY054.1.2a.1

鹿女跪求许身于尧

实 例

中华民族 鹿女跪在尧面前道："鹿女父母双亡，在此居住也不是长久之计，今日有缘遇到陶唐都长大人，鹿女愿意嫁给大人，望大人不要嫌弃小女子出身寒微。"

【流传】(山西省)

【出处】中国先秦史学会尧舜禹文化研究基地编，叶雨青、张培莲著：《尧舜传》第八章"鹿女救尧回洞府，尧入洞房结良缘”，太原：山西出版集团·山西春秋电子音像出版社 2008 年版，第 53 页。

WTY054.1.3

尧娶妻子尧娘

实 例

汉 族 尧王八十多了，想让位。他媳妇尧娘说：“咱的江山，还得叫咱儿子丹朱来继承你的王位。”

【**流传**】河南省·（濮阳市）·范县［采录地点：范县·王楼乡］

【**出处**】崔金甲（男，65 岁，农民，不识字）讲，崔金钊采录：《尧王访贤（一）》（1989.10.22），见张振犁编著，孟宪明、朱淑君统纂《中原神话通鉴》（第三卷），郑州：河南大学出版社 2017 年版，第 986 页。

WTY054.1.4

尧娶九凤姑（凤凰）为妻

实 例

汉 族 老妇人拉过身边的九凤姑（凤凰）对尧说：“年轻人，好样的，我已算过了，你和九凤姑今生有缘，我已在此等候多日，去吧，九凤姑会帮你实现自己的诺言，你的领地将从此风调雨顺，你的百姓也将衣食无忧。”九凤姑嫁给了尧王，果然，那一带年年风调雨顺，百姓安居乐业。

【**流传**】山西省·运城市·绛县

【**出处**】宋玉秀：《九凤姑》，见田茂忠、申建华主编《尧王故里》，山西省绛县尧文化研究会编印，2009 年，第 121 ～ 123 页。

WTY054.2

尧婚姻的背景

实 例

（参见下级母题实例）

WTY054.2.1

鹿仙女欲辅尧治国，尧遂婚之

实 例

中华民族 鹿仙女说她常骑黑龙去后沟的龙须瀑沐浴戏水，沉浸于自然，喜欢自由自在的生活；但自从见到尧后，打心眼里钦佩他匡扶天下的大志，愿扶助他光大鸿业。帝尧十分欣喜，二人遂订立婚约。

【**流传**】（无考）

【**出处**】《尧·击壤之歌》，见卢静《尧舜禹》，北京：中华书局 2019 年版，第 22 页。

WTY054.3

尧婚姻的帮助者

实 例

（实例待考）

WTY054.4

尧特定的婚姻

实 例

中华民族 （参见“WTY054.1 尧婚姻的产生”母题实例）

WTY054.5
尧成婚的情形

实 例

（参见下级母题实例）

WTY054.5.1
尧成婚日，九都来贺，礼品精致

实 例

中华民族 尧结婚的消息传遍部落境内，结婚那天，九个都都来贺喜。陶都代表方回先到，施礼："陶都 1130 个家邦恭贺尧王新婚大喜！"主礼官道："陶都贺喜礼器：陶龙盘一个，各种生活用具精制陶器 20 件。"

【流传】（山西省）

【出处】中国先秦史学会尧舜禹文化研究基地编，叶雨青、张培莲著：《尧舜传》第十六章"设诽谤木尧娶散宜，万邦协和欢庆升平"，太原：山西出版集团・山西春秋电子音像出版社 2008 年版，第 97 页。

WTY054.5.2
尧与鹿女成婚的情形

实 例

（参见下级母题实例）

WTY054.5.2.1
尧与鹿女成婚摆放供品，三叩祭拜

实 例

中华民族 鹿女在山洞中央放了两个蒲团，又在前面松油灯下摆放了白天采的一束鲜花，对尧道："郎君先跪在这儿，对天地和父母告知今日与我结婚之事，然后我们再拜天地。"尧跪在左侧蒲团，面朝山洞顶道："苍天在上，先亡父母在天亡灵在上，伊放勋今夜愿与鹿女结为夫妻，永不反悔，此心天地可鉴。"然后，恭恭敬敬地给天帝地母叩头，给先亡父母叩头。鹿女与尧拜了天地，再拜父母，最后夫妻自拜。

【流传】（山西省）

【出处】中国先秦史学会尧舜禹文化研究基地编，叶雨青、张培莲著：《尧舜传》第八章"鹿女救尧回洞府，尧入洞房结良缘"，太原：山西出版集团・山西春秋电子音像出版社 2008 年版，第 54 页。

WTY054.5.2.2
尧与鹿女婚，烛光数丈高

实 例

汉 族 不久选择喜日，尧和天鹿仙女在姑射山仙洞沟举行了婚礼，婚礼那天，蜡烛峰上数丈高的灯火照得整个仙洞沟如同白昼。

【流传】（山西省）

【出处】《尧舜时期的传说故事・仙洞成婚》，见赵大勇、赵随意著《尧都平阳与尧舜禹》，太原：山西古籍出版社 1999 年版，第 111 页。

WTY054.6
尧的婚姻生活

实 例

（参见下级母题实例）

WTY054.6.1

尧婚后操劳国事，体察民情

实 例

汉 族 尧王娶了散宜氏为妻、婚后，两人恩恩爱爱，尧王整天操劳国事，不时出巡，体察民间疾苦。

【流传】山西省·运城市·绛县

【出处】宋玉秀：《娥皇与女英》，见田茂忠、申建华主编《尧王故里》，山西省绛县尧文化研究会编印，2009 年，第 188 页。

WTY054.6.2

尧体贴妻子

实 例

中华民族 尧端着药汤，用小木勺舀了点，在嘴唇边试过不烫，便一勺一勺将药喂给妻子鹿女服下。

【流传】（山西省）

【出处】中国先秦史学会尧舜禹文化研究基地编，叶雨青、张培莲著：《尧舜传》第十四章“散宜氏巧遇入宫，患疾病鹿女升天”，太原：山西出版集团·山西春秋电子音像出版社 2008 年版，第 86 页。

WTY054.7

尧婚姻的结果

实 例

（参见下级母题实例）

WTY054.7.1

尧婚姻美满

实 例

汉 族 尧王娶了散宜氏为妻、婚后，两人恩恩爱爱，尧王整天操劳国事，不时出巡，体察民间疾苦。

【流传】山西省·运城市·绛县

【出处】宋玉秀：《娥皇与女英》，见田茂忠、申建华主编《尧王故里》，山西省绛县尧文化研究会编印，2009 年，第 188 页。

WTY054.8

与尧婚姻有关的其他母题

实 例

（参见下级母题实例）

WTY054.8.1

尧特定名称的妻子

实 例

（参见下级母题实例）

WTY054.8.1.1

尧妻散宜氏，谓之“女皇”

实 例

汉 族 尧取散宜氏之子，谓之女皇。

【流传】（无考）

【出处】［先秦］史官修撰：《世本·帝系篇》。

汉 族 帝尧娶于散宜氏之子，谓之女皇氏。

【流传】（无考）

【出处】［西汉］戴德：《礼记 · 帝系》。

WTY054.8.1.2

尧之四妃——中山夫人

实 例

汉 族 咸阳城西二里有尧陵。陵东域西五十余步，中山夫人祠，尧妃也。

【流传】（无考）

【出处】［北魏］郦道元：《水经注 · 瓠子河》。

WTY054.8.1.3

尧妻"姚娘"

实 例

汉 族 尧知道治世的艰辛，到了晚年，就想找个合适的接班人。他老婆姚娘说，丹朱可以。丹朱是他们的儿子。

【流传】（中原一带）

【出处】《尧王选贤》，见孟宪明著《中原经典神话》，郑州：河南大学出版社 2016 年版，第 192 页。

WTY054.8.1.4

尧妻"九凤姑"

实 例

汉 族 老妇人拉过身边的九凤姑（凤凰）对尧说："年轻人，好样的，我已算过了，你和九凤姑今生有缘，我已在此等候多日，去吧，九凤姑会帮你实现自己的诺言，你的领地将从此风调雨顺，你的百姓也将衣食无忧。"九凤姑嫁给了尧王，果然，那一带年年风调雨顺，百姓安居乐业。

【流传】山西省 · 运城市 · 绛县

【出处】宋玉秀：《九凤姑》，见田茂忠、申建华主编《尧王故里》，山西省绛县尧文化研究会编印，2009 年，第 121 ～ 123 页。

WTY054.8.2

尧妻子的数量

实 例

（参见下级母题实例）

WTY054.8.2.1

尧有四妃

实 例

汉 族 中山夫人庙，在县西五十步。夫人即尧之四妃也。

【流传】（濮州雷泽）

【出处】［宋］乐史：《太平寰宇记》卷十四。

WTY054.8.3

与尧妻子有关的建筑

实 例

（参见下级母题实例）

WTY054.8.3.1

尧妃庙

实 例

（参见下级母题实例）

WTY054.8.3.1.1

中山夫人庙

实 例

（参见下级母题实例）

WTY054.8.3.1.1.1

中山夫人庙在濮州雷泽县西五十步

实 例

汉 族 中山夫人庙，在县西五十步。夫人即尧之四妃也。

【流传】（濮州雷泽县）

【出处】［宋］乐史：《太平寰宇记》卷十四。

WTY054.8.3.2

尧妃祠

实 例

（参见下级母题实例）

WTY054.8.3.2.1

中山夫人祠

实 例

（参见下级母题实例）

WTY054.8.3.2.1.1

中山夫人祠在咸阳城西二里尧陵东域西五十余步处

实 例

汉 族 咸阳城西二里有尧陵。陵东域西五十余步，中山夫人祠，尧妃也。

【流传】（无考）

【出处】［北魏］郦道元：《水经注 · 瓠子河》。

WTY055

尧的后代（尧子女；尧的子孙）

实 例

（参见下级母题实例）

WTY055.1

尧特定的子女

【关联】［WTY055.2.3］尧特定的儿子；［WTY055.3.2］尧特定的女儿

实 例

汉 族 ［参见“WTY055.2.1.1 尧与女皇（散宜氏）生儿子丹朱”母题实例］

WTY055.2

尧的儿子

实 例

（参见下级母题实例）

WTY055.2.1

尧的儿子的产生

实 例

（参见下级母题实例）

WTY055.2.1.1

尧与女皇（散宜氏）生儿子丹朱

实 例

汉 族 尧取散宜氏之子，谓之女皇，女皇

生丹朱。

【流传】（无考）

【出处】［先秦］史官修撰：《世本·帝系篇》。

汉 族 尧封为唐侯以后，娶了散宜氏的女儿女皇为妻。生的儿子取名叫丹朱。

【流传】河北省·保定市·唐县［采录地点：唐尧文化研究会］

【出处】赵喜林采录：《唐尧传说·教子》（2009.06），见中国民间文艺家协会组织编写，罗杨总主编，韩海山本卷主编《中国民间故事丛书》（河北省·保定市·唐县卷），北京：知识产权出版社2016年版，第22～24页。

汉 族 尧后娶散宜氏为妻，生儿子丹朱。

【流传】（山西省平阳）

【出处】《尧舜时期的传说故事·尧山》，见赵大勇、赵随意著《尧都平阳与尧舜禹》，太原：山西古籍出版社1999年版，第99页。

汉 族 丹朱是尧的长子，尧娶了散宜氏的姑娘名叫女皇，生了丹朱。

【流传】山西省·运城市·绛县

【出处】韩生泉：《大义灭亲》，见田茂忠、申建华主编《尧王故里》，山西省绛县尧文化研究会编印，2009年，第124～126页。

中华民族 尧的儿子丹朱，为散宜氏所生，一副不成才的样子。

【流传】（无考）

【出处】《尧·击壤之歌》，见卢静《尧舜禹》，北京：中华书局2019年版，第27页。

中华民族 《正义》引《帝王世纪》云："尧娶散宜氏女曰女皇，生丹朱。"

【流传】（无考）

【出处】张大可、朱枝富编著：《人文始祖黄帝》，北京：商务印书馆2018年版，第79页。

WTY055.2.1.2

尧娶富宜氏生朱

实 例

中华民族 帝初取富宜氏曰皇，生朱。

【流传】（无考）

【出处】［宋］罗泌：《路史·后纪十一》。

WTY055.2.2

尧的儿子的数量

实 例

（参见下级母题实例）

WTY055.2.2.1

尧无子

实 例

汉 族 尧王老了，跟前没有儿子，临终时，把大臣、皇后等人叫到跟前说："我死后，要让舜继承王位，你们一定要顺乎民意。"

【流传】河南省·（洛阳市）·宜阳县

【出处】王上清（50岁，农民）讲，王孟晓采录：《大舜耕田》（1986.08），见张振犁编著，孟宪明、朱淑君统纂《中原神话通鉴》(第三卷)，郑州：河南大学出版社2017年版，第1005页。

WTY055.2.2.2

尧有独子

实 例

汉 族 尧王只有一个儿子，叫麻。他瞎了一只眼，人们都叫他“单珠”。

【流传】中原一带

【出处】(a) 冯传海记录，张中增整理：《尧除“单珠”》，见张楚北编《中原神话》，郑州：海燕出版社1988年版。(b) 同(a)，见姚宝瑄主编《中国各民族神话》(汉族)，太原：山西出版传媒集团·书海出版社2014年版，第419 ~ 420页。

汉 族 尧王英明，单珠虽说是他的独生儿子，但他早知道单珠为人很坏。单珠的阴谋诡计咋能瞒过他的眼。

【流传】河南省·(濮阳市)·范县

【出处】冯传增采录，张中增采录整理：《尧除单珠》，见张振犁编著，孟宪明、朱淑君统纂《中原神话通鉴》(第三卷)，郑州：河南大学出版社2017年版，第974页。

WTY055.2.2.2.1

尧有独子麻

实 例

汉 族 尧王只有一个儿子，叫麻。

【流传】中原一带

【出处】(a) 冯传海记录，张中增整理：《尧除“单珠”》，见张楚北编《中原神话》，郑州：海燕出版社1988年版。(b) 同(a)，见姚宝瑄主编《中国各民族神话》(汉族)，太原：山西出版传媒集团·书海出版社2014年版，第419 ~ 420页。

汉 族 尧王只有一个儿子，叫麻。因为他瞎了一只眼睛，人们都叫他“单珠”。后来人们才叫他“丹珠”(也叫丹朱)。

【流传】(河南省)

【出处】冯传增记录，张中海整理：《尧除丹珠》，原载河南师大中文系编《河南民间故事》，见陶阳、钟秀编《中国神话》(中)，北京：商务印书馆2008年版，第818 ~ 819页。

WTY055.2.2.3

尧有三子

实 例

汉 族 尧帝有三个儿子。二儿子和三儿子都憨厚朴实，只有大儿子不学无术且十分奸诈。

【流传】河北省·保定市·顺平县

【出处】齐洛良、王老良讲，曹慧增记录：《大王子城的传说》，见中国民间文艺家协会组织编写，罗杨总主编，甄会龙本卷主编《中国民间故事丛书》(河北省·保定市·顺平卷)，北京：知识产权出版社2016年版，第23页。

WTY055.2.2.4

尧有九子

实 例

汉 族 尧王老的时候，想找个人接替王位。他看到九个儿子，没有一个能治理天下的。满朝文武也不中意，就决定到民间去访一访，找个贤人，把江山让给他。

【流传】河南省·（南阳市）·南阳县（1994年撤销，与原县级南阳市以人民路为界重组为宛城、卧龙二区）[采录地点：南阳市南阳旅社]

【出处】杜家典（男，57岁，南阳县青华街农民，读过私塾）讲，张楚北（男，46岁，河南省民间文艺家协会干部，高中）采录：《尧王访贤》（1982.02），见《中国民间故事集成》全国编辑委员会、《中国民间故事集成·河南卷》编辑委员会编《中国民间故事集成》（河南卷），北京：中国ISBN中心2001年版，第46～47页。

汉　族 很早的时候，尧帝治理天下，他有九个儿子，两个女儿。

【流传】河南省·（南阳市）·淅川县（丹江两岸）

【出处】刁警文（商人，上过私塾）讲，刁诏采录整理：《丹江的传说》，见张振犁编著，孟宪明、朱淑君统纂《中原神话通鉴》（第三卷），郑州：河南大学出版社2017年版，第995页。

汉　族 尧把自己两个女儿娥皇、女英嫁给舜，又叫自己的九个儿子和舜一块儿工作，想先对舜进行经过一段时间的考察。

【流传】（无考）

【出处】《尧舜二帝》，见金麦田编著《中国古代神话故事》，北京：京华出版社2003年版，第45～52页。

中华民族 部落首领尧见了舜。为了考验舜的教化才能，尧把两个爱女娥皇、女英嫁给舜为妻，并且又把九个不成器的儿子安排在舜的身边共同生活。

【流传】（山东省济南市）

【出处】《娥皇、女英做舜妻》，见郭先芳编著《黄河的神话传说和民间故事》，郑州：黄河水利出版社2015年版，第77页。

WTY055.2.2.4.1

尧的九子均不成器

实　例

汉　族 尧王爷岁数大了，他看到九个儿子都不成器，当不得大事，就带着他的两个女儿娥皇和女英出来访贤。

【流传】四川省·成都（成都市）

【出处】李茂生讲，陈钧整理：《害不死的大舜》，载《民间文学》1964年第3期。

汉　族 尧王有9个儿子，没有一个能治理天下。

【流传】河南省·（南阳市）·南阳县（1994年撤销，与原县级南阳市以人民路为界重组为宛城、卧龙二区）·（卧龙区）·青华街（青华镇）

【出处】杜家典讲，张楚北采录：《尧王访贤》，见《中国民间故事集成》全国编辑委员会、《中国民间故事集成·河南卷》编辑委员会编《中国民间故事集成》（河南卷），北京：中国ISBN中心2001年版，第46页。

WTY055.2.2.5

尧有十子

实 例

中华民族 尧取富宜氏女，曰女皇，生丹朱，又有庶子九人。

【流传】（无考）

【出处】[唐]《艺文类聚》引《帝王世纪》。

汉 族 在上古时期，尧王居住在平阳（今日临汾）。他有十个儿子。

【流传】山西·临汾县（临汾市）

【出处】焦道行、王宏搜集整理：《尧王访贤》，载《山西民间文学》1982年第3期。

WTY055.2.3

尧特定的儿子

实 例

（参见下级母题实例）

WTY055.2.3.1

尧子丹朱（尧的儿子丹朱）

实 例

中华民族 故尧有丹朱，舜有商均，启有五观，汤有大甲，文王有管蔡。是五王者，皆元德也，而有奸子。

【流传】（无考）

【出处】[春秋]左丘明：《国语·楚语上》。

汉 族 尧王有个儿子叫丹朱。

【流传】河南省·（濮阳市）·范县［采录地点：范县·龙庄乡］

【出处】冯跃东（男，45岁，农民，初中）采录：《尧王惩子》（1990.02），见张振犁编著，孟宪明、朱淑君统纂《中原神话通鉴》（第三卷），郑州：河南大学出版社2017年版，第976页。

汉 族 ［参见“W0747.5.3.3.1 尧王的儿子单珠（丹珠、丹朱）”母题实例］

WTY055.2.3.1.1

丹朱的产生（丹朱的出生）

实 例

（参见下级母题实例）

WTY055.2.3.1.1.1

丹朱的出生地

实 例

（参见下级母题实例）

WTY055.2.3.1.1.1.1

丹朱出生丹陵

实 例

汉 族 唐尧的大儿子，出生在丹陵，小时候皮肤、毛发都有些发红，因此取名“丹朱”。

【流传】河北省·（保定市）·唐县·（高昌镇）·峪山庄［采录地点：唐县峪山庄］

【出处】韩增寿采录：《造围棋》（2008.04），见中国民间文艺家协会组织编写，罗杨总主编，韩海山本卷主编《中国民间故事丛书》

（河北省·保定市·唐县卷），北京：知识产权出版社 2016 年版，第 24 ～ 27 页。

WTY055.2.3.1.1.2

尧与女皇生丹朱

实 例

汉 族 尧取散宜氏之子，谓之女皇，女皇生丹朱。

【流传】（无考）

【出处】［先秦］史官修撰：《世本·帝系篇》。

WTY055.2.3.1.2

丹朱的名字（丹朱的称呼）

实 例

（参见下级母题实例）

WTY055.2.3.1.2.0

丹朱本名“麻”

实 例

汉 族 尧王的儿子叫麻，因为他瞎了一只眼，都叫他“单珠”。

【流传】河南省·（濮阳市）·范县［采录地点：范县辛庄乡丹徐庄］

【出处】郭自山（男，68 岁，范县辛店乡丹徐庄农民，不识字）讲，冯传增（男，24 岁，河南大学中文系学生）、张中海（男，23 岁，河南大学中文系学生）采录：《尧除单珠》（1980.11），见《中国民间故事集成》全国编辑委员会、《中国民间故事集成·河南卷》编辑委员会编《中国民间故事集成》（河南卷），北京：中国 ISBN 中心 2001 年版，第 45 ～ 46 页。

WTY055.2.3.1.2.1

丹朱名字的由来

实 例

（参见下级母题实例）

WTY055.2.3.1.2.1.1

丹朱生丹陵，肤发皆红，取名“丹朱”

实 例

汉 族 唐尧的大儿子，出生在丹陵，小时候皮肤、毛发都有些发红，因此取名“丹朱”。

【流传】河北省·（保定市）·唐县·（高昌镇）·峪山庄［采录地点：唐县峪山庄］

【出处】韩增寿采录：《造围棋》（2008.04），见中国民间文艺家协会组织编写，罗杨总主编，韩海山本卷主编《中国民间故事丛书》（河北省·保定市·唐县卷），北京：知识产权出版社 2016 年版，第 24 ～ 27 页。

汉 族 丹朱是尧的大儿子，散宜皇后所生。他出生在丹陵，小时候皮肤、毛发都有些发红，因此取名丹朱。

【流传】河北省·保定市·望都县

【出处】韩增寿采录：《尧母的传说·丹朱弈棋》，见中国民间文艺家协会组织编写，罗杨总主编，吴从志本卷主编《中国民间故事丛书》（河北省·保定市·望都县卷），北京：知识产权出版社 2016 年版，第 35 ～ 38 页。

WTY055.2.3.1.2.1.2

尧的儿子“麻”因瞎了一只眼，故名“单珠”

实　例

汉　族 尧王只有一个儿子，叫麻。他瞎了一只眼，人们都叫他“单珠”。

【流传】中原一带

【出处】（a）冯传海记录，张中增整理：《尧除“单珠”》，见张楚北编《中原神话》，郑州：海燕出版社1988年版。（b）同（a），见姚宝瑄主编《中国各民族神话》（汉族），太原：山西出版传媒集团·书海出版社2014年版，第419～420页。

汉　族 尧王的儿子叫麻，因为他瞎了一只眼，都叫他“单珠”。

【流传】河南省·（濮阳市）·范县［采录地点：范县辛庄乡丹徐庄］

【出处】郭自山（男，68岁，范县辛店乡丹徐庄农民，不识字）讲，冯传增（男，24岁，河南大学中文系学生）、张中海（男，23岁，河南大学中文系学生）采录：《尧除单珠》（1980.11），见《中国民间故事集成》全国编辑委员会、《中国民间故事集成·河南卷》编辑委员会编《中国民间故事集成》（河南卷），北京：中国ISBN中心2001年版，第45～46页。

汉　族 尧王只有一个儿子，叫麻。因为他瞎了一只眼睛，人们都叫他“单珠”。后来人们才叫他“丹珠”（也叫丹朱）。

【流传】（河南省）

【出处】冯传增记录，张中海整理：《尧除丹珠》，原载河南师大中文系编《河南民间故事》，见陶阳、钟秀编《中国神话》（中），北京：商务印书馆2008年版，第818～819页。

汉　族（参见“W0747.5.3.3.1.1 尧王的儿子麻因独眼，又称‘单珠’”母题实例）

WTY055.2.3.1.2.1.3

舜使尧子居丹渊为诸侯，故号丹朱

实　例

汉　族 尧子不肖，舜使居丹渊为诸侯，故号曰丹朱。

【流传】（无考）

【出处】［周］托名伏生传（疑为后人伪作）：《尚书·逸篇》。

汉　族 尧子不肖，舜使居丹渊，为诸侯，故号曰丹朱。

【流传】（无考）

【出处】［宋］李昉、李穆、徐铉等：《太平御览》卷六三“地部二十八·丹水”引《尚书·逸篇》。

WTY055.2.3.1.2.1.4

尧长子是掌上明珠，故名丹朱

实　例

汉　族 尧的大儿子被认为是掌上明珠，起名儿叫丹珠。

【流传】河南省·（南阳市）·淅川县（丹江两岸）

【出处】习警文（商人，上过私塾）讲，习诏采录整理：《丹江的传说》，见张振犁编著，孟宪明、朱淑君统纂《中原神话通鉴》（第三卷），郑州：河南大学出版社2017年版，第995页。

WTY055.2.3.1.2.1.5

尧宠子，取名丹珠意为吉祥如意的宝珠

实　例

汉　族 尧刚生下大儿子那阵儿，尧帝把他稀罕得像掌上明珠，起名儿叫丹珠，意思是吉祥如意的宝珠。

【流传】河南省·南阳市·淅川县［采录地点：淅川县荆紫关镇吴村］

【出处】习警文讲，习诏记录：《丹江的传说》（1985.03），见中国民间文艺家协会组织编写，罗杨总主编，王洪连、习诏本卷主编《中国民间故事丛书》（河南省·南阳市·淅川卷），北京：知识产权出版社2016年版，第19～21页。

WTY055.2.3.1.2.1.6

尧放子朱于丹，故名丹朱

实　例

中华民族 弃遂率人将朱放之于丹。因放于丹，故尧子朱又名丹朱。

【流传】（山西省）

【出处】中国先秦史学会尧舜禹文化研究基地编，叶雨青、张培莲著：《尧舜传》第二十二章“尧私访听康衢谣，崇山访贤见许由”，太原：山西出版集团·山西春秋电子音像出版社2008年版，第144页。

WTY055.2.3.1.2.2

丹朱名字的不同写法

实　例

（参见下级母题实例）

WTY055.2.3.1.2.2.1

丹朱又作单珠

实　例

汉　族 尧的儿子单珠见父亲不愿把帝位传给自己，就想趁尧王还没把帝位给舜时，把老头子害死，早日夺权。

【流传】中原一带

【出处】（a）冯传海记录，张中增整理：《尧除“单珠”》，见张楚北编《中原神话》，郑州：海燕出版社1988年版。（b）同（a），见姚宝瑄主编《中国各民族神话》（汉族），太原：山西出版传媒集团·书海出版社2014年版，第419～420页。

WTY055.2.3.1.2.2.2

丹朱、单珠、丹珠均指尧子“麻”

实　例

汉　族 尧王只有一个儿子，叫麻。因为他瞎了一只眼睛，人们都叫他“单珠”。后来人们才叫他“丹珠”（也叫丹朱）。

【流传】（河南省）

【出处】冯传增记录，张中海整理：《尧除丹珠》，原载河南师大中文系编《河南民间故事》，见陶阳、钟秀编《中国神话》（中），北京：商务印书馆2008年版，第

818 ～ 819 页。

汉　族 尧有子名麻，以目眇，人皆呼之“单珠”，后乃讹为“丹珠”“丹朱”。

【流传】（无考）

【出处】袁珂改编：《丹珠堌堆》（原名《尧除丹朱》），原载河南师大中文系编《河南民间故事》，见袁珂《中国神话大词典》，北京：华夏出版社 2015 年版，第 377 页。

WTY055.2.3.1.3
丹朱的身份

实　例

（参见下级母题实例）

WTY055.2.3.1.3.1
丹朱是尧和鹿仙女的儿子

实　例

汉　族 尧王想起了丹朱的生母鹿仙女，又看到从未谋面的儿媳，就原谅了叛逆的儿子丹朱。

【流传】山西省・运城市・绛县

【出处】宋玉秀：《丹朱三拜尧王》，见田茂忠、申建华主编《尧王故里》，山西省绛县尧文化研究会编印，2009 年，第 157 ～ 160 页。

WTY055.2.3.1.3.2
丹朱是尧和尧娘（姚娘）的儿子

实　例

汉　族 尧王八十多了，想让位。他媳妇尧娘说：“咱的江山，还得叫咱儿子丹朱来继承你的王位。”

【流传】河南省・（濮阳市）・范县［采录地点：范县・王楼乡］

【出处】崔金甲（男，65 岁，农民，不识字）讲，崔金钊采录：《尧王访贤（一）》（1989.10.22），见张振犁编著，孟宪明、朱淑君统纂《中原神话通鉴》（第三卷），郑州：河南大学出版社 2017 年版，第 986 页。

汉　族 尧王知道治世的艰辛，到了晚年，就想找个合适的接班人。他老婆姚娘说，丹朱可以。丹朱是他们的儿子。

【流传】（中原一带）

【出处】《尧王选贤》，见孟宪明著《中原经典神话》，郑州：河南大学出版社 2016 年版，第 192 页。

WTY055.2.3.1.3.3
丹朱是尧的长子

实　例

汉　族 尧有十个儿子。长子丹朱骄横暴虐，在家中也是胡闹，气得弟弟们谁都不服他管教，时常起讧，纷争不休。

【流传】山西・临汾县（临汾市）

【出处】焦道行、王宏搜集整理：《尧王访贤》，载《山西民间文学》1982 年第 3 期。

汉　族 尧发现大儿子丹珠不是材料，就选拔贤明的舜，继承了帝位。

【流传】河南省・南阳市・淅川县［采录地点：淅川县荆紫关镇吴村］

【出处】习警文讲，习诏记录：《丹江的传说》(1985.03)，见中国民间文艺家协会组织编写，罗杨总主编，王洪连、习诏本卷主编《中国民间故事丛书》(河南省·南阳市·淅川卷)，北京：知识产权出版社 2016 年版，第 19 ～ 21 页。

汉 族 丹朱是尧的长子，尧娶了散宜氏的姑娘名叫女皇，生了丹朱。

【流传】山西省·运城市·绛县

【出处】韩生泉：《大义灭亲》，见田茂忠、申建华主编《尧王故里》，山西省绛县尧文化研究会编印，2009 年，第 124 ～ 126 页。

汉 族 尧帝把自己的儿子丹朱，派到长子来开垦土地。教民耕种，长子城的名字就是因为丹朱为长子而得名。

【流传】(山西省·长治市)

【出处】刘开新：《从三皇五帝看发鸠山悠久历史和古文化》，见马志生主编，吴天昌、贺真和副主编《炎帝文化——上党二十年研究集锦》，北京：大众文艺出版社 2007 年版，第 178 页。

汉 族 丹珠是尧的大儿子，从小娇生惯养、脾气暴躁。

【流传】河南省·(南阳市)·淅川县

【出处】李顺翔采录：《丹江的来历》(1981.05)，见张振犁编著，孟宪明、朱淑君统纂《中原神话通鉴》(第三卷)，郑州：河南大学出版社 2017 年版，第 993 页。

WTY055.2.3.1.3.4

丹朱是尧与女皇的儿子

实 例

汉 族 尧取散宜氏之子，谓之女皇，女皇生丹朱。

【流传】(无考)

【出处】[先秦] 史官修撰：《世本·帝系篇》。

WTY055.2.3.1.4

丹朱的外貌特征

实 例

(参见下级母题实例)

WTY055.2.3.1.4.1

丹朱的皮肤

实 例

(参见下级母题实例)

WTY055.2.3.1.4.1.1

丹朱皮肤发红

实 例

汉 族 唐尧的大儿子，出生在丹陵，小时候皮肤、毛发都有些发红，因此取名“丹朱”。

【流传】河北省·(保定市)·唐县·(高昌镇)·峪山庄 [采录地点：唐县峪山庄]

【出处】韩增寿采录：《造围棋》(2008.04)，见中国民间文艺家协会组织编写，罗杨总主编，韩海山本卷主编《中国民间故事丛书》

（河北省·保定市·唐县卷），北京：知识产权出版社 2016 年版，第 24 ～ 27 页。

WTY055.2.3.1.4.2

丹朱的毛发

实　例

（参见下级母题实例）

WTY055.2.3.1.4.2.1

丹朱的毛发发红

实　例

汉　族 唐尧的大儿子，出生在丹棱，小时候皮肤、毛发都有些发红，因此取名“丹朱”。

【流传】河北省·（保定市）·唐县·（高昌镇）·峪山庄［采录地点：唐县峪山庄］

【出处】韩增寿采录：《造围棋》（2008.04），见中国民间文艺家协会组织编写，罗杨总主编，韩海山本卷主编《中国民间故事丛书》（河北省·保定市·唐县卷），北京：知识产权出版社 2016 年版，第 24 ～ 27 页。

WTY055.2.3.1.5

丹朱的性格（品性）特征

实　例

（参见下级母题实例）

WTY055.2.3.1.5.1

丹朱开明

实　例

汉　族 （尧）嗣子丹朱开明。

【流传】（无考）

【出处】［西汉］司马迁：《史记·五帝本纪》。

WTY055.2.3.1.5.2

丹朱不肖

实　例

汉　族 无若丹朱傲，惟慢游是好，傲虐是作，罔昼夜頟頟，罔水行舟，朋淫于家，用殄厥世。

【流传】（无考）

【出处】［周］托名伏生传（疑为后人伪作）：《尚书·益稷》。

汉　族 尧辟位凡二十八年而崩。百姓悲哀，如丧父母。三年，四方莫举乐，以思尧。尧知子丹朱之不肖，不足以授天下，于是乃权授舜。

【流传】（无考）

【出处】［西汉］司马迁：《史记·五帝本纪》。

汉　族 尧子不肖，舜使居丹渊为诸侯，故号曰丹朱。

【流传】（无考）

【出处】［宋］李昉、李穆、徐铉等：《太平御览》卷六三引《尚书·逸篇》。

中华民族 尧的儿子丹朱，为散宜氏所生，一副不成才的样子。

【流传】（无考）

【出处】《尧·击壤之歌》，见卢静《尧舜禹》，北京：中华书局 2019 年版，第 27 页。

WTY055.2.3.1.5.2.1

丹朱性格顽皮

实 例

汉 族 唐尧的大儿子丹朱小时候健壮顽皮，爱爬山、玩水、上树，稍大一些成了孩子王，常带一帮孩子跟另一帮孩子打架，直到把对方打得啼哭求饶为止。

【流传】河北省·（保定市）·唐县·（高昌镇）·峪山庄［采录地点：唐县峪山庄］

【出处】韩增寿采录：《造围棋》（2008.04），见中国民间文艺家协会组织编写，罗杨总主编，韩海山本卷主编《中国民间故事丛书》（河北省·保定市·唐县卷），北京：知识产权出版社2016年版，第24～27页。

WTY055.2.3.1.5.2.2

丹朱游手好闲，不务正业

实 例

汉 族 唐尧的儿子丹朱游手好闲光和一些不务正业的人交朋友，闹得家里、邻里不得安宁。

【流传】河北省·保定市·唐县［采录地点：唐尧文化研究会］

【出处】赵喜林采录：《*尧教子》（2009.06），见中国民间文艺家协会组织编写，罗杨总主编，韩海山本卷主编《中国民间故事丛书》（河北省·保定市·唐县卷），北京：知识产权出版社2016年版，第22～24页。

汉 族 尧王的大儿子丹朱不务正业，是个喜欢吃喝玩乐的花花公子，他想干什么就干什么，愿意咋干就咋干，经常跟一帮子坏朋友一起胡闹。

【流传】山西省·（临汾市）·翼城县［采录地点：翼城县西阎镇］

【出处】李士龙（男，79岁，翼城县大河乡农民，初中）讲，王吉文（男，52岁，翼城县文化局干部，中专）采录：《丹朱墓》（1986），见中国民间文学集成全国编辑委员会、《中国民间文学集成·山西卷》编辑委员会编《中国民间故事集成》（山西卷），北京：中国ISBN中心1999年版，第42～43页。

WTY055.2.3.1.5.2.3

丹朱顽劣不羁

实 例

汉 族 尧王来到山中，提到了自己顽劣不羁的儿子丹朱，求老师蒲畛指一教法。蒲畛就请尧王教丹朱学下围棋。

【流传】山西省·（吕梁市）·交口县［采录地点：交口县］

【出处】张瑞元采录：《圣尧山（之三）》，见郭万金主编《山西民间故事大系》（晋西卷），北京：商务印书馆2017年版，第579～580页。

汉 族 尧有一个儿子叫丹朱，品质一点也不像父亲，为人骄傲暴虐，喜欢带着诸多的随从到各地游玩，稍微有点不如意就大发脾气。

【流传】（无考）

【出处】《尧舜二帝》，见金麦田编著《中国古代神话故事》，北京：京华出版社 2003 年版，第 45 ～ 52 页。

WTY055.2.3.1.5.2.3.1

丹朱玩火酿火灾

实 例

汉 族 一次，唐尧的大儿子丹朱在野外玩火，把山上的树林烧去大半。

【流传】河北省·（保定市）·唐县·（高昌镇）·峪山庄［采录地点：唐县峪山庄］

【出处】韩增寿采录：《造围棋》（2008.04），见中国民间文艺家协会组织编写，罗杨总主编，韩海山本卷主编《中国民间故事丛书》（河北省·保定市·唐县卷），北京：知识产权出版社 2016 年版，第 24 ～ 27 页。

WTY055.2.3.1.5.2.4

丹朱性情残暴

实 例

汉 族 尧的独生子丹珠性情暴躁，心狠手毒。尧王把丹珠关在宫殿，并把宫门封得严严实实，从此，丹珠就再也不能作恶了。

【流传】（河南省）

【出处】冯传增记录，张中海整理：《尧除丹珠》，原载河南师大中文系编《河南民间故事》，见陶阳、钟秀编《中国神话》（中），北京：商务印书馆 2008 年版，第 818 ～ 819 页。

汉 族 尧有十个儿子。长子丹朱骄横暴虐，在家中也是胡闹，气得弟弟们谁都不服他管教，时常起讧，纷争不休。

【流传】山西·临汾县（临汾市）

【出处】焦道行、王宏搜集整理：《尧王访贤》，载《山西民间文学》1982 年第 3 期。

汉 族 丹朱是尧的长子，尧娶了散宜氏的姑娘名叫女皇，生了丹朱，丹朱为人骄傲暴虐，喜欢带随从臣仆，到各地漫游，稍不遂意，就大发脾气，虐待他们的臣下。

【流传】山西省·运城市·绛县

【出处】韩生泉：《大义灭亲》，见田茂忠、申建华主编《尧王故里》，山西省绛县尧文化研究会编印，2009 年，第 124 ～ 126 页。

汉 族 尧王的儿子丹朱，人性情暴烈、执拗，而且愚不可训，是一个典型的“二半调子”。

【流传】河南省·（濮阳市）·范县［采录地点：范县·龙庄乡］

【出处】冯跃东（男，45 岁，农民，初中）采录：《尧王惩子》（1990.02），见张振犁编著，孟宪明、朱淑君统纂《中原神话通鉴》（第三卷），郑州：河南大学出版社 2017 年版，第 976 页。

汉 族 单珠和他的父亲尧王不一样，他性情暴躁，心狠手毒。

【流传】河南省·（濮阳市）·范县

【出处】冯传增采录，张中增采录整理：《尧除单珠》，见张振犁编著，孟宪明、朱淑君统纂《中原神话通鉴》（第三卷），郑州：河南大学出版社 2017 年版，第 974 页。

WTY055.2.3.1.5.2.5

丹朱横行霸道

实 例

汉 族 尧的大儿子丹珠傲世好胜，横行霸道，常常和他的狐朋狗友吃喝嫖赌，无恶不作。

【**流传**】河南省・南阳市・淅川县［采录地点：淅川县荆紫关镇吴村］

【**出处**】习警文讲，习诏记录：《丹江的传说》(1985.03)，见中国民间文艺家协会组织编写，罗杨总主编，王洪连、习诏本卷主编《中国民间故事丛书》(河南省・南阳市・淅川卷)，北京：知识产权出版社 2016 年版，第 19 ～ 21 页。

WTY055.2.3.1.5.2.6

丹朱不孝顺

实 例

汉 族 尧王的儿子丹朱不孝顺，尧怕死后被儿子遗弃，故在活着时就选择了这个葬地，并命人凿石洞营造此墓，不叫丹朱知道，死后众臣根据遗嘱，将尧葬于此（山西省临汾市郭行乡尧陵）。

【**流传**】(山西省临汾市郭行乡)

【**出处**】《尧舜时期的传说故事・尧陵》，见赵大勇、赵随意著《尧都平阳与尧舜禹》，太原：山西古籍出版社 1999 年版，第 102 页。

WTY055.2.3.1.5.2.7

丹朱品行败坏，无恶不作

实 例

汉 族 尧的大儿子丹珠傲世好胜，横行霸道，常常和他的狐朋狗友吃喝嫖赌，无恶不作。

【**流传**】河南省・南阳市・淅川县［采录地点：淅川县荆紫关镇吴村］

【**出处**】习警文讲，习诏记录：《丹江的传说》(1985.03)，见中国民间文艺家协会组织编写，罗杨总主编，王洪连、习诏本卷主编《中国民间故事丛书》(河南省・南阳市・淅川卷)，北京：知识产权出版社 2016 年版，第 19 ～ 21 页。

WTY055.2.3.1.6

丹朱的事迹

实 例

WTY055.2.3.1.6.1

丹朱斗架

实 例

汉 族 唐尧看到儿子丹朱带一帮孩子斗架，双方各有十多个人，几个孩子围打一个孩子，又有多个孩子围在这几个孩子后边；双方混战，滚爬厮打，你来我往，难解难分。

【**流传**】河北省・(保定市)・唐县・(高昌镇)・峪山庄［采录地点：唐县峪山庄］

【**出处**】韩增寿采录：《造围棋》(2008.04)，见中国民间文艺家协会组织编写，罗杨总主编，韩海山本卷主编《中国民间故事丛书》（河北省·保定市·唐县卷），北京：知识产权出版社 2016 年版，第 24 ～ 27 页。

WTY055.2.3.1.6.2

丹朱密谋夺

实 例

汉 族 尧欲禅位与舜，其子单珠知之，恨帝之寡情，乃密谋害父以夺其王权。

【**流传**】（无考）

【**出处**】袁珂改编：《丹珠堌堆》（原名《尧除丹朱》），原载河南师大中文系编《河南民间故事》，见袁珂《中国神话大词典》，北京：华夏出版社 2015 年版，第 377 页。

WTY055.2.3.1.6.2.1

丹朱与三苗首领密谋夺权

实 例

汉 族 三苗的首领早听说尧要把天下禅让给舜，对此非常不满意。见尧的儿子丹朱被尧放逐到南方来，就跟丹朱策划夺权。

【**流传**】河北省·保定市·唐县［采录地点：唐尧文化研究会］

【**出处**】赵喜林采录：《*尧教子》（2009.06），见中国民间文艺家协会组织编写，罗杨总主编，韩海山本卷主编《中国民间故事丛书》（河北省·保定市·唐县卷），北京：知识产权出版社 2016 年版，第 22 ～ 24 页。

汉 族 尧王决定把帝位禅让给舜之后，怕儿子丹朱因此与舜闹摩擦，便把丹朱派往南方去做诸侯。丹朱发誓要把帝位从舜手中夺回来。于是，他联络妻子的表亲，一个叫苗的部落首领争夺帝位，这个苗是丹朱的最大支持者。苗便协同丹朱暴乱。

【**流传**】山西省·运城市·绛县

【**出处**】宋玉秀：《丹朱三拜尧王》，见田茂忠、申建华主编《尧王故里》，山西省绛县尧文化研究会编印，2009 年，第 157 ～ 160 页。

汉 族 尧王爷拿儿子丹朱实在没办法，怕他闹事，他给舜让位之前，先把丹朱打发到南方的丹水一带当诸侯。那时丹水一带住的是“三苗”族人，丹朱到了那里就打出尧王的旗号，给“三苗”族的百姓说舜的坏话。“三苗”族头头听丹朱说舜夺了尧王的天下，气得鼻子嘴里冒烟。他们合伙起来，招兵买马，积草存粮，没多久就插起了造反的大旗，要打到中原，把舜拉下马，夺回天下。尧王得知，亲自挂帅，带着队伍，开往丹水。

【**流传**】山西省·（临汾市）·翼城县［采录地点：翼城县西阎镇］

【**出处**】李士龙（男，79 岁，翼城县大河乡农民，初中）讲，王吉文（男，52 岁，翼城县文化局干部，中专）采录：《丹朱墓》（1986），见中国民间文学集成全国编辑委员会、《中国民间文学集成·山西卷》编辑委员会编《中国民间故事集成》（山西卷），北京：中国 ISBN 中心 1999 年版，第 42 ～ 43 页。

WTY055.2.3.1.6.3

丹朱治水

实 例

（参见下级母题实例）

WTY055.2.3.1.6.3.1

尧命丹朱于黄河治水

实 例

汉 族 尧帝派儿子丹珠到黄河边去治水。

【流传】河南省·南阳市·淅川县［采录地点：淅川县荆紫关镇吴村］

【出处】习警文讲，习诏记录：《丹江的传说》（1985.03），见中国民间文艺家协会组织编写，罗杨总主编，王洪连、习诏本卷主编《中国民间故事丛书》（河南省·南阳市·淅川卷），北京：知识产权出版社 2016 年版，第 19 ～ 21 页。

WTY055.2.3.1.6.4

丹朱垦荒耕种

实 例

汉 族 尧帝把自己的儿子丹朱，派到长子来开垦土地。教民耕种，长子城的名字就是因为丹朱为长子而得名。

【流传】（山西省·长治市）

【出处】刘开新：《从三皇五帝看发鸠山悠久历史和古文化》，见马志生主编，吴天昌、贺真和副主编《炎帝文化——上党二十年研究集锦》，北京：大众文艺出版社 2007 年版，第 178 页。

WTY055.2.3.1.6.5

丹朱被流放

实 例

（参见下级母题实例）

WTY055.2.3.1.6.5.1

后稷放帝朱于丹水

实 例

汉 族 后稷放帝朱于丹水。

【流传】（无考）

【出处】［战国至汉］撰者不详：《山海经·海外南经》注引《竹书纪年》。

WTY055.2.3.1.6.6

丹朱斗黑蟒精

实 例

汉 族 丹珠跳下象背，顺势跃上浪头，挥剑与黑蟒精搏斗。他们在水中翻上翻下，大战几百个回合。

【流传】河南省·（南阳市）·淅川县（丹江两岸）

【出处】习警文（商人，上过私塾）讲，习诏采录整理：《丹江的传说》，见张振犁编著，孟宪明、朱淑君统纂《中原神话通鉴》（第三卷），郑州：河南大学出版社 2017 年版，第 996 页。

WTY055.2.3.1.6.7
丹朱为争权，欲杀虞舜

实 例

汉 族 唐尧有个儿子叫丹朱，见自己阿爹不把帝位给自己却让给别人，内心很不服气。于是他集合了父亲旧臣作为自己的亲信，要捉拿虞舜，想把他杀掉，自己坐皇位。

【流传】浙江省·（宁波市）·慈溪市·石堰乡·上街头［采录地点：石堰乡上街头］

【出处】康启龙（40岁，农民，初识字）讲，张信人（61岁，医生，大专）记录：《虞舜传说》(1987)，见中国民间文艺家协会组织编写，罗杨总主编，童银舫本卷主编《中国民间故事丛书》(浙江省·宁波市·慈溪卷)，北京：知识产权出版社2015年版，第7～8页。

WTY055.2.3.1.6.8
丹朱建国

实 例

（参见下级母题实例）

WTY055.2.3.1.6.8.1
丹朱南迁建“疆朱国”

实 例

汉 族 尧的儿子丹朱的后代迁徙到了南海边，建立了一个国家，叫做疆朱国。

【流传】（无考）

【出处】《尧舜二帝》，见金麦田编著《中国古代神话故事》，北京：京华出版社2003年版，第45～52页。

WTY055.2.3.1.7
尧与儿子丹朱的关系

实 例

（参见下级母题实例）

WTY055.2.3.1.7.1
儿子欲杀尧

实 例

（参见下级母题实例）

WTY055.2.3.1.7.1.1
丹朱欲杀父夺权

实 例

汉 族 尧的儿子单珠见父亲不愿把帝位传给自己时，就想趁尧王还没把帝位给舜时，把老头子害死，早日夺权。

【流传】中原一带

【出处】(a) 冯传海记录，张中增整理：《尧除“单珠”》，见张楚北编《中原神话》，郑州：海燕出版社1988年版。(b) 同(a)，见姚宝瑄主编《中国各民族神话》（汉族），太原：山西出版传媒集团·书海出版社2014年版，第419～420页。

汉 族 尧的独生子丹珠早就想把父亲的帝位接过来。当他看父亲不愿把帝位传给自己时，非常愤怒，想趁尧王还没把帝位让给舜之前，把老头子害死，早日夺权。

【流传】(河南省)

【出处】冯传增记录，张中海整理:《尧除丹珠》，原载河南师大中文系编《河南民间故事》，见陶阳、钟秀编《中国神话》(中)，北京：商务印书馆 2008 年版，第 818 ～ 819 页。

WTY055.2.3.1.7.2

尧杀子

【关联】[WTY017.9.3.4] 尧大义灭亲

实 例

(参见下级母题实例)

WTY055.2.3.1.7.2.1

尧杀长子

实 例

汉 族 尧杀长子。

【流传】(无考)

【出处】[战国] 庄周:《庄子 · 盗跖》。

WTY055.2.3.1.7.2.1a

尧杀丹朱

实 例

汉 族 尧王除掉了不善的儿子单珠，把王位传给了舜。

【流传】河南省 ·(濮阳市)· 范县 [采录地点：范县辛庄乡丹徐庄]

【出处】郭自山(男，68 岁，范县辛店乡丹徐庄农民，不识字)讲，冯传增(男，24 岁，河南大学中文系学生)、张中海(男，23 岁，河南大学中文系学生)采录:《尧除单珠》(1980.11)，见《中国民间故事集成》全国编辑委员会、《中国民间故事集成 · 河南卷》编辑委员会编《中国民间故事集成》(河南卷)，北京：中国 ISBN 中心 2001 年版，第 45 ～ 46 页。

汉 族 尧王为了普天下黎民百姓能安居乐业，不受苦受难，尧王毅然大义灭亲，除掉自己不办人事的儿子丹朱。

【流传】河南省 ·(濮阳市)· 范县 [采录地点：范县 · 龙庄乡]

【出处】冯跃东(男，45 岁，农民，初中)采录:《尧王惩子》(1990.02)，见张振犁编著，孟宪明、朱淑君统纂《中原神话通鉴》(第三卷)，郑州：河南大学出版社 2017 年版，第 977 页。

WTY055.2.3.1.7.2.2

尧将单珠闷死

实 例

(参见下级母题实例)

WTY055.2.3.1.7.2.2.1

尧将丹朱闷死于宫殿

实 例

汉 族 尧除单珠的另一传说是：单珠修的不是宫殿，是专门给尧王修的陵墓。尧王知道儿子没怀好心，暗中把墓里面的机关搞清楚了。看墓时，尧王叫单珠头前带路，单珠一进去，尧王按动机关，把单珠关里面闷死了。

【流传】河南省·（濮阳市）·范县［采录地点：范县辛庄乡丹徐庄］

【出处】郭自山（男，68 岁，范县辛店乡丹徐庄农民，不识字）讲，冯传增（男，24 岁，河南大学中文系学生）、张中海（男，23 岁，河南大学中文系学生）采录：《尧除单珠》（1980.11）附记，见《中国民间故事集成》全国编辑委员会、《中国民间故事集成·河南卷》编辑委员会编《中国民间故事集成》（河南卷），北京：中国 ISBN 中心 2001 年版，第 46 页。

WTY055.2.3.1.7.3
尧惩子（尧惩罚儿子）

实　例

（参见下级母题实例）

WTY055.2.3.1.7.3.1
丹朱被尧放逐南方

实　例

汉　族 三苗的首领早听说尧要把天下禅让给舜，对此非常不满意。见尧的儿子丹朱被尧放逐到南方来，就跟丹朱策划夺权。

【流传】河北省·保定市·唐县［采录地点：唐尧文化研究会］

【出处】赵喜林采录：《*尧教子》（2009.06），见中国民间文艺家协会组织编写，罗杨总主编，韩海山本卷主编《中国民间故事丛书》（河北省·保定市·唐县卷），北京：知识产权出版社 2016 年版，第 22 ～ 24 页。

WTY055.2.3.1.7.3.1.1
丹朱被尧放逐南方丹水做诸侯

实　例

汉　族 尧决定将王位禅让给舜。尧担心儿子丹朱反对，就采取措施，先颁下诏令，将丹朱放逐到南方丹水去做诸侯。

【流传】河北省·保定市·唐县［采录地点：唐尧文化研究会］

【出处】赵喜林采录：《唐尧传说·教子》（2009.06），见中国民间文艺家协会组织编写，罗杨总主编，韩海山本卷主编《中国民间故事丛书》（河北省·保定市·唐县卷），北京：知识产权出版社 2016 年版，第 22 ～ 24 页。

汉　族 尧王爷拿儿子丹朱实在没办法，怕他闹事，所以给舜让位之前，先把丹朱打发到南方的丹水一带当诸侯。

【流传】山西省·（临汾市）·翼城县［采录地点：翼城县西阎镇］

【出处】李士龙（男，79 岁，翼城县大河乡农民，初中）讲，王吉文（男，52 岁，翼城县文化局干部，中专）采录：《丹朱墓》（1986），见中国民间文学集成全国编辑委员会、《中国民间文学集成·山西卷》编辑委员会编《中国民间故事集成》（山西卷），北京：中国 ISBN 中心 1999 年版，第 42 ～ 43 页。

汉　族（参见“W0747.5.3.3.1.3 尧让丹珠做诸侯”母题实例）

WTY055.2.3.1.7.3.2

丹朱被尧流放黑河

实　例

汉　族 尧帝知道大儿子丹珠治水是欺压百姓，沿途行乐后，就把丹珠废为老百姓，贬到离帝都远远的黑河边儿去“劳动改造”。

【流传】河南省·南阳市·淅川县［采录地点：淅川县荆紫关镇吴村］

【出处】习警文讲，习诏记录：《丹江的传说》（1985.03），见中国民间文艺家协会组织编写，罗杨总主编，王洪连、习诏本卷主编《中国民间故事丛书》（河南省·南阳市·淅川卷），北京：知识产权出版社 2016 年版，第 19 ～ 21 页。

WTY055.2.3.1.7.3.3

尧让丹朱到河南边界做诸侯

实　例

汉　族 尧把帝位让给舜。他又怕大儿子丹珠胡闹，就把丹珠送到河南西南的边界地方当诸侯去了。

【流传】河南省·（南阳市）·淅川县

【出处】李顺翔采录：《丹江的来历》（1981.05），见张振犁编著，孟宪明、朱淑君统纂《中原神话通鉴》（第三卷），郑州：河南大学出版社 2017 年版，第 993 页。

WTY055.2.3.1.7.3.4

尧把丹朱放逐到唐城北部唐河东岸的鸦山关

实　例

汉　族 尧将捉到的反叛的儿子丹朱带回唐国都城，怕他再闹事，就把他放逐到唐城北部唐河东岸的鸦山关，并在鸿山关筑起城垣，名曰“鸿城”，俗称“洪城”。

【流传】河北省·保定市·唐县［采录地点：唐尧文化研究会］

【出处】赵喜林采录：《*尧教子》（2009.06），见中国民间文艺家协会组织编写，罗杨总主编，韩海山本卷主编《中国民间故事丛书》（河北省·保定市·唐县卷），北京：知识产权出版社 2016 年版，第 22 ～ 24 页。

WTY055.2.3.1.7.3.5

尧把丹朱废为百姓

实　例

汉　族 尧帝知道大儿子丹珠治水是欺压百姓，沿途行乐后，就把丹珠废为老百姓，贬到离帝都远远的黑河边儿去“劳动改造”。

【流传】河南省·南阳市·淅川县［采录地点：淅川县荆紫关镇吴村］

【出处】习警文讲，习诏记录：《丹江的传说》（1985.03），见中国民间文艺家协会组织编写，罗杨总主编，王洪连、习诏本卷主编《中国民间故事丛书》（河南省·南阳市·淅川卷），北京：知识产权出版社 2016 年版，第 19 ～ 21 页。

WTY055.2.3.1.7.3.6
尧把丹朱逐出家门

实 例

汉 族 尧帝见亲生儿子丹朱品行败坏，不但不叫他继位，就连家也不让他进，还把他赶出了家门。

【流传】河北省 · 保定市 · 顺平县

【出处】程双宝采录：《二月十五尧帝庙》，见中国民间文艺家协会组织编写，罗杨总主编，甄会龙本卷主编《中国民间故事丛书》（河北省 · 保定市 · 顺平卷），北京：知识产权出版社 2016 年版，第 5 ～ 6 页。

WTY055.2.3.1.7.3.7
尧放朱于丹

实 例

中华民族 弃遂率人将朱放之于丹。因放于丹，故尧子朱又名丹朱。

【流传】（山西省）

【出处】中国先秦史学会尧舜禹文化研究基地编，叶雨青、张培莲著：《尧舜传》第二十二章"尧私访听康衢谣，崇山访贤见许由"，太原：山西出版集团 · 山西春秋电子音像出版社 2008 年版，第 144 页。

WTY055.2.3.1.7.4
尧教子（尧教导儿子）

【关联】［WTY017.3.5］尧教子有方

实 例

（参见下级母题实例）

WTY055.2.3.1.7.4.1
尧教丹朱，丹朱痛改前非

实 例

汉 族 在尧耐心的教导下，儿子丹朱开始学陶艺，务农桑，逐渐成为一个自食其力的人。

【流传】河北省 · 保定市 · 唐县［采录地点：唐尧文化研究会］

【出处】赵喜林采录：《*尧教子》（2009.06），见中国民间文艺家协会组织编写，罗杨总主编，韩海山本卷主编《中国民间故事丛书》（河北省 · 保定市 · 唐县卷），北京：知识产权出版社 2016 年版，第 22 ～ 24 页。

WTY055.2.3.1.7.4.2
尧命丹朱劳动改造

实 例

汉 族 尧为了教育儿子丹朱，痛下决心，将他"囚"于鸿城，并派农师后稷教他耕种，以劳动的方法改造他。

【流传】河北省 · 保定市 · 唐县［采录地点：唐尧文化研究会］

【出处】赵喜林采录：《*尧教子》（2009.06），见中国民间文艺家协会组织编写，罗杨总主编，韩海山本卷主编《中国民间故事丛书》（河北省 · 保定市 · 唐县卷），北京：知识产权出版社 2016 年版，第 22 ～ 24 页。

WTY055.2.3.1.7.4.3

尧用围棋教育丹朱

实 例

汉 族 唐尧见儿子丹朱性情乖戾，屡教无效，心中十分焦虑。他想：做国君的儿子如此放荡，怎么去教化黎民百姓呢？为了教化丹朱，尧发明了围棋，希望用棋道来潜移默化地改造他的性情，使他改邪归正，做一个安分守己的人。

【流传】河北省·保定市·唐县［采录地点：唐尧文化研究会］

【出处】赵喜林采录：《唐尧传说·教子》（2009.06），见中国民间文艺家协会组织编写，罗杨总主编，韩海山本卷主编《中国民间故事丛书》（河北省·保定市·唐县卷），北京：知识产权出版社 2016 年版，第 22 ～ 24 页。

WTY055.2.3.1.7.4.4

尧教丹朱陶艺

实 例

汉 族 在尧耐心的教导下，他的不肖子丹朱开始学陶艺，务农桑，逐渐成为一个自食其力的人。

【流传】河北省·保定市·唐县［采录地点：唐尧文化研究会］

【出处】赵喜林采录：《唐尧传说·教子》（2009.06），见中国民间文艺家协会组织编写，罗杨总主编，韩海山本卷主编《中国民间故事丛书》（河北省·保定市·唐县卷），北京：知识产权出版社 2016 年版，第 22 ～ 24 页。

汉 族 尧把围棋下法教给丹朱，想让儿子改变性情。丹朱初时还不太愿意学，可下了几次也就会了。丹朱一学会围棋，欢喜得不得了，整天缠着父亲下棋。

【流传】河北省·（保定市）·唐县·（高昌镇）·峪山庄［采录地点：唐县峪山庄］

【出处】韩增寿采录：《造围棋》（2008.04），见中国民间文艺家协会组织编写，罗杨总主编，韩海山本卷主编《中国民间故事丛书》（河北省·保定市·唐县卷），北京：知识产权出版社 2016 年版，第 24 ～ 27 页。

WTY055.2.3.1.7.5

尧囚子（尧囚禁儿子）

实 例

（参见下级母题实例）

WTY055.2.3.1.7.5.1

尧囚丹朱于鸿城

实 例

汉 族 尧为了教育儿子丹朱，痛下决心，将他“囚”于鸿城，并派农师后稷教他耕种，以劳动的方法改造他。

【流传】河北省·保定市·唐县［采录地点：唐尧文化研究会］

【出处】赵喜林采录：《*尧教子》（2009.06），见中国民间文艺家协会组织编写，罗杨总主编，韩海山本卷主编《中国民间故事丛书》（河北省·保定市·唐县卷），北京：知识产权出版社 2016 年版，第 22 ～ 24 页。

WTY055.2.3.1.7.5.2
尧囚丹朱于宫殿

实 例

汉 族 尧的独生子丹珠性情暴躁，心狠手毒。尧王把丹珠在宫殿，并把宫门封得严严实实，从此，丹珠就再也不能作恶了。

【流传】（河南省）

【出处】冯传增记录，张中海整理：《尧除丹珠》，原载河南师大中文系编《河南民间故事》，见陶阳、钟秀编《中国神话》（中），北京：商务印书馆 2008 年版，第 818 ～ 819 页。

WTY055.2.3.1.7.6
尧宠子（尧宠爱儿子）

实 例

（参见下级母题实例）

WTY055.2.3.1.7.6.1
尧宠溺丹朱

实 例

（参见下级母题实例）

WTY055.2.3.1.7.6.1.1
尧让丹朱衣食无忧

实 例

汉 族 尧对儿子非常宠惯。丹珠要吃啥，尧帝就赶紧让人给他做啥；丹珠要穿啥，尧帝就赶紧让人给他缝啥。尧帝把丹珠惯得不像样子。

【流传】河南省 · 南阳市 · 淅川县［采录地点：淅川县荆紫关镇吴村］

【出处】习警文讲，习诏记录：《丹江的传说》（1985.03），见中国民间文艺家协会组织编写，罗杨总主编，王洪连、习诏本卷主编《中国民间故事丛书》（河南省 · 南阳市 · 淅川卷），北京：知识产权出版社 2016 年版，第 19 ～ 21 页。

WTY055.2.3.1.7.7
尧与儿子之争

实 例

（参见下级母题实例）

WTY055.2.3.1.7.7.1
尧与丹朱决战丹水

实 例

汉 族 尧为了把帝位让给瞬，与儿子丹朱决战丹水。丹朱战败自杀。丹朱自杀的消息，传到尧都，舜心里很难过。他立即派人把丹朱的尸首拉回来，举行隆重的仪式埋葬了。传说，丹朱墓就在翼城县北史村西边，现在还有老大个土堆堆。

【流传】山西省 ·（临汾市）· 翼城县［采录地点：翼城县西阎镇］

【出处】李士龙（男，79 岁，翼城县大河乡农民，初中）讲，王吉文（男，52 岁，翼城县文化局干部，中专）采录：《丹朱墓》（1986），见中国民间文学集成全国编辑委员会、《中国民间文学集成·山西卷》编辑委员会编《中国民间故事集成》（山西卷），北京：中国 ISBN 中心 1999 年版，第 42 ～ 43 页。

WTY055.2.3.1.7.7.2

丹朱举兵反叛，进攻反尧

实 例

汉 族 三苗的首领听说尧要把天下禅让给舜。三苗与尧的儿子丹朱勾结在一起，举兵反叛，企图进攻北方，推翻尧的统治。

【流传】河北省·保定市·唐县［采录地点：唐尧文化研究会］

【出处】赵喜林采录：《*尧教子》(2009.06)，见中国民间文艺家协会组织编写，罗杨总主编，韩海山本卷主编《中国民间故事丛书》（河北省·保定市·唐县卷），北京：知识产权出版社 2016 年版，第 22 ～ 24 页。

WTY055.2.3.1.7.8

尧与儿子的其他相处

实 例

WTY055.2.3.1.7.8.1

丹朱让尧难以安心

实 例

汉 族 尧王的儿子丹朱，实在令尧王难以安心。

【流传】山西省·运城市·绛县·古绛镇·尧寓村

【出处】郭延峰、李友益：《尧王访贤》，见田茂忠、申建华主编《尧王故里》，山西省绛县尧文化研究会编印，2009 年，第 114 ～ 117 页。

WTY055.2.3.1.7.8.2

丹朱领尧治病

实 例

汉 族 尧帝来长子巡查工作，因劳累而病倒，是丹朱领他来到发鸠山让彭祖给治好病的。为后人留下一段佳话。

【流传】（山西省·长治市）

【出处】刘开新：《从三皇五帝看发鸠山悠久历史和古文化》，见马志生主编，吴天昌、贺真和副主编《炎帝文化——上党二十年研究集锦》，北京：大众文艺出版社 2007 年版，第 178 页。

WTY055.2.3.1.7.8.3

尧与丹朱父子性格迥异

实 例

（参见下级母题实例）

WTY055.2.3.1.7.8.3.1

尧与丹朱父慈子凶

实 例

汉 族 丹珠和尧王不一样。他性情暴躁，心狠手毒，在部落里横行霸道，很不得人心。

【流传】（河南省）

【出处】冯传增记录，张中海整理：《尧除丹珠》，原载河南师大中文系编《河南民间故事》，见陶阳、钟秀编《中国神话》（中），北京：商务印书馆 2008 年版，第 818 ～ 819 页。

WTY055.2.3.1.8

与丹朱有关的其他母题

实 例

（参见下级母题实例）

WTY055.2.3.1.8.1

丹朱作为特定的命名来源

实 例

（参见下级母题实例）

WTY055.2.3.1.8.1.1

与丹朱有关的地名

实 例

（参见下级母题实例）

WTY055.2.3.1.8.1.1.1

“鸿城”（洪城）改名“丹朱城”

实 例

汉 族 尧为了教育儿子丹朱，痛下决心，将他“囚”于鸿城。为此，鸿城又曾改名“丹朱城”。

【流传】河北省·保定市·唐县［采录地点：唐尧文化研究会］

【出处】赵喜林采录：《尧教子》（2009.06），见中国民间文艺家协会组织编写，罗杨总主编，韩海山本卷主编《中国民间故事丛书》（河北省·保定市·唐县卷），北京：知识产权出版社 2016 年版，第 22 ～ 24 页。

汉 族 后来，尧把丹朱带到圣地洪城，请高手教棋，洪城也叫“丹朱城”了。至今唐县北洪城仍然流传着丹朱学棋的故事。

【流传】河北省·（保定市）·唐县·（高昌镇）·峪山庄［采录地点：唐县峪山庄］

【出处】韩增寿采录：《造围棋》（2008.04），见中国民间文艺家协会组织编写，罗杨总主编，韩海山本卷主编《中国民间故事丛书》（河北省·保定市·唐县卷），北京：知识产权出版社 2016 年版，第 24 ～ 27 页。

WTY055.2.3.1.8.1.1.2

“长子城”因丹朱得名

实 例

汉 族 尧帝把自己的儿子丹朱，派到长子来开垦土地。教民耕种，长子城的名字就是因为丹朱为长子而得名。

【流传】（山西省·长治市）

【出处】刘开新：《从三皇五帝看发鸠山悠久历史和古文化》，见马志生主编，吴天昌、贺真和副主编《炎帝文化——上党二十年研究集锦》，北京：大众文艺出版社 2007 年版，第 178 页。

WTY055.2.3.1.8.1.1.3

“丹江”因丹朱得名

实 例

汉 族 人们为了纪念丹珠，就把“黑河”

改名丹江，把埋葬丹珠的地方称为王子巷，那座墓就叫丹珠墓。

【流传】河南省·（南阳市）·淅川县（丹江两岸）

【出处】习警文（商人，上过私塾）讲，习诏采录整理：《丹江的传说》，见张振犁编著，孟宪明、朱淑君统纂《中原神话通鉴》（第三卷），郑州：河南大学出版社2017年版，第996页。

WTY055.2.3.1.8.1.1.4

尧诛丹朱处名曰“单珠烟堆”

实 例

汉 族 现在靠黄河北沿儿，有个地势很高的村子叫“单珠烟堆”，那就是当年尧王除掉邪恶的儿子单珠的地方。

【流传】河南省·（濮阳市）·范县［采录地点：范县辛庄乡丹徐庄］

【出处】郭自山（男，68岁，范县辛店乡丹徐庄农民，不识字）讲，冯传增（男，24岁，河南大学中文系学生）、张中海（男，23岁，河南大学中文系学生）采录：《尧除单珠》（1980.11），见《中国民间故事集成》全国编辑委员会、《中国民间故事集成·河南卷》编辑委员会编《中国民间故事集成》（河南卷），北京：中国ISBN中心2001年版，第45～46页。

WTY055.2.3.1.8.1.1.5

“鸿城”（“洪城”）与丹朱有关

实 例

汉 族 尧将捉到的反叛的儿子丹朱带回唐国都城，怕他再闹事，就把他放逐到唐城北部唐河东岸的鸿山关，并在鸿山关筑起城垣，名曰“鸿城”，俗称“洪城”。

【流传】河北省·保定市·唐县［采录地点：唐尧文化研究会］

【出处】赵喜林采录：《*尧教子》（2009.06），见中国民间文艺家协会组织编写，罗杨总主编，韩海山本卷主编《中国民间故事丛书》（河北省·保定市·唐县卷），北京：知识产权出版社2016年版，第22～24页。

WTY055.2.3.1.8.1.1.6

尧赐丹朱“大王子城”

实 例

汉 族 尧年纪大了，对大儿子十分不放心，生怕在自己死后由这个儿子引起内乱。一个年纪大的大臣给尧帝出主意说：“常说玩物丧志，您给大王子筑一座城池，再给他几百个漂亮的女子，把他稳住他就不会闹事了。”人们把这座城叫作“大王子城”。从此，居住在这里的人也越来越多，慢慢就分成了今天的“大王”和“子城”两个村镇。

【流传】河北省·保定市·顺平县

【出处】齐洛良、王老良讲，曹慧增记录：《大王子城的传说》，见中国民间文艺家协会组织编写，罗杨总主编，甄会龙本卷主编《中国民间故事丛书》（河北省·保定市·顺平卷），北京：知识产权出版社2016年版，第23页。

WTY055.2.3.1.8.2

丹朱的遗迹

实 例

（参见下级母题实例）

WTY055.2.3.1.8.2.1

丹朱的埋葬地

实 例

（参见下级母题实例）

WTY055.2.3.1.8.2.1.1

丹朱埋葬地称“王子巷”

实 例

汉 族 人们为了纪念丹珠，就把“黑河”改名丹江，把埋葬丹珠的地方称为王子巷，那座墓就叫丹珠墓。

【流传】河南省 ·（南阳市）· 淅川县（丹江两岸）

【出处】习警文（商人，上过私塾）讲，习诏采录整理：《丹江的传说》，见张振犁编著，孟宪明、朱淑君统纂《中原神话通鉴》（第三卷），郑州：河南大学出版社 2017 年版，第 996 页。

WTY055.2.3.1.8.2.2

丹朱的坟墓

实 例

（参见下级母题实例）

WTY055.2.3.1.8.2.2.1

丹朱墓

实 例

汉 族 人们为了纪念丹珠，就把“黑河”改名丹江，把埋葬丹珠的地方称为王子巷，那座墓就叫丹珠墓。

【流传】河南省 ·（南阳市）· 淅川县（丹江两岸）

【出处】习警文（商人，上过私塾）讲，习诏采录整理：《丹江的传说》，见张振犁编著，孟宪明、朱淑君统纂《中原神话通鉴》（第三卷），郑州：河南大学出版社 2017 年版，第 996 页。

WTY055.2.3.1.8.2.2.1.1

丹朱墓旁有象山

实 例

汉 族 丹珠（尧的儿子）的那头白象不愿离开主人，紧紧守卫在丹珠的墓旁。后来，它化为一座象山。

【流传】河南省 ·（南阳市）· 淅川县（丹江两岸）

【出处】习警文（商人，上过私塾）讲，习诏采录整理：《丹江的传说》，见张振犁编著，孟宪明、朱淑君统纂《中原神话通鉴》（第三卷），郑州：河南大学出版社 2017 年版，第 996 页。

WTY055.2.3.1.8.2.2.1.2

丹朱墓在翼城县北史村西边

实 例

汉 族 尧为了把帝位让给瞬，与儿子丹朱

决战丹水。丹朱战败自杀。丹朱自杀的消息，传到尧都，舜心里很难过。他立即派人把丹朱的尸首拉回来，举行隆重的仪式埋葬了。传说，丹朱墓就在翼城县北史村西边，现在还有老大个土堆堆。

【流传】山西省·（临汾市）·翼城县［采录地点：翼城县西阎镇］

【出处】李士龙（男，79 岁，翼城县大河乡农民，初中）讲，王吉文（男，52 岁，翼城县文化局干部，中专）采录：《丹朱墓》（1986），见中国民间文学集成全国编辑委员会、《中国民间文学集成·山西卷》编辑委员会编《中国民间故事集成》（山西卷），北京：中国 ISBN 中心 1999 年版，第 42 ～ 43 页。

WTY055.2.3.1.8.3

丹朱的特定能力

实 例

（参见下级母题实例）

WTY055.2.3.1.8.3.1

丹朱善棋

实 例

汉 族 尧造围棋，丹朱善之。

【流传】（无考）

【出处】［先秦］史官修撰：《世本·作篇》。

WTY055.2.3.1.8.4

丹朱的特定关系

实 例

（参见下级母题实例）

WTY055.2.3.1.8.4.1

丹朱的妻子

实 例

（参见下级母题实例）

WTY055.2.3.1.8.4.1.1

丹朱的未婚妻救夫

实 例

汉 族 丹珠（尧的不肖之子）被埋在地宫，他有一个没过门的妻子，听说丈夫被埋在宫里了，就连夜赶来搭救，因为一堆土实在太多了，直到她累死了，也没把宫门扒开。

【流传】（河南省）

【出处】冯传增记录，张中海整理：《尧除丹珠》，原载河南师大中文系编《河南民间故事》，见陶阳、钟秀编《中国神话》（中），北京：商务印书馆 2008 年版，第 818 ～ 819 页。

WTY055.2.3.1.8.4.1.2

“仙姑庙”为丹朱妻而建

实 例

汉 族 丹珠（尧的不肖之子）的妻子，听说丈夫被埋在宫里了，就连夜赶来搭救，因为一堆土实在太多了，直到她累死了，也没把宫门扒开。人们为了纪念这位好心的姑娘，就在丹珠墓前给她修了一座“仙姑庙”。

【流传】（河南省）

【出处】冯传增记录，张中海整理：《尧除丹珠》，原载河南师大中文系编《河南民间故事》，见陶阳、钟秀编《中国神话》（中），北京：商务印书馆 2008 年版，第 818 ～ 819 页。

WTY055.2.3.1.8.4.2

丹朱的近亲

实 例

（参见下级母题实例）

WTY055.2.3.1.8.4.2.1

“三苗”部族是丹朱的近亲（正亲）

实 例

汉 族 南方有个部族叫“有苗”，又叫“三苗”，论戚谊是唐尧的儿子丹朱的近亲，和丹朱关系很好。

【流传】河北省・保定市・唐县［采录地点：唐尧文化研究会］

【出处】赵喜林采录：《尧教子》（2009.06），见中国民间文艺家协会组织编写，罗杨总主编，韩海山本卷主编《中国民间故事丛书》（河北省・保定市・唐县卷），北京：知识产权出版社 2016 年版，第 22 ～ 24 页。

汉 族 南方有一个部落叫“有苗”，又叫“三苗”的，论戚谊与尧的不肖子丹朱还是正亲，关系很好。

【流传】山西省・运城市・绛县

【出处】韩生泉：《大义灭亲》，见田茂忠、申建华主编《尧王故里》，山西省绛县尧文化研究会编印，2009 年，第 124 ～ 126 页。

WTY055.2.3.2

尧子资（尧的儿子资）

实 例

（参见下级母题实例）

WTY055.2.3.2.1

资的出生

实 例

（实例待考）

WTY055.2.3.2.2

资的名字（资的称呼）

实 例

（参见下级母题实例）

WTY055.2.3.2.2.1

人称资“资子”

实 例

汉 族 尧的第九个儿子名资，大家叫他资子。

【流传】四川省・（内江市）・资中县［采录地点：资中县重龙山］

【出处】钟一之（男，55 岁，资中县城区干部，高中）讲，王志行（男，66 岁，资中县文管所离休干部，高中）采录：《资子治水》（1986.04），见中国民间文学集成全国编辑委员会、《中国民间文学集成・四川卷》编辑委员会编《中国民间故事集成》（四川卷・上），北京：中国 ISBN 中心 1998 年版，第 100 ～ 101 页。

WTY055.2.3.2.3

资的身份

实 例

（参见下级母题实例）

WTY055.2.3.2.3.1

资是尧的第九子

实 例

汉 族 尧的第九个儿子名资，大家叫他资子。

【流传】四川省·（内江市）·资中县［采录地点：资中县重龙山］

【出处】钟一之（男，55 岁，资中县城区干部，高中）讲，王志行（男，66 岁，资中县文管所离休干部，高中）采录：《资子治水》（1986.04），见中国民间文学集成全国编辑委员会、《中国民间文学集成·四川卷》编辑委员会编《中国民间故事集成》（四川卷·上），北京：中国 ISBN 中心 1998 年版，第 100 ～ 101 页。

WTY055.2.3.3

尧子监明（尧的儿子监明）

实 例

（参见下级母题实例）

WTY055.2.3.3.1

尧的长子监明早逝

实 例

中华民族 帝尧陶唐氏长子监明，因本立为太子，早死而不得立。

【流传】（无考）

【出处】刘志勇：《汉族族源新探》，载《成都大学学报（社会科学版）》2010 年第 2 期。

WTY055.3

尧的女儿

实 例

（参见下级母题实例）

WTY055.3.1

尧女儿的数量

实 例

（参见下级母题实例）

WTY055.3.1.1

尧有二女

实 例

汉 族 很早的时候，尧帝治理天下，他有九个儿子，两个女儿。

【流传】河南省·（南阳市）·淅川县（丹江两岸）

【出处】习謦文（商人，上过私塾）讲，习诏采录整理：《丹江的传说》，见张振犁编著，孟宪明、朱淑君统纂《中原神话通鉴》（第三卷），郑州：河南大学出版社 2017 年版，第 995 页。

汉 族 尧的两个女儿生得聪明伶俐、端庄俊秀，很会理解父王并能为他操心。

【流传】山西省·运城市·绛县·古绛镇·尧寓村

【出处】郭延峰、李友益:《尧王访贤》,见田茂忠、申建华主编《尧王故里》,山西省绛县尧文化研究会编印,2009 年,第 114 ～ 117 页。

WTY055.3.1.1.1

唐尧有娥皇、女英两个女儿

实 例

汉 族 古代有个君主叫尧,他有两个姑娘,一个叫娥皇,一个叫女英,两人都长得很漂亮。

【流传】湖北省·随州市[采录地点:随州市区]

【出处】晏勋其(男,78 岁,随州市教师,大学)讲,刘大业(文化馆干部,初中)采录:《舜的传说》(1988),见《中国民间故事集成》全国编辑委员会、《中国民间故事集成·湖北卷》编辑委员会编《中国民间故事集成》(湖北卷),北京:中国 ISBN 中心 1999 年版,第 36 ～ 37 页。

汉 族 尧王把自己的两个女儿娥皇、女英许配给舜为妃。

【流传】河南省·(南阳市)·南阳县(1994 年撤销,与原县级南阳市以人民路为界重组为宛城、卧龙二区)·(卧龙区)·青华街(青华镇)

【出处】杜家典讲,张楚北采录:《尧王访贤》,见《中国民间故事集成》全国编辑委员会、《中国民间故事集成·河南卷》编辑委员会编《中国民间故事集成》(河南卷),北京:中国 ISBN 中心 2001 年版,第 46 页。

汉 族 唐尧有两个女儿,名叫娥皇和女英。

【流传】河南省·(南阳市)·南阳县(宛城区、卧龙区)

【出处】邱海观(男,72 岁,农民)讲,范牧采录整理:《瑶琴》,见张振犁编著,孟宪明、朱淑君统纂《中原神话通鉴》(第三卷),郑州:河南大学出版社 2017 年版,第 992 页。

WTY055.3.2

尧特定的女儿

实 例

(参见下级母题实例)

WTY055.3.2.1

尧的女儿娥皇、女英(合称)

实 例

(参见下级母题实例)

WTY055.3.2.1.1

娥皇、女英的身份

实 例

(参见下级母题实例)

WTY055.3.2.1.1.1

娥皇、女英均为尧亲生

实 例

汉 族 尧王有两个女儿。大女儿叫娥皇,是尧王的养女；二女儿叫女英，是尧王的亲生女。姐妹俩都很聪明俊秀。

【流传】山西省·临汾市［采录地点：临汾市郭珩乡］

【出处】逍忠辄（男，73岁，临汾市郭圻乡退休中学教师）讲，王宏（男，46岁，临汾蒲剧院干部，大专）采录：《尧王嫁女》(1981)，见中国民间文学集成全国编辑委员会、《中国民间文学集成·山西卷》编辑委员会编《中国民间故事集成》(山西卷)，北京：中国ISBN中心1999年版，第37～38页。

WTY055.3.2.1.1.1.1

尧的长女娥皇、次女女英

实 例

汉 族 有虞二妃，帝尧二女也，长娥皇，次女英。

【流传】(无考)

【出处】［西汉］刘向：《列女传·有虞二妃》。

汉 族 尧王有两个女儿。大女儿叫娥皇，是尧王的养女；二女儿叫女英，是尧王的亲生女。姐妹俩都很聪明俊秀。

【流传】山西省·临汾市［采录地点：临汾市郭珩乡］

【出处】逍忠辄（男，73岁，临汾市郭圻乡退休中学教师）讲，王宏（男，46岁，临汾蒲剧院干部，大专）采录：《尧王嫁女》(1981)，见中国民间文学集成全国编辑委员会、《中国民间文学集成·山西卷》编辑委员会编《中国民间故事集成》(山西卷)，北京：中国ISBN中心1999年版，第37～38页。

WTY055.3.2.1.1.2

娥皇为养女，女英为亲生

实 例

汉 族 尧王有两个女儿，大闺女娥皇是养女，小闺女女英才是尧王亲生的。

【流传】山西省

【出处】王宏搜集整理：《尧王嫁女》，载《民间文学》1981年第4期。

汉 族 尧王的大女儿叫娥皇，二女儿叫女英，据传说大女儿是养女，小女儿是亲生的。

【流传】山西省·运城市·绛县·古绛镇·尧寓村

【出处】李友植：《二鹿门》，见田茂忠、申建华主编《尧王故里》，山西省绛县尧文化研究会编印，2009年，第127～129页。

汉 族 尧王照例外出，妻子散宜氏料理好家务之后，便又向送子娘娘庙宇中求子。散宜氏将捡到的女孩抱回家，起名叫娥皇，不久散宜氏发现自己怀孕了，十月临盆，又产下一女婴，和自己当初在花园梦见的女孩一模一样，起名叫女英。

【流传】山西省·运城市·绛县

【出处】宋玉秀：《娥皇与女英》，见田茂忠、申建华主编《尧王故里》，山西省绛县尧文化研究会编印，2009年，第188～190页。

WTY055.3.2.1.2
娥皇、女英的外貌特征

实 例

（参见下级母题实例）

WTY055.3.2.1.2.1
娥皇、女英相貌绝佳

实 例

汉 族 古代有个君主叫尧，他有两个姑娘，一个叫娥皇，一个叫女英，两人都长得很漂亮。

【流传】湖北省·随州市［采录地点：随州市区］

【出处】晏勋其（男，78 岁，随州市教师，大学）讲，刘大业（文化馆干部，初中）采录：《舜的传说》(1988)，见《中国民间故事集成》全国编辑委员会、《中国民间故事集成·湖北卷》编辑委员会编《中国民间故事集成》(湖北卷)，北京：中国 ISBN 中心 1999 年版，第 36 ～ 37 页。

WTY055.3.2.1.2.1a
娥皇、女英聪明俊秀

实 例

汉 族 尧王有两个女儿。大女儿叫娥皇，是尧王的养女；二女儿叫女英，是尧王的亲生女。姐妹俩都很聪明俊秀。

【流传】山西省·临汾市［采录地点：临汾市郭珩乡］

【出处】遆忠辄（男，73 岁，临汾市郭圻乡退休中学教师）讲，王宏（男，46 岁，临汾蒲剧院干部，大专）采录：《尧王嫁女》(1981)，见中国民间文学集成全国编辑委员会、《中国民间文学集成·山西卷》编辑委员会编《中国民间故事集成》（山西卷），北京：中国 ISBN 中心 1999 年版，第 37 ～ 38 页。

WTY055.3.2.1.3
娥皇、女英的性格特征

实 例

（参见下级母题实例）

WTY055.3.2.1.3.1
娥皇、女英情操高尚

实 例

汉 族 尧的两个女儿娥皇和女英不仅情操高尚，而且聪颖过人。

【流传】山西省·运城市·绛县·古绛镇·尧寓村

【出处】张志善：《娥皇女英助舜脱险的故事》，见田茂忠、申建华主编《尧王故里》，山西省绛县尧文化研究会编印，2009 年，第 130 ～ 136 页。

WTY055.3.2.1.3.2
娥皇、女英聪明贤良

实 例

汉 族 帝尧生二女，大女名娥皇，二女名女英，非常聪明贤良。

【流传】（山西省）

【出处】《尧舜时期的传说故事·娥皇、女英与丹朱的传说遗迹》，见赵大勇、赵随意著《尧都平阳与尧舜禹》，太原：山西古籍出版社 1999 年版，第 103 页。

WTY055.3.2.1.4

娥皇、女英的事迹

【关联】[WTY055.3.2.1.5.1.3*] 后人赞娥皇女英“良辅佐，贤内助”

实 例

汉 族 舜陟方，死于苍梧。二妃死于湘、江之间，俗谓之湘君。

【流传】(无考)

【出处】[西汉] 刘向：《列女传 · 有虞二妃》。

WTY055.3.2.1.5

与娥皇、女英有关的其他母题

实 例

(参见下级母题实例)

WTY055.3.2.1.5.0

娥皇、女英的居住地

实 例

(参见下级母题实例)

WTY055.3.2.1.5.0.1

娥皇、女英住在尧王的后花园

实 例

汉 族 唐尧有两个女儿，名叫娥皇和女英。她俩住在尧王后宫的花园里。

【流传】河南省 ·(南阳市)· 南阳县(1994 年撤销，与原县级南阳市以人民路为界重组为宛城、卧龙二区)·(卧龙区)· 青华街(青华镇)

【出处】邱海观(男，72 岁，农民)讲，范牧采录：《瑶琴》，见张振犁编著《中原神话通鉴》(第三卷)，郑州：河南大学出版社 2017 年版，第 992 ～ 993 页。

WTY055.3.2.1.5.1

娥皇、女英的称呼

实 例

(参见下级母题实例)

WTY055.3.2.1.5.1.1

娥皇女英，俗谓“湘君”

实 例

汉 族 舜陟方，死于苍梧。二妃死于湘、江之间，俗谓之湘君。

【流传】(无考)

【出处】[西汉] 刘向：《列女传 · 有虞二妃》。

汉 族 始皇浮江，至湘山祠。逢大风，几不得渡。上问博士曰：“湘君何神?”博士对曰：“闻之，尧女，舜之妻，而葬此。”

【流传】(无考)

【出处】[西汉] 司马迁：《史记 · 秦始皇本纪》。

WTY055.3.2.1.5.1.2

娥皇女英，谓之“湘夫人”

实 例

汉 族 “帝子降兮北渚。”王逸注：“帝子，谓尧女也；降，下也。言尧二女娥皇、女英随舜不反，没于湘水之渚，因为湘夫人。”

【流传】（无考）

【出处】［战国］屈原:《楚辞·九歌·湘夫人》王逸注。

WTY055.3.2.1.5.1.3*

后人赞娥皇女英“良辅佐，贤内助”

实 例

汉 族 帝尧嫁女于舜，视二女的才干，令女英辅佐舜帝执政，管理天下大事，令娥皇管理家务之事，后人称赞二女为“良辅佐，贤内助”。

【流传】（山西省洪洞县）

【出处】《尧舜时期的传说故事·娥皇、女英与丹朱的传说遗迹》，见赵大勇、赵随意著《尧都平阳与尧舜禹》，太原：山西古籍出版社 1999 年版，第 103 页。

WTY055.3.2.1.5.2

与娥皇、女英有关的建筑

实 例

（参见下级母题实例）

WTY055.3.2.1.5.2.1

娥皇女英祠

实 例

（参见下级母题实例）

WTY055.3.2.1.5.2.1.1

娥皇女英祠在趵突泉

实 例

汉 族 娥皇女英祠，在趵突泉，今废。曾子固诗：“层城齐鲁衣冠会，况有娥英诧世人。”

【流传】（山东省·济南市）

【出处】［清］王士祯:《香祖笔记》卷九。

WTY055.3.2.1.5.2.1.2

娥皇女英祠在蒲津

实 例

汉 族 蒲津有舜祠，又有娥皇女英祠。

【流传】（蒲津）

【出处】［宋］李昉、扈蒙、李穆等:《太平广记》卷三一〇“卢嗣宗”条引《宣室志》。

WTY055.3.2.1.5.2.2

娥皇女英庙

实 例

（参见下级母题实例）

WTY055.3.2.1.5.2.2.1

娥皇女英庙在泺源

实 例

汉 族 泺源亦谓娥英水，以泉上有舜妃娥英庙故也。俗人但知吕仙祠矣。

【流传】（无考）

【出处】[北魏] 郦道元:《水经注·洛水》。

WTY055.3.2.1.5.2.3

二鹿门

实　例

（参见下级母题实例）

WTY055.3.2.1.5.2.3.1

娥皇女英骑鹿出嫁处曰“二鹿门”

实　例

汉　族 舜和娥皇、女英成亲之后，对她俩从不分大小，更不论偏正。姐妹俩相处和睦。人们为了怀念她俩和睦相处，就将骑鹿出嫁的地方叫“二鹿门”，并在尧寓建立娥皇、女英庙，庙虽损坏，但遗址仍在。

【流传】山西省·运城市·绛县·古绛镇·尧寓村

【出处】李友植:《二鹿门》，见田茂忠、申建华主编《尧王故里》，山西省绛县尧文化研究会编印，2009 年，第 127 ～ 129 页。

WTY055.3.2.1.5.3*

与娥皇、女英有关的研究

实　例

（参见下级母题实例）

WTY055.3.2.1.5.3.1*

娥皇、女英的名字继承了母族姓氏

实　例

中华民族 后世所谓尧之二女名娥皇、女英（女莹），其实就是把尧妻的氏和姓分派给二女，而二女继承了母族的姓氏。

【流传】（无考）

【出处】郭世谦:《古史传说考》（三、两昊鸟图腾部落集团），天津：天津出版传媒集团·天津古籍出版社 2019 年版，第 687 ～ 688 页。

WTY055.3.2.2

尧的女儿娥皇

实　例

中华民族 娥，帝尧之女，舜妻娥皇字也。秦晋谓好曰娙娥。从女，我声。

【流传】（无考）

【出处】[东汉] 许慎:《说文》。

中华民族 如果“娥皇”即是“羲皇”，为什么尧女和两昊族的羲祖母“羲和”重名了呢？盖上古言女子，多只称其姓氏，卜辞有妇好，称姓；有妇楚，称氏。到了春秋时代，女子皆称姓而不再称氏。

【流传】（无考）

【出处】郭世谦:《古史传说考》（三、两昊鸟图腾部落集团），天津：天津出版传媒集团·天津古籍出版社 2019 年版。

WTY055.3.2.3

尧的女儿女英

实　例

（参见下级母题实例）

WTY055.3.2.3.1
女英又称“湘夫人”

实 例

汉 族 湘夫人，神名。谓尧女、舜妻女英。

【流传】（无考）

【出处】《湘夫人》，见袁珂《中国神话大词典》，北京：华夏出版社 2015 年版，第 324 页。

WTY055.4
尧的孙子

实 例

（实例待考）

WTY055.5
尧特定辈次的子孙

实 例

（实例待考）

WTY055.6
尧的后代（尧的后裔）

实 例

（参见下级母题实例）

WTY055.6.1
特定的人是尧的后代

实 例

（参见下级母题实例）

WTY055.6.2
特定的氏族是尧的后代

实 例

（参见下级母题实例）

WTY055.6.2.1
有熊氏是尧的后代

实 例

中华民族 有熊氏实际就是唐尧的氏族，这个部落也就是尧舜所代表的猛兽图腾部落。

【流传】（无考）

【出处】郭世谦：《古史传说考》（五、三皇五帝及历代古史整理倾向），天津：天津出版传媒集团·天津古籍出版社 2019 年版，第 1308 页。

WTY055.6.3
特定的部落是尧的后代

【关联】［WTY055.6.2］特定的氏族是尧的后代

实 例

中华民族 （参见“WTY055.6.2.1 有熊氏是尧的后代”母题实例）

WTY055.6.4
特定的民族是尧的后代

实 例

汉 族 ［参见“WTY022.1 尧是中华民族

的祖先（尧是中华共祖）”母题实例］

WTY055.6.5

特定的姓氏是尧的后代

实 例

（参见下级母题实例）

WTY055.6.5.1*

唐、杜、房、鼓诸姓氏是尧的后代

实 例

中华民族 通检《诗》《书》《左传》《国语》《世本·帝系》，证以卜辞金文，两周时代的著姓中，祁姓——祖帝尧，有唐、杜、房、鼓诸国。

【**流传**】（无考）

【**出处**】丁山：《〈古代神话与民族〉自序》（1948），原载丁山《从东西文化交流探索史前时代的帝王世系》，《文史》1985年第28辑上，见马昌仪选编《中国神话学百年文论选》（上），西安：陕西师范大学出版总社有限公司2013年版，第423～437页。

WTY055.6.5.2*

祁、唐姓是尧的后代

实 例

中华民族 东周以来的世系书都是逆溯体系。“姓”追上去是“帝”。这些“帝”本来是不同族姓的宗神，互不相淆，比如姬（周）出黄帝，姜（齐、吕、申、许）出炎帝，嬴（秦、徐、江、黄）出少昊，风（任、宿、须句、颛臾）出太昊，祁（唐）出尧等。

【**流传**】（无考）

【**出处**】李零：《考古发现与神话传说》，原载《学人》1995年第5辑，见马昌仪选编《中国神话学百年文论选》（下），西安：陕西师范大学出版总社有限公司2013年版，第914～934页。

WTY055.6.5.3*

尧后裔有祁、尧、刘、唐、杜等五十多个姓氏

实 例

中华民族 尧、舜均在五帝之列，是中华民族的人文圣祖。据有关资料显示，尧后裔有祁、尧、刘、唐、杜、范、随、傅、资、士等五十多个姓氏。

【**流传**】（无考）

【**出处**】高强：《尧舜时代对后世大一统观念的影响》，见山东菏泽《首届中华伏羲祖源文化论坛论文集》，内部编印，2020年9月，第73页。

WTY055.6.5.3.1*

杜唐氏是尧的后代

实 例

中华民族 《晋世家》曰：唐在河汾之东，方百里。《括地志》曰：故唐城在绛州翼城县西二十里，故春秋称翼。高辛氏崩，子挚立，挚不能君，弟放勋立，是为帝尧。尧都平阳，国号唐，以其地在平水之阳，故曰平阳。翼、绛、曲沃皆其畿

辅地也。周成王时唐有乱，周公灭之，遂迁尧子孙于杜，在今定州唐县，故谓之杜唐氏。

【流传】(山西平阳)

【出处】[清]乾隆《平阳府志·建制沿革》。

WTY055.6.5.4

春秋范氏为尧的后代

实 例

中华民族 春秋范氏为陶唐氏之裔。

【流传】(无考)

【出处】郭世谦:《古史传说考》(一、唐虞猛兽图腾集团)，天津：天津出版传媒集团·天津古籍出版社2019年版，第196页。

WTY055.6.6

特定的国家是尧的后代

实 例

(实例待考)

WTY055.6.7

其他特定群体是尧的后代

实 例

(实例待考)

WTY055.6.8

尧的其他后代

实 例

(实例待考)

WTY055.6.8.1

尧的女婿

实 例

(参见下级母题实例)

WTY055.6.8.1.1

尧的招婿标准

实 例

(参见下级母题实例)

WTY055.6.8.1.1.1

公道贤德是尧的招婿标准

实 例

汉 族 尧王来到历山发现舜是个贤人，定能挑起治国的重任。尧回朝后，跟皇后一商量，就把舜招为婿，让娥皇、女英跟舜结为夫妇了。

【流传】(无考)

【出处】王上清讲，王孟晓记录:《大舜耕田》，原载陶阳编《中国民间故事大观》，见陶阳、钟秀编《中国神话》(中)，北京：商务印书馆2008年版，第826～827页。

WTY055.6.8.1.2

尧特定的女婿

实 例

(参见下级母题实例)

WTY055.6.8.1.2.1

舜是尧的女婿

实　例

汉　族 尧王发现舜办事细心，讲究方法，无论办啥事都能办得好，就把舜带进王宫，把自己的两个女儿娥皇、女英许配给舜为妃，把江山也让给了舜。

【流传】河南省·（南阳市）·南阳县（1994年撤销，与原县级南阳市以人民路为界重组为宛城、卧龙二区）[采录地点：南阳市南阳旅社]

【出处】杜家典（男，57岁，南阳县青华街农民，读过私塾）讲，张楚北（男，46岁，河南省民间文艺家协会干部，高中）采录：《尧王访贤》(1982.02)，见《中国民间故事集成》全国编辑委员会、《中国民间故事集成·河南卷》编辑委员会编《中国民间故事集成》(河南卷)，北京：中国ISBN中心2001年版，第46～47页。

WTY055.7

尧后代的其他特定关系人

实　例

（实例待考）

WTY055.8

与尧后代有关的其他母题

实　例

（参见下级母题实例）

WTY055.8.1

尧后代的活动范围

实　例

（参见下级母题实例）

WTY055.8.1.1

尧的后代在黎地活动

实　例

汉　族 武王封尧后于黎。

【流传】（山西省·长治市）

【出处】[战国]吕不韦及其门客编：《吕氏春秋》。

WTY055.8.1.2

尧的后代在祝地活动

实　例

中华民族 武王克殷反商，未及下车，而封黄帝之后于蓟，封帝尧之后于祝。

【流传】（无考）

【出处】[西汉]司马迁：《史记·乐书》。

WTY055.8.2

尧后代的繁衍发展

实　例

（参见下级母题实例）

WTY055.8.2.1

尧后代的迁徙

实　例

（参见下级母题实例）

WTY055.8.2.1.1

尧的子孙迁于杜

实　例

中华民族 《晋世家》曰：唐在河汾之东，方百里。《括地志》曰：故唐城在绛州翼城县西二十里，故春秋称翼。高辛氏崩，子挚立，挚不能君，弟放勋立，是为帝尧。尧都平阳，国号唐，以其地在平水之阳，故曰平阳。翼、绛、曲沃皆其畿辅地也。周成王时唐有乱，周公灭之，遂迁尧子孙于杜。

【**流传**】（山西平阳）

【**出处**】［清］乾隆《平阳府志·建制沿革》。

WTY056

尧的上下从属关系

实　例

（参见下级母题实例）

WTY056.1

尧的上司

实　例

（参见下级母题实例）

WTY056.1.1

尧的上司挚

实　例

（参见下级母题实例）

WTY056.1.1.1

尧辅挚治部落

实　例

中华民族 帝喾说：“吾今居位已七十年，百而过五岁，今身沉神困，吾知天将招吾。吾子挚已成年，其母常仪虽排为第四，居于末位。然挚却在诸子中居长，尧虽居二，才年方十三。故今将位传于挚，尧可协助兄长挚管好部落事务。今后部落中大小事务，一律由挚裁决。”

【**流传**】（山西省）

【**出处**】中国先秦史学会尧舜禹文化研究基地编，叶雨青、张培莲著：《尧舜传》第三章“帝喾临终传位挚，挚令弟尧赴陶都”，太原：山西出版集团·山西春秋电子音像出版社 2008 年版，第 18 页。

WTY056.1.2

尧的上司帝喾

实　例

（参见下级母题实例）

WTY056.1.2.1

尧听令帝喾

实　例

中华民族 按帝喾的传令，挚、尧及官员驩兜、孔壬、鲧、羿等，急匆匆赶进宫内。

【**流传**】（山西省）

【**出处**】中国先秦史学会尧舜禹文化研究基地编，叶雨青、张培莲著：《尧舜传》第三章“帝喾临终传位挚，挚令弟尧赴陶都”，太原：山西出版集团·山西春秋电子音像出版社 2008 年版。

WTY056.2

尧的从属（尧的部下；尧的随从）

实 例

（参见下级母题实例）

WTY056.2.1

羲和氏是尧的部下

【关联】[WTY047.3.2.3.2.1.1] 尧命羲仲、羲叔、和仲、和叔于四方观天象

实 例

中华民族 乃命羲和，钦若昊天，历象日月星辰，敬授民时。分命羲仲，宅嵎夷，曰暘谷。寅宾出日，平秩东作。日中，星鸟，以殷仲春。厥民析，鸟兽孳尾。申命羲叔，宅南交。平秩南为，敬致。日永，星火，以正仲夏。厥民因，鸟兽希革。分命和仲，宅西，曰昧谷。寅饯纳日，平秩西成。宵中，星虚，以殷仲秋。厥民夷，鸟兽毛毨。申命和叔，宅朔方，曰幽都。平在朔易。日短，星昴，以正仲冬。厥民隩，鸟兽氄毛。

【流传】（无考）

【出处】[先秦]《尚书·尧典》。

中华民族 尧分命羲和四子，至夏则羲和合为一职。

【流传】（无考）

【出处】林之奇：《尚书全解》。

WTY056.2.1.1

尧封羲和氏伯叔为四岳

实 例

中华民族 中国氏族联盟时代（公元前 2357—前 2128 年），尧称帝。尧封羲和氏伯叔六人为四岳，封契为司马，后稷为田畴农正，夔为乐正，皋陶（要）为大理，共工为工正，垂为工师，伯夷为秩序，伯益掌鸥禽。

【流传】（无考）

【出处】刘志勇：《汉族族源新探》，载《成都大学学报（社会科学版）》2010 年第 2 期。

汉 族 尧设官分职，命羲和、羲叔、和仲、和叔分居东南西北四方，名为“四岳”。

【流传】山西省·运城市·绛县

【出处】常嗣新：《序言》，见田茂忠、申建华主编《尧王故里》，山西省绛县尧文化研究会编印，2009 年，第 2 页。

WTY056.2.1.1a

尧命羲和氏四子管四岳

实 例

（参见下级母题实例）

WTY056.2.1.1a.1

尧命羲仲为东岳长官

实 例

汉 族 远古尧时，命羲和氏的四个儿子分

别管理四岳。羲仲为东岳长官、羲叔为南岳长官，和仲为西岳长官，和叔为北岳长官。

【流传】山西省·（大同市）·浑源县

【出处】张剑杨采录：《恒山为何封北岳》，见郭万金主编《山西民间故事大系》（晋北卷），北京：商务印书馆 2017 年版，第 865 ～ 866 页。

WTY056.2.1.1a.2

尧命羲叔为南岳长官

实 例

汉 族（参见“WTY056.2.1.1a.1 尧命羲仲为东岳长官”母题实例）

WTY056.2.1.1a.3

尧命和仲为西岳长官

实 例

汉 族（参见“WTY056.2.1.1a.1 尧命羲仲为东岳长官”母题实例）

WTY056.2.1.1a.4

尧命和叔为北岳长官

实 例

汉 族（参见“WTY056.2.1.1a.1 尧命羲仲为东岳长官”母题实例）

WTY056.2.1.1b

尧命羲仲、羲叔、和仲、和叔分管四方

实 例

中华民族 尧继位时，让羲仲、羲叔、和仲、和叔分管东西南北四方事务，并到四个方向去观测日月运行情况。

【流传】（山西省）

【出处】中国先秦史学会尧舜禹文化研究基地编，叶雨青、张培莲著：《尧舜传》第十五章“阶生历荚岂天意，尧率大军平南蛮”，太原：山西出版集团·山西春秋电子音像出版社 2008 年版，第 89 页。

WTY056.2.1.2

大臣羲和掌管天文历法

实 例

中华民族 尧帝趁着月光，连夜叫来羲氏与和氏等一干人。今天敲鼓进谏的人中，竟有好几位反映历法不准，耽误了禾稼农事。

【流传】（无考）

【出处】《尧·孝慈仁敬》，见卢静《尧舜禹》，北京：中华书局 2019 年版，第 10 页。

汉 族 尧王找来管天文历法的大臣羲和。

【流传】河北省·保定市·唐县［采录地点：唐县峪山庄］

【出处】韩增寿采录：《唐尧传说·造围棋》（2008.04），见中国民间文艺家协会组织编写，罗杨总主编，韩海山本卷主编《中国民间故事丛书》（河北省·保定市·唐县卷），北京：知识产权出版社 2016 年版，第 24 ～ 27 页。

汉 族 尧命羲和掌管天文时令，制定历法，教民稼不啬，务好农事。

【流传】山西省·运城市·绛县

【出处】韩生泉:《荣辱不惊》,见田茂忠、申建华主编《尧王故里》,山西省绛县尧文化研究会编印,2009 年,第 208 页。

WTY056.2.1.2a

尧命羲和观天象定历法

实 例

汉 族 尧就命令羲氏与和氏,让他们带领专人观测日月星辰变化规律,制定历法。

【流传】山西省・运城市・绛县

【出处】永昌:《尧王定历法》,见田茂忠、申建华主编《尧王故里》,山西省绛县尧文化研究会编印,2009 年,第 111 ～ 113 页。

汉 族 尧派羲仲、羲叔、和仲、和叔观天象制历法。

【流传】河北省・保定市・唐县[采录地点:唐尧文化研究会]

【出处】赵喜林采录:《唐尧传说・尧堂瑞草》(2009.08),见中国民间文艺家协会组织编写,罗杨总主编,韩海山本卷主编《中国民间故事丛书》(河北省・保定市・唐县卷),北京:知识产权出版社 2016 年版,第 28 ～ 29 页。

中华民族 尧帝命令羲氏与和氏,根据日月的出没,还有周天星辰的位次,总结出规律,严格制定历法,指导民众从事农业生产。

【流传】(无考)

【出处】《尧・孝慈仁敬》,见卢静《尧舜禹》,北京:中华书局 2019 年版,第 10 页。

WTY056.2.1.3

尧臣羲和造围棋

实 例

汉 族 尧找来管天文历法的大臣羲和造围棋。

【流传】河北省・保定市・望都县

【出处】韩增寿采录:《尧母的传说・丹朱弈棋》,见中国民间文艺家协会组织编写,罗杨总主编,吴从志本卷主编《中国民间故事丛书》(河北省・保定市・望都县卷),北京:知识产权出版社 2016 年版,第 35 ～ 38 页。

汉 族 唐尧灵机一动,心想如果把争斗变成游戏,使孩子们觉得有趣,又能增长智慧和本领,一定会一举多得。于是,他找来管天文历法的大臣羲和,说出了自己的打算。羲和有一个聪慧的大脑,特别精于计算。他按照尧的想法设计出一张图。图上画出纵横十一道线,共有一百二十一个交叉点,用黑石子和白石子代表交战双方,用抢占交叉点围对方子的办法吃子,子多者胜。后来感到一百二十一个点太少,又加纵横各八道线,成为纵横十九道,三百六十个点,造出围棋。

【流传】河北省・(保定市)・唐县・(高昌镇)・峪山庄[采录地点:唐县峪山庄]

【出处】韩增寿采录:《造围棋》(2008.04),见中国民间文艺家协会组织编写,罗杨总主编,韩海山本卷主编《中国民间故事丛书》(河北省·保定市·唐县卷)，北京：知识产权出版社 2016 年版，第 24 ～ 27 页。

WTY056.2.1.4

尧命羲仲迎日出

实 例

中华民族 尧安排羲仲住在郁夷的场谷，让他虔敬地迎接日出，分派人们准备春季的耕作。瞧，每当白昼与黑夜的时段一样长，东方七宿中的鸟星出现在正南方，便确定这一天为春分。又任命羲叔住在南方的交趾，让他督管南方民众的农事安排。每当白昼最长时，心宿出现在正南方，便确定这一天为夏至。

【流传】(无考)

【出处】《尧·孝慈仁敬》，见卢静《尧舜禹》，北京：中华书局 2019 年版，第 16 页。

WTY056.2.1.5

尧命羲叔管农事

实 例

中华民族 (参见"WTY056.2.1.4 尧命羲仲迎日出"母题实例)

WTY056.2.2

契是尧的部下

实 例

(参见下级母题实例)

WTY056.2.2.1

尧封契为司马

实 例

中华民族 中国氏族联盟时代(公元前 2357—前 2128 年)，尧称帝。尧封羲和氏伯叔六人为四岳，封契为司马，后稷为田畴农正，夔为乐正，皋陶(要)为大理，共工为工正，垂为工师，伯夷为秩序，伯益掌鸥禽。

【流传】(无考)

【出处】刘志勇：《汉族族源新探》，载《成都大学学报(社会科学版)》2010 年第 2 期。

WTY056.2.2.1.1

尧命契作司马掌管军队

实 例

汉 族 尧召集许多贤德之人来帮他治理国家分管政事，如后稷(名弃)做农师，倕做工师，皋陶做法官，夔作乐官，舜作司徒掌管教育，契作司马掌管军队。

【流传】山西省·运城市·绛县

【出处】韩生泉：《荣辱不惊》，见田茂忠、申建华主编《尧王故里》，山西省绛县尧文化研究会编印，2009 年，第 208 页。

WTY056.2.3

舜是尧的部下

实 例

(参见下级母题实例)

WTY056.2.3.1

尧命舜作司徒

实　例

中华民族 尧认为舜做得很对，就让舜试任司徒之职，慎重地推行五教，百姓都能遵从。

【流传】（无考）

【出处】张大可、朱枝富编著：《人文始祖黄帝》，北京：商务印书馆 2018 年版，第 168 页。

WTY056.2.3.1.1

尧命舜作司徒掌管教育

实　例

汉　族（参见“WTY056.2.2.1.1 尧命契作司马掌管军队”母题实例）

WTY056.2.3.2

尧命舜管理五典，制定法治体系

实　例

中华民族 帝尧任命舜管理五典，制定度量衡及五种礼仪，制定百官制度，分天下为十二州，并制定五刑（墨、劓、刵、宫及大辟），使全联盟的人有法可依。

【流传】（无考）

【出处】杨东晨：《华夏始祖：尧舜禹时代》“二、帝尧的伟业篇”，西安：三秦出版社 2007 年版，第 36 页。

WTY056.2.3.3

尧命舜教耕种

实　例

汉　族 尧知道舜开创出一套农事经验，连年五谷丰登的事情后，对舜非常敬佩仰慕，就派大臣罕去请他，要他到身边来教百姓种田。

【流传】山东省·（潍坊市）·诸城市［采录地点：诸城市万家庄乡官庄店村］

【出处】范炳忠（62 岁，万家庄乡官庄店村，小学）讲，范凤廷（47 岁，万家庄乡官庄店村，初中）采录：《尧王访舜》（1986.08），见《中国民间故事集成》全国编辑委员会、《中国民间故事集成·山东卷》编辑委员会编《中国民间故事集成》（山东卷），北京：中国 ISBN 中心 2007 年版，第 17 ～ 18 页。

WTY056.2.4

夔是尧的部下

实　例

（参见下级母题实例）

WTY056.2.4.1

尧命夔为乐正

实　例

中华民族 中国民族联盟时代（公元前 2357—前 2128 年），尧称帝。尧封羲和氏伯叔六人为四岳，封契为司马，后稷为田畴农正，夔为乐正，皋陶（要）为大理，共工为工正，垂为工师，伯夷为秩序，伯益掌鸥禽。

【流传】（无考）

【出处】刘志勇：《汉族族源新探》，载《成都大学学报（社会科学版）》2010 年第 2 期。

WTY056.2.4.1a

尧命夔作乐官

实 例

汉 族 尧召集许多贤德之人来帮他治理国家分管政事，如后稷（名弃）做农师，倕做工师，皋陶做法官，夔作乐官，舜作司徒掌管教育，契作司马掌管军队。

【流传】山西省·运城市·绛县

【出处】韩生泉：《荣辱不惊》，见田茂忠、申建华主编《尧王故里》，山西省绛县尧文化研究会编印，2009 年，第 208 页。

WTY056.2.4.1a.1

乐官夔作《大章》

实 例

汉 族 夔做了尧的乐官以后，就仿效山川溪谷的声音，作了一支乐曲，叫做《大章》。人们听了他这乐曲，都自然心平气和，减少了许多无谓的争端。

【流传】山西省·运城市·绛县

【出处】韩生泉：《招良纳贤》，见田茂忠、申建华主编《尧王故里》，山西省绛县尧文化研究会编印，2009 年，第 216 页。

WTY056.2.4.1a.2

夔效山林溪谷之音，拊石击石

实 例

汉 族 帝尧立，乃命夔为乐，夔乃效山林溪谷之音，拊石击石，以象上帝玉磬之音，以致舞百兽。舜立，乃令夔修《九招》《六列》《六英》，以明帝德。

【流传】（无考）

【出处】［战国］吕不韦及其门客编：《吕氏春秋·古乐》。

WTY056.2.5

皋陶是尧的部下

实 例

汉 族 当尧之时，皋陶为士。

【流传】（无考）

【出处】［宋］苏轼：《省试刑赏忠厚之至论》。

WTY056.2.5.1

尧命皋陶为大理

实 例

汉 族 当尧之时，皋陶为大理。

【流传】（无考）

【出处】［西汉］刘向：《说苑·君道》。

中华民族 （参见“WTY056.2.4.1 尧命夔为乐正”母题实例）

WTY056.2.5.1.1

皋陶以独角神羊断案

实 例

中华民族 皋陶当尧的法官时，养一只独角神羊。当他断案碰到疑难时，就令羊向下触去，对有罪的人羊就触，对无罪的人羊就不触。

【流传】（无考）

【出处】［东汉］王充：《论衡·是应篇》。

WTY056.2.5.1.2

尧命皋陶定法制

实 例

汉 族 尧任命皋陶做法官，创建了顺乎当时民情的法制体系。

【流传】山西省·运城市·绛县

【出处】常嗣新：《序言》，见田茂忠、申建华主编《尧王故里》，山西省绛县尧文化研究会编印，2009年，第2页。

WTY056.2.5.2

皋陶是尧的能臣

实 例

汉 族 皋陶不愧为能干的老臣，不长时间就把俘虏的事处理得妥妥当当。

【流传】河北省·保定市·唐县［采录地点：唐县峪山庄］

【出处】韩增寿采录：《嫦娥奔月》（2008.08），见中国民间文艺家协会组织编写，罗杨总主编，韩海山本卷主编《中国民间故事丛书》（河北省·保定市·唐县卷），北京：知识产权出版社2016年版，第34～37页。

WTY056.2.5.2.1

皋陶精明干练、铁面无私

实 例

汉 族 唐尧时代，有一个叫皋陶的人，虽说其貌不扬，但他是个精明干练、铁面无私的人。尧取其贤，就任命他当法官。

【流传】河北省·保定市·唐县［采录地点：唐尧文化研究会］

【出处】赵喜林采录：《神羊断案》（2009.07），见中国民间文艺家协会组织编写，罗杨总主编，韩海山本卷主编《中国民间故事丛书》（河北省·保定市·唐县卷），北京：知识产权出版社2016年版，第32～33页。

WTY056.2.5.3

士师村（皋陶村）是“皋陶故里”

实 例

汉 族 唐尧时的“法官”皋陶出生于士师村，俗语叫皋陶村，因而此村有“皋陶故里”之称。

【流传】（山西省临汾市洪洞县甘亭镇士师村）

【出处】《尧舜时期的传说故事·皋陶故里士师村》，见赵大勇、赵随意著《尧都平阳与尧舜禹》，太原：山西古籍出版社1999年版，第104页。

WTY056.2.6

共工是尧的部下

实 例

（参见下级母题实例）

WTY056.2.6.1

尧命共工为工正

实 例

中华民族 中国氏族联盟时代（公元前2357—前2128年），尧称帝。尧封羲和氏伯叔六人为四岳，封契为司马，后稷为田畴农正，夔为乐正，皋陶（要）为大理，共工为工正，垂为工师，伯夷为秩序，伯益掌鸥禽。

【流传】（无考）

【出处】刘志勇：《汉族族源新探》，载《成都大学学报（社会科学版）》2010年第2期。

WTY056.2.7

垂（倕）是尧的部下

实 例

（参见下级母题实例）

WTY056.2.7.1

尧命垂为工师

实 例

中华民族（参见“WTY056.2.6.1 尧命共工为工正”母题实例）

汉 族 尧召集许多贤德之人来帮他治理国家分管政事，如后稷（名弃）做农师，倕做工师，皋陶做法官，夔作乐官，舜作司徒掌管教育，契作司马掌管军队。

【流传】山西省·运城市·绛县

【出处】韩生泉：《荣辱不惊》，见田茂忠、申建华主编《尧王故里》，山西省绛县尧文化研究会编印，2009年，第208页。

汉 族 尧差倕做工师，研制新的生产工具。倕不负尧的使命在新石器的基础上，发明了骨耜，骨耜是用水牛的肩胛骨加工修整制成的。

【流传】山西省·运城市·绛县

【出处】韩生泉：《招良纳贤》，见田茂忠、申建华主编《尧王故里》，山西省绛县尧文化研究会编印，2009年，第215页。

WTY056.2.7.1.1

尧的工师倕是制造工具的能手

实 例

（参见下级母题实例）

WTY056.2.7.1.1.1

尧的工师倕造乐器

实 例

汉 族 尧任命的工师倕不仅是研制生产工具的能手，在其他方面也做出很大贡献，规矩、准绳、弓以及乐器方面的鼓、钟、磬、笭、管等都是他发明制造的。

【流传】山西省·运城市·绛县

【出处】韩生泉:《招良纳贤》，见田茂忠、申建华主编《尧王故里》，山西省绛县尧文化研究会编印，2009 年，第 215 页。

WTY056.2.7.1.1.2

尧命工师倕研制新工具

实 例

汉 族 尧差倕做工师，研制新的生产工具。倕不负尧的使命在新石器的基础上，发明了骨耜，骨耜是用水牛的肩胛骨加工修整制成的。

【流传】山西省・运城市・绛县

【出处】韩生泉:《招良纳贤》，见田茂忠、申建华主编《尧王故里》，山西省绛县尧文化研究会编印，2009 年，第 215 页。

WTY056.2.8

伯夷是尧的部下

实 例

中华民族 夫齐，姜姓，伯夷之后也。伯夷佐尧典礼。

【流传】(无考)

【出处】[西汉]司马迁:《史记・郑世家》。

WTY056.2.8.1

尧命伯夷为秩序

实 例

中华民族 中国氏族联盟时代(公元前 2357—前 2128 年)，尧称帝。尧封羲和氏伯叔六人为四岳，封契为司马，后稷为田畴农正，夔为乐正，皋陶(要)为大理，共工为工正，垂为工师，伯夷为秩序，伯益掌鸥禽。

【流传】(无考)

【出处】刘志勇:《汉族族源新探》，载《成都大学学报(社会科学版)》2010 年第 2 期。

WTY056.2.8.2

尧命伯夷管四岳、平水土

实 例

中华民族 伯夷所以能受到唐尧的重用，掌管四岳，平水土，就是因为他迁入内地，和华族融合已久，已取得最高首领的信任。

【流传】(无考)

【出处】魏茂春:《古吕侯国考》，载《驻马店师专学报(社会科学版)》1993 年第 2 期。

WTY056.2.9

尧的其他特定部下(大臣)

实 例

(参见下级母题实例)

WTY056.2.9.1

伯益是尧的部下

实 例

(参见下级母题实例)

WTY056.2.9.1.1

伯益掌鸥禽

实 例

中华民族 （参见“WTY056.2.8.1 尧命伯夷为秩序”母题实例）

WTY056.2.9.2

讙兜是尧臣

【关联】[WTY056.6.3.3] 尧臣讙兜自投南海而死

实 例

汉 族 讙兜，尧臣，有罪，自投南海而死。帝怜之，使其子居南海而祀之。画亦似仙人也。

【流传】（无考）

【出处】[战国至汉] 撰者不详：《山海经 · 海外南经》郭璞注。

WTY056.2.9.3

巫咸是尧臣

实 例

（参见下级母题实例）

WTY056.2.9.3.1

巫咸是尧时巫医

实 例

汉 族 巫咸，尧臣也，以鸿术为帝尧之医。

【流传】（无考）

【出处】[宋] 李昉、李穆、徐铉等：《太平御览》卷七二一引《世本》。

WTY056.3

尧的助手

实 例

（参见下级母题实例）

WTY056.3.1

黑虎、走神是尧的助手

实 例

（参见下级母题实例）

WTY056.3.1.1

黑虎、走神助尧除妖

实 例

汉 族 尧王和大将黑虎、走神带兵来到郭家庄回汾家河的妖洞前，将妖洞团团围住。

【流传】山西省 · 运城市 · 绛县

【出处】胡文明：《尧王除凤妖》，见田茂忠、申建华主编《尧王故里》，山西省绛县尧文化研究会编印，2009 年，第 143 ～ 146 页。

WTY056.3.2

咎繇是尧的助手

实 例

（参见下级母题实例）

WTY056.3.2.1

咎繇助尧传授农具制造技术

实　例

汉　族 尧派咎繇传授制造耒耜的技术，使人民在洪水退后尽快地恢复生产，重建家园。

【流传】（无考）

【出处】刘玉栋：《帝尧溯源》，原载《古绛春秋》，北京：长征出版社 2007 年版，见田茂忠、申建华主编《尧王故里》，山西省绛县尧文化研究会编印，2009 年，第 38 页。

WTY056.3.3

尧的发明助手

实　例

（参见下级母题实例）

WTY056.3.3.1

仓颉是尧的发明助手

实　例

（参见下级母题实例）

WTY056.3.3.1.1

仓颉造字助孩童受教

实　例

汉　族 尧让仓颉创造文字，将贵族卿士的孩子们送到称作“庠”的学校集中接受教育。

【流传】（无考）

【出处】刘玉栋：《帝尧溯源》，原载《古绛春秋》，北京：长征出版社 2007 年版，见田茂忠、申建华主编《尧王故里》，山西省绛县尧文化研究会编印，2009 年，第 39 页。

WTY056.3.3.2

仪狄是尧发明的助手

实　例

（参见下级母题实例）

WTY056.3.3.2.1

仪狄发明枣酒

实　例

汉　族 枣酒是唐尧时代唐国一个叫仪狄的人发明的。

【流传】河北省·保定市·唐县［采录地点：唐县峪山庄］

【出处】林增寿采录：《仪狄酿枣酒》（2008.06），见中国民间文艺家协会组织编写，罗杨总主编，韩海山本卷主编：《中国民间故事丛书》（河北省·保定市·唐县卷），北京：知识产权出版社 2016 年版，第 30 ～ 32 页。

WTY056.3.4

鹿仙女是尧的助手

实　例

（参见下级母题实例）

WTY056.3.4.1

助手鹿仙女辅尧治国

实　例

汉　族 鹿仙女与尧王结婚后，扶持帝尧很得力，天下出现了太平盛世，此后尧王又封仙洞沟为仙境。

【流传】（山西省）

【出处】《尧舜时期的传说故事·仙洞成婚》，见赵大勇、赵随意著《尧都平阳与尧舜禹》，太原：山西古籍出版社 1999 年版，第 112 页。

WTY056.3.5

方国诸侯是尧的助手

实　例

（参见下级母题实例）

WTY056.3.5.1

方国诸侯为尧出谋划策

实　例

汉　族 尧帝苦思冥想，正在犯愁之际，一个方国诸侯对他说出解决的办法。

【流传】河北省·保定市·唐县［采录地点：唐尧文化研究会］

【出处】赵喜林（77 岁，唐县广播电视局退休干部）采录：《聘农师》（2009.07），见中国民间文艺家协会组织编写，罗杨总主编，韩海山本卷主编：《中国民间故事丛书》（河北省·保定市·唐县卷），北京：知识产权出版社 2016 年版，第 17 ~ 18 页。

WTY056.3.6

舜和禹是尧的助手

实　例

汉　族 尧大胆起用东夷族有虞氏的首领舜和西戎部落的首领夏禹做自己的助手。

【流传】（无考）

【出处】刘玉栋：《帝尧溯源》，原载《古绛春秋》，北京：长征出版社 2007 年版，见田茂忠、申建华主编《尧王故里》，山西省绛县尧文化研究会编印，2009 年，第 36 ~ 37 页。

WTY056.3.7

风山氏是尧的助手

实　例

（参见下级母题实例）

WTY056.3.7.1

风山氏助尧统领安泽

实　例

中华民族 尧对风山氏道："风山氏，你可统领安泽都的人民，小事自专，大事禀报。"

【流传】（山西省）

【出处】中国先秦史学会尧舜禹文化研究基地编，叶雨青、张培莲著：《尧舜传》第十二章"羿率大兵除大风，部落投豆选唐尧"，太原：山西出版集团·山西春秋电子音像出版社 2008 年版，第 75 页。

WTY056.4

尧的辅佐者

实　例

（参见下级母题实例）

WTY056.4.1

尧的军事辅佐者

实 例

（参见下级母题实例）

WTY056.4.1.1

逢蒙是尧的军事辅佐

实 例

（参见下级母题实例）

WTY056.4.1.1.1

逢蒙率军歼灭九婴

实 例

中华民族 尧的部下逢蒙带领一队二队将士将山下七队残余的九婴军全部歼灭。

【流传】（山西省）

【出处】中国先秦史学会尧舜禹文化研究基地编，叶雨青、张培莲著：《尧舜传》第七章“尧让唐人学制陶，率兵西出击九婴”，太原：山西出版集团·山西春秋电子音像出版社 2008 年版，第 50 页。

WTY056.4.1.2

史姓将军是尧的军事辅佐者

实 例

（参见下级母题实例）

WTY056.4.1.2.1

史姓将军身材魁梧，英勇善战

实 例

汉 族 尧的手下，有一位姓史的将军，此人身高丈余，体形似塔，足智多谋，武艺高强，英勇善战。

【流传】山西省·运城市·绛县

【出处】宋玉秀：《南征北战锅锅门》，见田茂忠、申建华主编《尧王故里》，山西省绛县尧文化研究会编印，2009 年，第 118 ~ 120 页。

WTY056.4.1.3

后羿是尧的军事辅佐者

实 例

（参见下级母题实例）

WTY056.4.1.3.1

后羿是尧手下的将军

实 例

汉 族 后羿是尧手下的将军，神勇无比。

【流传】浙江省·（温州市）·洞头县［采录地点：洞头县洞头乡］

【出处】吴艺（男，66 岁，洞头县洞头乡后城村，农民，初小）讲，叶永福（男，34 岁，洞头县洞头乡，工人，初中）采录：《嫦娥奔月》（1987.05.30），见中国民间文学集成全国编辑委员会、中国民间文学集成浙江卷编辑委员会编《中国民间故事集成》（浙江卷），北京：中国 ISBN 中心 1997 年版，第 29 ~ 30 页。

WTY056.4.1.3.1.1

大将军后羿酒量好

实 例

汉 族 尧的大将军羿喝了一碗仪狄送来的枣酒，还觉得不足，抱起罐子把剩下的一口气喝个精光。

【流传】河北省·保定市·唐县［采录地点：唐县峪山庄］

【出处】韩增寿采录：《仪狄酿枣酒》(2008.06)，见中国民间文艺家协会组织编写，罗杨总主编，韩海山本卷主编《中国民间故事丛书》(河北省·保定市·唐县卷)，北京：知识产权出版社 2016 年版，第 30 ～ 32 页。

WTY056.4.1.3.2

尧命羿除“四害”

实 例

汉 族 尧命鲧治水，并命羿除去“四害”，即“大风”“锲椧”“修蛇”等危害群众的怪魔，民心大快。

【流传】(无考)

【出处】《史籍记载的尧舜源流与功绩》，见赵大勇、赵随意著《尧都平阳与尧舜禹》，太原：山西古籍出版社 1999 年版，第 5 页。

WTY056.4.2

尧的农事辅佐者

实 例

(参见下级母题实例)

WTY056.4.2.1

大由官是尧的农事辅佐

实 例

(参见下级母题实例)

WTY056.4.2.1.1

尧带大由官量土划地

实 例

中华民族 尧带着管农田的大由官，丈量土地，为地少的人家调剂土地，在崇山脚下的荒地上，划出地块。

【流传】(山西省)

【出处】中国先秦史学会尧舜禹文化研究基地编，叶雨青、张培莲著：《尧舜传》第四章“猰貐部落侵北疆，唐尧率兵平外患”，太原：山西出版集团·山西春秋电子音像出版社 2008 年版，第 30 页。

WTY056.4.2.2

罕是尧的农事辅佐

实 例

(参见下级母题实例)

WTY056.4.2.2.1

尧派罕访善耕者舜

实 例

汉 族 尧知道舜善耕种的事后，对舜非常敬佩仰慕，就派大臣罕去请他。

【流传】山东省·(潍坊市)·诸城市［采录

地点：诸城市万家庄乡官庄店村］

【出处】范炳忠（62 岁，万家庄乡官庄店村，小学）讲，范凤廷（47 岁，万家庄乡官庄店村，初中）采录：《尧王访舜》（1986.08），见《中国民间故事集成》全国编辑委员会、《中国民间故事集成·山东卷》编辑委员会编《中国民间故事集成》（山东卷），北京：中国 ISBN 中心 2007 年版，第 17 ～ 18 页。

WTY056.4.2.3

后稷是尧的农事辅佐者

【关联】［WTY053.3.2.1.1］后稷是尧的异母弟

实 例

（参见下级母题实例）

WTY056.4.2.3.1

尧命后稷为田畴农正

实 例

中华民族 中国氏族联盟时代（公元前 2357—前 2128 年），尧称帝。尧封羲和氏伯叔六人为四岳，封契为司马，后稷为田畴农正，夔为乐正，皋陶（要）为大理，共工为工正，垂为工师，伯夷为秩序，伯益掌鸥禽。

【流传】（无考）

【出处】刘志勇：《汉族族源新探》，载《成都大学学报（社会科学版）》2010 年第 2 期。

WTY056.4.2.3.1a

尧命后稷作农师

实 例

汉 族 尧召集许多贤德之人来帮他治理国家分管政事，如后稷（名弃）做农师，倕做工师，皋陶做法官，夔作乐官，舜作司徒掌管教育，契作司马掌管军队。

【流传】山西省·运城市·绛县

【出处】韩生泉：《荣辱不惊》，见田茂忠、申建华主编《尧王故里》，山西省绛县尧文化研究会编印，2009 年，第 208 页。

汉 族 后稷在农业上发明耕种的事在后稷母亲的家乡——烟庄村流传开来。做国君的尧知道异母兄弟后稷为家乡做出的不朽业绩，便聘请他作了农师，指导全国农业方面的工作。

【流传】山西省·运城市·绛县

【出处】韩生泉：《招良纳贤》，见田茂忠、申建华主编《尧王故里》，山西省绛县尧文化研究会编印，2009 年，第 214 ～ 215 页。

汉 族 尧王聘请会种五谷的后稷做了唐国的农师。

【流传】河北省·保定市·唐县［采录地点：唐尧文化研究会］

【出处】赵喜林（77 岁，唐县广播电视局退休干部）采录：《唐尧传说·聘农师》（2009.07），见中国民间文艺家协会组织编写，罗杨总主编，韩海山本卷主编《中国民间故事丛书》（河北省·保定市·唐县卷），北京：知识产权出版社2016年版，第17～18页。

WTY056.4.2.3.1a.1

农师后稷向尧汇报农事

实 例

汉 族 阳春三月的一天，农师后稷走进草堂，向尧帝汇报农时和农耕情况。

【流传】河北省·保定市·唐县［采录地点：唐尧文化研究会］

【出处】赵喜林采录：《唐尧传说·尧堂瑞草》（2009.08），见中国民间文艺家协会组织编写，罗杨总主编，韩海山本卷主编《中国民间故事丛书》（河北省·保定市·唐县卷），北京：知识产权出版社2016年版，第28～29页。

WTY056.4.2.3.1a.2

农师后稷教人耕种

实 例

汉 族 尧决定亲自去拜访后稷，并想聘请他为农师，教人民耕种。

【流传】河北省·保定市·唐县［采录地点：唐尧文化研究会］

【出处】赵喜林（77岁，唐县广播电视局退休干部）采录：《聘农师》（2009.07），见中国民间文艺家协会组织编写，罗杨总主编，韩海山本卷主编：《中国民间故事丛书》（河北省·保定市·唐县卷），北京：知识产权出版社2016年版，第17～18页。

中华民族 尧同父异母的兄弟后稷从小爱树艺五谷，成人后更是农艺精湛，尧帝便让后稷辨五土，教天下的民众种植与收割等农事。

【流传】（无考）

【出处】《尧·击壤之歌》，见卢静《尧舜禹》，北京：中华书局2019年版，第24页。

WTY056.4.2.3.2

后稷封地在今稷山县

实 例

汉 族 帝尧命后稷负责管理农业生产，今稷山县即其封地。

【流传】（无考）

【出处】《唐尧虞舜时的社会现状》，见赵大勇、赵随意著《尧都平阳与尧舜禹》，太原：山西古籍出版社1999年版，第84页。

WTY056.4.2.3.3

“后稷”是对栽培“稷”者的尊称

实 例

汉 族 尧帝苦思冥想，正在犯愁之际，一个方国诸侯对他说：“尧王，我们那里有个人，从小喜欢农艺，长大后教人们种植五谷的方法。因他首先栽培的一种野生植物叫作‘稷’，稷又是五谷之长，所以人们就尊他为‘后稷’。”

【流传】河北省·保定市·唐县［采录地点：唐尧文化研究会］

【出处】赵喜林（77岁，唐县广播电视局退休干部）采录：《聘农师》（2009.07），见中国民间文艺家协会组织编写，罗杨总主编，韩海山本卷主编：《中国民间故事丛书》（河北省·保定市·唐县卷），北京：知识产权出版社2016年版，第17～18页。

WTY056.4.2.3a

稷为尧使

实 例

汉 族 稷为尧使，西见王母。拜请百福，赐我善子。引船牵头，虽物无忧。王母善祷，祸不成灾。

【流传】（无考）

【出处】［西汉］焦赣：《焦氏易林》卷一。

WTY056.4.2.4

弃是尧的农事辅佐者

实 例

（参见下级母题实例）

WTY056.4.2.4.1

尧命弃管农业

实 例

中华民族 尧对众臣道："这些年，弃在畤华都教民稼穑，颇有建树，今请弃回部落，担任后稷，专管农业。"

【流传】（山西省）

【出处】中国先秦史学会尧舜禹文化研究基地编，叶雨青、张培莲著：《尧舜传》第二十二章"尧私访听康衢谣，崇山访贤见许由"，太原：山西出版集团 · 山西春秋电子音像出版社 2008 年版，第 138 页。

汉 族 尧王行宫内有一个叫弃的大臣，他很懂农业，对五谷杂粮的种植管理、收获分配都有着一套独特的管理办法，尧王任命弃为农官，管理农业。

【流传】山西省 · 运城市 · 绛县

【出处】胡文明：《女英设计平民愤》，见田茂忠、申建华主编《尧王故里》，山西省绛县尧文化研究会编印，2009 年，第 195 页。

WTY056.4.2.4.1.1

农官弃教百姓耕种

实 例

汉 族 弃善于种植各种粮食作物，曾在尧舜时代做农官，教民耕种。

【流传】（无考）

【出处】《弃》，见乌丙安主编《中国民间神谱》，沈阳：辽宁人民出版社 2007 年版，第 62 页。

WTY056.4.3

尧的除灾辅佐者

实 例

（参见下级母题实例）

WTY056.4.3.1

鲧是尧的除灾辅佐者

实 例

（参见下级母题实例）

WTY056.4.3.1.1

尧派鲧治水

实 例

汉 族 远古时，平地起水三尺，百姓无法生活。尧王传令他的大臣鲧去治水。

【流传】山西省 ·（运城市）· 临猗县［采录地点：临猗县］

【出处】范智太（男，48 岁，临猗县，干部，高中）讲，范学信（男，56 岁，农民，中学）采录：《* 息壤堵水》（1982），见中国民间文学集成全国编辑委员会、《中国民间文学集成 · 山西卷》编辑委员会编《中国民间故事集成》（山西卷），北京：中国 ISBN 中心 1999 年版，第 43 页。

汉　族 尧命鲧治水，并命羿除去“四害”，即“大风”“猰貐”“修蛇”等危害群众的怪魔，民心大快。

【流传】（无考）

【出处】《史籍记载的尧舜源流与功绩》，见赵大勇、赵随意著《尧都平阳与尧舜禹》，太原：山西古籍出版社 1999 年版，第 5 页。

WTY056.4.4
尧的建筑辅佐者

实　例

（参见下级母题实例）

WTY056.4.4.1
普安是尧建房的管理者

实　例

汉　族 尧王时，他手下有个专管修建房屋的人，名叫普安。

【流传】河南省 · 南阳市 · 宛城区［采录地点：青华镇青华街］

【出处】邱海观讲，李明才记录：《乌班加张佐》（1987.06），见中国民间文艺家协会组织编写，罗杨总主编，兰建堂本卷主编《中国民间故事丛书》（河南省 · 南阳市 · 宛城卷），北京：知识产权出版社 2016 年版，第 64 ～ 69 页。

WTY056.4.4.1.1
辅佐者普安寻建筑巧匠

实　例

（参见下级母题实例）

WTY056.4.4.1.1.1
普安寻巧匠鲁班、张佐建房

实　例

汉　族 尧王的时候，他手下有个专管修建房屋的人，名叫普安。普安根据尧王的旨意，想要修建一座外形美观、舒适又结实耐用的房屋，于是在天下到处查访能工巧匠，在几百人中，选中了两个人，一个叫鲁班，一个叫张佐。

【流传】河南省 · 南阳市

【出处】王庆文采录整理：《造屋的传说》，见张振犁编著《中原神话通鉴》（第四卷），郑州：河南大学出版社 2017 年版，第 1283 ～ 1284 页。

WTY056.4.4.1.1.1.1
乌班、张佐建房为民造福

实　例

汉　族 自从普安奉尧王命，选来乌班、张佐盖房以后，普天下老百姓，都住上了比较好的房屋，有门窗、有墙壁、有梁檀，住着舒适、安全。

【流传】河南省·南阳市·宛城区［采录地点：青华镇青华街］

【出处】邱海观讲，李明才记录：《乌班加张佐》（1987.06），见中国民间文艺家协会组织编写，罗杨总主编，兰建堂本卷主编《中国民间故事丛书》（河南省·南阳市·宛城卷），北京：知识产权出版社 2016 年版，第 64 ～ 69 页。

WTY056.5

尧的侍者

实　例

（参见下级母题实例）

WTY056.5.1

趁光是尧的侍者

实　例

中华民族 趁光是挚的旧侍，如今被派做尧的侍从。

【流传】（无考）

【出处】《尧·孝慈仁敬》，见卢静《尧舜禹》，北京：中华书局 2019 年版，第 6 页。

WTY056.6

与尧的从属关系有关的其他母题

实　例

（参见下级母题实例）

WTY056.6.1

尧的上司的特征

实　例

（实例待考）

WTY056.6.2

尧的从属（部下、随从）的特征

实　例

（参见下级母题实例）

WTY056.6.2.1

尧的部下的外貌特征

实　例

汉　族（参见“WTY056.4.1.2.1 史姓将军身材魁梧，英勇善战”母题实例）

WTY056.6.2.2

尧的部下的性格特征（品格）

实　例

（参见下级母题实例）

WTY056.6.2.2.1

尧的部下以贤德著称

实　例

汉　族 不仅尧本人品质高尚，他身边的大臣也都以贤德著称。例如司徒舜、司马契、农师后稷、乐官夔、工师倕、大理官皋陶等。

【流传】（无考）

【出处】《尧舜二帝》，见金麦田编著《中国古代神话故事》，北京：京华出版社 2003 年版，第 45 ～ 52 页。

WTY056.6.2.2.2

尧的辅佐者鲧生性贪财好色，对尧阳奉阴违

实 例

汉 族 尧王宫中有一位大臣名叫鲧，此人长得一表人才风度翩翩，做起事来却表面一套背后一套，对尧王的命令阳奉阴违，且贪财好色。

【流传】山西省·运城市·绛县

【出处】胡文明：《问罪老鲧》，见田茂忠、申建华主编《尧王故里》，山西省绛县尧文化研究会编印，2009 年，第 205 页。

WTY056.6.3

尧的从属（部下、随从）的结局

实 例

（参见下级母题实例）

WTY056.6.3.1

尧崩后，尧时举用的大臣，皆未有分职

实 例

中华民族 尧崩，三年丧毕，让丹朱，天下归舜。而禹、皋陶、契、后稷、伯夷、夔龙、垂、益、彭祖，自尧时而皆举用，未有分职。

【流传】（无考）

【出处】［先秦］《尚书·舜典》。

WTY056.6.3.2

尧诛鲧于羽山

实 例

中华民族 尧欲传天下于舜，鲧谏曰："不祥哉！孰以天下而传之于匹夫乎！"尧不听，举兵而诛杀鲧于羽山之郊。

【流传】（无考）

【出处】［战国］韩非及后人：《韩非子·外储说右上》。

WTY056.6.3.3

尧臣讙兜自投南海而死

实 例

汉 族 讙兜，尧臣，有罪，自投南海而死。帝怜之，使其子居南海而祀之。画亦似仙人也。

【流传】（无考）

【出处】［战国至汉］撰者不详：《山海经·海外南经》郭璞注。

WTY057

尧的朋友（尧的伙伴）

实 例

（参见下级母题实例）

WTY057.1

神是尧的朋友

实 例

（实例待考）

WTY057.2

动物是尧的朋友

实　例

（参见下级母题实例）

WTY057.2.1

猪是尧的朋友

实　例

汉　族 尧吃罢早饭，就约了小猪、黑狗到小树林里去玩。

【**流传**】山西省 · 运城市 · 绛县

【**出处**】申建华、杨久峰：《实话实说》，见田茂忠、申建华主编《尧王故里》，山西省绛县尧文化研究会编印，2009 年，第 81 ～ 85 页。

WTY057.2.2

狗是尧的朋友

实　例

汉　族 尧吃罢早饭，就约了小猪、黑狗到小树林里去玩。

【**流传**】山西省 · 运城市 · 绛县

【**出处**】申建华、杨久峰：《实话实说》，见田茂忠、申建华主编《尧王故里》，山西省绛县尧文化研究会编印，2009 年，第 81 ～ 85 页。

WTY057.3

尧的童年伙伴

实　例

（参见下级母题实例）

WTY057.3.1

尧童年与伙伴嬉戏

实　例

汉　族 少年时代尧经常带着村里的一群小伙伴上树掏鸟蛋，摘野果，采松子，下河捕鱼、捉虾、摸螃蟹。

【**流传**】山西省 · 运城市 · 绛县

【**出处**】李友植：《童年尧的三个传说》，见田茂忠、申建华主编《尧王故里》，山西省绛县尧文化研究会编印，2009 年，第 86 ～ 88 页。

汉　族 尧的童年时代，除了识字之外，最爱到河里洗澡，抓鱼。常常与小朋友结伴而行，到浩淼的流水河去游玩。

【**流传**】山西省 · 运城市 · 绛县

【**出处**】申建华：《抓鱼脱险》，见田茂忠、申建华主编《尧王故里》，山西省绛县尧文化研究会编印，2009 年，第 89 ～ 92 页。

WTY058

尧的敌人（尧的对手）

【**关联**】[WTY046] 尧征战（尧的争斗）

实　例

中华民族 尧战于丹水之浦，以服南蛮。

【**流传**】（无考）

【**出处**】[战国] 吕不韦及其门客编：《吕氏春秋 · 召类》。

WTY059

与尧的关系有关的其他母题

实 例

（参见下级母题实例）

WTY059.1

尧部落

实 例

（参见下级母题实例）

WTY059.1.1*

尧部落与舜部落属同一集团

实 例

中华民族 帝尧应与喾舜一族属于同一集团，二者曾发生内部争夺，舜因恢复本族地位而被祟为神。

【流传】（无考）

【出处】叶庆兵：《〈史记·五帝本纪〉系列人物神化史化考论》，山东大学硕士论文，2018 年。

WTY059.2

尧的师傅（老师）

实 例

（参见下级母题实例）

WTY059.2.1

太白金星是尧的老师

实 例

（参见下级母题实例）

WTY059.2.1.1

尧从小受太白金星点化启示

实 例

汉 族 玉皇大帝派太白金星下界游说，点化启示尧从小奋发图强，立治国之大志，学好本领，以备长大治国安天下。

【流传】山西省·运城市·绛县·古绛镇·尧寓村

【出处】任兴舜：《"洗澡潭，石椅，石桌"趣事》，见田茂忠、申建华主编《尧王故里》，山西省绛县尧文化研究会编印，2009 年，第 108 ～ 110 页。

WTY059.2.2

伯益是尧的老师

实 例

（参见下级母题实例）

WTY059.2.2.1

放勋拜伯益为师，学狩猎

实 例

汉 族 放勋拜有名的猎人伯益老人为师，学习打猎。

【流传】河北省·保定市·唐县［采录地点：唐县峪山庄］

【出处】韩增寿（56 岁，唐县峪山庄村人，干部）采录：《唐尧传说·学艺》（2008.07），见中国民间文艺家协会组织编写，罗杨总主编，韩海山本卷主编《中国民间故事丛书》（河北省·保定市·唐县卷），北京：知识产权出版社 2016 年版，第 7 ～ 11 页。

汉 族 放勋找到狩猎部落，拜有名的猎人伯益老人为师，学习打猎。

【流传】河北省·保定市·望都县

【出处】韩增寿采录：《尧母的传说·唐尧学艺》，见中国民间文艺家协会组织编写，罗杨总主编，吴从志本卷主编《中国民间故事丛书》（河北省·保定市·望都县卷），北京：知识产权出版社 2016 年版，第 30 ～ 35 页。

WTY059.2.2.1.1

尧师伯益教尧狩猎方法

实 例

（参见下级母题实例）

WTY059.2.2.1.1.1

尧学狩猎练眼、臂、脚三力

实 例

汉 族 伯益老人告诉放勋（尧），打猎要学会爬树、登山、钻洞。打黄羊、打麋鹿要跑得比羊、鹿还快，打虎、打豹要比虎、豹还猛，捉松鼠、猴子要比松鼠、猴子还灵活。要练眼力、臂力、脚力。放勋恭恭敬敬、专心致志地向老人学本领。

【流传】河北省·（保定市）·唐县·（高昌镇）·峪山庄

【出处】韩增寿采录：《* 尧学本领》（2008.07），见中国民间文艺家协会组织编写，罗杨总主编，韩海山本卷主编《中国民间故事丛书》（河北省·保定市·唐县卷），北京：知识产权出版社 2016 年版，第 7 ～ 11 页。

WTY059.2.3

虞老人是尧的师傅

实 例

（参见下级母题实例）

WTY059.2.3.1

虞老人教放勋制陶

实 例

汉 族 庆都的娘家——陈锋氏族是制陶世家，于是庆都就把儿子（尧）放勋送到陈锋氏族学制陶。制陶师傅虞老人收下放勋做徒弟。

【流传】河北省·（保定市）·唐县·（高昌镇）·峪山庄

【出处】韩增寿采录：《尧学本领》（2008.07），见中国民间文艺家协会组织编写，罗杨总主编，韩海山本卷主编《中国民间故事丛书》（河北省·保定市·唐县卷），北京：知识产权出版社 2016 年版，第 7 ～ 11 页。

WTY059.2.4

王亥老人是尧的老师

实 例

（参见下级母题实例）

WTY059.2.4.1

放勋跟王亥老人学种地

实 例

汉 族 放勋按母亲庆都的吩咐，跟农业部落的王亥老人学种地。

【流传】河北省 · 保定市 · 望都县

【出处】韩增寿采录:《尧母的传说 · 唐尧学艺》，见中国民间文艺家协会组织编写，罗杨总主编，吴从志本卷主编《中国民间故事丛书》(河北省 · 保定市 · 望都县卷)，北京：知识产权出版社 2016 年版，第 30 ～ 35 页。

汉 族 春天到了，放勋（尧）又跟王亥老人学种地。

【流传】河北省 ·(保定市)· 唐县 ·(高昌镇)· 峪山庄

【出处】韩增寿采录:《尧学本领》(2008.07)，见中国民间文艺家协会组织编写，罗杨总主编，韩海山本卷主编《中国民间故事丛书》(河北省 · 保定市 · 唐县卷)，北京：知识产权出版社 2016 年版，第 7 ～ 11 页。

WTY059.2.5

蒲眕是尧的老师

实 例

汉 族 尧王的老师蒲眕为了给人们带来欢乐，就在劳作之余，用土地、石子儿、木断、果核就地画图，制造了许多游戏法，诸如下方、老虎吃绵羊、捉鳖、吊球等。

【流传】山西省 ·(吕梁市)· 交口县［采录地点：交口县］

【出处】张瑞元采录:《圣尧山（之三）》，见郭万金主编《山西民间故事大系》(晋西卷)，北京：商务印书馆 2017 年版，第 579 ～ 580 页。

WTY059.2.5.1

尧的老师蒲眕隐居山中

实 例

汉 族 上古时代，交口县境内有座蒲谷山，尧王的老师蒲眕隐居山中，自号蒲伊子。

【流传】山西省 ·(吕梁市)· 交口县［采录地点：交口县］

【出处】张瑞元采录:《圣尧山（之三）》，见郭万金主编《山西民间故事大系》(晋西卷)，北京：商务印书馆 2017 年版，第 579 ～ 580 页。

WTY059.2.5.2

蒲眕授尧博弈之道

实 例

汉 族 尧王的老师蒲眕告诉他：“博弈之道，贵乎严谨，高者在腹，中者在边，下者在角，此棋家之常法。宁失一子，不失一先，两生勿断，两活勿连。阔不可太疏，密不可太促，与其恋子以求生，不若弃子以求胜，彼众我寡，先谋其生。我众彼寡，多长其势。其无子而自行，不如因之而自补。善胜者不争，善阵者不战，善败者不乱。天棋始以正合，终以奇胜。凡敌无子而自补者，必须有侵绝之意，弃小而不救者，必有图大元心。随手而下者，无谋之人，不思而应者，取败之道。”

【流传】山西省·（吕梁市）·交口县［采录地点：交口县］

【出处】张瑞元采录：《圣尧山（之三）》，见郭万金主编《山西民间故事大系》（晋西卷），北京：商务印书馆2017年版，第579～580页。

WTY059.2.5.3

蒲畛为孩童造游戏

实　例

汉　族 尧王的老师蒲畛为了给人们带来欢乐，就在劳作之余，用土地、石子儿、木断、果核就地画图，制造了许多游戏法，诸如下方、老虎吃绵羊、捉鳖、吊球等。

【流传】山西省·（吕梁市）·交口县［采录地点：交口县］

【出处】张瑞元采录：《圣尧山（之三）》，见郭万金主编《山西民间故事大系》（晋西卷），北京：商务印书馆2017年版，第579～580页。

WTY059.2.6

君畴是尧的老师

实　例

中华民族 故礼之生为，贤人以下至庶民也，非为成圣也。然而亦所以成圣也。不学不成，尧学于君畴，舜学于务成昭，禹学于西王国。

【流传】（无考）

【出处】［战国］荀况：《荀子·大略篇》。

WTY059.3

尧的帮助者

实　例

（参见下级母题实例）

WTY059.3.1

鹿仙女是尧的帮助者

实　例

（参见下级母题实例）

WTY059.3.1.1

鹿仙女是尧危难时的帮助者

实　例

（参见下级母题实例）

WTY059.3.1.1.1

鹿仙女助尧击退巨蟒

实　例

中华民族 危急时刻，鹿仙女一个箭步跃到尧身前护住他，反手一指，只见那巨蟒浑身颤抖，瘫软在地，按照指令向山谷中退去。

【流传】（无考）

【出处】《尧·击壤之歌》，见卢静《尧舜禹》，北京：中华书局2019年版，第

20 ~ 22 页。

WTY059.3.2

金牛星是尧的帮助者

实 例

（参见下级母题实例）

WTY059.3.2.1

金牛星助尧耕耘垦荒

实 例

汉 族 牤牛蛋蛋对尧说："主人啊，我是天上金牛星，奉天帝之命来凡尘助你，为你的子民耕耘造福的，到今天已垦出土地一千亩，天帝给我的任务是四千亩。"

【流传】山西省·运城市·绛县

【出处】胡文明：《牤牛蛋》，见田茂忠、申建华主编《尧王故里》，山西省绛县尧文化研究会编印，2009 年，第 202 页。

WTY059.3.3

天帝是尧的帮助者

实 例

（参见下级母题实例）

WTY059.3.3.1

天帝佑尧免于猛兽伤害

实 例

汉 族 天帝为了保护尧，用一片云彩封住洞口，以防毒虫猛兽伤害尧。

【流传】河北省·保定市·望都县

【出处】韩增寿采录：《尧母的传说·庆都拾稷》，见中国民间文艺家协会组织编写，罗杨总主编，吴从志本卷主编《中国民间故事丛书》（河北省·保定市·望都县卷），北京：知识产权出版社 2016 年版，第 22 ~ 23 页。

WTY059.4

尧与特定人物

实 例

（参见下级母题实例）

WTY059.4.1

尧时火祖

实 例

（参见下级母题实例）

WTY059.4.1.1

尧时阏伯氏，亡为火祖

实 例

汉 族 帝喾时有祝融，尧时有阏伯氏，民赖其德，死则以为火祖。

【流传】（无考）

【出处】[东汉] 班固等：《汉书·五行志》。

WTY059.4.2

尧时仙人

实 例

（参见下级母题实例）

WTY059.4.2.1
尧时采药仙人

实 例

（参见下级母题实例）

WTY059.4.2.1.1
尧时槐山采药老人偓佺（槐山仙人）

实 例

汉 族 上古尧时，一位采药的老人名叫偓佺。由于他的药很灵，百姓们对他十分信服，称他为槐山仙人。

【流传】河北省·保定市·唐县·（罗庄乡）·赵家庄［采录地点：唐县赵家庄］

【出处】赵大乱（67岁，唐县赵家庄村农民）讲，赵喜林记录：《仙人赐药》（2008.07），见中国民间文艺家协会组织编写，罗杨总主编，韩海山本卷主编《中国民间故事丛书》（河北省·保定市·唐县卷），北京：知识产权出版社2016年版，第29～30页。

WTY059.4.2.1.1.1
槐山仙人因悔恨伤感而亡

实 例

汉 族 槐山仙人后悔自己没有亲自看着尧吃下那包药丸，让尧缩短了寿命。为此，他惭愧不已，黯然神伤，不久就离世了。

【流传】河北省·保定市·唐县·（罗庄乡）·赵家庄［采录地点：唐县赵家庄］

【出处】赵大乱（67岁，唐县赵家庄村农民）讲，赵喜林记录：《仙人赐药》（2008.07），见中国民间文艺家协会组织编写，罗杨总主编，韩海山本卷主编《中国民间故事丛书》（河北省·保定市·唐县卷），北京：知识产权出版社2016年版，第29～30页。

WTY059.4.2.1.1.2
槐山仙人逝世葬槐山大槐树下

实 例

（参见“WTY059.4.2.1.1.3‘药王庙’为槐山仙人建”母题实例）

WTY059.4.2.1.1.3
“药王庙”为槐山仙人建

实 例

汉 族 为尧王和百姓治病的槐山仙人离世后，遗体就埋葬在槐山上的大槐树下。当地百姓在槐山下修了一座药王庙，永远纪念他。

【流传】河北省·保定市·唐县·（罗庄乡）·赵家庄［采录地点：唐县赵家庄］

【出处】赵大乱（67岁，唐县赵家庄村农民）讲，赵喜林记录：《仙人赐药》（2008.07），见中国民间文艺家协会组织编写，罗杨总主编，韩海山本卷主编《中国民间故事丛书》（河北省·保定市·唐县卷），北京：知识产权出版社2016年版，第29～30页。

WTY059.4.2.2
尧时驯兽仙人

实 例

（参见下级母题实例）

WTY059.4.2.2.1

牛王马王是驯兽仙人

实 例

（参见下级母题实例）

WTY059.4.2.2.1.1

牛王马王传尧驯牛马的方法

实 例

汉 族 放勋（尧）跋山涉水向牛王、马王两位神仙求问驯牛、驯马的办法。长角的老人说："日后自知。驯牛方法很简单，不用棍，不用鞭，一根麻绳鼻中穿。"三眼老人说："驯马也简单，不用棍，不用鞭，一根麻绳嘴上拴。"两个老人说完，化成一道清风，倏忽不见了。

【流传】河北省·（保定市）·唐县·（高昌镇）·峪山庄

【出处】韩增寿采录：《*尧学本领》（2008.07），见中国民间文艺家协会组织编写，罗杨总主编，韩海山本卷主编《中国民间故事丛书》（河北省·保定市·唐县卷），北京：知识产权出版社2016年版，第7～11页。

WTY059.4.3

尧时青年

实 例

（参见下级母题实例）

WTY059.4.3.1

尧时青年大舜

实 例

（参见下级母题实例）

WTY059.4.3.1.1

尧时青年大舜勤快孝顺

实 例

汉 族 唐尧那时候，有个青年叫大舜，勤快憨厚，对父母十分孝顺。

【流传】（无考）

【出处】王上清讲，王孟晓记录：《大舜耕田》，见陶阳、钟秀编《中国神话》（中册），北京：商务印书馆2008年版，第826～827页。

6. 尧的名称
【WTY060 ～ WTY069】

WTY060

尧的名称（尧的名字）

实 例

（参见下级母题实例）

WTY061

尧名称的产生（尧名字的来历）

实　例

（参见下级母题实例）

WTY061.1

尧名称产生的原因

实　例

（参见下级母题实例）

WTY061.1.1

“尧”因以鸟为图腾的氏族标志而得名

实　例

中华民族 尧，本字是鸟正面的图形，它表明尧的名字也是源于以鸟为图腾标志的氏族组织的。

【**流传**】（无考）

【**出处**】郭风岚：《中国神话中的姓氏名号及其文化意义》，载《中国文化研究》1996年第3期。

WTY061.1.2

尧生于窑洞，故名“尧（窑）”

实　例

汉　族 帝喾的妃子庆都与东海龙王的太子小赤龙产生恋情，孩子为感赤龙在窑洞中出生，庆都的养父母伊祁侯夫妇欢喜无限，为孩子取名尧（窑），因为是在窑洞中诞生的。

【**流传**】河北省·保定市·望都县

【**出处**】韩增寿采录：《赤龙感孕》，见中国民间文艺家协会组织编写，罗杨总主编，吴从志本卷主编《中国民间故事丛书》（河北省·保定市·望都县卷），北京：知识产权出版社2016年版，第3～5页。

WTY061.1.3

尧生于遥远的唐地，故名“尧”

实　例

汉　族 帝喾听说妃子庆都生子后非常高兴，因为孩子出生在遥远的唐地，便给孩子取了个名字叫尧。

【**流传**】河北省·保定市·唐县［采录地点：唐尧文化研究会］

【**出处**】王贵全（78岁，农民）、刘福生（80岁，农民）讲，王立子（59岁，唐县旅游局原副局长）记录：《唐尧传说·出世》（2008），见中国民间文艺家协会组织编写，罗杨总主编，韩海山本卷主编《中国民间故事丛书》（河北省·保定市·唐县卷），北京：知识产权出版社2016年版，第3～5页。

WTY061.2

尧名称产生的时间

实　例

（实例待考）

WTY061.3

尧的取名者

实　例

汉　族 （参见“WTY061.1.2 尧生于窑洞，故名‘尧（窑）’”“WTY061.1.3 尧生于遥远的唐地，故名‘尧’”母题实例）

WTY062

尧的姓氏

实 例

（参见下级母题实例）

WTY062.1

尧姓“祁”

实 例

中华民族 《左传》襄二十一年：“栾桓子娶于范宣子，生怀子。桓子卒，栾祁与其老州宾通。”杜预注：“栾祁，桓子妻，范宣子女，盈之母也。范氏，尧后，祁姓。”

【流传】（无考）

【出处】［春秋］左丘明：《左传》杜预注。

中华民族 《帝王世纪》曰：“帝尧，陶唐氏，祁姓也。母庆都，孕十四月而生尧于丹陵，名曰放勋，鸟庭河胜。或从母姓伊氏。”

【流传】（无考）

【出处】［唐］《艺文类聚》十一。

中华民族 “祁”姓，黄帝十二子姓之一，另帝尧也为祁姓。

【流传】（无考）

【出处】闫德亮：《文化视域下的古代神话与华夏姓氏》，载《中州学刊》2009 年第 6 期。

汉 族 尧是我国远古时期的五帝之一，文明始祖，是原始社会末父系氏族社会后期部落联盟的领袖，系黄帝的五世孙，帝喾之三子，母庆都，祁姓，名放勋，原封于唐，故称陶唐氏。

【流传】山西省·运城市·绛县

【出处】常嗣新：《序言》，见田茂忠、申建华主编《尧王故里》，山西省绛县尧文化研究会编印，2009 年，第 1 页。

汉 族 放勋姓祁，因其 12 岁受封于陶，15 岁受封于唐，即分别为陶唐部落的首领，后代称其为陶唐氏。

【流传】（无考）

【出处】刘永昌：《话说尧王》，载《文史月刊》2006 年第 5 期。

WTY062.2

尧姓“伊祁氏”

实 例

中华民族 谥尧，姓伊祁氏。《帝王纪》云：“帝尧，陶唐氏，祁姓也。母庆都，十四月生尧。”

【流传】（无考）

【出处】［西汉］司马迁：《史记·五帝本纪·正义》。

中华民族 帝尧陶唐氏，《帝王世纪》曰：“尧，伊祁姓也，母日庆都，孕十四月而生尧于丹陵，名日放勋。鸟庭荷胜，眉有八采，丰下锐上。或从母姓伊祁氏。”

【流传】（无考）

【出处】［唐］徐坚：《初学记》卷九。

中华民族 《帝王世纪》曰："帝尧，陶唐氏，祁姓也。母日庆都，孕十四月而生尧于丹陵，名日放勋。或从母姓伊祁氏。"

【**流传**】（无考）

【**出处**】［宋］李昉、李穆、徐铉等：《太平御览》八十。

WTY062.2.1*

尧生于伊祁山，故姓"伊祁氏"

实　例

中华民族 帝喾娶陈锋氏女庆都，生放勋于伊祁山（在今顺平县境内），故姓伊祁氏。

【**流传**】（顺平县）

【**出处**】杨秀敏、牛云平：《先周时期河北文化刍议》，载《河北师范大学学报（哲学社会科学版）》2013 年第 6 期。

汉　族 赤龙族的首领喾和陈锋族的庆都成婚。后生一个男孩。庆都的养父伊祁侯给孩子取名放勋，因出生在伊祁山，就以伊祁为姓。尧是死后封的谥号。

【**流传**】河北省 · 保定市 · 望都县

【**出处**】韩增寿采录：《尧母的传说 · 尧帝诞生》，见中国民间文艺家协会组织编写，罗杨总主编，吴从志本卷主编《中国民间故事丛书》（河北省 · 保定市 · 望都县卷），北京：知识产权出版社 2016 年版，第 20 ～ 22 页。

WTY062.2.2*

尧长于舅家，随舅姓"伊祁氏"

实　例

汉　族 传说帝尧都平阳，是因尧成长于舅母家，从舅姓为伊祁氏。

【**流传**】（山西省临汾市伊村）

【**出处**】《尧舜时期的传说故事 · 茅茨土阶》，见赵大勇、赵随意著《尧都平阳与尧舜禹》，太原：山西古籍出版社 1999 年版，第 109 页。

WTY062.2a

尧姓伊耆氏

实　例

中华民族 《礼记 · 郊特牲》云："天子大蜡八，伊耆氏始为蜡。"郑注："伊耆氏，古天子号也。"耆、祁通。陆德明《释文》："或云：即帝尧是也。"伊祁氏可能即是伊耆氏，为尧母氏族之别称，盖得名于伊水也。

【**流传**】（无考）

【**出处**】郭世谦：《古史传说考》（一、唐虞猛兽图腾集团），天津：天津出版传媒集团 · 天津古籍出版社 2019 年版，第 20 ～ 21 页。

WTY062.3*

尧以母系为姓

实　例

汉　族 尧生下后，成长于外祖母家。从此可看出，那时虽是父系氏族社会末期，但仍保留着母系氏族社会之俗，故以母系为姓。

【流传】（无考）

【出处】《史籍记载的尧舜源流与功绩》，见赵大勇、赵随意著《尧都平阳与尧舜禹》，太原：山西古籍出版社 1999 年版，第 2 页。

WTY062.4

尧姓姜

实 例

中华民族 中国氏族联盟时代帝挚青阳氏政权的十六任帝姜斯遂（公元前 2403—前 2369 年），生四子，其中，四子名叫尧，父亲把他封在了唐邑（今河北保定市唐县西北），仍为姜姓，是为唐侯。名帝尧，又称唐尧。后成为中国氏族联盟时代帝尧陶唐氏政权的首任帝。

【流传】（无考）

【出处】刘志勇：《汉族族源新探》，载《成都大学学报（社会科学版）》2010 年第 2 期。

WTY063

尧的姓名

实 例

（参见下级母题实例）

WTY063.1

尧本名“放勋”

实 例

汉 族 尧是我国远古时期的五帝之一，文明始祖，是原始社会末父系氏族社会后期部落联盟的领袖，系黄帝的五世孙，帝喾之三子，母庆都，祁姓，名放勋，原封于唐，故称陶唐氏。

【流传】山西省 · 运城市 · 绛县

【出处】常嗣新：《序言》，见田茂忠、申建华主编《尧王故里》，山西省绛县尧文化研究会编印，2009 年，第 1 页。

汉 族 祁姓陶唐氏部落首领唐尧是华夏部落联盟的首领，名放勋，尧是他的谥号。

【流传】（无考）

【出处】刘永昌：《话说尧王》，载《文史月刊》2006 年第 5 期。

汉 族 唐尧的名字叫放勋。

【流传】河北省 ·（保定市）· 唐县 ·（高昌镇）· 峪山庄［采录地点：唐县峪山庄］

【出处】韩增寿（56 岁，唐县峪山庄村人，干部）采录：《*尧帝得图》（2008.06），见中国民间文艺家协会组织编写，罗杨总主编，韩海山本卷主编《中国民间故事丛书》（河北省 · 保定市 · 唐县卷），北京：知识产权出版社 2016 年版，第 6 ～ 7 页。

中华民族（参见“WTY064.1a 尧号‘陶唐’”母题实例）

WTY063.2

放勋发明“窑”，故名“窑”

实 例

汉 族 放勋发明了一个新式的烧陶装置。

师傅让他取个名字。放勋想了想，说："这家伙是缶（陶器名）住的屋子，就叫'窑'吧。"师傅很赞成。由于窑是放勋发明的，人们把放勋叫成"窑"，死后谥号"尧"。

【流传】河北省·保定市·唐县［采录地点：唐县峪山庄］

【出处】韩增寿（56 岁，唐县峪山庄村人，干部）采录：《唐尧传说·学艺》(2008.07)，见中国民间文艺家协会组织编写，罗杨总主编，韩海山本卷主编《中国民间故事丛书》(河北省·保定市·唐县卷)，北京：知识产权出版社 2016 年版，第 7 ～ 11 页。

WTY064

尧的称谓（尧的名号）

实 例

（参见下级母题实例）

WTY064.0

尧的初号伊耆氏

实 例

汉 族 唐尧为黄帝五世孙，生长居于伊耆二地，即今山西黎城县也。尧初号伊耆氏，实原于此。继受封于唐，故又号陶唐氏。

【流传】（山西省·长治市）

【出处】《山西名贤辑要》"唐尧篇"。

WTY064.1

尧的称谓"陶唐氏"

实 例

汉 族 上古时候，中原一带有很多部落。各个部落联盟的首领是尧，人称陶唐氏，名放勋，就是历史上说的唐尧。

【流传】河南省·（郑州市）·登封市

【出处】《尧王访许由》，见张振犁编著，孟宪明、朱淑君统纂《中原神话通鉴》(第三卷)，郑州：河南大学出版社 2017 年版，第 978 页。

汉 族 尧，名放勋，传说中著名的仁君，有划时代的功绩。姓伊耆，一称伊祁氏，号陶唐氏，也称帝尧、唐尧。

【流传】（无考）

【出处】《史籍记载的尧舜源流与功绩》，见赵大勇、赵随意著《尧都平阳与尧舜禹》，太原：山西古籍出版社 1999 年版，第 2 页。

中华民族 《逸周书·史记解》中云"唐氏伐之，共工以亡。"唐氏，即是陶唐氏，也就是尧的氏族。

【流传】（无考）

【出处】郭世谦：《古史传说考》(二、祝融龙蛇图腾部落集团)，天津：天津出版传媒集团·天津古籍出版社 2019 年版，第 262 页。

WTY064.1a

尧号"陶唐"

实 例

中华民族 尧，号陶唐，名为放勋，又称唐尧。

【流传】（无考）

【出处】《尧·孝慈仁敬》，见卢静《尧舜禹》，北京：中华书局 2019 年版，第 4 页。

WTY064.1b

尧的国号陶唐氏

实 例

汉 族（帝喾的次子）尧帝生在丹陵城，国号陶唐氏，姓尹名祁是他名，封为火得王，坐了锦乾坤。

【流传】湖北省 · 神农架林区

【出处】《人祖创世》，胡崇峻据秭归县新滩镇《黑暗传》清末抄本，阳日镇龙溪村村民杨有才和史光裕处口述材料，唐运青收集的祝天照、姜德龙抄本和唐运青采录的部分资料，贾邦修、张忠臣《黑暗大盘头》《黑暗纲鉴》资料以及林区下谷土家族民族乡石磨村戊子垭刘茂森处摘录转抄本的片断资料等整理，见胡崇峻搜集整理《黑暗传》，武汉：长江文艺出版社 2002 年版，第 216 页。

WTY064.2

称谓“尧”

实 例

（参见下级母题实例）

WTY064.2.1*

尧是谥号

实 例

中华民族 谥尧，姓伊祁氏。《帝王纪》云：“帝尧，陶唐氏，祁姓也。母庆都，十四月生尧。”

【流传】（无考）

【出处】［西汉］司马迁：《史记 · 五帝本纪 · 正义》。

汉 族 祁姓陶唐氏部落首领唐尧是华夏部落联盟的首领，名放勋，尧是他的谥号。

【流传】（无考）

【出处】刘永昌：《话说尧王》，载《文史月刊》2006 年第 5 期。

汉 族 赤龙族的首领喾和陈锋族的庆都成婚。后生一个男孩。庆都的养父伊祁侯给孩子取名放勋，因出生在伊祁山，就以伊祁为姓。尧是死后封的谥号。

【流传】河北省 · 保定市 · 望都县

【出处】韩增寿采录：《尧母的传说 · 尧帝诞生》，见中国民间文艺家协会组织编写，罗杨总主编，吴从志本卷主编《中国民间故事丛书》（河北省 · 保定市 · 望都县卷），北京：知识产权出版社 2016 年版，第 20 ～ 22 页。

WTY064.2.1.1*

“窑”为放勋发明，故放勋死后谥号“尧”

实 例

汉 族 由于窑是放勋明的，人们把放勋叫成“窑”，死后谥号“尧”。

【流传】河北省 ·（保定市）· 唐县 ·（高昌镇）· 峪山庄

【出处】韩增寿采录：《* 尧学本领》（2008.07），见中国民间文艺家协会组织编写，罗杨总主编，韩海山本卷主编《中国民间故事丛书》(河北省·保定市·唐县卷)，北京：知识产权出版社 2016 年版，第 7 ～ 11 页。

汉　族 由于窑是放勋发明的，人们把放勋叫成“窑”，死后谥号“尧”。放勋发明的窑是烧陶器的，比原先的大多了，所以人们又把放勋等一帮烧制陶器的人称做陶唐氏（“唐”的原意是大、空荡）。

【流传】河北省·保定市·望都县

【出处】韩增寿采录：《尧母的传说·唐尧学艺》，见中国民间文艺家协会组织编写，罗杨总主编，吴从志本卷主编《中国民间故事丛书》(河北省·保定市·望都县卷)，北京：知识产权出版社 2016 年版，第 30 ～ 35 页。

WTY064.3

唐尧

实　例

(参见下级母题实例)

WTY064.3.1*

放勋，史称“唐尧”

实　例

中华民族 《新注》曰：“放勋：人名，传说为陶唐氏部落酋长，史称唐尧。尧，谥号。”《谥法》曰：“翼善传圣曰尧。”

【流传】(无考)

【出处】张大可、朱枝富编著：《人文始祖黄帝》，北京：商务印书馆 2018 年版，第 59 页。

中华民族 (参见“WTY064.1a 尧号‘陶唐’”母题实例)

WTY064.4

尧的称谓“帝尧”

实　例

中华民族 《尧典》中对尧的称谓是“帝尧”，这里的“帝”并不是后世的帝王。我们不知道尧时是否已有帝称。但帝字最早见于殷墟卜辞，除了作为一种祭礼(神)外，其作为人称最初只是指天帝或方帝，以后才成为先王或人王之称谓。所以“帝尧”很可能是后人追记赋予的称谓。

【流传】(无考)

【出处】郭世谦：《古史传说考》(一、唐虞猛兽图腾集团)，天津：天津出版传媒集团·天津古籍出版社 2019 年版，第 61 页。

中华民族 挚在封尧为陶侯的第二年(即执政的第九年)，因政绩不佳，有负众望，诸侯归心于年 16 岁的唐尧，便欲让位于弟。尧依“禅让”故事，推让不就，避居于故封地唐(今河北唐县)。挚只好率群臣(联盟机构管理成员)到唐侯故封地进行“禅让”仪式，尧再推让二次，然后受禅，成为华夏部落联盟最高军事民主首长，史称“帝尧”。

【流传】(无考)

【出处】杨东晨：《华夏始祖：尧舜禹时代》“二、帝尧的伟业篇”，西安：三秦出版社 2007 年版，第 21 页。

汉　族 黄帝活了一百一十一岁，有两个孩子继承了他的王位，一个叫昌意，一个叫玄嚣。昌意生颛顼，玄嚣生娇极，娇极生帝喾，帝喾生放勋，放勋就是帝尧。

【流传】河南省·（郑州市）·新郑市

【出处】蔡柏顺采录整理：《轩辕故里》，见张振犁编著，孟宪明、朱淑君统纂《中原神话通鉴》（第二卷），郑州：河南大学出版社 2017 年版，第 514 页。

WTY064.4a

尧的称谓“尧帝”

实　例

汉　族 很早的时候，尧帝治理天下，他有九个儿子，两个女儿。

【流传】河南省·（南阳市）·淅川县（丹江两岸）

【出处】习警文（商人，上过私塾）讲，习诏采录整理：《丹江的传说》，见张振犁编著，孟宪明、朱淑君统纂《中原神话通鉴》（第三卷），郑州：河南大学出版社 2017 年版，第 995 页。

WTY064.5

尧的称谓“尧王”

实　例

汉　族 尧王把自己的两个女儿娥皇、女英许配给舜为妃。

【流传】河南省·（南阳市）·南阳县（1994 年撤销，与原县级南阳市以人民路为界重组为宛城、卧龙二区）·（卧龙区）·青华街（青华镇）

【出处】杜家典讲，张楚北采录：《尧王访贤》，见《中国民间故事集成》全国编辑委员会、《中国民间故事集成·河南卷》编辑委员会编《中国民间故事集成》（河南卷），北京：中国 ISBN 中心 2001 年版，第 46 页。

WTY064.6

尧的称谓“天子”

【关联】[WTY023.6.1*] 尧被后人颂为“天子”

实　例

中华民族 羿武艺高强，所以才能奉帝尧之命击溃东方（今山东）的“十日”氏族、海隅的九夷及其他氏族部落，并击溃了洞庭湖一带的三苗，保护了华夏部落联盟人民的利益和安全。帝尧的威望由此大为提高，人们称颂他为“天子”

【流传】（无考）

【出处】杨东晨：《华夏始祖：尧舜禹时代》“二、帝尧的伟业篇”，西安：三秦出版社 2007 年版，第 36 页。

WTY064.7

尧的称谓“孺帝”

实　例

中华民族 唐尧又称孺帝——黄煌天统的黄帝始称。

【流传】（无考）

【出处】周德麟：《史传“盘瓠”揭秘——〈中国盘瓠〉一书述要》，载《船山学刊》2000 年第 1 期。

WTY065

尧的其他名称

实　例

（参见下级母题实例）

WTY065.1

尧的称谓“上元一品赐福天官大帝”

实　例

汉　族 民间的“三官庙”奉祀尧舜禹三神，起源于道教的兴起。道教是在我国土生土长的宗教，与民俗紧密联系，它奉尧帝为“上元一品赐福天官大帝”，居紫微宫中，又称“紫微帝君”“赐福天官”“曜灵元阳大帝”。其神像头戴冕魔冠，高坐檀香金龙椅，身穿黄龙袍手执朝天笏，如沐春圣仙。天官大帝主宰人间善恶之籍，随福受报。

【流传】（山西省南部）

【出处】《尧舜时期的传说故事·三官大帝》，见赵大勇、赵随意著《尧都平阳与尧舜禹》，太原：山西古籍出版社 1999 年版，第 131 页。

WTY065.2

尧的称谓“曜灵元阳大帝”

实　例

汉　族（参见“WTY065.1 尧的称谓‘上元一品赐福天官大帝’”母题实例）

WTY065.3

尧的称谓“紫微帝君”

实　例

汉　族（参见“WTY065.1 尧的称谓‘上元一品赐福天官大帝’”母题实例）

WTY065.4

尧的称谓“赐福天官”

实　例

汉　族（参见“WTY065.1 尧的称谓‘上元一品赐福天官大帝’”母题实例）

WTY066

尧名称的特征（尧名称的含义）

实　例

（参见下级母题实例）

WTY066.1

“陶唐氏”的含义

实　例

（参见下级母题实例）

WTY066.1.1*

尧本居唐县，后迁陶，故称陶唐氏

实　例

中华民族 黄帝部族的尧氏族部落活动于今河北唐县，后南迁至大陆泽附近，故后人于此置尧山或唐山县；再迁陶，即今山东菏泽县，故称陶唐氏。

【流传】（河北、山东等）

【出处】高光晶:《神农、炎帝和黄帝考辨——兼谈“炎、黄成为中国人祖先”的原因》，载《湖南师范大学社会科学学报》1995 年第 2 期。

WTY066.1.2*

尧原封于唐，故称陶唐氏

实 例

汉 族 尧是我国远古时期的五帝之一，文明始祖，是原始社会末父系氏族社会后期部落联盟的领袖，系黄帝的五世孙，帝喾之三子，母庆都，祁姓，名放勋，原封于唐，故称陶唐氏。

【流传】山西省 · 运城市 · 绛县

【出处】常嗣新：《序言》，见田茂忠、申建华主编《尧王故里》，山西省绛县尧文化研究会编印，2009 年，第 1 页。

WTY066.1.3*

放勋（尧）十二岁受封陶，十五岁受封唐，后称“陶唐氏”

实 例

汉 族 放勋姓祁，因其 12 岁受封于陶，15 岁受封于唐，即分别为陶唐部落的首领，后代称其为陶唐氏。

【流传】（无考）

【出处】刘永昌：《话说尧王》，载《文史月刊》2006 年第 5 期。

中华民族 尧年十二佐挚封植，受封于陶（今山东定陶县），十五改封于唐，又号陶唐氏。

【流传】（河北保定）

【出处】《保定府志》引郝浴《重修望都尧庙记》。

WTY066.1.3a*

放勋初封于陶，又封于唐，故称“陶唐氏”

实 例

汉 族 帝尧者，放勋。其仁如天，其知如神。帝喾次子，初封于陶，又封于唐，故有天下之号为陶唐氏。

【流传】（无考）

【出处】［西汉］司马迁：《史记 · 五帝本纪》。

WTY066.1.4*

尧十三岁封“陶”号称陶唐氏

实 例

汉 族 帝喾来到了尧烧制现场，新一窑烧制的陶具，正在出窑。他看到儿子这次烧出来的陶具，比盛肉的陶具还好。他把儿子叫到跟前称赞道：“你烧的这些东西，咱们统统称它为陶，爹封你为陶吧。”于是尧十三岁封陶号称陶唐氏成为历史佳话。

【流传】山西省 · 运城市 · 绛县

【出处】宋玉秀：《制陶》，见田茂忠、申建华主编《尧王故里》，山西省绛县尧文化研究会编印，2009 年，第 95 ～ 96 页。

WTY066.1.5*

“陶唐氏”是部落名称

实 例

汉 族 “陶唐氏”非姓而是部落名称。

【流传】（山西省 · 长治市）

【出处】刘振仲：《山西长子是唐尧的生长发祥地》，见马志生主编，吴天昌、贺真和副主编《炎帝文化——上党二十年研究集锦》，北京：大众文艺出版社 2007 年版，第 276 页。

WTY066.1.6*

“陶唐氏”是国家名称

实 例

汉 族 “陶唐氏”先是部落称号，后为国家名称。

【流传】（山西省 · 长治市）

【出处】刘振仲：《山西长子是唐尧的生长发祥地》，见马志生主编，吴天昌、贺真和副主编《炎帝文化——上党二十年研究集锦》，北京：大众文艺出版社 2007 年版，第 278 页。

WTY066.1.7*

“陶唐氏”之由来与陶器有关

实 例

汉 族 帝尧陶唐氏与陶器有密切联系，那时陶器是先进文化的代表，是人们日常生活必用之器具，它是劳动人民智慧的结晶，是标志人类进化的特征。由于帝尧时烧制陶器生产之发达为后人敬佩，故把一切创造都归功于帝尧。称陶唐氏之来由，看来与陶器是有关联。

【流传】（无考）

【出处】《唐尧虞舜时的社会现状》，见赵大勇、赵随意著《尧都平阳与尧舜禹》，太原：山西古籍出版社 1999 年版，第 89 页。

WTY066.2

“尧”的含义

实 例

（参见下级母题实例）

WTY066.2.1*

“尧”意为高大土岭叠合

实 例

汉 族 根据放勋身材高大的特点，以村南 3 座高大的土岭叠合之意，为放勋起了个“尧”为号。

【流传】山西省 · 运城市 · 绛县 · 古绛镇 · 尧寓村

【出处】刘玉栋：《帝尧溯源》，原载《古绛春秋》，北京：长征出版社 2007 年版，见田茂忠、申建华主编《尧王故里》，山西省绛县尧文化研究会编印，2009 年，第 44 ～ 45 页。

WTY066.2.2*

“尧”本为鸟正面图形

实 例

中华民族 尧，本字是鸟正面的图形，它表明尧的名字也是源于以鸟为图腾标志的氏族组织的。

【流传】（无考）

【出处】郭风岚：《中国神话中的姓氏名号及其文化意义》，载《中国文化研究》1996 年第 3 期。

WTY066.2.3*

翼善传圣曰尧

实 例

中华民族 《新注》曰:“放勋:人名,传说为陶唐氏部落酋长,史称唐尧。尧,谥号。”《谥法》曰:“翼善传圣曰尧。”

【流传】(无考)

【出处】张大可、朱枝富编著:《人文始祖黄帝》,北京:商务印书馆 2018 年版,第 59 页。

WTY066.2.4

尧谓“至高”

实 例

中华民族 尧,本谓高。陶唐氏以为号。尧之言至高也。

【流传】(无考)

【出处】[清]段玉裁:《说文解字注》,上海:上海古籍出版社 1988 年版,第 694 页。

WTY066.3

“帝尧”的含义

实 例

(参见下级母题实例)

WTY066.3.1*

“帝尧”为后人追记赋予的称谓

实 例

中华民族 (参见“WTY064.4 帝尧”母题实例)

WTY066.4

“放勋”的含义

实 例

(参见下级母题实例)

WTY066.4.1

放勋意为“放开手脚,创立功勋”

实 例

汉 族 庆都原指望等帝喾回来,给孩子起个名,左等右等等不着,最后由父亲做主,给孩子起了个名字,就叫放勋。意思是让孩子长大后,放开手脚,为人类建功立业,创立功勋。

【流传】山西省·运城市·绛县

【出处】申建华:《尧王出世》,见田茂忠、申建华主编《尧王故里》,山西省绛县尧文化研究会编印,2009 年,第 75 ～ 80 页。

WTY066.5

“垚”的含义

实 例

(参见下级母题实例)

WTY066.5.1

尧出生地岭岭皆土,三土为“垚”,故命名

实 例

汉 族 远古时期,在中条山北麓有个傍依三岭两沟的村子，村内一妇孕 14 个月生下一巨婴。因为此婴孕期绵长，较一般婴儿特别，所以长辈给他起名字时颇费了一番脑筋。集思广益的结果是，因此处三岭，岭岭皆土，三土为“垚”。此婴生于此地，称“垚”为佳。“垚”，正是尧的繁写。人们随之也将其出生地称为尧寓村。

【流传】山西省·运城市·绛县·古绛镇·尧寓村

【出处】(a) 张志善、赵新民:《尧王故里尧寓村》，载《山西日报》2003 年 6 月 5 日。(b) 同 (a)，载《华人时刊》2003 年第 10 期。

汉 族 尧寓村的人说，传说中的第一个“垚”字，就是三个高大的丘陵，这与现在尧寓村南的东尧岭、中尧岭、西尧岭相吻合。尧母庆都生下尧，根据三岭地形便给他起名叫“垚”。

【流传】山西省·运城市·绛县·古绛镇·尧寓村

【出处】(a) 李筠霞:《源远流长的尧王传说》(2008)，见田茂忠、申建华主编《尧王故里》，山西省绛县尧文化研究会编印，2009 年，第 5 页。(b) 同 (a)，载《黄河晨报》2008 年 2 月 28 日。

WTY067

尧名称的类型（尧名称有不同写法）

实 例

（参见下级母题实例）

WTY067.1*

“陶唐”原作“陶坛”

实 例

汉 族 “陶坛”被用作联盟大部落或国家名称后，后人写用的时候多了，嫌“坛”字写起来麻烦，就用了一个不具实意的“唐”字取代了“坛”字。所以“陶唐”原是“陶坛”；“唐尧”就是“坛窑”。

【流传】(山西省·长治市)

【出处】刘振仲:《山西长子是唐尧的生长发祥地》，见马志生主编，吴天昌、贺真和副主编《炎帝文化——上党二十年研究集锦》，北京：大众文艺出版社 2007 年版，第 277 页。

WTY067.2*

“唐尧”原作“坛窑”

实 例

汉 族 （参见“WTY067.1*‘陶唐’原作‘陶坛’”母题实例）

WTY067.3

尧又作“窑”

实 例

汉 族 放勋发明了一个新式的烧陶装置。师傅让他取个名字。放勋想了想，说：“这家伙是缶（陶器名）住的屋子，就叫‘窑’吧。”师傅很赞成。由于窑是放勋发明的，人们把放勋叫成“窑”，死后谥号“尧”。

【流传】河北省·保定市·唐县［采录地点：唐县峪山庄］

【出处】韩增寿（56岁，唐县峪山庄村人，干部）采录：《唐尧传说·学艺》（2008.07），见中国民间文艺家协会组织编写，罗杨总主编，韩海山本卷主编《中国民间故事丛书》（河北省·保定市·唐县卷），北京：知识产权出版社2016年版，第7～11页。

WTY067.4

尧又作“垚”

实　例

汉　族 远古时期，在中条山北麓有个傍依三岭两沟的村子，村内一妇孕14个月生下一巨婴。因为此婴孕期绵长，较一般婴儿特别，所以长辈给他起名字时颇费了一番脑筋。集思广益的结果是，因此处三岭，岭岭皆土，三土为“垚”。此婴生于此地，称“垚”为佳。“垚”，正是尧的繁写。人们随之也将其出生地称为尧寓村。

【流传】山西省·运城市·绛县·古绛镇·尧寓村

【出处】（a）张志善、赵新民：《尧王故里尧寓村》，载《山西日报》2003年6月5日。（b）同（a），载《华人时刊》2003年第10期。

WTY067.5

尧又作“堯”

实　例

中华民族 “尧”的繁体字写作“堯”。今人难以从字形看出其意义。这个字本不代表姓氏，而是一个圣号。

【流传】（无考）

【出处】叶舒宪：《中华文明探源的神话学研究》，北京：社会科学文献出版社·经济与管理出版分社2015年版，第396页。

WTY068

尧名称的演变（尧名称的变化；尧读音的变异）

实　例

（参见下级母题实例）

WTY068.1

尧名称演变的原因

实　例

（实例待考）

WTY068.2

尧名称演变情形

【关联】［WTY067.5］尧又作“堯”

实　例

汉　族 尧王带领大臣治理了洪水，于是又在“垚儿”的中间加了一横，变成现在的“尧”。今天的“尧”是“堯”的简化，但上下结构未变。

【流传】山西省·运城市·绛县·古绛镇·尧寓村

【出处】（a）李筠霞：《源远流长的尧王传说》（2008），见田茂忠、申建华主编《尧王故里》，山西省绛县尧文化研究会编印，2009 年，第 5 页。（b）同（a），载《黄河晨报》2008 年 2 月 28 日。

WTY069

与尧的名称有关的其他母题

实 例

（实例待考）

WTY069.1

尧的合称

实 例

（实例待考）

WTY069.2

尧的名字之辨

实 例

（实例待考）

7. 尧的死亡与纪念【WTY070 ～ WTY079】

WTY070

尧的寿命

实 例

（参见下级母题实例）

WTY070.1

尧长寿

实 例

（参见下级母题实例）

WTY070.2

尧有特定的寿限

实 例

（参见下级母题实例）

WTY070.2.1

尧的寿命一百多岁

实 例

汉 族 尧承领了采药老汉的好意，可是因为国事忙碌，实在没工夫去吃那些松子，据说当时有别的人得到松子吃，他们的寿命都活到两三百岁，而尧呢，才活了一百多岁就死了。

【流传】山西省 · 运城市 · 绛县

【出处】韩生泉:《荣辱不惊》，见田茂忠、申建华主编《尧王故里》，山西省绛县尧文化研究会编印，2009 年，第 209 页。

WTY070.2.2

尧的寿命一百零八岁

实 例

汉 族 尧帝在位九十年，龙归大海升了天，阳寿一百单八春。

【流传】湖北省 · 神农架林区

【出处】《人祖创世》，胡崇峻据秭归县新滩镇《黑暗传》清末抄本，阳日镇龙溪村村民杨有才和史光裕处口述材料，唐运青收集的祝天照、姜德龙抄本和唐运青采录的部分资料，贾邦修、张忠臣《黑暗大盘头》《黑暗纲鉴》资料以及林区下谷土家族民族乡石磨村戊子垭刘茂森处摘录转抄本的片断资料等整理，见胡崇峻搜集整理《黑暗传》，武汉：长江文艺出版社 2002 年版，第 227 页。

WTY070.2.3

尧的寿命一百一十七岁

实　例

中华民族 尧以十六即位，明年乃为元年，七十载求禅，求禅之时八十六也，试舜三年，自正月上日至崩，二十八载，总计其数，凡寿一百一十七岁。

【流传】（无考）

【出处】［先秦］《尚书·尧典》孔颖达疏。

WTY070.2.4

尧的寿命一百一十八岁

实　例

中华民族 尧即位九十八年，年百一十八岁。

【流传】（无考）

【出处】［晋］皇甫谧：《帝王世纪》。

中华民族 帝尧陶唐氏：帝喾之子。母陈锋氏女，曰庆都。孕尧十有四月，当高辛丁亥岁，乃于丹陵生尧。后徙耆，以祁为姓，故曰伊祁氏。帝喾崩，而长子挚代立，封尧为唐侯。帝挚立不善，在位九年。唐侯德盛，乃禅位于唐。以甲辰即位，都平阳，号陶唐氏。在位七十年。荐舜摄政，又二十八年，崩。在位九十八年，寿一百一十八岁。首甲辰，尽癸未。

【流传】（山西平阳府）

【出处】［清］康熙《平阳府志》“帝王篇”。

汉　族 帝尧从帝位退下来后 28 年而寿终，享年 118 岁。

【流传】（无考）

【出处】刘永昌：《话说尧王》，载《文史月刊》2006 年第 5 期。

汉　族 尧取代挚登上帝位，都平阳，在位七十年，据传享寿 118 岁。

【流传】山西省·运城市·绛县

【出处】常嗣新：《序言》，见田茂忠、申建华主编《尧王故里》，山西省绛县尧文化研究会编印，2009 年，第 1 ～ 2 页。

汉　族 由于没有吃下长寿药，尧活到一百一十八岁就去世了。

【流传】河北省·保定市·唐县［采录地点：唐县赵家庄］

【出处】赵大乱（67 岁，唐县赵家庄村农民）讲，赵喜林记录：《仙人赐药》(2008.07)，见中国民间文艺家协会组织编写，罗杨总主编，韩海山本卷主编《中国民间故事丛书》(河北省·保定市·唐县卷)，北京：知识产权出版社 2016 年版，第 29 ～ 30 页。

汉　族 尧约于公元前 2259 年去世，享年

118 岁。

【流传】山西省 · 运城市 · 绛县 · 古绛镇 · 尧寓村

【出处】梓华、兰草:《山西尧寓村作为尧帝故里申报世界文化遗产地当之无愧》，载《中国焦点》2007 年第 1 ～ 2 期。

WTY071

尧的死亡

实　例

（参见下级母题实例）

WTY071.1

尧死亡的原因

【关联】[WTY070.2.4] 尧的寿命一百一十八岁

实　例

汉　族 由于没有吃下长寿药，尧活到一百一十八岁就去世了。

【流传】河北省 · 保定市 · 唐县 [采录地点：唐县赵家庄]

【出处】赵大乱（67 岁，唐县赵家庄村农民）讲，赵喜林记录:《仙人赐药》(2008.07)，见中国民间文艺家协会组织编写，罗杨总主编，韩海山本卷主编《中国民间故事丛书》(河北省 · 保定市 · 唐县卷)，北京：知识产权出版社 2016 年版，第 29 ～ 30 页。

WTY071.2

尧死亡的时间

实　例

（参见下级母题实例）

WTY071.2.1

尧约公元前 2259 年去世

实　例

汉　族 尧约于公元前 2259 年去世，享年 118 岁。

【流传】山西省 · 运城市 · 绛县 · 古绛镇 · 尧寓村

【出处】梓华、兰草:《山西尧寓村作为尧帝故里申报世界文化遗产地当之无愧》，载《中国焦点》2007 年第 1 ～ 2 期。

汉　族 尧 98 岁时，将帝位禅让于舜，约于公元前 2259 年去世，享年 118 岁。

【流传】(无考)

【出处】刘玉栋:《帝尧溯源》，原载《古绛春秋》，北京：长征出版社 2007 年版，见田茂忠、申建华主编《尧王故里》，山西省绛县尧文化研究会编印，2009 年，第 35 页。

WTY071.2.2

尧崩于癸未之年

实　例

汉　族 尧王国号陶唐氏，姓尹名祁是他名，封为火得王，坐了锦乾坤。甲辰年间登了位，癸未之年把驾崩。

【流传】湖北省 · 神农架林区

【出处】《人祖创世》，胡崇峻据秭归县新滩镇《黑暗传》清末抄本，阳日镇龙溪村村民杨有才和史光裕处口述材料，唐运青收集的祝天照、姜德龙抄本和唐运青采录的部分资料，贾邦修、张忠臣《黑暗大盘头》《黑暗纲鉴》资料以及林区下谷土家族民族乡石磨村戊子垭刘茂森处摘录转抄本的片断资料等整理，见胡崇峻搜集整理《黑暗传》，武汉：长江文艺出版社 2002 年版，第 216 页。

WTY071.2.2.1

尧崩于二十五日

实 例

汉 族 二月十五日，尧帝去世了。人们为了纪念尧帝，就在尧城修了一个尧帝庙。每年此日就到庙里烧香祈祷，保佑人们事事平安。慢慢地成了一个大庙会，这就是二月十五庙，人们在这里纪念尧帝。

【流传】河北省 · 保定市 · 顺平县

【出处】程双宝采录：《二月十五尧帝庙》，见中国民间文艺家协会组织编写，罗杨总主编，甄会龙本卷主编《中国民间故事丛书》(河北省 · 保定市 · 顺平卷)，北京：知识产权出版社 2016 年版，第 5 ～ 6 页。

WTY071.3

尧死亡的地点

实 例

（参见下级母题实例）

WTY071.3.1

尧崩于陶

实 例

汉 族 帝喾子，挚弟，姓伊耆。初封唐，以火德王，都平阳。在位一百年，禅位于舜。元年丙子，帝即位，命羲和。五十年，帝于游首山。五十八年，帝使后稷放帝子朱于丹水。六十一年，命鲧治河。七十年，锡虞舜命。釐降二女于妫汭。七十三年，舜受终于文祖。七十五年，司空禹治河。八十九年，作游宫于陶。九十年，帝游居于陶。一百年，帝崩于陶，葬成阳（汤）。案：今平阳有尧陵。

【流传】（山西）

【出处】［清］雍正《山西通志》。

WTY071.4

尧死后的丧葬

实 例

（参见下级母题实例）

WTY071.4.1

尧葬后，有双鹤守墓

实 例

中华民族 尧葬后，有双鹤守墓，长唳如哭，哀鸣不止。

【流传】（山西省）

【出处】中国先秦史学会尧舜禹文化研究基地编，叶雨青、张培莲著：《尧舜传》第三十五章“唐尧殂崩四方哀，虞舜即位联盟王”，太原：山西出版集团 · 山西春秋电子音像出版社 2008 年版，第 241 页。

WTY071.5

尧死后化生

实 例

（实例待考）

WTY071.6

尧死后的其他情形

实 例

（参见下级母题实例）

WTY071.6.1

尧死后，全国哀悼三年，以示哀思

实 例

中华民族 尧让出帝位二十八年才逝世，百姓十分悲伤，就像是死了父母一样。整整三年，全国停止了歌唱娱乐，以此表达对尧的哀思。

【流传】（无考）

【出处】张大可、朱枝富编著：《人文始祖黄帝》，北京：商务印书馆 2018 年版，第 169 页。

WTY072

与尧的死亡有关的其他母题

实 例

（实例待考）

WTY073

尧祭祀的产生

实 例

（参见下级母题实例）

WTY073.1

祭祀尧的原因

【关联】［WTY079］纪念尧（尧的纪念）

实 例

汉 族 ［参见“WTY079 纪念尧（尧的纪念）”母题实例］

WTY074

祭祀尧的时间

实 例

（参见下级母题实例）

WTY074.1

正月十五祭祀尧

实 例

汉 族 临汾县底镇村西官道上建一“三官庙”，旧时每年正月十五日，附近农村群众抬上祭台敲锣打鼓由绅士公祭，老幼妇孺各携花馍供品烧香祭祀尧舜禹，甚为隆重。

【流传】（山西省临汾县底镇村）

【出处】《尧舜时期的传说故事・三官大帝》，见赵大勇、赵随意著《尧都平阳与尧舜禹》，太原：山西古籍出版社 1999 年版，第 131 页。

WTY074.1a

上元节（正月十五）祭祀尧

实 例

汉 族 晋南一带，民间传说尧帝为“天官大帝”、舜帝为“地官大帝”、禹帝为“水官大帝”，总的俗称为“三官大帝”，村镇多建“三官庙”以奉祀之。民间把上元、中元与下元的三元节，作为祭祀“三官大帝”的日子，上元节是正月十五日以祭祀尧帝“天官大帝”。

【流传】（山西省南部）

【出处】《尧舜时期的传说故事·三官大帝》，见赵大勇、赵随意著《尧都平阳与尧舜禹》，太原：山西古籍出版社 1999 年版，第 131 页。

WTY074.2

三月三祭祀尧

实 例

汉 族 尧寓村的人在每年的三月三庙会举行隆重的祭尧活动。男人们头戴柳条帽，身披兽皮，手敲着陶制的瓦鼓、铎铃，唱着《击壤歌》，在尧庙前载歌载舞，表示对尧王的怀念之情。

【流传】山西省·运城市·绛县·古绛镇·尧寓村

【出处】李筠霞：《源远流长的尧王传说》（2008），见田茂忠、申建华主编《尧王故里》，山西省绛县尧文化研究会编印，2009 年，第 6 页。

WTY074.3

烧窑点火前祭尧

实 例

汉 族 人们感谢祖先尧的发明，认为尧是“窑王”。每逢烧窑点火之前，师傅总要焚香烧纸，祈求窑王保佑成功。

【流传】河北省·保定市·望都县

【出处】韩增寿采录：《尧母的传说·唐尧学艺》，见中国民间文艺家协会组织编写，罗杨总主编，吴从志本卷主编《中国民间故事丛书》（河北省·保定市·望都县卷），北京：知识产权出版社 2016 年版，第 30 ~ 35 页。

WTY074.4

周期性祭祀尧

实 例

（参见下级母题实例）

WTY074.4.1

每五年一次官祭尧

实 例

汉 族 尧庙自唐代以来，各朝代每隔五年，皇帝都要派朝廷专员持圣旨到这里来专祭帝尧，仪式隆重。

【流传】（山西省平阳）

【出处】《尧舜时期的传说故事·尧庙是历代皇廷祭尧之地》，见赵大勇、赵随意著《尧都平阳与尧舜禹》，太原：山西古籍出版社 1999 年版，第 101 页。

WTY074.5

清明节和九月上旬祭尧

实 例

汉 族 山西省临汾市郭行乡有尧陵。陵庙前有戏台、廊房等建筑物，每年清明节和秋九月上旬，举行香火会祭尧，游人甚多，其俗很久。

【流传】（山西省临汾市郭行乡）

【出处】《尧舜时期的传说故事·尧陵》，见赵大勇、赵随意著《尧都平阳与尧舜禹》，太原：山西古籍出版社1999年版，第102页。

WTY075

祭祀尧的地点

【关联】[WTY077.4.1*]祭祀尧时，在尧庙前载歌载舞

实 例

汉 族（参见“WTY076.1.1 尧寓村村民祭祀尧”母题实例）

WTY076

祭祀尧者（祭祀尧的参与者）

实 例

（参见下级母题实例）

WTY076.1

特定群体祭尧

实 例

（参见下级母题实例）

WTY076.1.1

尧寓村村民祭祀尧

实 例

汉 族 尧寓村的人在每年的三月三庙会举行隆重的祭尧活动。男人们头戴柳条帽，身披兽皮，手敲着陶制的瓦鼓、铎铃，唱着《击壤歌》，在尧庙前载歌载舞，表示对尧王的怀念之情。

【流传】山西省·运城市·绛县·古绛镇·尧寓村

【出处】李筠霞：《源远流长的尧王传说》（2008），见田茂忠、申建华主编《尧王故里》，山西省绛县尧文化研究会编印，2009年，第6页。

WTY076.1.2

舜与部下祭祀尧

实 例

中华民族 尧死后，舜帝非常感激尧对自己的信任及对黎民百姓的关爱，便选定一个日子，每年都带领部下祭告天地和尧帝。

【流传】（黄河流域）

【出处】《尧舜与农历新年》，见郭先芳编著《黄河的神话传说和民间故事》，郑州：黄河水利出版社2015年版，第98页。

WTY076.1.3

唐李世民率军祭祀尧

实 例

中华民族 唐初李世民追袭刘武周时，曾屯军于尧陵，祭祀帝尧，并修尧祠。

【流传】（山西临汾）

【出处】《临汾郭行里志略》，转引自任乃荣《三皇五帝探源》第七章“帝尧陶唐氏时代”，北京：新华出版社2011年版，第186页。

WTY076.2

特定职业者祭尧

实 例

汉 族（参见“WTY074.3 烧窑点火前祭尧”母题实例）

WTY076.3

祭尧的主持者

实 例

汉 族（参见“WTY076.1 特定群体祭尧”母题实例）

WTY077

祭祀尧的环节（祭尧的方法）

实 例

（参见下级母题实例）

WTY077.1

祭尧的准备

实 例

（参见下级母题实例）

WTY077.2

祭尧的仪式

【关联】［WTY077.3.1］祭尧时焚香烧纸

实 例

汉 族（参见“WTY077.3.3 祭尧时身披兽皮，手敲陶制器具”母题实例）

WTY077.3

祭尧的方法

实 例

（参见下级母题实例）

WTY077.3.1

祭尧时焚香烧纸

实 例

汉 族人们感谢祖先尧的发明，认为尧是“窑王”。每逢烧窑点火之前，师傅总要焚香烧纸，祈求窑王保佑成功。

【流传】河北省·保定市·望都县

【出处】韩增寿采录：《尧母的传说·唐尧学艺》，见中国民间文艺家协会组织编写，罗杨总主编，吴从志本卷主编《中国民间故事丛书》（河北省·保定市·望都县卷），北京：知识产权出版社 2016 年版，第 30 ～ 35 页。

WTY077.3.2

祭尧时扣头

实 例

（实例待考）

WTY077.3.3

祭尧时身披兽皮，手敲陶制器具

【关联】［WTY078.1］祭尧的用品

实 例

汉 族尧寓村的人在每年的三月三庙会举

行隆重的祭尧活动。男人们头戴柳条帽，身披兽皮，手敲着陶制的瓦鼓、铎铃，唱着《击壤歌》，在尧庙前载歌载舞，表示对尧王的怀念之情。

【流传】山西省·运城市·绛县·古绛镇·尧寓村

【出处】李筠霞：《源远流长的尧王传说》（2008），见田茂忠、申建华主编《尧王故里》，山西省绛县尧文化研究会编印，2009年，第6页。

WTY077.4

祭祀尧的情形

实　例

（参见下级母题实例）

WTY077.4.1*

祭祀尧时，在尧庙前载歌载舞

【关联】[WTY075] 祭祀尧的地点

实　例

汉　族（参见“WTY077.3.3 祭尧时身披兽皮，手敲陶制器具”母题实例）

WTY077.4.2*

祭尧时敲锣打鼓，甚为隆重

实　例

汉　族 如临汾县底镇村西官道上建一“三官庙”，旧时每年正月十五日，附近农村群众抬上祭台敲锣打鼓由绅士公祭，老幼妇孺各携花馍供品烧香祭祀，甚为隆重。

【流传】（山西省南部）

【出处】《尧舜时期的传说故事·三官大帝》，见赵大勇、赵随意著《尧都平阳与尧舜禹》，太原：山西古籍出版社1999年版，第131页。

WTY077.5

祭祀尧的类型

实　例

（参见下级母题实例）

WTY077.5.1

公祭尧

实　例

（参见下级母题实例）

WTY077.5.1.1

绅士公祭尧

实　例

汉　族（参见“WTY077.4.2* 祭尧时敲锣打鼓，甚为隆重”母题实例）

WTY077.5.2

私祭尧

实　例

（实例待考）

WTY077.5.3

单祭尧

实　例

汉　族（参见“WTY074.3 烧窑点火前祭尧”母题实例）

WTY077.5.4

共祭尧

实 例

（参见下级母题实例）

WTY077.5.4.1

尧舜禹共祭

实 例

汉 族 晋南一带，民间传说尧帝为“天官大帝”、舜帝为“地官大帝”、禹帝为“水官大帝”，总的俗称为“三官大帝”，村镇多建“三官庙”以奉祀之。民间把上元、中元与下元的三元节，作为祭祀“三官大帝”的日子，上元节是正月十五日以祭祀尧帝“天官大帝”；中元节是七月十五日以祭舜帝“地官大帝”；下元节是十月十五日以祭禹帝“水官大帝”。但这三个鼎立的节日以正月十五日祭尧帝为主。如临汾县底镇村西官道上建一“三官庙”，旧时每年正月十五日，附近农村群众抬上祭台敲锣打鼓由绅士公祭，老幼妇孺各携花馍供品烧香祭祀，甚为隆重。

【流传】（山西省南部）

【出处】《尧舜时期的传说故事·三官大帝》，见赵大勇、赵随意著《尧都平阳与尧舜禹》，太原：山西古籍出版社 1999 年版，第 131 页。

WTY077.5.4.1.1*

尧舜禹共祭起源于道教兴起

实 例

汉 族 民间的“三官庙”奉祀尧舜禹三神，起源于道教的兴起。

【流传】（山西省南部）

【出处】《尧舜时期的传说故事·三官大帝》，见赵大勇、赵随意著《尧都平阳与尧舜禹》，太原：山西古籍出版社 1999 年版，第 131 页。

WTY078

与祭祀尧的有关的其他母题

实 例

（参见下级母题实例）

WTY078.1

祭尧的用品

【关联】［WTY077.3.3］祭尧时身披兽皮，手敲陶制器具

实 例

汉 族 （参见“WTY079.1.1 三月三纪念尧”母题实例）

WTY078.2

祭尧的禁忌

实 例

（实例待考）

WTY079

纪念尧（尧的纪念）

实 例

（参见下级母题实例）

WTY079.1

纪念尧的时间

实 例

（参见下级母题实例）

WTY079.1.1

三月三纪念尧

实 例

汉 族 尧寓村人每年三月三逢庙会，举行隆重的祭尧活动。男人们头戴柳条帽，以兽皮、麻片做衣裳，举着依照古墓葬出土式样的“龙牌”，敲着用鱼皮蒙着木桶做成的量鼓和陶制的瓦鼓、铎铃、石磬，拍着击壤板，唱着“击壤歌”，用东尧岭出土的古老陶器盛着五谷山禽，在尧庙前载歌载舞，以虔诚之心表示对尧王的怀念和至上的敬意。

【流传】山西省 · 运城市 · 绛县 · 古绛镇 · 尧寓村

【出处】刘永昌、李学文：《灿烂的尧寓村》，载《文史月刊》2007 年第 5 期。

WTY079.2

纪念尧的方法

实 例

（参见下级母题实例）

WTY079.2.1

举“龙牌”纪念尧

实 例

汉 族 （参见“WTY079.1.1 三月三纪念尧”母题实例）

WTY079.2.2

敲到“陶”制工具纪念尧

实 例

汉 族 （参见“WTY079.1.1 三月三纪念尧”母题实例）

WTY079.2.3

唱歌纪念尧

实 例

（参见下级母题实例）

WTY079.2.3.1

纪念尧时唱“击壤歌”

实 例

汉 族 尧寓村人每年三月三逢庙会，举行隆重的祭尧活动。男人们头戴柳条帽，以兽皮、麻片做衣裳，举着依照古墓葬出土式样的“龙牌”，敲着用鱼皮蒙着木桶做成的量鼓和陶制的瓦鼓、铎铃、石磬，拍着击壤板，唱着“击壤歌”，用东尧岭出土的古老陶器盛着五谷山禽，在尧庙前载歌载舞，以虔诚之心表示对尧王的怀念和至上的敬意。

【流传】山西省·运城市·绛县·古绛镇·尧寓村

【出处】刘永昌、李学文：《灿烂的尧寓村》，载《文史月刊》2007 年第 5 期。

WTY079.2.4
摆放供品纪念尧

实 例

汉 族（参见“WTY079.2.3.1 纪念尧时唱‘击壤歌’”母题实例）

WTY079.2.5
修筑庙宇纪念尧

实 例

中华民族 山东济阴成阳、河北唐县望都、妫汭潘城都是帝尧确曾到过的地方，都是帝尧流传下来的地名。后人为了纪念帝尧，便以帝尧名号命名这些城邑、山峰，修筑起纪念性陵庙。

【流传】（山东、河北等地）

【出处】任乃荣：《三皇五帝探源》第七章“帝尧陶唐氏时代”，北京：新华出版社 2011 年版，第 174 页。

汉 族 唐尧的后世子孙们为了纪念尧帝发现泉水浇灌庄稼的恩泽，在泉水的上方修了一座尧庙。

【流传】河北省·保定市·唐县［采录地点：唐尧文化研究会］

【出处】韩海山采录：《找泉水》（2008.08），见中国民间文艺家协会组织编写，罗杨总主编，韩海山本卷主编：《中国民间故事丛书》（河北省·保定市·唐县卷），北京：知识产权出版社 2016 年版，第 13 ～ 14 页。

汉 族 尧帝去世了，人们为了纪念尧帝，就在尧城修了一个尧帝庙。

【流传】河北省·保定市·顺平县

【出处】程双宝采录：《二月十五尧帝庙》，见中国民间文艺家协会组织编写，罗杨总主编，甄会龙本卷主编《中国民间故事丛书》（河北省·保定市·顺平卷），北京：知识产权出版社 2016 年版，第 5 ～ 6 页。

WTY079.2.6
以“尧”命名纪念尧

实 例

（参见下级母题实例）

WTY079.2.6.1*
以“尧”命名城邑、山峰以示纪念

实 例

中华民族 山东济阴成阳、河北唐县望都、妫汭潘城都是帝尧确曾到过的地方，都是帝尧流传下来的地名。后人为了纪念帝尧，便以帝尧名号命名这些城邑、山峰，修筑起纪念性陵庙。

【流传】（山东、河北等地）

【出处】任乃荣：《三皇五帝探源》第七章“帝尧陶唐氏时代”，北京：新华出版社 2011 年版，第 174 页。

WTY079.3
纪念尧的情形

实 例

（参见下级母题实例）

WTY079.3.1

纪念尧时场面盛大

实　例

汉　族（参见“WTY079.2.3.1 纪念尧时唱‘击壤歌’”母题实例）

WTY079.4

与纪念尧有关的其他母题

实　例

（参见下级母题实例）

WTY079.4.1

尧的碑刻

实　例

汉　族 山西省临汾市郭行乡有尧陵。现有宋碑书“古帝尧陵”四字，旁有明嘉靖十八年（公元 1539 年）一碑，刻有尧陵全景图。

【流传】（山西省临汾市郭行乡）

【出处】《尧舜时期的传说故事・尧陵》，见赵大勇、赵随意著《尧都平阳与尧舜禹》，太原：山西古籍出版社 1999 年版，第 102 页。

WTY079.4.1.1

“茅茨土阶”石碑立于尧成长地

实　例

汉　族 地方志记载帝尧活动地区在崇山周围，《翼城县志》记有尧都村，唐城村，尧山、历山；《临汾县志》记有“伊村”即伊耆氏之乡，尧长于舅父家，从此姓，有“茅茨土阶”的石碑在此村。

【流传】（山西省）

【出处】《光辉灿烂的古平阳大地》，见赵大勇、赵随意著《尧都平阳与尧舜禹》，太原：山西古籍出版社 1999 年版，第 76 ～ 77 页。

8. 尧的遗迹与遗俗【WTY080 ～ WTY089】

WTY080

尧的坟墓（尧墓；尧陵）

实　例

（参见下级母题实例）

WTY080.1

尧坟墓的产生

【关联】［WTY080.2］尧坟墓的地点

实　例

中华民族（参见“WTY080.2.1 尧葬某地”母题实例）

WTY080.2

尧坟墓的地点

【关联】［WTY080.1］尧坟墓的产生

实 例

（参见下级母题实例）

WTY080.2.1

尧葬某地

实 例

（参见下级母题实例）

WTY080.2.1.1

尧埋葬在湖南攸县

实 例

中华民族 有学者认为湖南攸县得名与大禹之妻攸女有关，尧和禹均埋葬在湖南攸县。

【流传】（湖南攸县）

【出处】 熊贤品：《湖南先秦史研究的几个问题》，载《社会科学动态》2019 年第 12 期。

WTY080.2.1.2

尧葬于冀州

实 例

中华民族 尧葬于冀州，或言葬于崇山。

【流传】（冀州）

【出处】［东汉］王充：《论衡 · 书虚篇》。

WTY080.2.1.3

尧陵在平阳

实 例

中华民族 天下尧陵非只平阳一处。史籍记载者，尚有济阴成阳尧陵。

【流传】（无考）

【出处】 任乃荣：《三皇五帝探源》第七章“帝尧陶唐氏时代”，北京：新华出版社 2011 年版，第 187 页。

WTY080.2.2

尧葬于山

实 例

（参见下级母题实例）

WTY080.2.2.1

尧葬于崇山

实 例

中华民族 历唐尧于崇山兮，过虞舜于九疑。

【流传】（无考）

【出处】《史记 · 司马相如列传》引［西汉］司马相如：《大人赋》。

实 例

中华民族 （参见“WTY080.2.1.2 尧葬于冀州”母题实例）

WTY080.2.2.2

尧葬于狄山

实 例

（参见下级母题实例）

WTY080.2.2.2.1

尧葬于狄山之阳

实 例

中华民族 狄山，帝尧葬于阳，帝喾葬于阴。爰有熊、罴、文虎、蜼、豹、离朱、视肉、吁咽。文王皆葬其所。

【流传】（狄山）

【出处】[战国至汉] 撰者不详：《山海经·海外南经》。

WTY080.2.2.3

尧葬于岳山

实　例

中华民族 帝尧、帝喾、帝舜葬于岳山。爰有文贝、离俞、鹰、延维、视肉、熊、罴、虎、豹、朱木、青华、玄实。

【流传】（岳山）

【出处】[战国至汉] 撰者不详：《山海经·大荒南经》。

WTY080.2.2.4

尧葬于汤山

实　例

汉　族 狄山，帝尧葬于阳，帝喾葬于阴。爰有熊、罴、文虎、雄、豹、离朱、视肉。吁咽、文王皆葬其所。一曰汤山。

【流传】（汤山）

【出处】《狄山》，见袁珂《中国神话大词典》，北京：华夏出版社 2015 年版，第 167 页。

WTY080.2.2.5

尧葬于留山

实　例

中华民族 《山海经》：“狄山，帝尧葬于阳。”《吕览·安死》：“尧葬于谷林，通树之。”《帝王世纪》：“尧在位九十八年，一百一十八岁，乃殂，葬于济阴之成阳，是为谷林。”在今山东临濮县。此云蛩山，以蛩与巩通，而巩与谷为声转字也。金，本亦作巩，《后汉书·赵咨传》引作“尧葬邛之山《说文》：“邛山在济阴县。”即留山也。

【流传】（留山）

【出处】王焕镳：《墨子集诂》引尹桐阳《墨子新释》。

WTY080.2.2.6

舜葬于蛩（巩）山

实　例

（参见下级母题实例）

WTY080.2.2.6.1

舜葬于蛩山之阴

实　例

中华民族 尧北敌乎八狄，道死，葬蛩（一作巩）山之阴。

【流传】（蛩山）

【出处】《墨子·节葬下》。

WTY080.2.3

尧陵（尧冢）的地点

实　例

（参见下级母题实例）

WTY080.2.3.1

尧冢在济阴成阳

实　例

中华民族 瓠河故渎又东径句阳县之小成

阳，城北侧渎，《帝王世纪》曰："尧葬济阴成阳西北四十里，是为谷林。"《墨子》以为，尧堂高三尺，土阶三等，"北教八狄，道死，葬巩山之阴。"《山海经》曰：尧葬狄山之阳，一名崇山。二说各殊，以为成阳近是尧冢也。余按，小成阳在成阳西北半里许实中，俗喭以为囚尧城，土安盖以是为尧冢也。

【流传】（无考）

【出处】［北魏］郦道元：《水经注》。

中华民族 《汉书·地理志》"成阳有尧冢陵台"，刘向曰：尧葬济阴邱陵。后汉元和二年东巡狩，遣使祀尧于成阳灵台。

【流传】（曹州府）

【出处】《清一统志·曹州府》。

中华民族 尧之冢在济阴成阳，尧母灵台在南。汉章帝元和二年，使奉大牢祠尧于成阳灵台是其处也。今皆在濮之雷泽东南。

【流传】（无考）

【出处】［宋］罗泌：《路史》卷二十六《辨帝尧冢》。

中华民族 尧冢在济阴城阳：汉济阴郡城阳县在今山东菏泽，与传说尧族世居地山东定陶县相邻，传说的尧冢在今山东鄄城东南。

【流传】（山东）

【出处】张大可、朱枝富编著：《人文始祖黄帝》，北京：商务印书馆2018年版，第105页。

中华民族 天下尧陵非只平阳一处。史籍记载者，尚有济阴成阳尧陵。

【流传】（无考）

【出处】任乃荣：《三皇五帝探源》第七章"帝尧陶唐氏时代"，北京：新华出版社2011年版，第187页。

WTY080.2.3.1.1

尧葬济阴成阳西北（谷林）

实 例

中华民族 尧葬于谷林，通树之。

【流传】（无考）

【出处】［战国］吕不韦及其门客编：《吕氏春秋·安死》。

中华民族 尧死后葬于济阴之成阳西北，是为谷林。

【流传】（无考）

【出处】［晋］皇甫谧：《帝王世纪》。

中华民族 《皇览》云："尧冢在济阴成阳。"皇甫谧云："谷林即成阳也。"

【流传】（曹州府）

【出处】《清一统志·曹州府》。

中华民族 《水经注》："成阳城西二里有尧陵，陵南一里有尧母陵，皆立庙。"

【流传】（曹州府）

【出处】《清一统志·曹州府》。

中华民族 《吕氏春秋》记载："尧葬谷林。"晋人皇甫谧在《帝王世纪》里解释说："谷林即成阳也。"成阳即今天山东菏泽地区的鄄城。

【流传】（山东菏泽鄄城）

【出处】仲大军：《黄帝与少昊的关系》，载《社会科学论坛》2010年第9期。

WTY080.2.3.1.1a

尧陵在今山东鄄城县富春乡赵千庄谷林寺

实　例

中华民族 今山东鄄城县富春乡赵千庄谷林寺有尧陵。

【流传】（山东鄄城县富春乡赵千庄）

【出处】仲大军：《黄帝与少昊的关系》，载《社会科学论坛》2010 年第 9 期。

WTY080.2.3.1a

尧冢在成阳

实　例

中华民族 成阳，有尧冢灵台。《禹贡》雷泽在西北。

【流传】（成阳）

【出处】《汉书 · 地理志》“济阴郡”。

中华民族 使使者祠唐尧于成阳灵台。

【流传】（成阳）

【出处】《后汉书 · 章帝纪》元和二年。

汉　族 一百年，帝崩于陶，葬成阳（汤）。案：今平阳有尧陵。

【流传】（山西）

【出处】［清］雍正《山西通志》。

中华民族 尧陵遗址位于山东省菏泽市牡丹区胡集镇尧王寺村，是文献中秦汉时期的“成阳尧陵”。

【流传】（山东省菏泽市牡丹区胡集镇尧王寺村）

【出处】孙明：《菏泽地区堌堆遗址考古及其收获》，见山东菏泽《首届中华伏羲祖源文化论坛论文集》，内部编印，2020 年 9 月，第 115 页。

WTY080.2.3.1a.1

尧陵在成阳城西

实　例

汉　族 成阳城西二里有尧陵。陵东域西五十余步，中山夫人祠，尧妃也。

【流传】（无考）

【出处】［北魏］郦道元：《水经注 · 瓠子河》。

WTY080.2.3.2

尧陵在濮州雷泽县

实　例

中华民族 昔皇甫谧以毂城为阳城，而碑作成阳，《集古录》以碑为正。余按，成阳本成伯国地，记谓在濮州雷泽。《述征记》曰：“成阳东南有尧冢”，则成阳惟谧为误，他书皆得证之。

【流传】（无考）

【出处】［宋］董逌：《广川书跋 · 庆都碑》。

中华民族 《括地志》云：“尧陵在濮州雷泽县（今山东鄄城县北旧雷泽县城）西三里。”

【流传】（无考）

【出处】杨东晨：《华夏始祖：尧舜禹时代》“三、帝舜的明德”，西安：三秦出版社 2007 年版，第 75 页。

WTY080.2.3.2.1

尧陵在雷泽城西（菏泽县东北）

实 例

中华民族 唐尧陵在菏泽县东北五十里，旧雷泽城西，与濮州接界。高四丈五尺，广二十余丈，上有庙。

【**流传**】（曹州府）

【**出处**】《清一统志·曹州府》。

中华民族 《元和志》：“（尧）陵在雷泽县西三里。”

【**流传**】（曹州府）

【**出处**】《清一统志·曹州府》。

WTY080.2.3.3

尧冢在曹州东北

实 例

中华民族 《文献通考》曹州东北有尧冢。

【**流传**】（曹州府）

【**出处**】《清一统志·曹州府》。

WTY080.2.3.4

尧陵在曹濮之间

实 例

中华民族 欧阳修《集古录》载后汉济陵尧母灵台庙，请敕本州致祭置守陵五户。自金末河决，其祀移于东平州芦泉山之阳。然尧陵自在曹濮之间，不在东平也。

【**流传**】（曹州府）

【**出处**】《清一统志·曹州府》。

WTY080.2.3.5

尧陵在本州岛雷泽县东轂林山

实 例

中华民族 宋神宗熙宁元年知濮州韩铎言：尧陵在本州岛雷泽县东轂林山，陵南有尧母灵台庙，请敕本州致祭置守陵户，俾奉洒扫。诏给守陵五户，则尧陵有确据矣。

【**流传**】（曹州府）

【**出处**】《清一统志·曹州府》。

WTY080.2.3.6

尧冢在临汾

实 例

中华民族 《临汾县志》曰：“尧陵在城东七十里，俗谓之神林，高一百五十尺，广二百余步，旁皆山石，惟此地为平土，深丈余。其庙正殿三间，庑十间，山后有河一道，有金泰和二年碑记。”窃考舜陟方乃死，其陵在九疑。禹会诸侯于江南，计功而崩，其陵在会稽。惟尧之巡狩不见经传，而此其国都之地，则此陵为尧陵无疑也。按《志》所论，似为近理，但自汉以来皆云尧葬济阴成阳，未敢以后人之言为信。

【**流传**】（临汾县）

【**出处**】［明］顾炎武：《日知录·尧冢灵台》。

中华民族 尧兴于陶，盛于唐，死后葬地有多种传说，很正常。今考古发现，尧都在山西，临汾，尧冢亦当在临汾。

【流传】（山西）

【出处】张大可、朱枝富编著：《人文始祖黄帝》，北京：商务印书馆 2018 年版，第 105 页。

中华民族 尧的一生足迹遍布很广，据说尧建都于今天的山西临汾市，那里有尧庙、尧陵，但尧庙建于晋代，尧陵建于唐代，年代比较晚。

【流传】（无考）

【出处】仲大军：《黄帝与少昊的关系》，载《社会科学论坛》2010 年第 9 期。

WTY080.2.3.6.1

尧陵在临汾大阳镇岳壁村

实 例

中华民族 今临汾市东七十里，有大阳镇岳壁村，原属郭行乡。这里有尧陵墓。

【流传】（山西临汾）

【出处】任乃荣：《三皇五帝探源》第七章“帝尧陶唐氏时代”，北京：新华出版社 2011 年版，第 186 页。

WTY080.2.3.6.2

尧陵在临汾郭村西隅涝河北侧

实 例

汉 族 当地百姓认为帝尧陵墓，就在临汾市东北 70 公里的郭村西隅涝河北侧。陵前有祠，传为唐初所建。自元历清，多次重修，至今完好。

【流传】山西省 · 襄汾市

【出处】叶舒宪：《中华文明探源的神话学研究》，北京：社会科学文献出版社 · 经济与管理出版分社 2015 年版，第 397 ～ 398 页。

WTY080.3

尧坟墓的类型

【关联】［WTY080.2.3］尧陵（尧冢）的地点

实 例

汉 族 （参见“WTY080.4.2 尧陵俗称‘神林’‘神临’”母题实例）

WTY080.4

特定名称的尧坟墓

实 例

（参见下级母题实例）

WTY080.4.1

尧葬穀陵

实 例

中华民族 《吕氏春秋》“尧葬穀陵”。

【流传】（曹州府）

【出处】《清一统志 · 曹州府》。

WTY080.4.2

尧陵俗称“神林”“神临”

实 例

汉 族 尧陵乃安葬帝尧地，在今临汾市东北 70 华里郭行乡中，俗称“神林”“神临”。

【流传】（山西省临汾市郭行乡）

【出处】《尧舜时期的传说故事·尧陵》，见赵大勇、赵随意著《尧都平阳与尧舜禹》，太原：山西古籍出版社 1999 年版，第 101 ～ 102 页。

WTY080.5

尧坟墓的看守

实 例

（实例待考）

WTY080.6

与尧坟墓有关的其他母题

实 例

（参见下级母题实例）

WTY080.6.1*

传说的尧冢在今山东鄄城东南

实 例

中华民族 尧冢在济阴城阳：汉济阴郡城阳县在今山东菏泽，与传说尧族世居地山东定陶县相邻，传说的尧冢在今山东鄄城东南。

【流传】（山东）

【出处】张大可、朱枝富编著：《人文始祖黄帝》，北京：商务印书馆 2018 年版，第 105 页。

WTY080.6.2

尧坟墓周围的特定物

实 例

（参见下级母题实例）

WTY080.6.2.1

尧葬处有熊、罴、文虎

实 例

汉 族 狄山，帝尧葬于阴，帝喾葬于阴。爰有熊、罴、文虎。

【流传】（无考）

【出处】［战国至汉］撰者不详：《山海经·海外南经》。

WTY080.6.2.2

尧葬处有树木

实 例

（参见下级母题实例）

WTY080.6.2.2.1

尧葬处有朱木，赤枝，青华，玄实

实 例

汉 族 帝尧、帝喾、帝舜葬于岳山。爰有朱木，赤枝，青华，玄实。

【流传】（无考）

【出处】［战国至汉］撰者不详：《山海经·大荒南经》。

WTY080.6.2.3

尧葬东有嗟丘、百果所在

实 例

中华民族 一曰嗟丘。一曰百果所在，在尧葬东。

【流传】（无考）

【出处】[战国至汉]撰者不详:《山海经·海外东经》。

WTY081

与尧有关的建筑

实 例

(参见下级母题实例)

WTY081.1

尧庙

实 例

(参见下级母题实例)

WTY081.1.1

尧庙的地点

实 例

(参见下级母题实例)

WTY081.1.1.1

尧庙在尧寓村

实 例

汉 族 在尧寓村村南的山坡上有一帝尧全神庙遗址，有残碑一块，碑文中刻有“伏羲女娲补天造世”“帝寓生舅庄”的述文。

【流传】山西省·运城市·绛县·古绛镇·尧寓村

【出处】刘永昌、李学文:《灿烂的尧寓村》，载《文史月刊》2007年第5期。

WTY081.1.1.2

尧庙毗邻尧陵

实 例

中华民族 唐尧陵在菏泽县东北五十里，旧雷泽城西，与濮州接界。高四丈五尺，广二十余丈，上有庙。

【流传】(曹州府)

【出处】《清一统志·曹州府》。

WTY081.1.1.3

尧庙在临汾城南

实 例

汉 族 尧庙在临汾市城南10华里。汉代建尧庙于汾河西平水之阳，今龙子祠北边。

【流传】(山西省平阳)

【出处】《尧舜时期的传说故事·尧庙是历代皇廷祭尧之地》，见赵大勇、赵随意著《尧都平阳与尧舜禹》，太原：山西古籍出版社1999年版，第99页。

WTY081.1.1.4

尧庙位于陶寺村

实 例

汉 族 陶寺出土的蟠龙盘、铜铃、乐器等重要文物，都是国家的象征，如蟠龙代表国(族)徽，铜铃代表国家之先进与王者振文威风，并有仪仗队器具和乐队的乐器，接见外宾有仪式，足以说明这里是一个强大而文明的古代国家所在地。

这种礼仪制度是经几代帝王的兴举而形成的，绝非一朝一夕所能产生，这与《平阳府志》记尧舜禹汤皆都于此，差相吻合。“尧庙”是历代皇帝祭祀这四位帝王之地，陶寺村在尧庙之南，所以尧夏都于平阳绝非臆造。

【流传】（山西陶寺）

【出处】《光辉灿烂的古平阳大地》，见赵大勇、赵随意著《尧都平阳与尧舜禹》，太原：山西古籍出版社 1999 年版，第 57 页。

WTY081.1.1.5

尧庙在捏掌村泉畔

实 例

汉 族 尧池水出城西北三十里太行山麓，捏掌村泉畔有尧庙。庙前处处有水，掬手可饮。旧县志古迹图即以尧池水为小沁水。

【流传】（河内县）

【出处】［清］袁通修，方履钱等纂：《河内县志》。

WTY081.1.2

特定名称的尧庙

实 例

（参见下级母题实例）

WTY081.1.2.1

二月十五庙

实 例

（参见下级母题实例）

WTY081.1.2.1.1

二月十五庙在尧城

实 例

汉 族 二月十五日，尧帝去世了。人们为了纪念尧帝，就在尧城修了一个尧帝庙。每年此日就到庙里烧香祈祷，保佑人们事事平安。慢慢地成了一个大庙会，这就是二月十五庙，人们在这里纪念尧帝。

【流传】河北省 · 保定市 · 顺平县

【出处】程双宝采录：《二月十五尧帝庙》，见中国民间文艺家协会组织编写，罗杨总主编，甄会龙本卷主编《中国民间故事丛书》（河北省 · 保定市 · 顺平卷），北京：知识产权出版社 2016 年版，第 5 ～ 6 页。

WTY081.1.2.2

帝尧全神庙

实 例

（参见下级母题实例）

WTY081.1.2.2.1

帝尧全神庙在尧寓村

实 例

汉 族 在尧寓村村南的山坡上有一帝尧全神庙遗址，庙宇早毁，从庙基的营造法式及用料砖石看，当属元建明修。

【流传】山西省 · 运城市 · 绛县 · 古绛镇 · 尧寓村

【出处】刘永昌、李学文：《灿烂的尧寓村》，载《文史月刊》2007 年第 5 期。

WTY081.1.2.3
尧王寺

实　例

（参见下级母题实例）

WTY081.1.2.3.1
尧王寺在山东菏泽

实　例

中华民族 山东省菏泽市东北三十公里，有“都司镇”“尧王寺”。当地老年人传说，尧王寺始建于汉代。今帝尧陵内还存放一石龟碑座，系汉代遗物。

【**流传**】（山东省 · 菏泽市 · 巨野县）

【**出处**】任乃荣:《三皇五帝探源》第七章“帝尧陶唐氏时代”，北京：新华出版社 2011 年版，第 188 ～ 189 页。

WTY081.1.2.3.2
传尧王寺始建于汉代

实　例

中华民族 （参见“WTY081.1.2.3.1 尧王寺在山东菏泽”母题实例）

WTY081.1.2.4
三官庙

实　例

（参见下级母题实例）

WTY081.1.2.4.1
三官庙与尧有关

实　例

汉　族 襄汾县一带各村多建“三官庙”，三官即尧舜禹，群众称为祖先神。以上都是祖先神之遗传风俗。

【**流传**】（山西省襄汾县）

【**出处**】《尧舜时期的传说故事 · 陶寺周围承传的尧风民俗》，见赵大勇、赵随意著《尧都平阳与尧舜禹》，太原：山西古籍出版社 1999 年版，第 133 页。

WTY081.1.3
与尧庙有关的其他母题

实　例

（参见下级母题实例）

WTY081.1.3.1*
尧庙分布广

实　例

中华民族 山西省以外，据《尧庙遗迹资料汇录》所载，山东定陶、河北唐县传为尧都，河南伊阳县、江西临川县、广东英德县、江苏吴县、浙江长兴、广西桂林，都有尧山、尧庙。这种现象，反映了千百年来，人们对帝尧那段历史的评价，也反映了古史传说流传之广。

【**流传**】（无考）

【**出处**】任乃荣:《三皇五帝探源》第七章“帝尧陶唐氏时代”，北京：新华出版社

2011年版，第178页。

WTY081.1.3.2

尧庙壁图载尧的事迹

实　例

汉　族 山西平阳的尧庙壁图解说：尧天舜日，礼乐契尉，五礼具备，分时治历，羿射九日，嫦娥奔月，日出汤谷，尧封九州，教民稼穑，茅茨土阶，康衢击壤，仙洞成婚，巢父洗耳，访贤问岳，历山访舜，命鲧治水，度量衡制，巡狩四方。

【流传】（山西省平阳）

【出处】《尧舜时期的传说故事·尧庙是历代皇廷祭尧之地》，见赵大勇、赵随意著《尧都平阳与尧舜禹》，太原：山西古籍出版社1999年版，第101页。

WTY081.2

尧宫

实　例

中华民族 “五帝”时期已进入父系氏族社会，江北、江南的先民都尊奉他们为祖先，形成许多美丽动人的传说故事和各种遗迹，湖南攸县的“尧帝宫”等遗迹亦是如此。

【流传】（湖南攸县）

【出处】杨东晨：《湘东第一宫——从湖南史前文化论攸县的尧帝宫等遗迹》，载《株洲师范高等专科学校学报》2004年第4期。

WTY081.3

尧殿

【关联】［WTY034.7.2.1］尧的宫殿简陋

实　例

汉　族 作为一代国君的尧，他的所谓宫殿却都是几间茅草屋。

【流传】山西省·运城市·绛县

【出处】韩生泉：《平民国君》，见田茂忠、申建华主编《尧王故里》，山西省绛县尧文化研究会编印，2009年，第211页。

WTY081.4

尧祠

实　例

（参见下级母题实例）

WTY081.4.1

尧祠的修建主体

实　例

（参见下级母题实例）

WTY081.4.1.1

唐李世民修建尧祠

实　例

中华民族 唐初李世民追袭刘武周时，曾屯军于尧陵，祭祀帝尧，并修尧祠。

【流传】（山西临汾）

【出处】《临汾郭行里志略》，转引自任乃荣《三皇五帝探源》第七章“帝尧陶唐氏时代”，北京：新华出版社 2011 年版，第 186 页。

WTY081.4.2

尧祠的地点

实 例

（参见下级母题实例）

WTY081.4.2.1

尧祠在兖州瑕丘南

实 例

中华民族 尧祠在兖州瑕丘南。

【流传】（山东兖州）

【出处】［唐］李吉甫：《元和郡县志》。

WTY081.4.2.2

尧祠在济阴

实 例

中华民族 右汉尧祠碑，在济阴。其后有云：“李树连理，生于尧祠，太守河南张宠到官始初，出钱二千，敬致礼祠。”其余不能读也。碑后有年月，盖熹平四年（公元 175 年）建也。

【流传】（无考）

【出处】［宋］欧阳修：《集古录》。

WTY081.5

尧有关的亭台

实 例

（参见下级母题实例）

WTY081.5.1

帝尧台

实 例

（参见下级母题实例）

WTY081.5.1.1

帝尧台在昆仑东北

实 例

汉 族 帝尧台、帝喾台、帝丹朱台、帝舜台，各二台，台四方，在昆仑东北。

【流传】（无考）

【出处】（a）［战国至汉］撰者不详：《山海经 · 海内北经》。（b）《众帝之台》，见袁珂《中国神话大词典》，北京：华夏出版社 2015 年版，第 131 页。

WTY081.5.2

尧王点将台

实 例

汉 族 尧王故里尧寓村的东尧岭上青龙岗的中段，有一块大平台，传说是尧王的点将台。

【流传】山西省 · 运城市 · 绛县

【出处】呼红红：《尧王点将台》，见田茂忠、申建华主编《尧王故里》，山西省绛县尧文化研究会编印，2009 年，第 97 ～ 100 页。

WTY081.6

与尧有关的其他建筑物

实 例

（参见下级母题实例）

WTY081.6.1

华表

实 例

（参见下级母题实例）

WTY081.6.1.1

传官府门前立华表始于尧时

实 例

汉 族 从前的官府衙门前常常矗立着两根华表，华表用玉石雕刻，蟠龙舞凤，庄严华美。相传这是唐尧传留下来的。

【流传】河北省 · 保定市 · 唐县［采录地点：唐县峪山庄］

【出处】韩海山采录：《唐尧传说 · 立尧戒与谏木》（2008.08），见中国民间文艺家协会组织编写，罗杨总主编，韩海山本卷主编《中国民间故事丛书》（河北省 · 保定市 · 唐县卷），北京：知识产权出版社 2016 年版，第 18 ～ 20 页。

WTY081.7

与尧建筑物有关的其他母题

实 例

（实例待考）

WTY082

与尧有关的自然风物

实 例

（参见下级母题实例）

WTY082.1

尧山（尧峰）

实 例

（参见下级母题实例）

WTY082.1.1

姑射山

实 例

汉 族 帝尧在姑射山坡上放过马群，北有生马庄、南有牧马滩，帝尧牧马山。当地人称此山为“尧王放马坡”，“树林尧王栽”。

【流传】（山西省临汾）

【出处】《临汾县志》，引自赵大勇、赵随意著《尧都平阳与尧舜禹》，太原：山西古籍出版社 1999 年版，第 104 页。

WTY082.1.2

“尧山”

实 例

（参见下级母题实例）

WTY082.1.2.1

尧山在广固城西七里

实 例

汉 族 尧山，在广固城西七里。尧巡狩所登，遂以为名。山顶立祠，祠边有柏树，枯而复生，不知几代树也。又石上有尧迹，于今犹存。

【**流传**】（山东省潍坊市青州市一带）

【**出处**】［宋］李昉、李穆、徐铉等：《太平御览》卷五三七引《三齐略记》。

WTY082.1.2.2

尧生于“尧山”

实 例

汉 族 帝尧出生于尧山。山下有一水渊，传说是丹朱幼年玩耍时挖开的，名“丹渊”，旁建有散宜氏与丹朱庙。

【**流传**】（山西省平阳）

【**出处**】《尧舜时期的传说故事·尧山》，见赵大勇、赵随意著《尧都平阳与尧舜禹》，太原：山西古籍出版社 1999 年版，第 99 页。

WTY082.1.3

尧王坡

实 例

（参见下级母题实例）

WTY082.1.3.1

尧在尧王坡打猎制陶

实 例

汉 族 尧寓村依山傍水，村南面是绵延向上十多华里的黄土丘陵，和远处的中条山连在一起。因尧少时经常在这里打猎制陶，村里人把称它为尧王坡。

【**流传**】山西省·运城市·绛县·古绛镇·尧寓村

【**出处**】刘玉栋：《帝尧溯源》，原载《古绛春秋》，北京：长征出版社 2007 年版，见田茂忠、申建华主编《尧王故里》，山西省绛县尧文化研究会编印，2009 年，第 49 页。

WTY082.2

尧桥

实 例

（参见下级母题实例）

WTY082.2.1

方顺桥（访舜桥）

实 例

汉 族 为了纪念尧帝任人唯贤，他访舜的那座桥被人们叫作“访舜桥”。

【**流传**】河北省·保定市·顺平县

【**出处**】齐洛良、王老良讲，曹慧增记录：《“访舜桥”的传说》，见中国民间文艺家协会组织编写，罗杨总主编，甄会龙本卷主编《中国民间故事丛书》（河北省·保定市·顺平卷），北京：知识产权出版社 2016 年版，第 21 ～ 22 页。

WTY082.2.1.1

方顺桥是尧见舜处

实 例

汉 族 尧帝年迈了，为了找一个称心的人来继位，亲自到民间察访。他发现了对牲口都疼爱舜，于是就让舜继承了他的王位。后来人们管尧见到舜的那座桥叫访舜桥，也就是今天的方顺桥。

【流传】 河北省 · 保定市 · 顺平县

【出处】 程双宝采录：《二月十五尧帝庙》，见中国民间文艺家协会组织编写，罗杨总主编，甄会龙本卷主编《中国民间故事丛书》（河北省 · 保定市 · 顺平卷），北京：知识产权出版社 2016 年版，第 5 ～ 6 页。

WTY082.3

尧洞

实 例

（参见下级母题实例）

WTY082.3.1

尧王洞

实 例

汉 族 尧王坡北端的地貌为三岭夹二沟，村里人就叫东面的土岭为东尧岭，中间的土岭为中尧岭，西面的土岭为西尧岭。东尧岭和中尧岭之间的沟为东尧沟，中尧岭和西尧岭之间的沟为西尧沟。中尧岭东面半岭上有个古窑洞，传说尧母庆都生尧时怕人说无夫而孕，偷偷藏匿在别人不知道的“三阿之南”生产，“窑”字和“尧”字同音，所以当地人称此“尧王洞。”

【流传】 山西省 · 运城市 · 绛县 · 古绛镇 · 尧寓村

【出处】 刘玉栋：《帝尧溯源》，原载《古绛春秋》，北京：长征出版社 2007 年版，见田茂忠、申建华主编《尧王故里》，山西省绛县尧文化研究会编印，2009 年，第 49 ～ 50 页。

WTY082.3.2

尧母洞

实 例

汉 族 完县西部有座伊祁山，群山环抱中有一山洞，洞中是时窄时宽、时高时低的石屋。相传，从前这里的石凳、石桌、石头、碗筷一应俱全。人类的祖先尧帝就出生在这里，因此，人们把这个山洞叫“尧母洞”。

【流传】 河北省 · 保定市 · 顺平县

【出处】 齐洛良、王老良讲，曹慧增记录：《尧母洞的传说》，见中国民间文艺家协会组织编写，罗杨总主编，甄会龙本卷主编《中国民间故事丛书》（河北省 · 保定市 · 顺平卷），北京：知识产权出版社 2016 年版，第 19 页。

WTY082.4

尧沟

实 例

（实例待考）

WTY082.5
与尧有关的其他自然物

实 例

（参见下级母题实例）

WTY082.5.1
陶寺村上马石

实 例

汉 族 民间传说陶寺村中关帝庙旁的大石头，是娥皇、女英的上马石；村南有九个墩俗称“凤凰墩”，是娥皇、女英在这一带骑马赛跑时，驯马练马而留下的遗迹。

【流传】（山西省临汾市襄汾县陶寺村）

【出处】《尧舜时期的传说故事·陶寺周围承传的尧风民俗》，见赵大勇、赵随意著《尧都平阳与尧舜禹》，太原：山西古籍出版社1999年版，第133页。

WTY082.5.2
尧河

实 例

汉 族 后人为了纪念尧王的功德，把那个大池起名“尧王池”，池下边的河起名“尧河”。

【流传】河南省·（焦作市）·沁阳县

【出处】尚立非采录整理：《捏掌见泉》，见张振犁编著，孟宪明、朱淑君统纂《中原神话通鉴》（第三卷），郑州：河南大学出版社2017年版，第990页。

WTY082.5.2.1
尧河发源于太行山下

实 例

汉 族 尧河发源于太行山下，源头是一泓叫做尧王池的泉水。

【流传】河南省沁阳一带

【出处】李元怀（72岁，沁阳县捏掌村农民）讲，尚立飞、李燕采集：《尧河源》，见孟宪明著《中原经典神话》，郑州：河南大学出版社2016年版，第197页。

WTY082.5.3
尧井

实 例

（参见下级母题实例）

WTY082.5.3.1
尧井也叫“古尧泉”

实 例

汉 族 唐县东口底村西北有座青龙山，这山不算高，却非常陡峭。在山顶悬崖下的一块草地上，有一潭不大的泉水，当地百姓叫它“尧井”，古县志上记作“古尧泉”。

【流传】河北省·保定市·唐县［采录地点：唐尧文化研究会］

【出处】韩海山采录：《找泉水》（2008.08），见中国民间文艺家协会组织编写，罗杨总主编，韩海山本卷主编：《中国民间故事丛书》（河北省·保定市·唐县卷），北京：知识产权出版社 2016 年版，第 13 ~ 14 页。

WTY082.5.4

尧泉

实 例

（参见下级母题实例）

WTY082.5.4.1

尧泉因尧而命名

实 例

汉 族 唐尧的后世子孙们为了纪念尧帝发现泉水浇灌庄稼的恩泽，就把这泉水也就叫作“尧泉”了。

【流传】河北省·保定市·唐县［采录地点：唐尧文化研究会］

【出处】韩海山采录：《找泉水》（2008.08），见中国民间文艺家协会组织编写，罗杨总主编，韩海山本卷主编：《中国民间故事丛书》（河北省·保定市·唐县卷），北京：知识产权出版社 2016 年版，第 13 ~ 14 页。

WTY082.5.4.2

尧王泉

实 例

汉 族 尧王泉是上天专门赐给尧王饮水的神泉。

【流传】山西省·运城市·绛县·古绛镇·尧寓村

【出处】任兴舜：《神奇的尧王泉》，见田茂忠、申建华主编《尧王故里》，山西省绛县尧文化研究会编印，2009 年，第 104 ~ 105 页。

汉 族 尧王泉的水确实很神。若在三伏天，把鸡蛋搅散在碗里，冲上尧王泉的水，这水会像开水一样把鸡蛋冲熟，喝上几回就能下火消炎。这泉水的神奇还在于它能使人思维灵敏、健康长寿，不信您瞧，这里的孩子个个伶俐聪明，乖巧精灵，这里的老人也个个鹤发童颜，精神抖擞，这就是尧王泉的神奇。

【流传】山西省·运城市·绛县

【出处】王沛：《尧王泉》，见田茂忠、申建华主编《尧王故里》，山西省绛县尧文化研究会编印，2009 年，第 140 ~ 142 页。

WTY082.5.5

尧王洗澡潭

实 例

汉 族 尧寓村里有一条小河。河中有尧王洗澡潭，尧王石椅子，尧王写练字的石桌子。尧王洗澡潭，由尧王小时候常在这里洗澡而得名。

【流传】山西省·运城市·绛县·古绛镇·尧寓村

【出处】任兴舜：《“洗澡潭，石椅，石桌”趣事》，见田茂忠、申建华主编《尧王故里》，山西省绛县尧文化研究会编印，2009 年，第 108 ~ 110 页。

WTY082.6

与尧的关系人有关的自然物

实 例

（参见下级母题实例）

WTY082.6.1

与尧的女儿有关的自然物

实 例

（参见下级母题实例）

WTY082.6.1.1

竹与尧女有关

实 例

（参见下级母题实例）

WTY082.6.1.1.1

斑竹与尧女有关

实 例

（参见下级母题实例）

WTY082.6.1.1.1.1

尧女泪水形成斑竹

实 例

汉 族 尧之二女，舜之二妃，曰湘夫人。舜崩，二妃啼，以涕挥竹，竹尽斑。

【流传】（无考）

【出处】［晋］张华：《博物志·史补》。

汉 族 舜南巡，葬于苍梧，尧二女娥皇、女英泪下沾竹，文悉为之斑。

【流传】（无考）

【出处】［南朝·梁］任昉：《述异记》。

WTY083

与尧有关的地名

实 例

（参见下级母题实例）

WTY083.1

与尧有关的地区

实 例

（参见下级母题实例）

WTY083.1.1

崇山周围尧遗迹众多

实 例

汉 族 地方志记载帝尧活动地区在崇山周围，《翼城县志》记有尧都村，唐城村，尧山、历山；《临汾县志》记有“伊村”即伊耆氏之乡，尧长于舅父家，从此姓，有“茅茨土阶”的石碑在此村；还记有“尧风都”“致敬都”，都绘图在塔儿（崇）山下；《曲沃县志》记塔儿山中的乔山为尧时祭黄帝之地，把乔山作为黄帝衣冠冢；《襄汾县志》记有席村尧风民谣歌于此；荆村的洗耳河是尧让天下于许由，许由不从洗耳于此，柴村汾河滩中传说有黄帝石陵等。

【流传】（山西省）

【出处】《光辉灿烂的古平阳大地》，见赵大勇、赵随意著《尧都平阳与尧舜禹》，太原：山西古籍出版社 1999 年版，第 76 ～ 77 页。

WTY083.1.2

尧寓村一带尧文化遗迹众多

实 例

汉 族 尧寓村一带的遗物，在地望、地形、地层、年代、器物、器型等方面基本与帝尧陶唐氏的史迹相吻合，是陶唐氏的文化遗存，亦可以说是帝尧部落的基源地。

【流传】山西省 · 运城市 · 绛县 · 古绛镇 · 尧寓村

【出处】刘永昌、李学文：《灿烂的尧寓村》，载《文史月刊》2007 年第 5 期。

汉 族 尧寓村收集珍存的能够反映和佐证帝尧故里的古石碑、古石匾五通，砂陶等完整器物及古灰坑、古陶帘、灰层等遗址多处，出土石锄、石铲、石斧、石刀、陶碗等文物百余件。

【流传】山西省 · 运城市 · 绛县 · 古绛镇 · 尧寓村

【出处】（a）李筠霞：《源远流长的尧王传说》（2008），见田茂忠、申建华主编《尧王故里》，山西省绛县尧文化研究会编印，2009 年，第 4 页。（b）同（a），载《黄河晨报》2008 年 2 月 28 日。

汉 族 尧寓村有尧庙、庆都庙、娥皇女英庙、三官庙等十多处庙宇的遗址遗存。

【流传】山西省 · 运城市 · 绛县

【出处】常嗣新：《序言》，见田茂忠、申建华主编《尧王故里》，山西省绛县尧文化研究会编印，2009 年，第 3 页。

汉 族 在尧寓村，有座纪念尧帝女儿娥皇、女英的庙宇，流传着娥皇、女英助夫脱险的故事。

【流传】山西省 · 运城市 · 绛县 · 古绛镇 · 尧寓村

【出处】刘玉栋：《帝尧溯源》，原载《古绛春秋》，北京：长征出版社 2007 年版，见田茂忠、申建华主编《尧王故里》，山西省绛县尧文化研究会编印，2009 年，第 55 页。

WTY083.1.2a

绛县尧寓一带尧文化遗迹众多

实 例

汉 族 绛县尧寓一带的遗存遗物，在地望、年代、器物、窑型等基本上与帝尧陶唐氏的史迹相吻合，也就是陶唐氏文化遗存，就是帝尧部落的基源地。

【流传】山西省 · 运城市 · 绛县 · 古绛镇 · 尧寓村

【出处】《山西绛县尧寓村龙山文化遗址是帝尧陶唐氏的活动中心》（专家考证尧寓村文物鉴定报告），见田茂忠、申建华主编《尧王故里》，山西省绛县尧文化研究会编印，2009 年，第 70 页。

WTY083.1.3

地名“虒祁”因尧姓而命名

实 例

中华民族 虒祁作为地名，可能是因尧为祁姓而曾居其地得之。

【流传】（无考）

【出处】郭世谦:《古史传说考》(一、唐虞猛兽图腾集团），天津：天津出版传媒集团·天津古籍出版社 2019 年版，第 18 页。

WTY083.2

与尧有关的城邑

实 例

（参见下级母题实例）

WTY083.2.1

尧城

实 例

（参见下级母题实例）

WTY083.2.1.1

尧城观月台

实 例

汉 族 人们为了纪念尧，就把那座城取名“尧城”，那个高台叫“尧城观月台”。

【流传】河北省·保定市·顺平县

【出处】齐洛良、王老良讲，曹慧增记录：《尧城观月台的传说》，见中国民间文艺家协会组织编写，罗杨总主编，甄会龙本卷主编《中国民间故事丛书》(河北省·保定市·顺平卷），北京：知识产权出版社 2016 年版，第 22 页。

WTY083.3

与尧有关的村落

实 例

（参见下级母题实例）

WTY083.3.1

“尧寓村”因尧命名

实 例

汉 族 尧寓村原名“窑峪村”。随着历史的变迁，帝尧圣君的降临，“窑峪村”易名为尧寓村。

【流传】山西省·运城市·绛县·古绛镇·尧寓村

【出处】徐志明:《尧寓村的来历》，见田茂忠、申建华主编《尧王故里》，山西省绛县尧文化研究会编印，2009 年，第 221 页。

汉 族 尧寓村因尧王出生地而得名，村南有三座土岭，是垚、堯等字形成和完善的实地依据。

【流传】山西省·运城市·绛县

【出处】常嗣新:《序言》，见田茂忠、申建华主编《尧王故里》，山西省绛县尧文化研究会编印，2009 年，第 3 页。

汉 族 尧取代哥哥挚做了本部落联盟首领，统领天下后，村里的人为了纪念他，就把这个村子称为尧寓。

【流传】山西省·运城市·绛县·古绛镇·尧寓村

【出处】刘玉栋：《帝尧溯源》，原载《古绛春秋》，北京：长征出版社 2007 年版，见田茂忠、申建华主编《尧王故里》，山西省绛县尧文化研究会编印，2009 年，第 44 ～ 45 页。

WTY083.3.2

“尧都”村庄是尧初政建都处

实 例

汉 族 绛县的最北面，黄河的一大支流法河岸边，有一个叫尧都的村庄，隶属南樊镇，是帝尧执政初期建都的地方。

【流传】山西省・运城市・绛县

【出处】刘玉栋：《帝尧溯源》，原载《古绛春秋》，北京：长征出版社 2007 年版，见田茂忠、申建华主编《尧王故里》，山西省绛县尧文化研究会编印，2009 年，第 52 页。

WTY083.3.3

陶唐村

实 例

汉 族 长子县现有陶唐村，在长子城东，尧就是姓陶唐氏。《潞史》说，虞舜元载，封朱于丹，以奉先祀。

【流传】（山西省・长治市・长子县）

【出处】《长子・丹朱及县名小考》，见《长子文史资料》第三辑，内部编印。

WTY083.3.4*

绛县诸村因尧命名

实 例

汉 族 绛县的尧都、尧寺头、宿尧、牝牛蛋等村地名的由来都与尧有关。

【流传】山西省・运城市・绛县

【出处】常嗣新：《序言》，见田茂忠、申建华主编《尧王故里》，山西省绛县尧文化研究会编印，2009 年，第 3 页。

WTY083.3.5

宿尧村

实 例

汉 族 帝尧在这个村子住宿过的消息很快传开，当地民众成群结队地来帝尧住过的窑洞里瞻仰。时间一长，便把这个小山村称为宿尧。

【流传】山西省・运城市・绛县・卫庄镇・宿尧村

【出处】刘玉栋：《帝尧溯源》，原载《古绛春秋》，北京：长征出版社 2007 年版，见田茂忠、申建华主编《尧王故里》，山西省绛县尧文化研究会编印，2009 年，第 50 ～ 51 页。

WTY083.3.6

仪门村

实 例

汉 族 尧王治国有方，礼仪为本，使古唐国成为闻名天下的礼仪之邦，把到尧都村的必经的一个村庄命名为仪门村，至今沿用。

【流传】山西省・运城市・绛县

【出处】刘永昌：《帝尧第一都——尧都村》，见田茂忠、申建华主编《尧王故里》，山西省绛县尧文化研究会编印，2009 年，第 225 页。

WTY083.4

尧故里

实 例

（参见下级母题实例）

WTY083.4.1

尧的故里在尧寓村

实 例

汉 族 尧王故里是绛县尧寓村

【流传】山西省 · 运城市 · 绛县 · 古绛镇 · 尧寓村

【出处】（a）李筠霞:《源远流长的尧王传说》(2008)，见田茂忠、申建华主编《尧王故里》，山西省绛县尧文化研究会编印，2009年，第4页。（b）同（a），载《黄河晨报》2008年2月28日。

汉 族 尧工故里在山西省绛县古绛镇尧寓村……形成尧王故里系尧寓村的“物证链”还有：在该村三岭上，还发现古居住遗址近百处，娥皇、女英庙遗址1处，古灰坑、古陶窑遗址共8处，并发掘出石锄、石铲、石斧、陶鬲、陶豆、陶瓶、陶盘、陶杯十余件，夹沙陶片数千片。据专家考证，其中的石器距今约一万年之久，陶器也在四五千年左右。这为远古时期尧王曾带领大部落在此地生产、生活过提供了有力的佐证。

【流传】山西省 · 运城市 · 绛县 · 古绛镇 · 尧寓村

【出处】（a）张志善、赵新民:《尧王故里尧寓村》，载《山西日报》2003年6月5日。（b）同（a），载《华人时刊》2003年第10期。

汉 族 尧王出生于山西绛县尧寓村，绛县城有“唐甸服”石匾为证，尧寓村有大晋永和二年（距今1664年）石碑“唐尧寓处”碑刻和数百件出土文物，各类史籍也有明确记载，从地形、地貌各方面都说明尧寓村确实为“尧王故里”。

【流传】山西省 · 运城市 · 绛县 · 古绛镇 · 尧寓村

【出处】刘永昌:《话说尧王》，载《文史月刊》2006年第5期。

汉 族 据专家考证，与陶寺遗址和周家庄遗址的存在时期和文化面貌有着惊人的相似。能够证明尧寓村是个非常古老的人类聚居地，完全具备帝尧生于斯长于斯制陶于斯的条件和可能。

【流传】山西省 · 运城市 · 绛县 · 古绛镇 · 尧寓村

【出处】刘玉栋:《帝尧溯源》，原载《古绛春秋》，北京：长征出版社2007年版，见田茂忠、申建华主编《尧王故里》，山西省绛县尧文化研究会编印，2009年，第44～46页。

WTY083.4.2

尧的故里在太行山腹地黎城

实 例

汉 族 尧是太行山腹地的黎城县人。

【流传】（山西省 · 长治市）

【出处】钮宇大:《尧是山西黎城人》,见马志生主编,吴天昌、贺真和副主编《炎帝文化——上党二十年研究集锦》,北京:大众文艺出版社 2007 年版,第 281 页。

WTY083.5
与尧有关的其他遗迹

实 例

(参见下级母题实例)

WTY083.5.1
尧的牧马场

实 例

(参见下级母题实例)

WTY083.5.1.1
尧的牧马场在姑射山北仙洞

实 例

中华民族 姑射山北仙洞一带,原有帝尧的牧马场。

【流传】(无考)

【出处】《尧·击壤之歌》,见卢静《尧舜禹》,北京:中华书局 2019 年版,第 23 页。

WTY083.5.2
尧王古道

实 例

汉 族 尧王古道,又称访贤路和绛垣古道。此路,从尧寓村中穿过直上南尧岭,拐向东南,经龙王庙,过八宝滩,直通垣曲。年代久远,几经重修,现还存有石碑两块。

【流传】山西省·运城市·绛县

【出处】任兴舜:《访贤古道》,见田茂忠、申建华主编《尧王故里》,山西省绛县尧文化研究会编印,2009 年,第 151 ~ 152 页。

WTY084
与尧有关的文物

实 例

(参见下级母题实例)

WTY084.1
尧像(尧画像)

实 例

(参见下级母题实例)

WTY084.1.1
尧庙壁画绘尧事迹像

【关联】[WTY081.1.3.2] 尧庙壁图载尧的事迹

实 例

汉 族 元时修复尧庙绘有壁画,殿周围上部有浮雕,明沿袭此图。正殿中帝尧塑像,旁塑立礼乐契尉四大臣,舜禹塑像各在东西两殿。各殿柱基有石雕的麒麟、狮子、花卉等,大门旁绘有门神壁画。这些绘画与浮雕的内容,都是歌颂尧舜禹的功绩。从解放后保存的图来看,有:尧天舜日、羿射九日、分时治历、教民稼穑、讨伐四害、问民访贤、命鲧治水、击壤而歌、尧封疆域、茅次土阶、仙洞成婚、巢父洗耳、历山访舜、舜耕历山、大禹治水、尧舜禅让等。这些传说的故事，妇孺皆知。

【流传】（山西省平阳）

【出处】《尧舜时期的传说故事·尧庙是历代皇廷祭尧之地》，见赵大勇、赵随意著《尧都平阳与尧舜禹》，太原：山西古籍出版社 1999 年版，第 100 页。

WTY084.2

尧塑像

实 例

（参见下级母题实例）

WTY084.2.1

尧塑像供奉于山西临汾尧庙

实 例

中华民族 山西省临汾尧庙供奉有帝尧塑像。

【流传】（无考）

【出处】杨东晨：《华夏始祖：尧舜禹时代》“五、尧舜禹文明篇”，西安：三秦出版社 2007 年版，第 153 页。

WTY084.3

尧绣像

实 例

（实例待考）

WTY084.4

尧俑

实 例

（实例待考）

WTY084.5

“唐尧寓处”青石古碑

实 例

汉 族 尧寓村发现的“唐尧寓处”石碑。上款竖刻：大晋永和二年孟春创立。下款补刻：大清康熙五十四年重刊。

【流传】山西省·运城市·绛县·古绛镇·尧寓村

【出处】（a）李筠霞：《源远流长的尧王传说》（2008），见田茂忠、申建华主编《尧王故里》，山西省绛县尧文化研究会编印，2009 年，第 4 ～ 5 页。（b）同（a），载《黄河晨报》2008 年 2 月 28 日。

WTY084.5.1

“唐尧寓处”青石古碑是迄今发现的最早记载帝尧史迹的重要刻石

实 例

汉 族 山西省绛县古绛镇尧寓村日前发现一通青石古碑，碑身刻有“唐尧寓处”四个楷体字。这是我国发现的最早有关记载帝尧史迹的重要刻石。

【流传】山西省·运城市·绛县·古绛镇·尧寓村

【出处】李学文：《山西省绛县发现帝尧史迹

石碑》，载《山西日报》2002 年 1 月 18 日。

WTY085

与尧有关的生产习俗

实 例

（实例待考）

WTY086

与尧有关的生活习俗

实 例

（参见下级母题实例）

WTY086.1

与尧有关的穿衣习俗

实 例

（参见下级母题实例）

WTY086.1.1

婴儿盖“老虎被”的习俗源于尧

实 例

汉 族 在绛县，只要留心就会看到不满一岁的婴儿，在家中常是盖着老虎被子睡觉；外出也常是用老虎被子包着。追溯起源，也与尧有关。

【流传】山西省 · 运城市 · 绛县

【出处】李友益、樊临淮：《老虎被的传说》，见田茂忠、申建华主编《尧王故里》，山西省绛县尧文化研究会编印，2009 年，第 161 ～ 164 页。

WTY086.2

与尧有关的饮食习俗

实 例

汉 族 尧王年老选贤让位于“舜”，他告老还乡故里后，非常俭朴，将谷浆用手捧到光滑的青石板上。后来，石头上的谷浆很快变得又干又黄，并散发出奇异的清香新鲜的味道。尧王顺手拿了一块两指一搓抿成细粉，放在嘴里一嚼，感觉绵软好吃。于是尧王便叫来村里的百姓，教他们用石斧、石锤、石臼，将各种谷物分别捣砸成碎粒，磨搓成细粉，加水和树叶混合搅拌成稠浆，薄薄地摊在青石板上，并在青石板下点燃柴火，待石板热后，谷物大饼也被烧烤成熟。这就是山西有名的“尧王饼”。

【流传】（山西省 · 长治市）

【出处】贾保义：《上党是中国面食的发源地》，见马志生主编《上党炎帝》，太原：山西出版传媒集团 · 三晋出版社 2014 年版，第 75 页。

WTY086.3

与尧有关的装饰习俗

实 例

（实例待考）

WTY086.4

与尧有关的居住习俗

实 例

（实例待考）

WTY086.5

与尧有关的出行习俗

实 例

（实例待考）

WTY086.6

与尧有关的医疗习俗

实 例

（实例待考）

WTY087

与尧有关的文化习俗

实 例

（参见下级母题实例）

WTY087.1

与尧有关的节日习俗

实 例

（参见下级母题实例）

WTY087.1.1

过年张贴大公鸡图源自尧时

实 例

汉 族 平阳民间过年节要张贴大公鸡图，俗称“吉祥鸟图”。此俗来自唐尧都平阳时期。

【流传】（山西省）

【出处】《尧舜时期的传说故事·吉祥鸟》，见赵大勇、赵随意著《尧都平阳与尧舜禹》，太原：山西古籍出版社 1999 年版，第 130 ～ 131 页。

WTY087.1.2

二月二插小鸡的习俗源自尧时

实 例

汉 族 昴日星官找到尧帝，告诉了他一个二月二不再受虫害的方法。尧帝立即传谕百姓，在头二月二的时候，家家户户的孩子都要用高粱秆篾儿折成一个个小鸡，插在屋内各个墙角。百姓们都受够了毒虫的害，见有这么个好方法，大家都赶忙去做。

【流传】河北省·（保定市）·唐县·（都亭乡）·宗高和村［采录地点：唐县宗高和村］

【出处】李俊山（71 岁，农民）讲，宗健记录：《二月二插小鸡》（1986.11），见中国民间文艺家协会组织编写，罗杨总主编，韩海山本卷主编《中国民间故事丛书》（河北省·保定市·唐县卷），北京：知识产权出版社 2016 年版，第 105 ～ 106 页。

WTY087.1.3

春节习俗源自尧

实 例

汉 族 尧王告诉大家：“冬天即将过去，预示着这阶段的所有事情都结束了，新一轮的事情又将从此开始。咱们不妨给它定个节日。因为春天就要来临，咱就叫它春节吧。用咱老百姓的话叫它过年。

这个阶段比较闲，趁这个节日，咱们各家各户不妨走动走动。世界上没有解不开的疙瘩。相逢一笑泯恩仇。你到我家神主前磕头，我用苹果、梨招待你，你到他家祖宗牌位前跪地叩拜，他用核桃、枣儿款待你，小辈给长辈磕头，平辈作揖鞠躬。有伤害的地方那就赔礼道歉了，往后咱们相互谦让，和睦相处吧。简便一点，咱就叫它拜年吧。”于是，每年的春节拜大年的风俗就从此传开了。

【流传】山西省 · 运城市

【出处】宋玉秀：《过春节拜大年》，见田茂忠、申建华主编《尧王故里》，山西省绛县尧文化研究会编印，2009 年，第 181 ～ 182 页。

WTY087.1.3.1

尧定正月初一拜年习俗

实 例

汉 族 尧王爷和几个老年人在一块儿想了一招，就在每年的正月初一的一大早，吃完饺子，全家人先给自家神主桌前摆贡祭祀，再轮大到小逐一磕头，然后爷爷留在家中接受邻居和全村每家人来拜年，奶奶还给来家的小孩分发核桃、枣之类好吃的。

【流传】山西省 · 运城市 · 绛县 · 古绛镇 · 尧寓村

【出处】李友益：《拜大年》，见田茂忠、申建华主编《尧王故里》，山西省绛县尧文化研究会编印，2009 年，第 172 ～ 174 页。

WTY087.1.4

祝寿“六十”习俗兴于尧

实 例

汉 族 汉民族有给“六十岁”老人过大寿的民间习俗，相传这一习俗就是从尧兴起的。尧王将帝位禅让给舜，仍回到尧寓故乡欢度晚年。舜王继位后，每年三月三在尧的生日这一天都要带着娥皇、女英和大臣回尧寓给尧王祝寿，尧寓村民也在三月三这天穿着新衫给尧王祝寿，遂形成习俗。

【流传】山西省 · 运城市 · 绛县 · 古绛镇 · 尧寓村

【出处】（a）李筠霞：《源远流长的尧王传说》（2008），见田茂忠、申建华主编《尧王故里》，山西省绛县尧文化研究会编印，2009 年，第 6 页。（b）同（a），载《黄河晨报》2008 年 2 月 28 日。

WTY087.2

与尧有关的祭祀习俗

实 例

（参见下级母题实例）

WTY087.2.1

祭四方神习俗与尧有关

实 例

汉 族 曲沃县任庄的傩戏及过年节祭四方神的风俗即来于此。这种民间祭祀活动，即出自尧时祭四方神。

【流传】（山西省曲沃县任庄）

【出处】《史籍记载的尧舜源流与功绩》，见赵大勇、赵随意著《尧都平阳与尧舜禹》，太原：山西古籍出版社 1999 年版，第 3 页。

WTY087.3

与尧有关的婚姻习俗

实 例

（参见下级母题实例）

WTY087.3.1

“洞房花烛之喜”婚俗与尧有关

实 例

汉 族 不久选择喜日，尧和天鹿仙女在姑射山仙洞沟举行了婚礼，婚礼那天，蜡烛峰上数丈高的灯火照得整个仙洞沟如同白昼。后人“洞房花烛之喜”的典故，即来自帝尧仙女结婚之情景。尧王与仙女举行婚礼时，入洞房喝交杯酒，跳火盆，视火为神火。踏四方踩四角，即象征尧王走遍四面八方巡察民情，后来就承传为民间结婚之礼仪。

【流传】（山西省）

【出处】《尧舜时期的传说故事・仙洞成婚》，见赵大勇、赵随意著《尧都平阳与尧舜禹》，太原：山西古籍出版社 1999 年版，第 111 ～ 112 页。

WTY087.4

与尧有关的丧葬习俗

实 例

（参见下级母题实例）

WTY087.4.1

尧倡丧葬从俭

实 例

汉 族 尧王郑重地说：“人殉制度是灵魂不灭的思想反映，是极错误的，是既害人，又害己的，今后，不论穷富，不论贵贱，都要俭朴办事，不许铺张，不得再有人殉事件发生。如果要满足死者意愿，不妨用泥捏两个金童玉女，下葬以慰死者。”

【流传】山西省・运城市・绛县

【出处】申建华：《埋人的传说》，见田茂忠、申建华主编《尧王故里》，山西省绛县尧文化研究会编印，2009 年，第 186 页。

WTY087.5

与尧有关的语言习俗

实 例

（参见下级母题实例）

WTY087.5.1

尧的戒语

实 例

汉 族 尧对自己的戒语是“颤颤栗栗，日谨一日；人莫踬于山，而踬于垤。”这十七个字就是著名的“尧戒”。

【流传】河北省・保定市・唐县［采录地点：唐县峪山庄］

【出处】韩海山采录：《唐尧传说・立尧戒与谏木》（2008.08），见中国民间文艺家协会组织编写，罗杨总主编，韩海山本卷主编《中国民间故事丛书》(河北省·保定市·唐县卷)，北京：知识产权出版社2016年版，第18～20页。

WTY087.5.2
与尧有关的俗语

实 例

(参见下级母题实例)

WTY087.5.2.1*
“尧天舜日”喻太平盛世

实 例

汉 族 由于帝尧功德高尚，后人常用“尧天”“尧天舜日”比喻理想中的太平盛世。用“尧年”赞颂老人益寿延年的功德，旧时封建社会，将“尧天”“尧年”作为专用于称颂皇帝功高长寿之辞。“尧年”的典故，来自传说尧在位七十年，禅位于舜后寿逾百岁。

【流传】(无考)

【出处】《史籍记载的尧舜源流与功绩》，见赵大勇、赵随意著《尧都平阳与尧舜禹》，太原：山西古籍出版社1999年版，第7页。

WTY087.5.2.2*
“尧天”“尧年”颂皇帝功高寿长

实 例

汉 族 (参见“WTY087.5.2.1*‘尧天舜日’喻太平盛世”母题实例)

WTY087.5.2.2.1*
“尧年”喻长寿

实 例

中华民族 临川试问尧年事，犹被封人劝濯缨。(注：尧年喻长寿)

【流传】(无考)

【出处】[唐] 韦庄：《题颍源庙》。

WTY088
与尧有关的其他事象

实 例

(参见下级母题实例)

WTY088.1
与尧有关的动物

实 例

(参见下级母题实例)

WTY088.1.1
与尧有关的鸟

实 例

(参见下级母题实例)

WTY088.1.1.1
吉祥鸟与尧有关

实 例

汉 族 平阳民间过年节要张贴大公鸡图，俗称“吉祥鸟图”。此俗来自唐尧都平阳时期。尧时已把公鸡作为“神鸟”来敬之，并把它装饰于房屋上、大门上和室内的用器上，视为吉祥之物。

【流传】（山西省）

【出处】《尧舜时期的传说故事·吉祥鸟》，见赵大勇、赵随意著《尧都平阳与尧舜禹》，太原：山西古籍出版社 1999 年版，第 130 ～ 131 页。

WTY088.1.1.2

凤凰与尧有关

实 例

（参见下级母题实例）

WTY088.1.1.2.1

尧言凤凰部落无宝地

实 例

汉 族 尧王说凤凰是神鸟，不落无宝之地。

【流传】河南省·（南阳市）·南阳县（1994 年撤销，与原县级南阳市以人民路为界重组为宛城、卧龙二区）·（卧龙区）·青华街（青华镇）

【出处】邱海观（男，72 岁，农民）讲，范牧采录：《瑶琴》，见张振犁编著《中原神话通鉴》（第三卷），郑州：河南大学出版社 2017 年版，第 992 ～ 993 页。

WTY088.1.1.3

无羽鸟与尧有关

实 例

（参见下级母题实例）

WTY088.1.1.3.1

尧时憔侥民贡无羽鸟

实 例

汉 族 “何龟八眼？何鸟没羽？”自注云：“尧时憔侥民贡没羽也。”

【流传】（无考）

【出处】［唐］刘赓：《稽瑞》。

WTY088.1.1.4

三足乌与尧有关

实 例

（参见下级母题实例）

WTY088.1.1.4.1

三足乌是日精

实 例

汉 族 尧命羿仰射十日，中其九日，日中九乌皆死，堕其羽翼，则三足乌当指日之精。又或传为驾日车者。

【流传】（无考）

【出处】［战国］屈原：《楚辞·天问》王逸注引《淮南子》。

WTY088.1.1.5

重明鸟与尧有关

实 例

（参见下级母题实例）

WTY088.1.1.5.1

尧时秖支国献重明鸟

实 例

汉 族 尧在位七十年，有秖支之国，献重明之鸟，一名双睛，言双睛在目。状如鸡，鸣似凤，时解落毛羽，肉翻而飞。能搏逐猛兽虎狼，使妖灾群恶不能为害。

【流传】（无考）

【出处】［晋］王嘉：《拾遗记》卷一。

WTY088.1.2

蚕与尧有关

实 例

（参见下级母题实例）

WTY088.1.2.1

冰蚕与尧有关

实 例

（参见下级母题实例）

WTY088.1.2.1.1

尧以冰蚕丝做黼黻

实 例

汉 族 员峤山有冰蚕，长七寸，黑色，有角有鳞，以霜雪覆之，然后作茧。长一尺，其色五彩，织为文锦，入水不濡；以之投火，经宿不燎。唐尧之世，海人献之，尧以为黼黻。

【流传】（无考）

【出处】［晋］王嘉：《拾遗记》卷十。

WTY088.1.3

龙与尧有关

实 例

（参见下级母题实例）

WTY088.1.3.1

龙王与尧有关

实 例

（参见下级母题实例）

WTY088.1.3.1.1

尧时龙王降雨除旱灾

实 例

汉 族 旱灾时，百姓们背着尧帝烧香磕头，到龙王庙里去求雨。龙王不忍心天下生灵遭难，就偷偷地给这里下了一场大雨。

【流传】河北省·（保定市）·唐县·（都亭乡）·宗高和村［采录地点：唐县宗高和村］

【出处】李俊山（71 岁，农民）讲，宗健记录：《二月二插小鸡》（1986.11），见中国民间文艺家协会组织编写，罗杨总主编，韩海山本卷主编《中国民间故事丛书》（河北省·保定市·唐县卷），北京：知识产权出版社 2016 年版，第 105 ～ 106 页。

WTY088.1.4
牛与尧有关

实 例

（参见下级母题实例）

WTY088.1.4.1
尧驯牛

实 例

（参见下级母题实例）

WTY088.1.4.1.1
“犟牛”之称源自尧

实 例

汉 族 放勋（尧）驯牛时，野牛很不听话，急得放勋直跺脚，嚷嚷道：“犟牛，犟牛，怎么样你才听话呢！”自此，牛落了个“犟牛”的称号。

【流传】河北省·（保定市）·唐县·（高昌镇）·峪山庄

【出处】韩增寿采录：《*尧学本领》（2008.07），见中国民间文艺家协会组织编写，罗杨总主编，韩海山本卷主编《中国民间故事丛书》（河北省·保定市·唐县卷），北京：知识产权出版社2016年版，第7～11页。

WTY088.1.4.1.2
尧驯牛困难重重

实 例

汉 族 放勋（尧）找来几个伙伴帮助驯牛。他从牛棚里牵出一头半大的黄牛，用绳索的一头拴住牛脖子，把绳索的另一头拴在一根圆木上，让牛练习走路。牛是野牛，不是疯跑就是卧下，疯跑时几个年轻人拉都拉不住，卧下了几个人抬都抬不起来。人们用鞭子抽、棍子打，牛就是不动弹。

【流传】河北省·（保定市）·唐县·（高昌镇）·峪山庄

【出处】韩增寿采录：《*尧学本领》（2008.07），见中国民间文艺家协会组织编写，罗杨总主编，韩海山本卷主编《中国民间故事丛书》（河北省·保定市·唐县卷），北京：知识产权出版社2016年版，第7～11页。

WTY088.1.4.2
尧葬牛

实 例

（参见下级母题实例）

WTY088.1.4.2.1
尧葬牤牛

实 例

汉 族 一道霞光从金牛身上直刺向东方天空，两边裂开的土塄，缓缓地合拢。尧王放声大哭，喊着牤牛蛋蛋的名字，围着合拢的土槽添土，培成牤牛蛋蛋坟。

【流传】山西省·运城市·绛县

【出处】胡文明：《牤牛蛋》，见田茂忠、申建华主编《尧王故里》，山西省绛县尧文化研究会编印，2009年，第204页。

WTY088.1.5

马与尧有关

实 例

（参见下级母题实例）

WTY088.1.5.1

尧驯马

实 例

（参见下级母题实例）

WTY088.1.5.1.1

尧驯马失败

实 例

汉 族 放勋（尧）驯牛没有驯成，又拉出一匹马来驯。这匹马又踢又咬，不让人靠近。同伴们一起把马拉住，让放勋骑上去。马疯狂地奔跑起来，一会儿蹶子，一会儿前腿直立，把放勋甩出去老远，跌得鼻青脸肿。驯马也失败了。

【流传】河北省·（保定市）·唐县·（高昌镇）·峪山庄

【出处】韩增寿采录：《* 尧学本领》（2008.07），见中国民间文艺家协会组织编写，罗杨总主编，韩海山本卷主编《中国民间故事丛书》（河北省·保定市·唐县卷），北京：知识产权出版社 2016 年版，第 7 ～ 11 页。

WTY088.1.6

羊与尧有关

实 例

（参见下级母题实例）

WTY088.1.6.1

尧为独角羊命名

实 例

（参见下级母题实例）

WTY088.1.6.1.1

尧命独角羊名为“独角神兽”

实 例

汉 族 一天，突然一只奇特的羊出现在尧的草堂上。这只羊是神羊，头上长着一只角，身上长着青色的长毛，身躯庞大，有点儿像熊，尧称它“独角神兽”。

【流传】河北省·保定市·唐县［采录地点：唐尧文化研究会］

【出处】赵喜林采录：《神羊断案》（2009.07），见中国民间文艺家协会组织编写，罗杨总主编，韩海山本卷主编《中国民间故事丛书》（河北省·保定市·唐县卷），北京：知识产权出版社 2016 年版，第 32 ～ 33 页。

WTY088.1.6.2

尧以“独角神兽”辨善恶

实 例

汉 族 二郎神送给尧王一只独角兽。如果干了坏事的人找还难找哩，咋会站到独角兽面前叫辨认。

【流传】河南省·（郑州市）·荥阳县（荥阳市）[采录地点：荥阳县王村乡蒋头村]

【出处】赵衍生（男，64岁，荥阳县王村乡蒋头村离休干部，大专）讲，赵子谋（男，39岁，荥阳县王村乡蒋头学校教师，中师）采录：《尧王立法》（1979.06），见《中国民间故事集成》全国编辑委员会、《中国民间故事集成·河南卷》编辑委员会编《中国民间故事集成》（河南卷），北京：中国ISBN中心2001年版，第44页。

WTY088.1.7

与尧的关系人有关的动物

实 例

（参见下级母题实例）

WTY088.1.7.1

骡子与尧女有关

实 例

（参见下级母题实例）

WTY088.1.7.1.1

骡子不下驹与尧女女英有关

实 例

（参见下级母题实例）

WTY088.1.7.1.1.1

骡子不下驹因受女英诅咒

实 例

汉 族 尧王出三道考题让两个女儿比试。妹妹女英骑走骡，抄小路飞快跑，姐姐娥皇坐马车慢慢前进。事有凑巧，女英走到半路，走骡突然下驹了。气得女英骂道："该死的骡子，偏在这时候下驹，真误我的大事，以后别下驹子。"所以，骡子从此再不下驹。

【流传】山西省

【出处】王宏搜集整理：《尧王嫁女》，载《民间文学》1981年第4期。

WTY088.2

与尧有关的植物

实 例

（参见下级母题实例）

WTY088.2.1

冥荚（历荚）与尧有关

实 例

（参见下级母题实例）

WTY088.2.1.1

尧以冥荚做日历

实 例

汉 族 尧为天子，蓂荚生于庭，为帝成历。

【流传】（无考）

【出处】［清］马骕：《绎史》卷九引《田俅子》。

汉　族 一种草叫做“冥荚”，又叫“历荚”，生长在阶沿的隙缝中。这种草非常奇特，每月初一，就开始生长出一个豆荚，以后每天生长一个，到月半就生长十五个。十六以后，又每天落一个，到月底就落完了。假如是小月二十九天，那么就会剩下一个豆荚挂在上面焦枯了也不会落。到下个月它又会重新这么表演一番。人们一见豆荚的或生或落，就知道这月的哪一天。这吉祥的草做了尧的活动日历，给尧办公以很大方便。

【流传】山西省 · 运城市 · 绛县

【出处】韩生泉：《平民国君》，见田茂忠、申建华主编《尧王故里》，山西省绛县尧文化研究会编印，2009 年，第 213 页。

WTY088.2.1.2

尧以蓂荚为瑞草

实　例

汉　族 尧时有草夹阶而生，每月朔日生一荚，至月半则生十五荚，十六日后落一荚，至月晦而尽。若月小，余一荚。王者以是占历。名曰蓂荚，一名历荚，一名瑞草。

【流传】（无考）

【出处】［宋］李昉、李穆、徐铉等：《太平御览》卷四引《帝王世纪》。

WTY088.2.2

韭菜与尧有关

实　例

（参见下级母题实例）

WTY088.2.2.1

韭菜的命名与尧有关

实　例

中华民族 尧与众人在崇山寻找制陶的坩泥时，发现一种草。尧看了看身边众人，道：“这草不是一个人发现的，今天共来了九个人，我看就叫它韭菜吧！”

【流传】（山西省）

【出处】中国先秦史学会尧舜禹文化研究基地编，叶雨青、张培莲著：《尧舜传》第七章“尧让唐人学制陶，率兵西出击九婴”，太原：山西出版集团 · 山西春秋电子音像出版社 2008 年版，第 48 页。

WTY088.2.3

伊村枣棘的特征与尧有关

实　例

汉　族 该村传说，一天帝尧走出茅屋，身上的衣服被枣棘挂烂了一个窟窿，尧很心疼，即发怒道：“此地枣树不允许长勾棘。”过了一夜，这里的枣树完全脱掉了勾棘，故这里的枣树没勾棘即来于此说。

【流传】（山西省临汾市伊村）

【出处】《尧舜时期的传说故事 · 茅茨土阶》，见赵大勇、赵随意著《尧都平阳与尧舜禹》，太原：山西古籍出版社 1999 年版，第 109 页。

WTY088.2.4

与尧有关的药用植物

实 例

（参见下级母题实例）

WTY088.2.4.1

芝与尧有关

实 例

（参见下级母题实例）

WTY088.2.4.1.1

车马芝与尧有关

实 例

汉 族 车马芝生于名山之中，此尧时七车马化为之。能得食之，乘云而行，上有云气覆之。

【流传】（无考）

【出处】［宋］李昉、李穆、徐铉等：《太平御览》卷九八六引《仙人采芝图》。

WTY088.2.4.2

草药与尧有关

实 例

（参见下级母题实例）

WTY088.2.4.2.1

尧服草药

实 例

（参见下级母题实例）

WTY088.2.4.2.1.1

尧服草药，即刻痊愈

实 例

汉 族 槐山仙人用露水煎熬从山上采来的草药，尧服过后，即刻觉得神清气爽，浑身也有了力量。

【流传】 河北省·保定市·唐县·（罗庄乡）·赵家庄［采录地点：唐县赵家庄］

【出处】 赵大乱（67 岁，唐县赵家庄村农民）讲，赵喜林记录：《仙人赐药》（2008.07），见中国民间文艺家协会组织编写，罗杨总主编，韩海山本卷主编《中国民间故事丛书》（河北省·保定市·唐县卷），北京：知识产权出版社 2016 年版，第 29 ～ 30 页。

WTY088.2.4.2.1a

尧服药丸

实 例

汉 族 槐山仙人自知阻拦不住带病去视察民情的尧王，就把一包自制的药丸献给尧，并嘱咐他一定要按时服下。

【流传】 河北省·保定市·唐县·（罗庄乡）·赵家庄［采录地点：唐县赵家庄］

【出处】 赵大乱（67 岁，唐县赵家庄村农民）讲，赵喜林记录：《仙人赐药》

（2008.07），见中国民间文艺家协会组织编写，罗杨总主编，韩海山本卷主编《中国民间故事丛书》（河北省·保定市·唐县卷），北京：知识产权出版社2016年版，第29～30页。

WTY088.2.5
与尧有关的仙草

实　例

（参见下级母题实例）

WTY088.2.5.1
绘实与尧有关

实　例

（参见下级母题实例）

WTY088.2.5.1.1
尧时，绘实生于朝堂前

实　例

汉　族 舜使虞虎养一紫龙，恒持燕炙示龙而不即与食。龙俯而垂涎，以器盛之，满一合而后与食，以为常。又取绘实磨入紫龙涎，色正赤，以画金石，色透金玉中一寸。绘实，仙草也，尧时生于朝堂之前，四时有花成实。

【流传】（无考）

【出处】［明］董斯张：《广博物志》卷四九引《贾子说林》。

WTY088.3
与尧有关的巫术

实　例

（参见下级母题实例）

WTY088.3.1
与尧有关的占卜

实　例

（参见下级母题实例）

WTY088.3.1.1
“尧泉”占卜

实　例

汉　族 唐尧的后世子孙们为了纪念尧帝发现泉水浇灌庄稼的恩泽，就把这泉水也就叫作“尧泉”了。据说，这尧泉后来更有灵验了：人们每逢干旱年头都来这里祈求降雨，有求必应！人们还常到尧泉来求福——把纸片放存水面上，纸片要是沉到水中，当年养蚕准丰收；若纸片不沉下去，这一年千万别养蚕。年年测，年年受益。

【流传】 河北省·保定市·唐县［采录地点：唐尧文化研究会］

【出处】 韩海山采录：《找泉水》（2008.08），见中国民间文艺家协会组织编写，罗杨总主编，韩海山本卷主编：《中国民间故事丛书》（河北省·保定市·唐县卷），北京：知识产权出版社2016年版，第13～14页。

WTY088.3.1.2

草占

实 例

（参见下级母题实例）

WTY088.3.1.2.1

蓂荚占

【关联】［WTY088.2.1.2］尧以蓂荚为瑞草

实 例

汉 族 尧时有草夹阶而生，每月朔日生一荚，至月半则生十五荚，十六日后落一荚，至月晦而尽。若月小，余一荚。王者以是占历。名曰蓂荚，一名历荚，一名瑞草。

【流传】（无考）

【出处】［宋］李昉、李穆、徐铉等:《太平御览》卷四引《帝王世纪》。

WTY088.4

与尧有关的历法

【关联】［WTY042.8.1］尧定历法

实 例

汉 族 帝尧告诉人们，大概可以366日为一周年，剩下的天数，用闰月的办法解决。这样，春夏秋冬就确定好了。当时民众称这样的历法为尧历，一直沿用了几千年。

【流传】山西省·运城市·绛县

【出处】永昌:《尧王定历法》，见田茂忠、申建华主编《尧王故里》，山西省绛县尧文化研究会编印，2009年，第111～113页。

WTY088.5

与尧有关的文字

实 例

（参见下级母题实例）

WTY088.5.1

“尧”字的来历

实 例

汉 族 尧王给尧寓古老村民挖了两条引水泉，人们为纪念此事，在“垚”字下面添了两笔，成为1664年前“唐尧寓处”碑中的“尭”。尧王带领大臣治理了洪水，于是又在“垚儿”的中间加了一横，变成现在的“尧”。今天的“尧”是“堯”的简化，但上下结构未变。

【流传】山西省·运城市·绛县·古绛镇·尧寓村

【出处】（a）李筠霞:《源远流长的尧王传说》（2008），见田茂忠、申建华主编《尧王故里》，山西省绛县尧文化研究会编印，2009年，第5页。（b）同（a），载《黄河晨报》2008年2月28日。

WTY089

与尧的遗迹与遗俗有关的其他母题

实 例

（参见下级母题实例）

WTY089.1
与尧有关的考古

实 例

（参见下级母题实例）

WTY089.1.1
尧的印迹

实 例

（参见下级母题实例）

WTY089.1.1.1
马蹄山有尧王骑马的马蹄印

实 例

汉 族 在南北仙洞周围，还有不少名胜古迹，有照天地、乌龙潭、水帘洞、鹿女洞、半仙台、南天门、马蹄山、棋盘石、陕西洞、八仙聚会洞，这些古迹都有动人的故事，如陕西洞传说在上古时，洪水漫地，人就从此洞中通过到陕西诸地，马蹄山有尧王骑马到此的马踏下的蹄印，鹿仙女洞是尧王与仙女结婚处。

【流传】（山西省）

【出处】《尧舜时期的传说故事 · 姑射仙景》，见赵大勇、赵随意著《尧都平阳与尧舜禹》，太原：山西古籍出版社 1999 年版，第 129 ~ 130 页。

WTY089.1.2
尧的庙会

实 例

（参见下级母题实例）

WTY089.1.2.1
四月初六日尧庙会

实 例

汉 族 旧时每年四月初六日尧庙逢大会，俗称骡马会，秦、豫、冀诸地的群众都来赶会，为夏收作准备，交易骡马与农具，庙周围的乡村群众敲锣打鼓，集队结社，负责举办祭祀尧王的仪式，仪礼多样，民间风味十足。庙会唱大戏、耍杂技，热闹非凡，交易茂盛。

【流传】（山西省平阳）

【出处】《尧舜时期的传说故事 · 尧庙是历代皇廷祭尧之地》，见赵大勇、赵随意著《尧都平阳与尧舜禹》，太原：山西古籍出版社 1999 年版，第 101 页。

WTY089.1.3
尧王池

实 例

汉 族 后人为了纪念尧王的功德，把那个大池起名“尧王池”，池下边的河起名“尧河”。

【流传】河南省 ·（焦作市）· 沁阳县

【出处】尚立非采录整理：《捏掌见泉》，见张振犁编著，孟宪明、朱淑君统纂《中原神话通鉴》（第三卷），郑州：河南大学出版社 2017 年版，第 990 页。

WTY089.1.3.1
尧王池是尧河发源地

【关联】［WTY082.5.2.1］尧河发源于太行

山下

实　例

汉　族 后人为纪念尧王功德，便将这个村起名叫“捏掌”，把尧王亲手挖的池叫“尧王池”。这池也就是闻名的尧河发源地。

【**流传**】河南省·（焦作市）·沁阳县·（西向镇·捏掌村）

【**出处**】李元怀（72岁，农民）讲，尚立飞、李燕采录：《尧王池》，见张振犁编著，孟宪明、朱淑君统纂《中原神话通鉴》（第三卷），郑州：河南大学出版社2017年版，第991页。

WTY089.1.3.2

尧王池为纪念尧而命名

实　例

汉　族 为纪念尧王找到泉水的功德，把修的那个大池起名“尧王池”，池下边的河起名“尧河”，池边的村子改名为“捏掌”村。

【**流传**】中原一带

【**出处**】（a）尚立非记录整理：《捏掌见泉》，见张楚北编《中原神话》，郑州：海燕出版社1988年版。（b）同（a），见姚宝瑄主编《中国各民族神话》（汉族），太原：山西出版传媒集团·书海出版社2014年版，第377～378页。

汉　族 人们就把尧在手掌中捏土找水的这个村起名叫“捏掌村”，把那个大水池叫“尧王池”，把那条尧让挖出的河叫“尧河”。

【**流传**】河南省·（焦作市）·沁阳市［采录地点：沁阳市西向乡捏掌村］

【**出处**】李元怀（男，72岁，沁阳市西向乡捏掌村农民，识字不多）讲，尚立飞（男，43岁，沁阳市怀剧团团长，高中）、李燕（女，27岁，沁阳市博物馆干部，高中）采录：《尧王找水》（1986年夏天），见《中国民间故事集成》全国编辑委员会、《中国民间故事集成·河南卷》编辑委员会编《中国民间故事集成》（河南卷），北京：中国ISBN中心2001年版，第44～45页。

汉　族 遵照尧王的要求，人们把泉水开挖成一个蓄水池，池里的水溢出去，就成了一条清澈的河流。人们感念尧王的功德，把蓄水池取名为尧王池，溢成的河流取名为尧河。泉边有一个小村，名叫捏掌。自然是为纪念尧王捏土在掌、发现水源的故事。

【**流传**】河南省沁阳一带

【**出处**】李元怀（72岁，沁阳县捏掌村农民）讲，尚立飞、李燕采集：《尧河源》，见孟宪明著《中原经典神话》，郑州：河南大学出版社2016年版，第200页。

WTY089.1.4

陶寺遗址（陶寺文化）

实　例

（参见下级母题实例）

WTY089.1.4.1

陶寺遗址是尧文化遗迹

实 例

中华民族 陶寺遗址（距今 4300—4000 年）的出土无论是地点还是年代，都与传统观点中的陶唐氏传说相吻合，证实了陶寺文化即是唐虞时代的文化。

【流传】（山西陶寺）

【出处】《陶寺遗址之陶唐氏文化》，见郭世谦著《古史传说考》（五、三皇五帝及历代古史整理倾向），天津：天津出版传媒集团·天津古籍出版社 2019 年版，第 1539 页。

WTY089.1.4.2

陶寺扁壶文字见证陶寺与尧的关系

实 例

中华民族 陶寺扁壶文字的发现，尤其是“尧”字的发现，确实地证明了陶寺文化与陶唐氏的关系。

【流传】（无考）

【出处】郭世谦：《古史传说考》（一、唐虞猛兽图腾集团），天津：天津出版传媒集团·天津古籍出版社 2019 年版，第 108 页。

WTY089.1.5

尧的故墟

实 例

（参见下级母题实例）

WTY089.1.5.1

绛为尧之故墟

实 例

汉　族 绛为尧之故墟，历年既远，沿革不同。

【流传】山西省·运城市·绛县

【出处】［明］《绛县志·序》（嘉靖已未春）。

汉　族 维绛唐尧之墟，冀州之域，而实之旧地也。

【流传】山西省·运城市·绛县·

【出处】［清］白云：《绛山赋》。

9. 与尧有关的其他母题【WTY090 ～ WTY099】

WTY090

尧崇拜

实 例

（参见下级母题实例）

WTY090.1

尧崇拜的产生

实 例

汉　族 尧帝去世了。人们为了纪念尧帝，就在尧城修了一个尧帝庙。每年此日就到庙里烧香祈祷，保佑人们事事平安。慢慢地成了一个大庙会，这就是二月十五庙，人们在这里纪念尧帝。

【流传】河北省 · 保定市 · 顺平县

【出处】程双宝采录：《二月十五尧帝庙》，见中国民间文艺家协会组织编写，罗杨总主编，甄会龙本卷主编《中国民间故事丛书》（河北省 · 保定市 · 顺平卷），北京：知识产权出版社 2016 年版，第 5 ～ 6 页。

WTY090.2

尧崇拜的特征（尧崇拜的性质）

实 例

汉 族 （参见“WTY090.1 尧崇拜的产生”母题实例）

WTY090.3

尧崇拜的方法（尧崇拜的表现）

实 例

汉 族 （参见“WTY090.1 尧崇拜的产生”母题实例）

WTY090.4

尧崇拜的演变

实 例

（实例待考）

WTY090.5

尧崇拜的关联现象

实 例

（实例待考）

WTY090.6

与尧崇拜有关的其他母题

实 例

（参见下级母题实例）

WTY090.6.1

尧崇拜的主体

实 例

（参见下级母题实例）

WTY090.6.1.1

商人崇拜尧

实 例

中华民族 商人将尧与其远祖相土列在一起，与黄河、太行山列在一起。可见尧在商人心目中的位置。

【流传】（无考）

【出处】任乃荣：《三皇五帝探源》第七章“帝尧陶唐氏时代”，北京：新华出版社 2011 年版，第 170 页。

WTY091

尧神话

实 例

（参见下级母题实例）

WTY091.1

尧神话的产生

实 例

汉 族 （参见“WTY091.4 尧神话的载体”

母题实例）

WTY091.1.1
尧神话产生的原因（尧神话的原型）

实 例

（实例待考）

WTY091.1.2
尧神话产生的时间

实 例

汉 族（参见“WTY091.4 尧神话的载体”母题实例）

WTY091.1.3
尧神话产生的地点

实 例

汉 族（参见“WTY091.4 尧神话的载体”母题实例）

WTY091.1.4
尧神话源于特定事件

实 例

（实例待考）

WTY091.1.5
尧神话源于其他神话

实 例

（实例待考）

WTY091.1.6
尧神话源于特定的学说

实 例

中华民族（参见“WTY091.2 尧神话的特征”母题实例）

WTY091.2
尧神话的特征

实 例

（实例参见下级母题实例）

WTY091.2.1
尧神话是历史真实

【关联】［WTY099.1.6.5.6.3*］尧舜主导部落联盟确为史实

实 例

中华民族 至于近世，乃知孔安国本《尚书》之伪，纪年之不可信，而疑古之过，乃并尧、舜、禹之人物而亦疑之。

【流传】（无考）

【出处】王国维:《论传说有史实为之素地与二重证据法》，见马昌仪选编《中国神话学百年文论选》(上)，西安：陕西师范大学出版总社有限公司 2013 年版，第 53 ～ 54 页。

WTY091.2.2
尧神话是虚构

实 例

（实例待考）

WTY091.3

尧神话的含义

实　例

（实例待考）

WTY091.4

尧神话的载体

实　例

（参见下级母题实例）

WTY091.4.1

尧神话载于文献

实　例

汉　族 帝尧的功德与业绩，开始以文字记载，是从西周初期官吏们著书初见，到春秋、战国时期，以儒家与墨家两个学派最有势力，号称“显学”，两家都推崇尧舜，举尧舜之旗为号召。

【**流传**】（无考）

【**出处**】《史籍记载的尧舜源流与功绩》，见赵大勇、赵随意著《尧都平阳与尧舜禹》，太原：山西古籍出版社 1999 年版，第 9 页。

WTY091.4.1.1

尧神话载于《山海经》

实　例

（参见下级母题实例）

WTY091.4.1.1.1

尧于《山海经》共出现四次

实　例

中华民族 帝尧在《山海经》中共出现四次。

【**流传**】（无考）

【**出处**】郭世谦：《古史传说考》（三、两昊鸟图腾部落集团），天津：天津出版传媒集团・天津古籍出版社 2019 年版，第 691 页。

WTY091.6

尧神话的归属

实　例

（实例待考）

WTY091.7

尧神话的传播

【**关联**】［WTY009.1.1a］生尧前电闪雷鸣

实　例

汉　族 “庆都娘娘喜怀孕，十四个月方离身。电闪雷鸣青龙滚，尧王出生惊世人。”这首口口相传了几千年的民谣至今仍然在尧寓村传颂着。

【**流传**】山西省・运城市・绛县

【**出处**】申建华：《尧王出世》，见田茂忠、申建华主编《尧王故里》，山西省绛县尧文化研究会编印，2009 年，第 75 ～ 80 页。

WTY091.8

尧神话的演变

实 例

（实例待考）

WTY091.9

与尧神话有关的其他母题

实 例

（参见下级母题实例）

WTY091.9.1

与尧神话有关的其他神话

实 例

（参见下级母题实例）

WTY091.9.1.1

玉石神话

实 例

中华民族 尧舜班瑞神话：玉璋、玉戈，距今 4200 年。

【**流传**】（流传）

【**出处**】叶舒宪：《中华文明探源的神话学研究》，北京：社会科学文献出版社 · 经济与管理出版分社 2015 年版，第 634 页。

WTY092

尧传说

实 例

（参见下级母题实例）

WTY092.1

尧传说的产生

实 例

中华民族 （参见“WTY092.2 尧传说的特征”母题实例）

WTY092.2

尧传说的特征

实 例

（参见下级母题实例）

WTY092.2.1

尧传说为历史真实

实 例

中华民族 帝尧在中国早期传说中的生活空间，确是有迹可循，这一点谁也无法否认。

【**流传**】（无考）

【**出处**】辛德勇：《我看帝尧故里》，见山东菏泽《首届中华伏羲祖源文化论坛论文集》，内部编印，2020 年 9 月，第 55 ～ 56 页。

WTY092.3

尧传说的含义

实 例

（参见下级母题实例）

WTY092.3.1

传说上元夜尧赐福百姓

实 例

汉 族 民间传说上元之夜尧帝下凡到人间赐福，这天夜晚民间挂“天官赐福图”，孩童提灯游街串巷，以迎接赐福神来临，妇女要到“三官庙”拈香求神赐福，包括福、禄、财、寿、子等。

【流传】（山西省南部）

【出处】《尧舜时期的传说故事·三官大帝》，见赵大勇、赵随意著《尧都平阳与尧舜禹》，太原：山西古籍出版社 1999 年版，第 131 ～ 132 页。

WTY092.4

尧传说的演变

实 例

（实例待考）

WTY093

尧的其他载体

实 例

（实例待考）

WTY093.1

尧故事

实 例

（实例待考）

WTY094

尧形象的内涵

实 例

（实例待考）

WTY095

尧形象的意义

实 例

（实例待考）

WTY095.1

尧的象征

实 例

（实例待考）

WTY096

尧文化

实 例

（参见下级母题实例）

WTY096.1

尧文化发生的时间

实 例

汉 族 ［参见“WTY097.1 尧时代发生的时间（起止时间）”母题实例］

WTY096.2

尧文化的发祥地

实 例

（参见下级母题实例）

WTY096.2.1*

尧文化广布于临汾

实 例

中华民族 广布于临汾盆地的龙山文化遗存，当为尧部族的物质文化。考古界多认为尧都在此。临汾今有尧都城。

【流传】（无考）

【出处】杨东晨:《华夏始祖：尧舜禹时代》"二、帝尧的伟业篇"，西安：三秦出版社 2007 年版，第 26 页。

WTY096.2.2

尧文化发祥于山西陶寺

实 例

汉 族 "陶寺文化"可证实"尧都平阳"即在此一带。

【流传】（山西陶寺）

【出处】《光辉灿烂的古平阳大地》，见赵大勇、赵随意著《尧都平阳与尧舜禹》，太原：山西古籍出版社 1999 年版，第 57 页。

WTY096.2.3

绛县是尧文化的发祥地

实 例

汉 族 绛县是尧文化的发祥地之一，尧的足迹遍及全县，有初建都的"尧都村"、尧巡视时住过的"宿尧村"、尧王领兵打仗停过的"尧寺头"等。

【流传】山西省 · 运城市 · 绛县

【出处】（a）李筠霞:《源远流长的尧王传说》(2008)，见田茂忠、申建华主编《尧王故里》，山西省绛县尧文化研究会编印，2009 年，第 4 页。（b）同（a），载《黄河晨报》2008 年 2 月 28 日。

WTY096.3

尧文化的流传地

实 例

中华民族 （参见"WTY096.2 尧文化的发祥地"母题实例）

WTY096.4

尧文化的传承者

实 例

中华民族 （参见"WTY096.2 尧文化的发祥地"母题实例）

WTY096.5

尧文化的传播途径

实 例

（实例待考）

WTY096.6

尧文化的意义

实 例

（参见下级母题实例）

WTY096.6.1*

陶寺文化有唐尧时代文化和唐尧族群文化的双重涵义

实 例

中华民族 陶寺文化可能有唐尧时代文化和唐尧族群文化的双重涵义。

【流传】（无考）

【出处】郭世谦：《古史传说考》（一、唐虞猛兽图腾集团），天津：天津出版传媒集团·天津古籍出版社 2019 年版，第 94 ～ 95 页。

WTY096.7

与尧文化有关的其他事象

实 例

（参见下级母题实例）

WTY096.7.1*

尧文化内涵的广义与狭义

实 例

中华民族 "夏文化"，可以有两个不同的解释，一是夏族（夏部落或夏部落集团）的文化，一是夏代的文化。同样，陶唐氏既是一个氏族（或它所代表的部落或部落集团），唐尧和他们的后裔们可能有自己独特的族群的文化。另一方面，唐尧又是一个时代的代表，唐尧文化也可以理解为唐尧时代的文化。

【流传】（无考）

【出处】郭世谦：《古史传说考》（一、唐虞猛兽图腾集团），天津：天津出版传媒集团·天津古籍出版社 2019 年版，第 94 页。

WTY097

尧时代

【关联】［WTY037］尧生活的时代

实 例

（参见下级母题实例）

WTY097.1

尧时代发生的时间（起止时间）

实 例

（参见下级母题实例）

WTY097.1.1*

尧时代距今 4380 年（约新石器晚期）

实 例

汉 族 帝尧时代大约在新石器晚期，距今约 4380 年左右。

【流传】（无考）

【出处】刘玉栋：《帝尧溯源》，原载《古绛春秋》，北京：长征出版社 2007 年版，见田茂忠、申建华主编《尧王故里》，山西省绛县尧文化研究会编印，2009 年，第 53 页。

汉 族 古代传说中的黄帝、尧、舜、禹时代，即考古学者认为的新石器时代晚期的文化遗存。

【流传】（无考）

【出处】《史籍记载的尧舜源流与功绩》，见赵大勇、赵随意著《尧都平阳与尧舜禹》，太原：山西古籍出版社 1999 年版，第 48 页。

WTY097.1.1a*

尧时期属于新石器文化后期

实 例

汉 族 尧时，是新石器文化后期，而黄河中下游两大区域的新石器文化，是中华新石器文化的主干。

【流传】（无考）

【出处】《唐尧虞舜时的社会现状》，见赵大勇、赵随意著《尧都平阳与尧舜禹》，太原：山西古籍出版社 1999 年版，第 83 页。

WTY097.1.2*

尧时代处原始社会末期

实 例

汉 族 帝尧处于原始社会的崩溃、阶级社会私有制形成的初期，在历史大转折时，尧能顺应潮流，集帝王之权，加速了社会的进步。

【流传】（无考）

【出处】《史籍记载的尧舜源流与功绩》，见赵大勇、赵随意著《尧都平阳与尧舜禹》，太原：山西古籍出版社 1999 年版，第 6 页。

WTY097.1.3*

公元前 2357 年甲辰起，至公元前 2258 年，癸未止

实 例

中华民族 帝尧起止年代为：公元前 2357 年甲辰起，至公元前 2258 年，癸未止。

【流传】（无考）

【出处】任乃荣：《三皇五帝探源》第七章“帝尧陶唐氏时代”，北京：新华出版社 2011 年版，第 190 页。

WTY097.2

尧时代的地点

实 例

（参见下级母题实例）

WTY097.2.1

尧时代的发祥地

【关联】［WTY038］尧生活区域（尧活动范围）；［WTY009.5］尧的发祥地

实 例

汉 族 （参见“WTY097.2.2.1* 尧王在尧寓村治国安民”母题实例）

WTY097.2.2

尧时代的活动地

实 例

（参见下级母题实例）

WTY097.2.2.1*

尧王在尧寓村治国安民

实 例

汉 族 尧寓村一带诸多的历史遗存、遗物充分证明。远古时期的尧王曾带领大部落长期在此生产、生活，治国安民。

【流传】山西省·运城市·绛县·古绛镇·尧寓村

【出处】(a) 李筠霞:《源远流长的尧王传说》(2008), 见田茂忠、申建华主编《尧王故里》, 山西省绛县尧文化研究会编印, 2009年, 第5页。(b) 同(a), 载《黄河晨报》2008年2月28日。

汉 族 当地民间歌谣唱:"尧寓村, 尖尖山, 尧王起兵在此间。又点兵, 又祭天, 平定混战保平安。"

【流传】山西省·运城市·绛县·古绛镇·尧寓村

【出处】(a) 李筠霞:《源远流长的尧王传说》(2008), 见田茂忠、申建华主编《尧王故里》, 山西省绛县尧文化研究会编印, 2009年, 第6页。(b) 同(a), 载《黄河晨报》2008年2月28日。

WTY097.2.2.2*

尧的活动地在山东菏泽

实 例

中华民族 谈到帝尧生活和活动的中心地带, 人们往往会以其居地和葬地作为认证的标志, 包括帝尧的出生地和所谓尧都、尧陵等。关于这两方面, 传世文献的记载存在很大分歧。概括起来, 主要涉及两个区域。一个在东部, 是集中在今山东菏泽地区; 另一个区域在西部, 是集中在今山西临汾地区。

【流传】(山东菏泽, 山西临汾)

【出处】辛德勇:《我看帝尧故里》, 见山东菏泽《首届中华伏羲祖源文化论坛论文集》, 内部编印, 2020年9月, 第55～56页。

WTY097.2.2.3*

尧的活动地在山西临汾

实 例

中华民族 (参见"WTY097.2.2.2* 尧的活动地在山东菏泽"母题实例)

WTY097.3

尧时代的特征(情形)

实 例

(参见下级母题实例)

WTY097.3.1

尧时代百姓安居乐业

实 例

汉 族 上古时候, 尧掌管国家大事, 百姓安居乐业。

【流传】湖北省·宜昌市·西陵区[采录地点: 宜昌市西陵区璞宝街]

【出处】陈补(59岁, 干部)讲, 肖觉记录:《断江山》(1988年冬天), 见中国民间文艺家协会组织编写, 罗杨总主编, 王金碧、席群英、刘复军本卷主编《中国民间故事丛书》(湖北省·宜昌市·西陵点军卷), 北京: 知识产权出版社2016

年版，第 44 ～ 45 页。

汉 族 唐尧的时候，乾老公一家利用大自然赐给的优越条件，起早贪黑，开垦种植，从播种到收割，年复一年地过着安居乐业的生活。

【流传】山西省·（长治市）·长子县

【出处】张国良、李天才采录：《“船”字的由来》，见郭万金主编《山西民间故事大系》（晋东南卷），北京：商务印书馆 2017 年版，第 63 ～ 64 页。

WTY097.3.1a*

尧时代华夏大地一派盛景

实 例

汉 族 尧帝 70 年英明治理，古老的华夏大地上第一次出现了天下太平、四方归服、百姓富饶、人民安乐的升平景象。

【流传】山西省·运城市·绛县·古绛镇·尧寓村

【出处】梓华、兰草：《山西尧寓村作为尧帝故里申报世界文化遗产地当之无愧》，载《中国焦点》2007 年第 1 ～ 2 期。

中华民族 帝尧时，人民的娱乐活动是丰富的，到处是一派升平和谐的景象，华夏族进入了日趋兴旺发达的盛世时代。

【流传】（无考）

【出处】杨东晨：《华夏始祖：尧舜禹时代》“二、帝尧的伟业篇”，西安：三秦出版社 2007 年版，第 37 页。

WTY097.3.2

尧初天下太平

实 例

汉 族 尧王的时候开头天下太平，后来共工撞断了不周山，天下就遭灾了。天，哗地一下发起了大洪水。地，混混沌沌的，勿晓得沉到了啥地方。只有白茫茫的洪水荡来荡去，急溜溜的不周风吹呀吹的。

【流传】（浙江省·湖州市·德清县）

【出处】《尧封防风国》，见浙江省民间文学办公室编《中国民间文学集成浙江省湖州市德清县故事歌谣谚语卷》，浙江省上虞印刷厂 1990 年印，第 19 页。

WTY097.3.3

尧在位正值大灾

实 例

（参见下级母题实例）

WTY097.3.3.1

尧在位时十日并出、洪水滔天

实 例

汉 族 尧名叫放熏，是帝喾的孙子。他在位时正值大灾，天上十日并出，地上洪水滔天，老百姓死亡无数。

【流传】（中原一带）

【出处】《尧王选贤》，见孟宪明著《中原经典神话》，郑州：河南大学出版社 2016 年版，第 191 页。

WTY097.3.3.2

尧时禽兽逼人，五谷不生

实 例

中华民族 当尧之时，天下犹未平，洪水横流，泛滥于天下。草木畅茂，禽兽繁殖，五谷不登，禽兽逼人，兽蹄鸟迹之道交于中国。

【流传】（无考）

【出处】［战国］孟轲及其弟子：《孟子·滕文公上》。

WTY097.3.3a

尧时国家多灾困顿

实 例

汉 族 当尧之时，天下犹未平，洪水横流，泛滥于天下。草木畅茂，禽兽繁殖，五谷不登，禽兽逼人，兽蹄鸟迹之道交于中国。

【流传】（无考）

【出处】［战国］孟轲及其弟子：《孟子·滕文公上》。

WTY097.3.4

尧时的饮食特征

实 例

（参见下级母题实例）

WTY097.3.4.1

尧时五谷与树叶同煮而食

实 例

汉 族 帝尧时期人类的饮食生活是五谷与树叶同煮而食。

【流传】（山西省·长治市）

【出处】贾保义：《中国面食的根在上党》，见马志生主编《上党炎帝》，太原：山西出版传媒集团·三晋出版社 2014 年版，第 138 页。

WTY097.3.5*

尧时的文明特征（文明程度已相当高）

实 例

汉 族 从晋南出土的新石器时期的文物，还可看出早在唐尧之时，人们已习惯种桑养蚕和种麻，并熟练于纺织丝麻织物而用于衣着。还有各种竹编器物如篮、篓、箩等，技巧相当熟练。这说明唐尧都平阳时，其文明程度已相当可观了。

【流传】（无考）

【出处】《光辉灿烂的古平阳大地》，见赵大勇、赵随意著《尧都平阳与尧舜禹》，太原：山西古籍出版社 1999 年版，第 53 页。

WTY097.3.5.1*

尧时人们已能凿井取水

实 例

汉 族 陶寺文化遗址中多圆形房屋。此圆房，直径约在一丈二、三尺左右，中有一柱，柱上有向四周搭架的檩子，屋中墙面用白灰抹墙，房中部有炉灶处，屋高约丈余，门前有一甬道，约二至三尺左右，圆屋地基高于平地，有台阶五六个，此房形与西安半坡村出土的圆房屋相同，看来都系仰韶文化遗传。但房屋的排列，整齐划一，俨然像一城镇。在遗址中发掘出的四眼水井遗址，井底周围用木板隔挡，从而看出尧时人们已能凿井而取水了。

【流传】（山西陶寺）

【出处】《光辉灿烂的古平阳大地》，见赵大勇、赵随意著《尧都平阳与尧舜禹》，太原：山西古籍出版社 1999 年版，第 61 页。

WTY097.3.5.2*

尧时纺织技术成熟精湛

实 例

汉 族 陶寺文化遗址中出土的麻布，即麻线织成的麻布，如今之麻袋布一样，有粗线与细线之分，都系平面布。还有纺织工具，如石纺轮，呈不规则的圆形磨光，中间有孔；陶纺轮、陶纺锤，粗短的圆锥状；以及编织品、麻绳等，都有出土。从中能看出尧时的生产与社会上的经济状况，也说明了尧时的文化与文明的面貌。

【流传】（山西陶寺）

【出处】《光辉灿烂的古平阳大地》，见赵大勇、赵随意著《尧都平阳与尧舜禹》，太原：山西古籍出版社 1999 年版，第 74 页。

汉 族 尧时已出土有麻布遗物，“养蚕缫丝”的传说始于黄帝嫘祖。尧时已有丝绢布、衣裳出现，有色染之各色布。

【流传】（无考）

【出处】《唐尧虞舜时的社会现状》，见赵大勇、赵随意著《尧都平阳与尧舜禹》，太原：山西古籍出版社 1999 年版，第 94 页。

WTY097.3.5.3*

尧时已能铸铜

实 例

汉 族 陶寺遗址中还发掘出一枚铜铃，引起专家学者的重视。它说明尧时已能铸铜。

【流传】（山西陶寺）

【出处】《光辉灿烂的古平阳大地》，见赵大勇、赵随意著《尧都平阳与尧舜禹》，太原：山西古籍出版社 1999 年版，第 74 页。

WTY097.3.5.4*

尧时已出现水运工具

实 例

（参见下级母题实例）

WTY097.3.5.4.1*

尧时已出现独木舟和筏子

实 例

汉 族 尧时已有了独木舟和筏子，是人们渡河、避水患、载运和捕鱼之用具。

【流传】（无考）

【出处】《唐尧虞舜时的社会现状》，见赵大勇、赵随意著《尧都平阳与尧舜禹》，太原：山西古籍出版社 1999 年版，第 92 页。

WTY097.3.5.5*

尧时已出现文字雏形

实 例

汉 族 尧时人们从狩猎农耕活动中，在各种器物上绘制有人面纹、网纹、鱼纹、鹿纹、羊纹、马纹等图案，还有弧弦纹、三角纹、直楞纹等纹饰图案，说明图文同出一源。

【流传】（无考）

【出处】《唐尧虞舜时的社会现状》，见赵大勇、赵随意著《尧都平阳与尧舜禹》，太原：山西古籍出版社 1999 年版，第 95 页。

WTY097.3.5.6*

尧时已出现民谣

实 例

汉 族 唐尧都平阳时，流传下来的民歌民谣，很早就引起后人的注意。《乐府传声・源流》记有："自唐虞霹歌击壤以降，凡朝廷草野之间，其歌诗谣谚不可穷胜"。

【流传】（无考）

【出处】《唐尧虞舜时的社会现状》，见赵大勇、赵随意著《尧都平阳与尧舜禹》，太原：山西古籍出版社 1999 年版，第 96 页。

WTY097.3.5.7*

尧时已掌握天文历法

实 例

中华民族 帝尧时代对天文历法的贡献是不可低估的，这是人类历史上伟大的创举。它不仅使当时百业兴盛，后世文明发展也深赖其功。因为掌握了先进的科学技术，就掌握了先进的生产力。

【流传】（无考）

【出处】任乃荣：《三皇五帝探源》第七章"帝尧陶唐氏时代"，北京：新华出版社 2011 年版，第 179 页。

WTY097.3.5.8*

尧时农耕兴盛

实 例

汉 族 从陶寺文化遗址中出土的农耕用具，有石铲、石斧、石犁、石刀等，并发掘有麦粒、黍粒、豆粒等农作物，从中可看出尧时的农耕状况。

【流传】（山西陶寺）

【出处】《光辉灿烂的古平阳大地》，见赵大勇、赵随意著《尧都平阳与尧舜禹》，太原：山西古籍出版社 1999 年版，第 74 页。

WTY097.3.5.9

与尧时代文明有关的其他母题

实 例

（参见下级母题实例）

WTY097.3.5.9.1

尧时已有生活美饰品

实 例

汉 族 从位于尧时唐地的陶寺文化遗址的墓葬中出土的玉、石器装饰品，都是在随葬品中发掘的，这些器皿都是用玉和精石研磨制成的，这说明了那时人们的生活装饰美的进化程度。

【流传】（山西陶寺）

【出处】《光辉灿烂的古平阳大地》，见赵大勇、赵随意著《尧都平阳与尧舜禹》，太原：山西古籍出版社 1999 年版，第 73 页。

WTY097.3.5.9.2*

尧时制陶技艺日渐精湛

实　例

汉　族 位于尧时唐地的陶寺文化遗址，出土陶器的早期特点为手工制法，陶胎较粗厚，器壁厚薄不匀称，陶边杂，纹饰多是绳纹；晚期出土陶的特点为：制法有轮制、模制和手工制三种，陶胎较薄，器壁厚薄匀称，器形也较规则，杂色陶很少，绝大部分为火候较高的灰陶和磨光黑釉，纹饰主要是篮纹和绳纹。从整个器物群来看，晚期遗存有若干接近河南龙山文化的特征，与山西芮城南礼教遗址也有许多相近之处，还有较多的与河南龙山文化三里桥类型相似处。

【流传】（山西陶寺）

【出处】《光辉灿烂的古平阳大地》，见赵大勇、赵随意著《尧都平阳与尧舜禹》，太原：山西古籍出版社 1999 年版，第 63 页。

WTY097.3.5a*

尧时代社会生产水平较低

实　例

中华民族 尧时这样的生活状态，反映了当时社会生产水平还是很低的，同时也反映着当时的社会还比较平等，阶级分化还没有达到悬殊的程度。

【流传】（无考）

【出处】杨东晨：《华夏始祖：尧舜禹时代》“二、帝尧的伟业篇”，西安：三秦出版社 2007 年版，第 26 页。

WTY097.3.5a.1*

尧时为原始农业

实　例

汉　族 唐尧的时候，我们的祖先用勤劳的双手和笨重的工具从事着原始的农业生产。

【流传】山西省·（长治市）·长子县

【出处】张国良、李天才采录：《“船”字的由来》，见郭万金主编《山西民间故事大系》（晋东南卷），北京：商务印书馆 2017 年版，第 63 ～ 64 页。

WTY097.3.6

尧时的社会关系特征

实　例

（参见下级母题实例）

WTY097.3.6.1*

尧时已向阶级社会过渡（等级观念）

实　例

汉　族 从位于尧时唐地的陶寺文化遗址的墓葬形制和随葬物品可看出墓主人之身份，及其在氏族部落中（方国）的权力及经济地位。从而也可看出头领与黎民有了差别，证实当时已在向阶级社会过渡，原始社会的公有制已到末日。

【流传】（山西陶寺）

【出处】《光辉灿烂的古平阳大地》，见赵大勇、赵随意著《尧都平阳与尧舜禹》，太原：山西古籍出版社 1999 年版，第 64 页。

WTY097.3.6.2*

尧时代出现家长制

实 例

汉 族 尧时父系氏族社会出现了家长制，后来演变出“宗法制度，随之方圆领袖、部族酋长，相应而出国王、士、大夫等诸礼仪”。

【流传】（无考）

【出处】《光辉灿烂的古平阳大地》，见赵大勇、赵随意著《尧都平阳与尧舜禹》，太原：山西古籍出版社 1999 年版，第 80 页。

WTY097.3.6.3*

尧时已出现“日中为市”

实 例

汉 族 古书曾记载：“日中为市，致天下之民，聚天下之货，交易而退，各得其所”，“以所有易所无，以所工易所拙”。据说在 5000 年前，神农、唐尧时的情形，是以物易物的直接交易。

【流传】（无考）

【出处】《唐尧虞舜时的社会现状》，见赵大勇、赵随意著《尧都平阳与尧舜禹》，太原：山西古籍出版社 1999 年版，第 92 页。

WTY097.3.6.4*

尧时是由母系氏族走向父系氏族的后期

实 例

汉 族 尧时是由母系氏族走向父系氏族的后期。在母系氏族时期，人知其母，不知其父。

【流传】（无考）

【出处】《唐尧虞舜时的社会现状》，见赵大勇、赵随意著《尧都平阳与尧舜禹》，太原：山西古籍出版社 1999 年版，第 93 页。

WTY097.3.7

尧时的婚姻特征

实 例

（参见下级母题实例）

WTY097.3.7.1*

尧时已出现个体婚（一夫一妻）

实 例

汉 族 尧时父系氏族初出，一夫一妻的个体婚出现，这就是“肇嫁娶以序人伦，始制婚礼”，但仍保留有母系氏族婚的遗风，就是对偶婚，即亚血族婚的配偶范围逐渐缩小，异姓的同辈男女在或长或短的时期内与对偶同居，如舜妻尧之二女娥皇女英，即对偶婚遗留，或叫“妻姊妹婚”。

【流传】（无考）

【出处】《唐尧虞舜时的社会现状》，见赵大勇、赵随意著《尧都平阳与尧舜禹》，太原：山西古籍出版社 1999 年版，第 94 页。

WTY097.3.8

尧时代处于“万邦”时代

实 例

中华民族 帝尧的时代处于“万邦”的时

代，和黄帝时代相似，万邦林立。尧所居陶唐平阳之地处于“中央之邦”“中央之国”的地位。

【流传】（无考）

【出处】任乃荣：《三皇五帝探源》第七章“帝尧陶唐氏时代”，北京：新华出版社2011年版，第179页。

WTY097.4

尧时代的事件

实 例

（参见下级母题实例）

WTY097.4.1

尧时代洪水泛滥

实 例

汉 族 当尧之时，水逆行，泛滥于中国，蛇龙居之，民无所定，下者为巢，上者为营窟。

【流传】（无考）

【出处】［战国］孟轲及其弟子：《孟子·滕文公下》。

汉 族 当尧之时，天下犹未平，洪水横流，泛滥于天下。草木畅茂，禽兽繁殖，五谷不登，禽兽逼人，兽蹄鸟迹之道交于中国。

【流传】（无考）

【出处】［战国］孟轲及其弟子：《孟子·滕文公上》。

汉 族 唐尧时，登封县叫崇地，嵩山叫崇山。那时，普天下洪水泛滥，人们纷纷逃往崇地。

【流传】中原一带

【出处】（a）甄秉浩整理：《涂山姚代姐育婴》，见张楚北编《中原神话》，郑州：海燕出版社1988年版。（b）同（a），见姚宝瑄主编《中国各民族神话》（汉族），太原：山西出版传媒集团·书海出版社2014年版，第425～426页。

汉 族 发生洪水的那个时候是尧统管中国。他派鲧当治水官，到禹山一带治理洪水。

【流传】山东省·（临沂市）·临沭县［记录地点：临沭县城］

【出处】刘锡奎（34岁，临沭文化局干部，中专）讲述采录：《鲧助禹王》（1989），见《中国民间故事集成》全国编辑委员会、《中国民间故事集成·山东卷》编辑委员会编《中国民间故事集成》（山东卷），北京：中国ISBN中心2007年版，第23～25页。

汉 族 尧时，经常发生洪灾。大水泛滥起来，到处一片汪洋，不少百姓都送了性命。

【流传】山西省·运城市·绛县

【出处】张志善：《宿尧》，见田茂忠、申建华主编《尧王故里》，山西省绛县尧文化研究会编印，2009年，第228～229页。

中华民族 中国约在公元前3000年的后期，即帝尧时期也发生了洪水灾害，给当时的人民造成很大苦难，最为严重的地区是黄河中下游。

【流传】（无考）

【出处】杨东晨：《华夏始祖：尧舜禹时代》“二、帝尧的伟业篇”，西安：三秦出版社 2007 年版，第 32 页。

WTY097.4.1.1

尧时洪水泛滥的原因

实 例

（参见下级母题实例）

WTY097.4.1.1.1

洪水泛滥源于惩罚

实 例

（参见下级母题实例）

WTY097.4.1.1.1.1

洪水泛滥因共工撞断不周山

实 例

汉 族 尧王的时候开头天下太平，后来共工撞断了不周山，天下就遭灾了。天，哗地一下发起了大洪水。地，混混沌沌的，勿晓得沉到了啥地方。只有白茫茫的洪水荡来荡去，急溜溜的不周风吹呀吹的。

【流传】（浙江省 · 湖州市 · 德清县）

【出处】《尧封防风国》，见浙江省民间文学办公室编《中国民间文学集成浙江省湖州市德清县故事歌谣谚语卷》，浙江省上虞印刷厂 1990 年印，第 19 页。

汉 族 尧王的时候，开头天下太平，后来共工撞断了不周山，天下就遭灾了。地上一下发起了大洪水。

【流传】浙江省 ·（湖州市）· 德清县 · 三合乡

【出处】沈益民讲，钟铭、钟伟今采录：《尧封防风国》，见陶阳、钟秀编《中国神话》（中），北京：商务印书馆 2008 年版，第 813 ～ 814 页。

WTY097.4.1.2

尧时洪水泛滥的地点

实 例

（参见下级母题实例）

WTY097.4.1.2.1

尧时，黄河中下游发生洪水

实 例

汉 族 唐尧的时候，在黄河中下游发生洪水。

【流传】山西省 ·（长治市）· 长子县

【出处】张国良、李天才采录：《“船”字的由来》，见郭万金主编《山西民间故事大系》（晋东南卷），北京：商务印书馆 2017 年版，第 63 ～ 64 页。

WTY097.4.1.3

尧时洪水持续的时间

实 例

（参见下级母题实例）

WTY097.4.1.3.1

尧时洪水持续二十二年

实　例

汉　族 尧做帝王时，一次大洪水，经过的时间至少有二十二年。

【流传】（无考）

【出处】袁珂重述：《鲧偷取息壤平治洪水》，原载袁珂编译《中国神话故事》，见陶阳、钟秀编《中国神话》（上），北京：商务印书馆 2008 年版，第 407 ～ 411 页。

WTY097.4.2

尧时代人们避洪

实　例

（参见下级母题实例）

WTY097.4.2.1

尧时人们逃往山上避洪

实　例

（参见下级母题实例）

WTY097.4.2.1.1

尧时逃往崇山（今嵩山）避洪

实　例

汉　族 唐尧时，登封县叫崇地，嵩山叫崇山。那时，普天下洪水泛滥，人们纷纷逃往崇地。

【流传】中原一带

【出处】（a）甄秉浩整理：《涂山姚代姐育婴》，见张楚北编《中原神话》，郑州：海燕出版社 1988 年版。（b）同（a），见姚宝瑄主编《中国各民族神话》（汉族），太原：山西出版传媒集团 · 书海出版社 2014 年版，第 425 ～ 426 页。

WTY097.4.2.1.2

尧时至尧山避洪

实　例

汉　族 尧山在县（鄱阳县，今属江西省）西，水路三十里。尧九年大水，人居避水，因以为名。或遇大水，此山不没，时人云此山浮。

【流传】（无考）

【出处】（a）《太平寰宇记》卷一〇七引《鄱阳记》。（b）《尧山》，见袁珂《中国神话大词典》，北京：华夏出版社 2015 年版，第 122 ～ 123 页。

WTY097.4.2.1.3

尧时至万户山避洪

实　例

汉　族 万户山在府（汾州府，即今山西省汾阳县治）城西。尧时洪水，诸山皆没，惟此山独存，所济者万户。

【流传】（无考）

【出处】（a）［明］陈仁锡：《潜确类书》卷十七引《一统志》。（b）《万户山》，见袁珂《中国神话大词典》，北京：华夏出版社 2015 年版，第 13 页。

WTY097.4.2.1.4
尧时至百丈山避洪

实 例

汉 族 百丈山，在昌化（今属浙江省，临安县西），一名潜山。尧时洪水，此山潜而不没，其高在水面犹百丈。

【流传】（无考）

【出处】(a)[明]陈仁锡:《潜确类书》卷二十引《吴兴地志》。(b)《百丈山》，见袁珂《中国神话大词典》，北京：华夏出版社 2015 年版，第 121 页。

WTY097.4.2.1.5
尧时至济州浮山避洪

实 例

汉 族 济州有浮山。故老传云，尧时大雨，此山浮水上。时有人缆船于岩石间，今犹有断铁锁。

【流传】（无考）

【出处】[宋]李昉、李穆、徐铉等:《太平御览》卷七六九引《郡国志》。

WTY097.4.3
尧时遇饥荒

实 例

汉 族 作为国君的尧有一件牵肠挂肚的事，就是大唐国人口一年比一年增多，食物不足，人民生活时常发生困难。

【流传】河北省·保定市·唐县［采录地点：唐尧文化研究会］

【出处】赵喜林（77 岁，唐县广播电视局退休干部）采录:《聘农师》(2009.07)，见中国民间文艺家协会组织编写，罗杨总主编，韩海山本卷主编:《中国民间故事丛书》（河北省·保定市·唐县卷），北京：知识产权出版社 2016 年版，第 17 ～ 18 页。

WTY097.4.4
尧时遇大旱

实 例

（参见下级母题实例）

WTY097.4.4.1
尧时太行山一带遇大旱

实 例

汉 族 尧时多灾，有一年大旱，太行山一带河、塘干枯，树叶子都掉了。人们吃不上饭，喝不上水，有的人都渴昏了。

【流传】河南省沁阳一带

【出处】李元怀（72 岁，沁阳县捏掌村农民）讲，尚立飞、李燕采集:《尧河源》，见孟宪明著《中原经典神话》，郑州：河南大学出版社 2016 年版，第 197 页。

WTY097.4.5
尧时遇火灾

实 例

汉 族 昔伯禹随山浚川，起自积石，凿龙门，至一空穴。禹乃昼夜并行，计可三十余里，魑魅莫逢，穴亦积广。乃至一室里，有人身如蛇鳞，坐于石上，禹与言焉。说日月初明之时，又言今之世，洪波冠天起而天火灼，土石皆焦，谓尧汤之世是也。

【流传】（无考）

【出处】（a）《北堂书钞》卷一五八引《王子年拾遗记》。（b）《禹凿龙门》，见袁珂《中国神话大词典》，北京：华夏出版社2015年版，第239页。

WTY097.4.6

尧时遇瘟疫

实 例

汉 族 一年春天，尧管辖的唐地各部落爆发了一种瘟病。病人开始发烧、咳嗽，全身疼痛红肿，不几天就会抽搐起来，甚至死亡。

【流传】河北省·保定市·望都县

【出处】韩增寿采录：《尧母的传说·黄帝内经》，见中国民间文艺家协会组织编写，罗杨总主编，吴从志本卷主编《中国民间故事丛书》（河北省·保定市·望都县卷），北京：知识产权出版社2016年版，第26～28页。

WTY097.4.7

尧时出现的非凡事件

实 例

（参见下级母题实例）

WTY097.4.7.1

尧时显祥兆

实 例

汉 族 一天，尧正在“寝宫”里休息，忽然呈现出十种吉祥的征兆：什么喂马的草料变成了稻子啦，凤凰飞到天井来啦等。

【流传】山西省·运城市·绛县

【出处】韩生泉：《平民国君》，见田茂忠、申建华主编《尧王故里》，山西省绛县尧文化研究会编印，2009年，第213页。

WTY097.4.7.2

尧时现“贯月槎”

实 例

汉 族 当尧做国君的第三十年，在西海出现了一个巨大的漂浮的“槎”。槎上有柔和的光芒，晚上的时候在海上亮如明珠，白天的时候光芒就熄灭了。这个浮槎有时大有时小，常常围绕着四海漂浮，绕完四海刚好是十二年，如此周而复始，人们称为“贯月槎”。

【流传】（无考）

【出处】《尧舜二帝》，见金麦田编著《中国古代神话故事》，北京：京华出版社2003年版，第45～52页。

WTY097.4.7.3

尧时十日并出

实 例

汉 族 尧时，天上出了十个日头，草木都被晒干，生灵也差不多晒死。

【流传】浙江省·（温州市）·洞头县［采录地点：洞头县洞头乡］

【出处】吴艺（男，66岁，洞头县洞头乡后城村，农民，初小）讲，叶永福（男，34

岁，洞头县洞头乡，工人，初中）采录：《嫦娥奔月》(1987.05.30)，见中国民间文学集成全国编辑委员会、中国民间文学集成浙江卷编辑委员会编《中国民间故事集成》(浙江卷)，北京：中国 ISBN 中心 1997 年版，第 29 ～ 30 页。

汉 族 尧帝当国君的时候，天上有十个太阳，这十个太阳是天帝帝俊和妻子羲和的十个儿子，这十个儿子不听父母的话，偷偷从东方海外一个叫汤谷的地方跑出来到苍穹戏玩打闹。

【流传】山西省·运城市·绛县

【出处】申建华：《太阳谢尧帝》，见田茂忠、申建华主编《尧王故里》，山西省绛县尧文化研究会编印，2009 年，第 175 ～ 176 页。

汉 族 传说唐尧时天上本有十个太阳，由十个乌鸦背载，都在大海之中的汤谷出来并休息于扶桑树上。每天轮流值日。

【流传】(山西省)

【出处】《尧舜时期的传说故事·日出汤谷》，见赵大勇、赵随意著《尧都平阳与尧舜禹》，太原：山西古籍出版社 1999 年版，第 123 ～ 124 页。

WTY097.4.7.3.1

尧时十日并出，万物干涸枯萎

实 例

汉 族 有一年，天上十日并出，毒辣辣的光焰灼烤着大地，井干、河涸、万物枯萎，空气如蒸，满目焦土，粮食颗粒无收，庶民百姓如热锅里的蚂蚁，垂死挣扎，奄奄一息，在危难时刻，尧王更是着急。

【流传】山西省·运城市·绛县

【出处】刘永昌：《帝尧第一都——尧都村》，见田茂忠、申建华主编《尧王故里》，山西省绛县尧文化研究会编印，2009 年，第 225 ～ 226 页。

汉 族 尧帝在古唐地（今唐县）任唐侯的年代，十日并出，禾草干枯，百姓痛苦到了极点。

【流传】河北省·保定市·唐县［采录地点：保定七运公司］

【出处】裴建国（42 岁，望都县人，保定职业技术学院干部）讲，韩海山记录：《唐城广场羿射日》(2006.05)，见中国民间文艺家协会组织编写，罗杨总主编，韩海山本卷主编《中国民间故事丛书》(河北省·保定市·唐县卷)，北京：知识产权出版社 2016 年版，第 33 ～ 34 页。

汉 族 尧时十日并出，植物庄稼被日晒枯死，而猛兽毒蛇为害。

【流传】(山西省)

【出处】《尧舜时期的传说故事·羿射九日》，见赵大勇、赵随意著《尧都平阳与尧舜禹》，太原：山西古籍出版社 1999 年版，第 105 页。

WTY097.4.8

尧时任命官职

实 例

（参见下级母题实例）

WTY097.4.8.1
尧时任命官职采取举荐制

实 例

中华民族 帝尧的华夏部落联盟机构，基本上是沿袭颛顼、帝喾时期的模式，管理人员仍由众部落长举荐。

【流传】(无考)

【出处】杨东晨:《华夏始祖：尧舜禹时代》“二、帝尧的伟业篇”，西安：三秦出版社 2007 年版，第 27 页。

WTY097.5
与尧时代有关的其他母题

实 例

(参见下级母题实例)

WTY097.5.1
与尧时代有关的典籍

实 例

(参见下级母题实例)

WTY097.5.1.1
《尧典》

实 例

中华民族 唐虞之时，虽有典册，尚未有史籍。二帝既崩，夔龙之徒，以为尧舜功德隆盛，实开万世之天，生民以来，未有伦比，不可不著之史册，以传于后。故撰《尧典》一篇，于是始有史耳。

【流传】(无考)

【出处】[清]崔述:《唐虞考信录》。

中华民族 昔在帝尧，聪明文思，光宅天下。将逊于位，让于虞舜，作《尧典》。

【流传】(无考)

【出处】[先秦]《尚书·尧典》。

WTY097.5.1.1.1
《尧典》见于《尚书》

实 例

(参见下级母题实例)

WTY097.5.1.1.1.1*
《尚书》叙史始于唐尧

实 例

中华民族 按照中国的古籍,《尚书》是儒家相传的国家历史文献总集，其中的第一篇是《尧典》，所以《尚书》叙述的历史是从唐尧和虞舜开始的。

【流传】(无考)

【出处】郭世谦:《古史传说考》(五、三皇五帝及历代古史整理倾向)，天津：天津出版传媒集团·天津古籍出版社 2019 年版，第 1467 页。

WTY097.5.2
尧时代的祭祀

实 例

(参见下级母题实例)

WTY097.5.2.1*
尧时祭黄帝

实 例

汉 族 《曲沃县志》记塔儿山中的乔山为尧时祭黄帝之地，把乔山作为黄帝衣冠冢。

【流传】（山西省曲沃县）

【出处】《光辉灿烂的古平阳大地》，见赵大勇、赵随意著《尧都平阳与尧舜禹》，太原：山西古籍出版社 1999 年版，第 76 ～ 77 页。

WTY097.5.2.2
尧祭天

实 例

（参见下级母题实例）

WTY097.5.2.2.1
尧筑天台祭天

实 例

汉 族 征战前，尧王给各部落分配了任务，决定次日筑天坛祭天。

【流传】山西省 · 运城市 · 绛县

【出处】韩生泉：《祭天坛》，见田茂忠、申建华主编《尧王故里》，山西省绛县尧文化研究会编印，2009 年，第 101 ～ 103 页。

WTY097.5.2.2.1.1
尧于尧寺头村筑天台祭天

实 例

汉 族 绛县磨里镇西南高高的土岭上，有个尧寺头村。传说尧称帝后，在这里筑了个祭天台，为自己与随行者居住的行宫。每年春季都要带领一些官员到这里举行祭天仪式，并在行宫里留宿一些时日。

【流传】山西省 · 运城市 · 绛县 · 磨里镇

【出处】刘玉栋：《帝尧溯源》，原载《古绛春秋》，北京：长征出版社 2007 年版，见田茂忠、申建华主编《尧王故里》，山西省绛县尧文化研究会编印，2009 年，第 52 页。

WTY097.5.3
尧时代的相关评价

实 例

（参见下级母题实例）

WTY097.5.3.1*
尧时代为上古信史

实 例

中华民族 帝尧陶唐氏时代，早已为我国上古之信史，确凿清晰。

【流传】（无考）

【出处】任乃荣：《三皇五帝探源》第七章“帝尧陶唐氏时代”，北京：新华出版社 2011 年版，第 166 页。

WTY097.5.3.2*
尧时代表华夏文明

实 例

汉 族 华夏文明看山西，山西文明看河东，河东文明数唐尧。

【流传】山西省 · 运城市 · 绛县 · 古绛镇 ·

尧寓村

【出处】常嗣新：《序言》，见田茂忠、申建华主编《尧王故里》，山西省绛县尧文化研究会编印，2009 年，第 1 页。

WTY097.5.3.3*

尧是圣君

【关联】［WTY017.7.3］尧圣明

实　例

中华民族 大哉！尧之为君也。巍巍乎！唯天为大，唯尧则之。

【流传】（无考）

【出处】［清］刘宝楠：《论语正义》，北京：中华书局 1990 年版，第 308 页。

WTY097.5.3.3.1*

尧的圣行形成人文精神

实　例

汉　族 尧的仁爱品德、民主作风、俭朴生活、科学理念、任人艺术、治理才干、勤勉政道等，留下了许多不可磨灭的遗址、印记和传说，经过长期的积淀，历岁月而常新，行天下而不朽，形成了一种人文精神。

【流传】山西省・运城市・绛县

【出处】田茂忠、申建华主编：《尧王故里》“前言”，山西省绛县尧文化研究会编印，2009 年，第 8 页。

WTY098

尧与中华文明

实　例

（参见下级母题实例）

WTY098.1*

龙的传人与尧有关

【关联】［WTY007.5.4.1］尧为感龙所生；［WTY018.1.1］尧变龙

实　例

汉　族 帝尧之母曰庆都。赤龙感之，孕十四月而生尧于丹陵。

【流传】（无考）

【出处】［南朝・梁］沈约：《宋书・符瑞志》。

WTY099

与尧有关的研究

实　例

（参见下级母题实例）

WTY099.1*

尧舜联合研究（尧舜时代研究）

实　例

（参见下级母题实例）

WTY099.1.1

尧舜时代的时间

实　例

（参见下级母题实例）

WTY099.1.1.0*

尧舜时代约在公元前 2300 年

实　例

中华民族 尧舜时代有具有一定规模的城

市。最典型的就是山西陶寺遗址。陶寺遗址以龙山文化为主，时间在公元前2300年左右。

【流传】（无考）

【出处】赵晨：《尧舜时代与国家雏形的形成》，见山东菏泽《首届中华伏羲祖源文化论坛论文集》，内部编印，2020年9月，第76页。

WTY099.1.1.1*

约四千年前（龙山文化时期）

实　例

中华民族 到了4000年前的唐尧虞舜时代，即考古学上的龙山文化时期。

【流传】（无考）

【出处】史东雨、史善刚：《论炎黄时代的八卦原始形态》，载《哲学研究》2015年第11期。

WTY099.1.1.1a*

尧舜时代对应龙山时代后期

实　例

中华民族 尧舜共同体时代对应的考古学文化目前公认为龙山时代后期。

【流传】（无考）

【出处】李玲玲：《从尧舜共同体的时代特征看早期国家的形成》，见山东菏泽《首届中华伏羲祖源文化论坛论文集》，内部编印，2020年9月，第66页。

WTY099.1.1.2*

尧舜时代处于氏族社会末期

实　例

中华民族 尧舜的古史传说，其主要的特点是：以图腾为标志的部落和氏族仍然存在，子女的姓氏还是按母系传承，财产继承还是按氏族内继承的原则。但随着家庭开始形成，子女与父亲的关系逐渐密切，社会财富开始集聚，氏族传统正在瓦解，财产继承制度遭遇挑战。与此同时，部落联盟军事长官的推举制也开始遭到破坏。而这一切，正是部落联盟向国家形成方向发展的表现，反映了尧舜时代处于我国历史上氏族社会末期，同时也是大部落联盟向国家过渡的时期。

【流传】（无考）

【出处】郭世谦：《古史传说考》（一、唐虞猛兽图腾集团），天津：天津出版传媒集团·天津古籍出版社2019年版，第1页。

WTY099.1.1.3*

尧舜时期处于大部落联盟向国家过渡的时期

实　例

中华民族 尧舜的古史传说，其主要的特点是：以图腾为标志的部落和氏族仍然存在，子女的姓氏还是按母系传承，财产继承还是按氏族内继承的原则。但随着家庭开始形成，子女与父亲的关系逐渐密切，社会财富开始集聚，氏族传统正在瓦解，财产继承制度遭遇挑战。与此同时，部落联盟军事长官的推举制也开始遭到破坏。而这一切，正是部落联盟向国家形成方向发展的表现，反映了尧舜时代处于我国历史上氏族社会末期，同时也是大部落联盟向国家过渡的时期。

【流传】（无考）

【出处】郭世谦：《古史传说考》（一、唐虞猛兽图腾集团），天津：天津出版传媒集团·天津古籍出版社 2019 年版，第 1 页。

WTY099.1.1.3a*

尧舜时代是从氏族社会向国家发展的过渡阶段

实 例

中华民族 尧舜时代是一个从氏族社会向国家发展的过渡阶段，陶寺文字的发现也是上古黄河中下游流域的社会形态正在逐渐脱离野蛮社会而向文明时代前进的一个证明。

【流传】（无考）

【出处】郭世谦：《古史传说考》（一、唐虞猛兽图腾集团），天津：天津出版传媒集团·天津古籍出版社 2019 年版，第 109 页。

WTY099.1.1.3b*

尧舜时代是部落联盟时代的后期

实 例

中华民族 古史传说中所反映的尧舜时代已是部落联盟时代的后期，部落联盟军事首长的推举制已经开始被破坏，争夺大部落联盟军事首领的战争已经出现等，都在一定程度上从陶寺遗址发掘的成果中得以证实。

【流传】（无考）

【出处】郭世谦：《古史传说考》（一、唐虞猛兽图腾集团），天津：天津出版传媒集团·天津古籍出版社 2019 年版，第 98 页。

WTY099.1.2

尧舜时代的相关地点

实 例

（参见下级母题实例）

WTY099.1.2.1

尧舜时代的发祥地（故里）

实 例

（参见下级母题实例）

WTY099.1.2.1.1

菏泽是尧舜故里

实 例

汉 族 菏泽是伏羲桑梓、尧舜故里，有天下之中之称，祖源历史文化悠久深厚。

【流传】山东省·菏泽市

【出处】张少红：《首届伏羲祖源文化论坛开幕式上的致辞》，见山东菏泽《首届中华伏羲祖源文化论坛论文集》，内部编印，2020 年 9 月，第 1 页。

WTY099.1.2.2

尧舜时代的活动范围

实 例

（参见下级母题实例）

WTY099.1.2.2.1*

尧舜成员遍及黄河中下游

实 例

中华民族 尧舜共同体属于非血缘政治团体的联合，成员地域遍及黄河流域中下游。

【流传】（无考）

【出处】李玲玲：《从尧舜共同体的时代特征看早期国家的形成》，见山东菏泽《首届中华伏羲祖源文化论坛论文集》，内部编印，2020 年 9 月，第 62 页。

WTY099.1.2.2.2*

尧舜活动范围在鲁西、豫北地区

实 例

中华民族 考古学上的龙山中期已进入中国古史传说的五帝时代，文献记载的帝喾、颛顼、帝尧、帝舜等的活动范围很可能就在海岱与中原文化系统交界的鲁西、豫北地区。

【流传】（河南舞阳贾湖）

【出处】袁广阔：《菏泽地区史前文化的谱系及相关问题研究》，见山东菏泽《首届中华伏羲祖源文化论坛论文集》，内部编印，2020 年 9 月，第 98 页。

WTY099.1.2.2.3*

尧舜时代在菏泽现辉煌

实 例

汉 族 伏羲文化、尧舜文化、夏商周文化等古代历史文化都曾在菏泽展现过辉煌。

【流传】山东省·菏泽市

【出处】陈强：《首届伏羲祖源文化论坛开幕式上的致辞》，见山东菏泽《首届中华伏羲祖源文化论坛论文集》，内部编印，2020 年 9 月，第 2 页。

WTY099.1.3

尧舜的谱系关系

实 例

（参见下级母题实例）

WTY099.1.3.1*

传说尧舜均为黄帝后代

实 例

中华民族 传说中称颂的首领尧和舜，都说成是黄帝的后代。他们保留了部落联盟会议及原始民主的一些影子。

【流传】（无考）

【出处】杨钊：《炎帝、黄帝与远古的部落》，载《学术月刊》1997 年第 8 期。

WTY099.1.3.2*

尧舜均属猛兽图腾集团

实 例

中华民族 a. 尧为有熊氏，舜为有虞氏，都属于猛兽图腾集团。

b. 尧舜皆属猛兽图腾部落；四岳姜姓，当属羊图腾部落；鲧和共工都属于龙蛇图腾部。

【流传】（无考）

【出处】郭世谦：《古史传说考》（一、唐虞猛兽图腾集团），天津：天津出版传媒集团·天津古籍出版社 2019 年版，第 58 页。

WTY099.1.3.2.1*

尧舜部落均崇拜龙（均以蟠龙为族徽与神祇）

【关联】[WTY027.1.1.1] 尧的族徽是龙

实 例

中华民族 对陶寺文化内涵及特征的分析，表明它与以蟠龙为族徽图腾或神祇的陶唐氏、有虞氏、夏后氏等部落密不可分。因为这些部落都崇拜龙，并均以龙为族徽及神祇的，这在历史文献上都得到了充分的支持。

【流传】（山西襄汾）

【出处】王克林：《陶寺文化与唐尧虞舜》，载《文物世界》2001 年第 1 ～ 2 期。

WTY099.1.3.3*

尧舜非传子

实 例

中华民族 垂拱开成化，愔愔雅乐全。千官方就日，四海忽无天。尧舜非传子，殷周但卜年。圣功青史外，刊石在陵前。

【流传】（无考）

【出处】[唐] 姚合：《文宗皇帝挽词三首》。

WTY099.1.3.4*

尧、舜是世通婚姻的部族

实 例

中华民族 尧部族与舜部族的关系，如同炎帝部族与黄帝部族的关系，是世通婚姻之族。

【流传】（无考）

【出处】张大可、朱枝富编著：《人文始祖黄帝》，北京：商务印书馆 2018 年版，第 61 页。

WTY099.1.3.5*

尧舜是亲属关系

实 例

中华民族 御宇恢皇化，传家叶至公。华夷臣妾内，尧舜弟兄中。制度移民俗，文章变国风。

【流传】（无考）

【出处】[唐] 白居易：《开成大行皇帝挽歌词四首奉敕撰进》。

WTY099.1.3.5.1*

尧舜是婿翁关系

实 例

中华民族 在《论语》之后，尧舜的事迹编造得完备了，于是有《尧典》《皋陶谟》《禹贡》等篇出现。于是尧与舜有翁婿的关系，舜与禹有君臣的关系了。

【流传】（无考）

【出处】顾颉刚：《与钱玄同先生论古史书》，原载《读书杂志》1923 年第 9 期《努力》增刊，见马昌仪选编《中国神话学百年文论选》（上），西安：陕西师范大学出版总社有限公司 2013 年版，第 34 ～ 38 页。

WTY099.1.3.5a*

尧舜本无亲属关系

实 例

中华民族 所谓“五帝”，帝颛顼、帝喾、帝尧、帝舜都曾是黄帝流域上古大部落联盟不同时期的首领。他们之间的亲属关系，是后人整理古史强拉到一起的。

【流传】(无考)

【出处】郭世谦：《古史传说考》(五、三皇五帝及历代古史整理倾向)，天津：天津出版传媒集团·天津古籍出版社 2019 年版，第 1380 页。

WTY099.1.3.6*

尧舜是君臣关系

实 例

中华民族 尧立七十年得舜，舜年三十，被尧举用为臣，二十年后，尧立已九十年，老，避位，舜年五十摄政，八年后尧崩。舜被举用与摄政，通计，即两者相加共二十八年，非摄政二十八年也。

【流传】(无考)

【出处】张大可、朱枝富编著：《人文始祖黄帝》，北京：商务印书馆 2018 年版，第 105 页。

WTY099.1.3.7*

尧舜共同体是非血缘政治团体联合

实 例

中华民族 尧舜共同体属于非血缘政治团体的联合，成员地域遍及黄河流域中下游。

【流传】(无考)

【出处】李玲玲：《从尧舜共同体的时代特征看早期国家的形成》，见山东菏泽《首届中华伏羲祖源文化论坛论文集》，内部编印，2020 年 9 月，第 62 页。

WTY099.1.4

尧舜时代的事件

实 例

(参见下级母题实例)

WTY099.1.4.1*

巢由昔避世，尧舜不得臣

实 例

中华民族 巢由昔避世，尧舜不得臣。伊吕虽急病，汤武乃可君。四贤胡为者，千载名氛氲。显晦有遗迹，前后疑不伦。

【流传】(无考)

【出处】[唐] 元稹：《四皓庙》。

WTY099.1.4.2

尧舜尚不有百蛮（不让百蛮入版图）

实 例

中华民族 公归上前勉书策，先取关中次河北。尧舜尚不有百蛮，此贼何能穴中国。黄扉甘泉多故人，定知不作白头新。因公并寄千万意，早为神州清虏尘。

【流传】(无考)

【出处】[宋] 陆游：《送范舍人还朝》。

WTY099.1.4.3

尧舜与民并耕

实　例

中华民族 诏书宽大人乐生，吏安为弛威不行。金城那可无粟守，尧舜与民宁并耕。

【流传】（无考）

【出处】［宋］晁补之：《送外舅杜侍御使陕西自徐州移作》。

WTY099.1.4.4

尧舜皆有所举任（选贤任能）

实　例

中华民族 卒壅蔽此浮云，下暗漠而无光。尧舜皆有所举任兮，故高枕而自适。

【流传】（无考）

【出处】［战国］宋玉：《九辩》。

WTY099.1.4.5

尧舜禅让

实　例

中华民族 请成相。道圣王。尧舜尚贤身辞让。

【流传】（无考）

【出处】［先秦］《成相杂辞》。

WTY099.1.4.6*

尧舜时期制定天文历法

实　例

中华民族 尧舜时期制定了天文历法以敬授民时，说明当时农业生产已是主要的生业形态。

【流传】（无考）

【出处】李玲玲：《从尧舜共同体的时代特征看早期国家的形成》，见山东菏泽《首届中华伏羲祖源文化论坛论文集》，内部编印，2020 年 9 月，第 64 页。

WTY099.1.4.7

尧舜时战三苗

实　例

汉　族 昔尧以天下让舜，三苗之君非之，帝杀之，有苗之民，叛入南海，为三苗国。

【流传】（无考）

【出处】［战国至汉］撰者不详：《山海经·海外南经》郭璞注。

中华民族 三苗曾与尧舜为乱而一决雌雄，最后败北，或许天不绝苗，当年舜南征有苗而崩于中道，葬于九嶷山。

【流传】（南方地区）

【出处】郭兆祥：《试论九黎、三苗、盘瓠与梅山蛮》，载《邵阳师专学报》1996 年第 1 期。

中华民族 蚩尤所统领的九黎族是神话时代东夷集团继太昊、少昊之后崛起的最为强大的部落联盟，它们在与华夏集团黄帝部落联盟的涿鹿之战中或融合于华夏族，或迁徙至江汉地区形成三苗。三苗在与华夏集团尧、舜、禹部落联盟的战斗中或融合于华夏族，或迁徙到西南的云贵川地区，成为今天苗族的祖先。

【流传】（无考）

【出处】闫德亮：《从九黎到三苗再到苗族——兼论蚩尤神话与文化》，载《贵州社会科学》2015 年第 5 期。

WTY099.1.4.8*

尧舜时代已有特定民族的正式称谓

实 例

中华民族 从文献记载和考古文化看，尧舜时代已经有华夏、东夷、北狄、西戎、南蛮民族的正式称谓。“三皇”时代的传说人物，以地域和血脉之故，也被称为华夏族的祖先。

【流传】（无考）

【出处】杨东晨：《华夏始祖：尧舜禹时代》“三、帝舜的明德”，西安：三秦出版社 2007 年版，第 89 页。

WTY099.1.4.9

尧舜联盟

实 例

（参见下级母题实例）

WTY099.1.4.9.1

尧舜联盟总部设于平阳

实 例

中华民族 尧舜联盟总部在平阳。

【流传】（山西省）

【出处】中国先秦史学会尧舜禹文化研究基地编，叶雨青、张培莲著：《尧舜传》第三十章“总百揆举贤施教，临四门优礼都长”，太原：山西出版集团 · 山西春秋电子音像出版社 2008 年版，第 201 页。

WTY099.1.4.9.2

尧舜联盟，尧为盟长

实 例

中华民族 羲仲宣道：“唐尧七十二年，有虞元年，岁在甲寅，今有陶唐氏尧，有虞氏舜，祭告天地，昭告万民，时下世事惟艰，各部迭起。为我等所帅万民计，欲免遭战争荼毒，必强者联合，昌盛强大，必无敌邦敢衅，必免战事惨祸。念此，两部达成共识，从即日起，两部合并，组成联盟，尧为联盟王，舜为二政长。”

【流传】（山西省）

【出处】中国先秦史学会尧舜禹文化研究基地编，叶雨青、张培莲著：《尧舜传》第二十九章“虞舜登部落酋长，陶唐有虞大联盟”，太原：山西出版集团 · 山西春秋电子音像出版社 2008 年版，第 199 页。

WTY099.1.5

尧舜时代的特征

实 例

（参见下级母题实例）

WTY099.1.5.1

尧舜垂衣裳而治天下

实 例

中华民族 《易》穷则变，变则通，通则久。是以自天佑之，吉无不利，黄帝尧舜垂衣裳而天下治。盖取诸乾坤。

【流传】（无考）

【出处】［西周］周文王姬昌：《周易·系辞下》。

WTY099.1.5.2

尧舜作，立群臣

实 例

中华民族 神农之世，卧则居居，起则于于，民知其母不知其父，与麋鹿共处，耕而食，织而衣，无有相害之心。此至德之隆也。然而黄帝不能致德，与蚩尤战于涿鹿之野，流血百里。尧舜作，立群臣，汤放其主，武王杀纣。自是之后，以强陵弱，以众暴寡，汤武以来，皆乱人之徒也。

【流传】（无考）

【出处】［战国］庄周：《庄子·盗跖》。

WTY099.1.5.3*

尧舜时风俗淳

实 例

中华民族 自谓颇挺出，立登要路津。致君尧舜上，再使风俗淳。

【流传】（无考）

【出处】［唐］杜甫：《奉赠韦左丞丈二十二韵》。

WTY099.1.5.4*

尧舜逢明主

实 例

中华民族 尧舜逢明主，严徐得侍臣。分行接三事，高兴柏梁新。

【流传】（无考）

【出处】［唐］颜真卿：《送耿湋拾遗联句》。

WTY099.1.5.5*

尧舜行揖让

实 例

中华民族 以今观往昔，何止乎庖牺。尧舜行揖让，四凶犹趄趑。汤武援干戈，三老诚有讥。

【流传】（无考）

【出处】［宋］邵雍：《观棋大吟》。

WTY099.1.5.6*

尧舜时代古城数激增，文化趋于统一

实 例

中华民族 尧舜共同体时代对应的考古学文化目前公认为龙山时代后期。与之前对应炎黄时代的仰韶文化晚期和龙山前期相比，其鲜明的时代特色表现为古城数量激增，形成了几个大型的典型中心城址，黄河流域中下游呈现出文化面貌上的广泛统一性。

【流传】（无考）

【出处】李玲玲：《从尧舜共同体的时代特征看早期国家的形成》，见山东菏泽《首届中华伏羲祖源文化论坛论文集》，内部编印，2020 年 9 月，第 66 页。

WTY099.1.5.7*

尧舜时代部落林立，彼此认同

实 例

中华民族 尧舜时期部落林立，比较大的有陶唐氏、有虞氏、夏后氏、高阳氏、高辛氏、金天氏等，这些部落组成联盟，虽尚不具后世国家形态，但经过长时间的交流融合，彼此间已具有相当的认同度，这也是五帝时代颛顼、帝喾、帝挚、唐尧、虞舜能够轮流执政的重要原因。

【流传】（无考）

【出处】高强：《尧舜时代对后世大一统观念的影响》，见山东菏泽《首届中华伏羲祖源文化论坛论文集》，内部编印，2020年9月，第71页。

WTY099.1.5.8*

尧舜时代具有一定规模的城市

实　例

中华民族 尧舜时代有具有一定规模的城市。最典型的就是山西陶寺遗址。陶寺遗址以龙山文化为主，时间在公元前2300年左右。

【流传】（无考）

【出处】赵晨：《尧舜时代与国家雏形的形成》，见山东菏泽《首届中华伏羲祖源文化论坛论文集》，内部编印，2020年9月，第76页。

WTY099.1.5.9*

尧舜时代已具备国家起源的标志

实　例

中华民族 尧舜时代是中华民族的一次大融合，推动了中华民族文明的大发展，奠定了中国国家之成立的坚强基础，今从陶寺再一次的重大的尧舜古城遗址发现，使遗地完全体现出史学界公认的国家起源的三大标志：文字、金属器和城市。

【流传】（山西省）

【出处】赵大勇、赵随意著：《尧都平阳与尧舜禹续集——尧舜禹夏都平阳大地史料》，2000年山西省临汾市“海峡两岸尧文化学术研讨会”论文集，2000年6月，内部编印，第8页。

WTY099.1.6

与尧舜时代有关的其他母题

实　例

（参见下级母题实例）

WTY099.1.6.1

尧舜的历史地位（身份）

实　例

（参见下级母题实例）

WTY099.1.6.1.1*

尧舜是中华悠久文明史上的圣明皇帝

实　例

汉　族 尧和舜都是中华人文始祖黄帝的后代，是中华五千年悠久文明史上的比较圣明的皇帝。

【流传】山西省·运城市·绛县·古绛镇·尧寓村

【出处】梓华、兰草：《山西尧寓村作为尧帝故里申报世界文化遗产地当之无愧》，载《中国焦点》2007年第1～2期。

WTY099.1.6.1.2*

尧舜是“内圣外王”的典范

实 例

中华民族 尧、舜在其时为部落联盟的强力领袖，在后世则成为圣主的楷模和“内圣外王”的典范，为一代代的帝王臣民所追慕景仰，其时代也成为传统史家笔下的理想治世。

【流传】（无考）

【出处】 高强：《尧舜时代对后世大一统观念的影响》，见山东菏泽《首届中华伏羲祖源文化论坛论文集》，内部编印，2020 年 9 月，第 72 页。

WTY099.1.6.1.3

尧舜是天子

实 例

中华民族 出语无近俗，尧舜禹武汤。问今天子少，谁人为栋梁。

【流传】（无考）

【出处】［唐］杜牧：《郡斋独酌黄州作》。

WTY099.1.6.1.4*

尧舜是五帝

实 例

汉 族 三皇通常指的是伏羲氏、燧人氏和神农氏，五帝指的是黄帝、颛顼、帝喾、尧、舜。

【流传】 河南省 · 三门峡市 · 灵宝市

【出处】 王谦采录：《黄帝的传说》（1998），见中国民间文艺家协会组织编写，罗杨总主编，张建华本卷主编《中国民间故事丛书》（河南省 · 三门峡市 · 灵宝卷），北京：知识产权出版社 2016 年版，第 4 ～ 7 页。

WTY099.1.6.1.4.1*

“五帝”之尧舜被誉“德行高尚”帝王

实 例

中华民族 尧和舜在“五帝”中被认为是有高尚德行的帝王，他们把帝位分别禅让给舜与禹，却没有传给自己的儿子。禹不属“五帝”，由于治水有功，得到舜的禅让。

【流传】（无考）

【出处】 王恩涌：《古史中“三皇”“五帝”的传说与文化（一）》，载《中学地理教学参考》2009 年第 4 期。

WTY099.1.6.1.5*

尧舜是祖先

实 例

中华民族 祖尧父舜真千载，禹子汤孙更一家。清晓寿觞天上至，蟠桃如瓮枣如瓜。

【流传】（无考）

【出处】［宋］杨万里：《贺皇太子九月四日生辰二首》。

WTY099.1.6.1.6*

尧是四圣之一

实 例

汉 族 四圣是指中国上古圣王尧、舜、禹和三国名将关羽。

【流传】(山西省·运城市·盐湖区·鸣条)

【出处】相水虎主编:《鸣条尧舜禹关四圣出巡古庙会》序言，运城市盐湖区鸣条二月二古庙会文化活动中心内部交流本，2016 年，第 5 页。

WTY099.1.6.2

与尧舜有关的称谓(名称)

实 例

(参见下级母题实例)

WTY099.1.6.2.1*

尧舜位列“五帝”之中

实 例

中华民族 中国的历史开始于一百七十万年前或二百多万年前，而有传说氏族首领的时代是“三皇”“五帝”时期。“三皇”有 6 种说法，以燧人、伏羲、神农氏为“三皇”比较可信;“五帝”之说法有 3 种，以黄帝、颛顼、帝喾、尧、舜为“五帝”比较可信。

【流传】(无考)

【出处】杨东晨:《论炎帝部族及其裔支族的迁徙与融合》，载《宝鸡文理学院学报(人文社会科学版)》1997 年第 3 期。

中华民族 尧和舜在“五帝”中被认为是有高尚德行的帝王，他们把帝位分别禅让给舜与禹，却没有传给自己的儿子。禹不属“五帝”，由于治水有功，得到舜的禅让。

【流传】(无考)

【出处】王恩涌:《古史中“三皇”“五帝”的传说与文化(一)》，载《中学地理教学参考》2009 年第 4 期。

WTY099.1.6.2.2*

舜日尧年

实 例

中华民族 佩服瑶草驻容色，舜日尧年欢无极。

【流传】(无考)

【出处】[南朝·梁]沈约:《四时白贮歌·春白纻》。

WTY099.1.6.2.2.1*

“尧年”喻盛世、长寿

实 例

中华民族 尧天舜日远，怀抱若为舒。

【流传】(无考)

【出处】[宋]文珦:《潜山集》卷九“梅雨”。

中华民族 尧时天下最太平，所以“尧年”一词就专门比喻盛世，并隐喻长寿。

【流传】(无考)

【出处】叶舒宪:《中华文明探源的神话学研究》，北京：社会科学文献出版社·经济与管理出版分社 2015 年版，第 398 页。

WTY099.1.6.2.2.2*

尧天舜日岁岁春，名扬后世天下闻

实 例

瑶　族 尧天舜日岁岁春，名扬后世天下闻。

【流传】（无考）

【出处】《寻亲歌信·说古》，见赵廷光《瑶族祖先崇拜与瑶族文化》，北京：中央民族大学出版社 2002 年版，第 22 页。

WTY099.1.6.2.4*
尧舜被称为“圣贤”

实 例

中华民族 尧舜与周孔，古来称圣贤。借问今何在，一去亦不还。

【流传】（无考）

【出处】［唐］白居易：《效陶潜体诗十六首》。

WTY099.1.6.2.5*
尧舜千钟

实 例

中华民族 尧舜千钟。孔子百觚。子路嗑嗑。尚饮十榼。

【流传】（无考）

【出处】《孔丛子》引遗谚。

WTY099.1.6.2.6*
尧趋舜步

实 例

汉 族 儒家把尧作为师表，其学说内容主要是“祖述尧舜，宪章文武”，“言必称尧舜”，旧时都称“尧舜”为圣明之君，还有“尧趋舜步”之赞誉。

【流传】（无考）

【出处】《史籍记载的尧舜源流与功绩》，见赵大勇、赵随意著《尧都平阳与尧舜禹》，太原：山西古籍出版社 1999 年版，第 7 ～ 8 页。

WTY099.1.6.2.7*
尧舜时代

实 例

汉 族 尧王死后，大舜做了皇帝。舜在位六十年，全国人民都能安居乐业，太平无事。这就是后来人们称赞的尧舜时代。

【流传】（无考）

【出处】王上清讲，王孟晓记录：《大舜耕田》，见陶阳、钟秀编《中国神话》（中册），北京：商务印书馆 2008 年版，第 826 ～ 827 页。

WTY099.1.6.3
与尧舜有关的典籍

实 例

（参见下级母题实例）

WTY099.1.6.3.1
《论语》

实 例

（参见下级母题实例）

WTY099.1.6.3.1.1*
《论语》后尧舜事迹编造完备

实 例

中华民族 在《论语》之后，尧舜的事迹编造得完备了，于是有《尧典》《皋陶谟》《禹贡》等篇出现。于是尧与舜有翁婿的关系，舜与禹有君臣的关系了。

【流传】(无考)

【出处】顾颉刚:《与钱玄同先生论古史书》,原载《读书杂志》1923 年第 9 期《努力》增刊,见马昌仪选编《中国神话学百年文论选》(上),西安:陕西师范大学出版总社有限公司 2013 年版,第 34 ～ 38 页。

WTY099.1.6.3.1.2*
《论语·尧曰》与《论语·颜渊》记载尧舜事迹

实 例

中华民族 《论语》的《尧曰篇》与《颜渊篇》,均有对尧、舜事迹的简略记载,说明他们虽然还都属于中国古史传说时代的人物,但比黄帝的事迹更为具体和真实,神话成分也更为减弱。

【流传】(无考)

【出处】杨东晨:《华夏始祖:尧舜禹时代》"三、帝舜的明德",西安:三秦出版社 2007 年版,第 41 页。

WTY099.1.6.3.2
《尧典》《皋陶谟》

实 例

(参见下级母题实例)

WTY099.1.6.3.2.1*
《尧典》《皋陶谟》记录尧舜时代事迹

实 例

中华民族 在《论语》之后,尧舜的事迹编造得完备了,于是有《尧典》《皋陶谟》《禹贡》等篇出现。于是尧与舜有翁婿的关系,舜与禹有君臣的关系了。

【流传】(无考)

【出处】顾颉刚:《与钱玄同先生论古史书》,原载《读书杂志》1923 年第 9 期《努力》增刊,见马昌仪选编《中国神话学百年文论选》(上),西安:陕西师范大学出版总社有限公司 2013 年版,第 34 ～ 38 页。

WTY099.1.6.4
与尧舜有关的文化

实 例

(参见下级母题实例)

WTY099.1.6.4.1
与尧舜有关的文化源流

实 例

(参见下级母题实例)

WTY099.1.6.4.1.1*
尧舜的人格化始于孔子

实 例

中华民族 尧、舜之人格化,自孔子发其端;黄帝、颛顼、帝喾之人格化,至荀子集其成。

【流传】(无考)

【出处】丁山:《中国古代宗教与神话考》,上海:上海文艺出版社 1988 年版,第 452 ～ 455 页。

WTY099.1.6.4.1.2*

尧舜传说出自上帝神话

实 例

中华民族 黄帝尧舜等古帝传说之出于上帝神话。

【流传】（无考）

【出处】杨宽：《中国上古史导论・综论》（1938），原载吕思勉、童书业编著《古史辨》第七册，1941年版，见马昌仪选编《中国神话学百年文论选》（上），西安：陕西师范大学出版总社有限公司2013年版，第216～224页。

WTY099.1.6.4.1.3*

尧舜形象由部族首领神化而来

实 例

中华民族 尧舜神话性比较淡薄，可能是由部族首领神化而来，与其他神话人物由图腾神化而来有所不同。

【流传】（无考）

【出处】叶庆兵：《〈史记・五帝本纪〉系列人物神化史化考论》，山东大学硕士论文，2018年。

WTY099.1.6.4.2*

尧舜时代有礼乐文化

实 例

中华民族 人家忘贫亦忘富，邻里何盛仍何衰。苍颜白发各自足，山围水绕忘所之。尧舜礼乐民始慕，汤武干戈民始疑。穷奢极侈到秦汉，沉酣骨髓终陈隋。

【流传】（无考）

【出处】［宋］汪莘：《野趣亭》。

WTY099.1.6.4.3*

陶寺文化与尧舜有关

实 例

中华民族 对陶寺文化内涵及特征的分析，表明它与以蟠龙为族徽图腾或神祇的陶唐氏、有虞氏、夏后氏等部落密不可分。因为这些部落都崇拜龙，并均以龙为族徽及神祇的，这在历史文献上都得到了充分的支持。

【流传】（山西襄汾）

【出处】王克林：《陶寺文化与唐尧虞舜》，载《文物世界》2001年第1～2期。

中华民族 陶寺文化属于尧舜时代。

【流传】（山西）

【出处】郭世谦：《古史传说考》（一、唐虞猛兽图腾集团），天津：天津出版传媒集团・天津古籍出版社2019年版，第92页。

WTY099.1.6.4.3a*

龙山文化与尧舜时代相关

实 例

中华民族 尧舜时代有具有一定规模的城市。最典型的就是山西陶寺遗址。陶寺遗址以龙山文化为主，时间在公元前2300年左右。

【流传】（无考）

【出处】赵晨：《尧舜时代与国家雏形的形

成》，见山东菏泽《首届中华伏羲祖源文化论坛论文集》，内部编印，2020 年 9 月，第 76 页。

WTY099.1.6.4.4

尧时文

实 例

（参见下级母题实例）

WTY099.1.6.4.4.1

学为尧舜文，时人责衰偶

实 例

中华民族 长安有男儿，二十心已朽。楞伽堆案前，楚辞系肘后。人生有穷拙，日暮聊饮酒。只今道已塞，何必须白首？凄凄陈述圣，披褐鉏俎豆。学为尧舜文，时人责衰偶。

【流传】（无考）

【出处】［唐］李贺：《赠陈商》。

WTY099.1.6.4.5*

尧时已有文明的丧葬礼仪

实 例

汉 族 总观陶寺墓葬形式、葬具、葬式、随葬礼品等一系列的程式，可知唐尧、虞舜时，也就是龙山文化时期，我国在殡葬时的礼仪形式与民俗习惯，更充分说明那时已步入文明礼仪，从而出现华夏文明，在世界上是最早有礼仪之古老国家。

【流传】（无考）

【出处】《光辉灿烂的古平阳大地》，见赵大勇、赵随意著《尧都平阳与尧舜禹》，太原：山西古籍出版社 1999 年版，第 79 页。

WTY099.1.6.4.6*

尧舜时代以玉为权力象征

实 例

中华民族 根据庙底沟二期文化发现批量的而非零星的玉礼器情况，可推知尧舜时代在中原地区出现的早期国家级政权汇集各地部落玉礼器为最高统治权的统一信物，然后颁发玉礼器给各地方的行政领袖的这样一种以玉为信的中央政权建构，从出土玉器实物看，是有可能做到的。

【流传】（无考）

【出处】叶舒宪：《中华文明探源的神话学研究》，北京：社会科学文献出版社·经济与管理出版分社 2015 年版，第 407 ~ 408 页。

WTY099.1.6.5

后世对尧舜时代的评价

实 例

（参见下级母题实例）

WTY099.1.6.5.1*

评尧舜德行高尚的文言名句

实 例

（参见下级母题实例）

WTY099.1.6.5.1.1*

尧舜本得道，富贵何足捐

实 例

中华民族 夜静我欲歌，四座且勿喧。尧舜本得道，富贵何足捐？圣人久不作，学者堕语言，著书各专门，百家散如烟。

【流传】（无考）

【出处】［宋］陆游：《读何斯举黄州秋居杂咏次其韵》。

WTY099.1.6.5.1.2*

华夷共主皆思服，尧舜如天尚病诸

实 例

中华民族 华夷共主皆思服，尧舜如天尚病诸。

【流传】（无考）

【出处】［清］黄遵宪：《和钟西耘庶常德祥律门感怀诗》。

WTY099.1.6.5.1.3*

尧舜之抗行兮，嘹杳杳而薄天

实 例

中华民族 尧舜之抗行兮，嘹杳杳而薄天，众谗人之嫉妒兮，被以不慈之伪名，憎愠论之修美兮，好夫人之慷慨。

【流传】（无考）

【出处】［战国］屈原：《九章·哀郢》。

WTY099.1.6.5.1.4*

祖尧父舜真千载

实 例

中华民族 祖尧父舜真千载，禹子汤孙更一家。清晓寿觞天上至，蟠桃如瓮枣如瓜。

【流传】（无考）

【出处】［宋］杨万里：《贺皇太子九月四日生辰二首》。

WTY099.1.6.5.1.5*

尧舜耿介

实 例

中华民族 昔三后之纯粹兮，固众芳之所在；杂申椒与菌桂兮，岂维纫夫蕙茝；彼尧舜之耿介兮，既遵道而得路；何桀纣之猖披兮，夫唯捷径以窘步。

【流传】（无考）

【出处】［战国］屈原：《离骚》。

WTY099.1.6.5.2*

与尧舜圣明治天下有关的文言名句

实 例

（参见下级母题实例）

WTY099.1.6.5.2.1*

曾是巢许浅，始知尧舜深

实 例

中华民族 人外遗世虑，空端结遐心。曾是巢许浅，始知尧舜深。苍生讵有物，黄屋如乔林。上德抚神运，冲和穆宸襟。云雷康屯难，江海遂飞沉。

【流传】(无考)

【出处】[唐] 王维:《送韦大夫东京留守》。

WTY099.1.6.5.2.2*

莘郊一介，尧舜君民

实　例

中华民族 莘郊一介，尧舜君民。薇山二难，百世忠清。富春耕叟，涕洟云台。终南遁士，仕宦梯媒。

【流传】(无考)

【出处】[宋] 文天祥:《赠杨樵隐应炎谈命》。

WTY099.1.6.5.2.3*

尧舜传天下，同心致太平

实　例

中华民族 尧舜传天下，同心致太平。吾君内举圣，远合至公情。

【流传】(无考)

【出处】[唐] 张说:《东都酺宴》。

WTY099.1.6.5.2.4*

尧舜留得神圣事，百代天子有典章

实　例

中华民族 尧舜留得神圣事，百代天子有典章。仲尼留得孝顺语，千年万岁父子不敢相灭亡。

【流传】(无考)

【出处】[唐] 元稹:《人道短》。

WTY099.1.6.5.2.5*

共兜自滔天，尧舜实圣明

实　例

中华民族 高卧不肯起，彼方事交征。共兜自滔天，尧舜实圣明。

【流传】(无考)

【出处】[宋] 晁公溯:《阎才元因程伯珍来寄近诗一轴不能尽和用师淮》。

WTY099.1.6.5.2.6*

何人知帝力，尧舜正为君

实　例

中华民族 老尹醉醺醺，来随年少群。不忧头似雪，但喜稼如云。岁望千箱积，秋怜五谷分。何人知帝力，尧舜正为君。

【流传】(无考)

【出处】[唐] 白居易:《与诸公同出城观稼》。

WTY099.1.6.5.2.7*

尧舜有圣德，天不能遣，寿命永昌

实　例

中华民族 古道天道长人道短，我道天道短人道长。天道昼夜回转不曾住，春秋冬夏忙。颠风暴雨电雷狂，晴被阴暗，月夺日光。往往星宿，日亦堂堂。天既职性命，道德人自强。尧舜有圣德，天不能遣，寿命永昌。泥金刻玉，与秦始皇。周公傅说，何不长宰相。

【流传】(无考)

【出处】[唐] 元稹:《人道短》。

WTY099.1.6.5.2.8*
岂无致君术，尧舜不上下

实 例

中华民族 岂无致君术，尧舜不上下。岂无活国方，颇牧齐教化。

【流传】（无考）

【出处】［唐］陆龟蒙：《村夜二篇》。

WTY099.1.6.5.2.9
与尧舜治世有关的其他文言名句

实 例

（参见下级母题实例）

WTY099.1.6.5.2.9.1*
尧舜何艰难，难在知人明

实 例

中华民族 乾坤常简易，险阻知最精。尧舜何艰难，难在知人明。

【流传】（无考）

【出处】［宋］包恢：《送蒙斋赴召六首》。

WTY099.1.6.5.2.9.2*
尧舜至今万万岁

实 例

中华民族 羲和骋六辔，昼夕不曾闲。弹乌崦嵫竹，抶马蟠桃鞭。蓐收既断翠柳，青帝又造红兰。尧舜至今万万岁，数子将为倾盖间。青钱白璧买无端，丈夫快意方为欢。

【流传】（无考）

【出处】［唐］李贺：《相劝酒》。

WTY099.1.6.5.2.9.3*
致成尧舜升平代

实 例

中华民族 鸾凤翱翔在寥廓，貂蝉潇洒出埃尘。致成尧舜升平代，收得夔龙强健身。

【流传】（无考）

【出处】［唐］白居易：《奉和晋公侍中蒙除留守行及洛师感悦发中斐然成咏之作》。

WTY099.1.6.5.2.9.4*
尧舜让以德

实 例

中华民族 有让岂无争，无沿安有革。争让起于心，沿革生于迹。义轩让以道，尧舜让以德。汤武争以功，桓文争以力。

【流传】（无考）

【出处】［宋］邵雍：《争让吟》。

WTY099.1.6.5.2.9.5*
尧舜宰乾坤，器农不器兵

实 例

中华民族 徒言人最灵，白骨乱纵横。如何当春死，不及群草生。尧舜宰乾坤，器农不器兵。秦汉盗山岳，铸杀不铸耕。天地莫生金，生金人竞争。

【流传】（无考）

【出处】［唐］孟郊：《吊国殇》。

WTY099.1.6.5.3*

后世怀念感慨尧舜时代的文言名句

实 例

（参见下级母题实例）

WTY099.1.6.5.3.0*

生逢尧舜君，不忍便永诀

实 例

中华民族 非无江海志，萧洒送日月。生逢尧舜君，不忍便永诀。

【流传】（无考）

【出处】［唐］杜甫：《自京赴奉先县咏怀五百字》。

WTY099.1.6.5.3.1*

隐居何事可谋生，尧舜难周畎亩情

实 例

中华民族 隐居何事可谋生，尧舜难周畎亩情。若得一犁膏雨足，石田茅屋起歌声。

【流传】（无考）

【出处】［宋］蔡襄：《稼村诗帖》。

WTY099.1.6.5.3.2*

近迹以观之，尧舜亦泥沙

实 例

中华民族 万物余一体，九州余一家。秋毫不为小，徼外不为遐。不识寿与夭，不知贫与赊。忘心乃得道，道不去纷华。近迹以观之，尧舜亦泥沙。庄周谓如此，而世以为夸。

【流传】（无考）

【出处】［宋］王安石：《杂咏八首》。

WTY099.1.6.5.3.3*

尧舜桀纣皆腐骨，王侯蝼螘同丘墟

实 例

中华民族 尧舜桀纣皆腐骨，王侯蝼螘同丘墟。麦苗覆块鸠唤雨，常恨无人同荷锄。

【流传】（无考）

【出处】［宋］陆游：《杂兴》。

WTY099.1.6.5.3.4*

尧舜去已远，稷契不重来

实 例

中华民族 尧舜去已远，稷契不重来。周流天上地下，我马亦悠哉。君向云中独立，知与何人相俟，孔盖逐风回。长忆目成处，却苦别离催。

【流传】（无考）

【出处】［宋］汪莘：《水调歌头·尧舜去已远》。

WTY099.1.6.5.3.5*

尧心惟舜会，因著为话言

实 例

中华民族 煌煌二帝道，铺设在典坟。尧心惟舜会，因著为话言。皋夔益稷禹，粗得无间然。缅然千载后，后圣曰孔宣。

【流传】（无考）

【出处】［唐］元稹：《和乐天赠樊著作》。

WTY099.1.6.5.3.6*

持此感物化，尧舜万万古

实 例

中华民族 於菟无角翼，为天守门户。持此感物化，尧舜万万古。

【流传】(无考)

【出处】[宋] 敖陶孙:《前感兴一首》。

WTY099.1.6.5.3.7*

尧舜事已远，丘道安可胜

实 例

中华民族 尧舜事已远，丘道安可胜。蜉蝣不信鹤，蜩鷃肯窥鹏。当年且不偶，没世何必称。胡为揭闻见，褒贬贻爱憎。

【流传】(无考)

【出处】[唐] 元稹:《秋堂夕》。

WTY099.1.6.5.3.8*

尧舜桀纣陈兴亡，中宫笑口惭且惶

实 例

中华民族 尧舜桀纣陈兴亡，中宫笑口惭且惶。

【流传】(无考)

【出处】[元] 杨维桢:《宿瘤词》。

WTY099.1.6.5.3.9

与怀念尧舜时代有关的其他文言名句

实 例

(参见下级母题实例)

WTY099.1.6.5.3.9.1*

成功在漏刻，尧舜去共吺

实 例

中华民族 危柱鸣哀筝，知音初见求。成功在漏刻，尧舜去共吺。

【流传】(无考)

【出处】[宋] 黄庭坚:《再作答徐天隐》。

WTY099.1.6.5.3.9.2*

幸逢尧舜无为日，得作羲皇向上人

实 例

中华民族 高卧闲行自在身，池边六见柳条新。幸逢尧舜无为日，得作羲皇向上人。四皓再除犹且健，三州罢守未全贫。莫愁客到无供给，家酝香浓野菜春。

【流传】(无考)

【出处】[唐] 白居易:《池上闲吟二首》。

WTY099.1.6.5.4

尧舜是榜样

实 例

(参见下级母题实例)

WTY099.1.6.5.4.1*

努力戒惰偷，尧舜可庶几

实 例

中华民族 人生非金石，寿夭不自知，一日复一日，亦或至耄期。方其未死间，早夜勿自欺。嗟彼陷溺者，太山起毫厘。

努力戒惰偷，尧舜可庶几。

【流传】(无考)

【出处】[宋]陆游:《自警》。

WTY099.1.6.5.4.2*

愿同尧舜意，所乐在人和

实 例

中华民族 湛露浮尧酒，薰风起舜舞。愿同尧舜意，所乐在人和。

【流传】(无考)

【出处】[唐]白居易:《太平乐词二首》。

WTY099.1.6.5.4.3*

尧舜求理切

实 例

中华民族 尧舜求理切，夔龙启沃忙。怀才抱智者，无不走遑遑。

【流传】(无考)

【出处】[唐]白居易:《饱食闲坐》。

WTY099.1.6.5.5

尧舜的短处

实 例

(参见下级母题实例)

WTY099.1.6.5.5.1*

尧舜也有失误

实 例

中华民族 古今情一也，能处又何难。识事事非易，知人人所艰。多疑亏任用，轻信失防闲。尧舜其犹病，何尝无大奸。

【流传】(无考)

【出处】[宋]邵雍:《观物吟四首》。

WTY099.1.6.5.5.2*

尧舜也有缺点

实 例

中华民族 亢仓致虚极，潜迹依远岫。智去愚独留，日亏岁方就。乡人谋尸祝，不欲闻俎豆。尚贤非至理，尧舜固为陋。

【流传】(无考)

【出处】[唐]吴筠:《高士咏·洞灵真人》。

WTY099.1.6.5.6

尧舜时代的真实性

实 例

(参见下级母题实例)

WTY099.1.6.5.6.1*

孔、墨俱道尧舜皆自谓真

实 例

中华民族 孔子墨子俱道尧舜而取舍不同，皆自谓真尧舜，尧舜不复生，将谁使定儒墨之诚乎？殷周七百余岁，虞夏二千余岁，而不能定儒墨之真；今乃欲审尧舜之道于三千岁之前，意者其不可必乎？无参验而必之者，愚也。弗能必而据之者，诬也。故明举先王，必定尧舜者，非愚则诬也！

【流传】(无考)

【出处】[战国]韩非及后人:《韩非子·显学》。

WTY099.1.6.5.6.2*

尧舜之谈，未尝虚口

实　例

中华民族 羲轩之书，未尝去手。尧舜之谈，未尝虚口。当中知天，同乐易友。

【流传】（无考）

【出处】［宋］邵雍：《瓮牖吟》。

WTY099.1.6.5.6.3*

尧舜主导部落联盟确为史实

【关联】［WTY091.2.1］尧神话是历史真实

实　例

中华民族 陶寺文化和古史传说相辅相成，互相印证，证明了我国古代确实存在一个尧舜所领导的唐、虞诸部为主导的大部落联盟时代。

【流传】（无考）

【出处】郭世谦：《古史传说考》（一、唐虞猛兽图腾集团），天津：天津出版传媒集团·天津古籍出版社 2019 年版，第 129 页。

WTY099.1.6.6

尧舜的后代

实　例

（参见下级母题实例）

WTY099.1.6.6.1

尧舜无嗣

实　例

中华民族 瞽鲧有子，尧舜无嗣。余庆余殃，何故如此。

【流传】（无考）

【出处】［宋］邵雍：《善恶吟》。

WTY099.1.6.6.1a

尧舜无子

实　例

中华民族 尧舜无子，瞽鲧有嗣。福善祸淫，何故如此。

【流传】（无考）

【出处】［宋］邵雍：《善恶吟》。

WTY099.1.7

与尧舜时代有关的其他母题

实　例

（参见下级母题实例）

WTY099.1.7.1

尧舜时代的居住环境

实　例

（参见下级母题实例）

WTY099.1.7.1.1*

尧舜时代，人始住土木结构房屋

实　例

汉　族 尧王舜帝时候，人们居住的地方，才由树棚，慢慢变成了土木结构的房屋。

【流传】河南省·南阳市·宛城区［采录地点：青华镇青华街］

【出处】邱海观讲，李明才记录：《乌班加

张佐》(1987.06)，见中国民间文艺家协会组织编写，罗杨总主编，兰建堂本卷主编《中国民间故事丛书》(河南省·南阳市·宛城卷)，北京：知识产权出版社2016年版，第64～69页。

WTY099.2*

尧舜禹联合研究（尧舜禹时代研究）

实 例

（参见下级母题实例）

WTY099.2.1

尧舜禹时代产生的时间

实 例

（参见下级母题实例）

WTY099.2.1.1*

周人心中有禹，孔子时代有尧舜

实 例

中华民族 “时代愈后，传说的古史期愈长”。周代人心目中最古的人是禹，到孔子时有尧舜，到战国时有黄帝神农，到秦有三皇，到汉以后有盘古等。

【流传】（无考）

【出处】顾颉刚：《与钱玄同先生论古史书》，原载《读书杂志》1923年第9期《努力》增刊，见马昌仪选编《中国神话学百年文论选》(上)，西安：陕西师范大学出版总社有限公司2013年版，第34～38页。

WTY099.2.1.2*

尧舜禹时代处新石器中期

实 例

中华民族 翦伯赞《先秦史》将尧舜禹时期，称为中期新石器文化与畜牧、种植经济发展的时代。

【流传】（无考）

【出处】杨东晨：《华夏始祖：尧舜禹时代》“五、尧舜禹文明篇”，西安：三秦出版社2007年版，第172页。

WTY099.2.2

尧舜禹时代的相关地点

实 例

（参见下级母题实例）

WTY099.2.2.1

尧舜禹时代的发祥地

实 例

（参见下级母题实例）

WTY099.2.2.1.1

尧舜禹出自昆仑山

实 例

中华民族 昆仑山是华夏民族发祥的圣地，是“百神所在”，是“天下之中”。华夏民族的许多先王、先祖如轩辕黄帝、嫘祖、帝喾、帝尧、帝舜、大禹等都出自昆仑山。上古时代的昆仑山并不在大漠的西北和青藏高原，而就在中原，中原的中条山就是古代的昆仑山。

【流传】（无考）

【出处】伏元杰：《〈山海经〉中的河源考》，载《蜀学》2013 年第 0 期。

WTY099.2.2.1.2*

成阳城是尧舜禹的发祥地

实 例

汉 族 成阳城是伏羲、尧舜禹发祥地，历史地位十分重要。

【流传】山东省 · 菏泽市

【出处】潘建荣：《在“伏羲桑梓、尧舜故里”菏泽市牡丹区胡集镇举办公祭伏羲尧舜禹仪式最为合适》，见山东菏泽《首届中华伏羲祖源文化论坛论文集》，内部编印，2020 年 9 月，第 7 页。

WTY099.2.2.2

尧舜禹时代的活动地

实 例

（参见下级母题实例）

WTY099.2.2.2.1

汾浍为尧舜禹的活动地

实 例

中华民族 汾浍为黄帝、少昊、尧、舜、禹地。

【流传】（无考）

【出处】伏元杰：《〈山海经〉中的河源考》，载《蜀学》2013 年第 0 期。

WTY099.2.2.2.2*

牡丹区胡集镇是尧舜禹的活动地

实 例

汉 族 经考察研究认为，集中华龙凤文化、伏羲、炎帝、颛顼、帝尧、帝舜、帝禹于一身的唯有牡丹区胡集镇。

【流传】山东省 · 菏泽市

【出处】潘建荣：《在“伏羲桑梓、尧舜故里”菏泽市牡丹区胡集镇举办公祭伏羲尧舜禹仪式最为合适》，见山东菏泽《首届中华伏羲祖源文化论坛论文集》，内部编印，2020 年 9 月，第 6 页。

WTY099.2.2.2.3*

尧舜禹活动在山东大地

实 例

中华民族 夏、商、周之祖黄帝既生活于鲁地，那么，他的后裔尧、舜、禹、契、稷也同样生活于山东大地。

【流传】（山东）

【出处】景以恩：《华夏血缘族团源于东方新探》，载《复旦学报（社会科学版）》1999 年第 1 期。

WTY099.2.2.2.4*

尧舜禹的活动地在晋南

实 例

中华民族 鉴于尧、舜、禹的流动中心在晋南一带，认为最早的“中国”一词应是指晋南这块地方，由陶寺表现出中原的北方的古文化。

【流传】（山西）

【出处】高炜、张岱海：《汾河湾旁磬和鼓——苏秉琦先生关于陶寺考古的论述》，转引自郭世谦著《古史传说考》（一、唐虞猛兽图腾集团），天津：天津出版传媒集团·天津古籍出版社 2019 年版，第 127 ～ 128 页。

WTY099.2.2.2.5*
尧舜禹的活动地在河北地域

实 例

中华民族 河北地域最晚自旧石器时代起就是人类的理想居所。炎帝、黄帝、尧、舜、禹乃至早期的商族，先周时期的各代各族河北居民创造了发达而连续的本土文化，直接塑造了中华民族和中华文化。

【流传】（无考）

【出处】杨秀敏、牛云平：《先周时期河北文化刍议》，载《河北师范大学学报（哲学社会科学版）》2013 年第 6 期。

WTY099.2.3
尧舜禹的谱系关系

实 例

（参见下级母题实例）

WTY099.2.3.1*
尧舜禹均为黄帝部族集团成员

实 例

中华民族 白寿彝在主编的《中国通史纲要》一书，明确地按地区把我国古代部族划分为三个大集团：一是西部以黄帝为首的集团，其中又包括黄帝和炎帝两个大姓集团，传说中的古帝王尧、舜、禹也属于这个系统；二是东方夷人集团，包括太昊、少昊、蚩尤和羿；三是南方苗蛮集团，包括伏羲、女娲和槃瓠（后作盘古）。

【流传】（无考）

【出处】邹君孟：《华夏族起源考论》，载《华南师范大学学报（社会科学版）》1985 年第 1 期。

WTY099.2.3.2
尧舜禹均为黄帝后代

实 例

（参见下级母题实例）

WTY099.2.3.2.1*
尧是黄帝的四世孙

实 例

中华民族 据《五帝本纪》《夏本纪》可排列如下：黄帝—玄嚣—蟜极—帝喾—尧。从这个排列看，尧为黄帝的四世孙。

【流传】（无考）

【出处】张闻玉：《辛亥革命后的黄帝纪年》，载《贵州社会科学》2002 年第 1 期。

中华民族《史记》的内容带来许多破绽。我们按司马迁的说法，将尧、舜、禹三人的世系排列如下：黄帝—玄嚣—乔〔蟜〕极—帝喾—尧；黄帝—昌意—颛项—穷蝉—敬康—句望—桥牛—瞽叟—舜；黄帝—昌意—颛项—鲧—禹。

【流传】（无考）

【出处】仲大军：《黄帝与少昊的关系》，载《社会科学论坛》2010年第9期。

WTY099.2.3.2.2*

舜是黄帝的八世孙

实 例

中华民族《史记》的内容带来许多破绽。我们按司马迁的说法，将尧、舜、禹三人的世系排列如下：黄帝—玄嚣—乔〔蟜〕极—帝喾—尧；黄帝—昌意—颛项—穷蝉—敬康—句望—桥牛—瞽叟—舜；黄帝—昌意—颛项—鲧—禹。

【流传】（无考）

【出处】仲大军：《黄帝与少昊的关系》，载《社会科学论坛》2010年第9期。

WTY099.2.3.2.3*

禹是黄帝的四世孙

实 例

中华民族《史记》的内容带来许多破绽。我们按司马迁的说法，将尧、舜、禹三人的世系排列如下：黄帝—玄嚣—乔〔蟜〕极—帝喾—尧；黄帝—昌意—颛项—穷蝉—敬康—句望—桥牛—瞽叟—舜；黄帝—昌意—颛项—鲧—禹。

【流传】（无考）

【出处】仲大军：《黄帝与少昊的关系》，载《社会科学论坛》2010年第9期。

WTY099.2.4

尧舜禹时代的事件

实 例

（参见下级母题实例）

WTY099.2.4.1*

尧舜禹带领群众广拓农耕

实 例

汉 族 远古先贤尧、舜、禹，带领群众治山治水，广拓农耕功业伟，被认为是天帝和土皇所派遣监管社神的使臣，尊为天、地、水“三官”，亦称“三元圣君”。

【流传】（无考）

【出处】刘振仲：《山西长子是唐尧的生长发祥地》，见马志生主编，吴天昌、贺真和副主编《炎帝文化——上党二十年研究集锦》，北京：大众文艺出版社2007年版，第279页。

WTY099.2.4.2*

尧舜禹征三苗

实 例

中华民族 早期的三苗发迹于黄河中下游，从尧舜到商周时期，虽然三苗有相当多的族众徧迁到西方，主要是南方，而留在中原地区的族众仍然很多，并分别建立了自己的小国。三苗的首领对尧舜是时服时叛，尧舜禹都曾南征三苗，但留居豫西、晋南的三苗族众，一直与尧舜和平共处，最后融为一体。

【流传】（无考）

【出处】许顺湛：《五帝时代研究》，郑州：中州古籍出版社 2005 年版，第 151 页。

WTY099.2.4.3*

尧舜禹时代出现“中国”概念

实 例

中华民族 五帝时代后半段的代表是尧舜禹，是洪水与治水。史书记载，夏以前的尧舜禹，活动中心在晋南一带，“中国”一词的出现也正在此时，尧舜禹时代万邦林立，各邦的“诉讼”“朝贺”，由四面八方之“中国”，出现了最初的“中国”概念，这还只是承认万邦中有一个不十分确定的中心，这时的“中国”概念也可以说是“共识的中国”。

【流传】（无考）

【出处】苏秉琦：《中国文明起源新探》，沈阳：辽宁人民出版社 2009 年版，第 161 页。

WTY099.2.5

尧舜禹时代的特征

实 例

（参见下级母题实例）

WTY099.2.5.1*

尧舜禹时代处于社会过渡时期

实 例

（参见下级母题实例）

WTY099.2.5.1.1*

尧舜禹时代处于原始公社向私有财产社会过渡阶段

实 例

中华民族 尧、舜、禹的时代是我国原始公社社会就要没落，私有财产社会就要建立的时代。

【流传】（无考）

【出处】徐旭生：《我们怎样来治传说时代的历史》，原载徐旭生《中国古史的传说时代》第一章，中国文化服务社 1943 年版，见马昌仪选编《中国神话学百年文论选》（上），西安：陕西师范大学出版总社有限公司 2013 年版，第 315 ～ 321 页。

WTY099.2.5.2*

尧舜禹时代有大同时代的特征

【关联】［WTY099.2.6.3.2.1*］尧舜禹时代特征可见于《礼记 · 礼运篇》

实 例

中华民族 《礼记 · 礼运篇》记载的尧、舜、禹的时代的特征，一是大同时代的特征：“故人不独亲其亲，不独子其子”（这是说当时的婚姻制度与此后不同），和“货恶其弃于地也，不必藏于己；力恶其不出于身也，不必为己”（这是指明当时财产还属公有）；二是小康时代的特征：“各亲其亲，各子其子；货力为己”，同现代唯物派历史学者所找到的结果相符合。

【流传】（无考）

【出处】徐旭生:《我们怎样来治传说时代的历史》，原载徐旭生《中国古史的传说时代》第一章，中国文化服务社 1943 年版，见马昌仪选编《中国神话学百年文论选》(上)，西安：陕西师范大学出版总社有限公司 2013 年版，第 315 ～ 321 页。

WTY099.2.5.3*

尧舜禹时代有小康时代特征

实 例

中华民族 《礼记·礼运篇》记载的尧、舜、禹的时代的特征，一是大同时代的特征："故人不独亲其亲，不独子其子"(这是说当时的婚姻制度与此后不同)，和"货恶其弃于地也，不必藏于己；力恶其不出于身也，不必为己"(这是指明当时财产还属公有)；二是小康时代的特征："各亲其亲，各子其子；货力为己"，同现代唯物派历史学者所找到的结果相符合。

【流传】(无考)

【出处】徐旭生:《我们怎样来治传说时代的历史》，原载徐旭生《中国古史的传说时代》第一章，中国文化服务社 1943 年版，见马昌仪选编《中国神话学百年文论选》(上)，西安：陕西师范大学出版总社有限公司 2013 年版，第 315 ～ 321 页。

WTY099.2.5.4*

尧舜禹时代，畜牧种植经济发展

实 例

中华民族 翦伯赞《先秦史》将尧舜禹时期，称为中期新石器文化与畜牧、种植经济发展的时代。

【流传】(无考)

【出处】杨东晨:《华夏始祖：尧舜禹时代》"五、尧舜禹文明篇"，西安：三秦出版社 2007 年版，第 172 页。

WTY099.2.5.5*

尧舜禹时代处建筑规模样式空前

实 例

中华民族 黄河、长江流域在尧舜禹时代的古城、古国，是社会文明前夕的重要标志之一，中心氏族聚落或古城的结构大同小异，城垣分夯土与壕沟两种，房屋建筑形式多样，有长方形地面与半地穴式、圆形或椭圆形半地穴式与地面式等。只是南方水多的地方出现了干栏式房屋，人们过着定居的农耕、渔猎及采集生活。

【流传】(无考)

【出处】杨东晨:《华夏始祖：尧舜禹时代》"五、尧舜禹文明篇"，西安：三秦出版社 2007 年版，第 170 页。

WTY099.2.5.6

尧舜禹时代的传位特征

实 例

(参见下级母题实例)

WTY099.2.5.6.1

尧舜举贤，禹独与子

实 例

汉 族 尧舜举贤，禹独与子。

【流传】(无考)

【出处】[西汉]淮南王刘安及门客:《淮南子·齐俗》高诱注。

WTY099.2.5.7*
尧舜禹时代玉器具有神圣性

实 例

中华民族 从出土物证看，在尧舜禹之前的红山文化、良渚文化、齐家文化的“唯玉为葬”和王者风采，充分证明古书所言玉器之神圣性并非虚言。

【流传】(无考)

【出处】叶舒宪:《中华文明探源的神话学研究》，北京：社会科学文献出版社·经济与管理出版分社 2015 年版，第 419 页。

WTY099.2.6
与尧舜禹时代研究有关的其他母题

实 例

(参见下级母题实例)

WTY099.2.6.1
尧舜禹的历史地位(身份)

实 例

(参见下级母题实例)

WTY099.2.6.1.1*
尧舜禹封禅泰山

实 例

中华民族 虙羲封泰山禅云云，神农封泰山禅云云，炎帝封泰山禅云云，黄帝封泰山禅亭亭，颛顼封泰山禅云云，帝喾封泰山禅云云，尧封泰山禅云云，舜封泰山禅云云，禹封泰山禅会稽。

【流传】(无考)

【出处】《管子·封禅》。

WTY099.2.6.1.2*
尧舜禹是上古部落联盟首领

实 例

中华民族 尧、舜、禹是传说中上古父系氏族社会后期著名的部落联盟首领。

【流传】(无考)

【出处】卢静:《尧舜禹》导读，北京：中华书局 2019 年版，第 1 页。

WTY099.2.6.1.3*
尧舜禹是夏文化初期的相继之奠基者

实 例

汉 族 尧舜禹是夏文化初期的相继之奠基者。夏朝虽无文字记载，从史学家与考古学家以时代上来测定，夏朝与龙山文化为同一时期。

【流传】(无考)

【出处】《光辉灿烂的古平阳大地》，见赵大勇、赵随意著《尧都平阳与尧舜禹》，太原：山西古籍出版社 1999 年版，第 55 页。

WTY099.2.6.2
与尧舜禹有关的称谓

实 例

(参见下级母题实例)

WTY099.2.6.2.1*

尧舜禹被尊为天、地、水“三官”

实 例

汉 族 远古先贤尧、舜、禹，带领群众治山治水，广拓农耕功业伟，被认为是天帝和土皇所派遣监管社神的使臣，尊为天、地、水“三官”，亦称“三元圣君”。

【流传】（无考）

【出处】刘振仲：《山西长子是唐尧的生长发祥地》，见马志生主编，吴天昌、贺真和副主编《炎帝文化——上党二十年研究集锦》，北京：大众文艺出版社 2007 年版，第 279 页。

WTY099.2.6.2.2*

尧舜禹被称为“三元圣君”

实 例

汉 族 远古先贤尧、舜、禹，带领群众治山治水，广拓农耕功业伟，被认为是天帝和土皇所派遣监管社神的使臣，尊为天、地、水“三官”，亦称“三元圣君”。

【流传】（无考）

【出处】刘振仲：《山西长子是唐尧的生长发祥地》，见马志生主编，吴天昌、贺真和副主编《炎帝文化——上党二十年研究集锦》，北京：大众文艺出版社 2007 年版，第 279 页。

汉 族 陶唐村西的土地庙，规模宏大。五间前殿内供奉着“三元圣君”尧、舜、禹，五楹后殿里坐落着“地母后土皇”。

【流传】（无考）

【出处】刘振仲：《山西长子是唐尧的生长发祥地》，见马志生主编，吴天昌、贺真和副主编《炎帝文化——上党二十年研究集锦》，北京：大众文艺出版社 2007 年版，第 279 页。

WTY099.2.6.2.3*

尧舜禹被称为“草药三贤”

【关联】［WTY099.2.6.7.1.1］尧舜禹于伏牛山修炼

实 例

汉 族 老人告诉为母寻药的小伙说：“我们是尧、舜和禹，我们三个都曾在这伏牛山上修炼过。”……因为这是三贤显圣传授的，这座山就起名叫“三贤山”。

【流传】河南省·南阳市·方城县［采录地点：方城县广阳镇政府］

【出处】刘长法（46 岁）讲，马书军（22 岁，干部）记录：《三贤显圣赐灵药》（1985.06.03），见中国民间文艺家协会组织编写，罗杨总主编，毛秀荣本卷主编《中国民间故事丛书》（河南省·南阳市·方城卷），北京：知识产权出版社 2016 年版，第 176 页。

WTY099.2.6.2.4*

尧舜禹被尊“圣王”

实 例

中华民族 儒家所讲的圣王，像尧、舜、禹、汤、文、武，刚好从虞夏商周排下来，这 6 位圣王就是孔子时代最为推崇的儒家政治理想代表。

【流传】（无考）

【出处】叶舒宪：《中华文明探源的神话学研究》，北京：社会科学文献出版社·经济与管理出版分社 2015 年版，第 123 页。

WTY099.2.6.2.4a*

尧舜禹被称“圣人”

实 例

中华民族 夫尧、舜、禹，天下之大圣也。

【流传】（无考）

【出处】［宋］朱熹：《中庸章句序》。

WTY099.2.6.3

与尧舜禹有关的典籍

实 例

（参见下级母题实例）

WTY099.2.6.3.1

《尚书》

实 例

（参见下级母题实例）

WTY099.2.6.3.1.1

尧舜禹的事迹见于《尚书》

实 例

中华民族 《尚书》头三篇叙述尧、舜、禹的事迹，所以他们在我国古史中就占了极崇高的地位；因为《周易·系辞》说尧、舜以前还有包牺、神农、黄帝诸帝的存在，所以他们也得到很高的崇仰。

【流传】（无考）。

【出处】徐旭生：《我们怎样来治传说时代的历史》，原载徐旭生《中国古史的传说时代》第一章，中国文化服务社 1943 年版，见马昌仪选编《中国神话学百年文论选》（上），西安：陕西师范大学出版总社有限公司 2013 年版，第 315 ～ 321 页。

WTY099.2.6.3.1.2*

尧舜禹治天下之经法载于《尚书》

实 例

中华民族 二帝三王治天下之大经大法，皆载此书（《尚书》）。

【流传】（无考）

【出处】［宋］蔡沈：《书经集传序》。

WTY099.2.6.3.2

《礼记》

实 例

（参见下级母题实例）

WTY099.2.6.3.2.1*

尧舜禹时代特征可见于《礼记·礼运篇》

实 例

中华民族 《礼记·礼运篇》记载的尧、舜、禹的时代的特征，一是大同时代的特征：“故人不独亲其亲，不独子其子”（这是说当时的婚姻制度与此后不同），和“货恶其弃于地也，不必藏于己；力恶其不出于身也，不必为己”（这是指明当时财产还属公有）；二是小康时代的特征：“各亲其亲，各子其子；货力为己”，同现代唯物派历史学者所找到的结果相符合。

【流传】（无考）

【出处】徐旭生：《我们怎样来治传说时代的历史》，原载徐旭生《中国古史的传说时代》第一章，中国文化服务社 1943 年版，见马昌仪选编《中国神话学百年文论选》（上），西安：陕西师范大学出版总社有限公司 2013 年版，第 315 ～ 321 页。

WTY099.2.6.4
与尧舜禹有关的文化

实　例

（实例待考）

WTY099.2.6.5
与尧舜禹有关的评价

实　例

（参见下级母题实例）

WTY099.2.6.5.1
尧舜禹的真实性

实　例

（参见下级母题实例）

WTY099.2.6.5.1.1
尧舜禹有无其人不得而知

实　例

中华民族 古史中的黄帝、颛顼、帝喾、尧、舜、鲧、禹等，确实有无其人虽不可知，但他们的身上附有很多的神话，却是事实。把这些神话传说剥去，他们的真相也就所剩无几了。

【流传】（无考）

【出处】童书业：《〈古史辨〉第七册童书业序》，原载《古史辨》第七册，开明书店 1941 年版，见马昌仪选编《中国神话学百年文论选》（上），西安：陕西师范大学出版总社有限公司 2013 年版，第 288 ～ 291 页。

WTY099.2.6.5.1.2*
尧舜禹的关系在先秦诸子传说中无异议

实　例

中华民族 禹治水的传说，尧、舜、禹三人相互的关系，在先秦诸子中，可以说大致是相同的，没有争论的。

【流传】（无考）

【出处】徐旭生：《我们怎样来治传说时代的历史》，原载徐旭生《中国古史的传说时代》第一章，中国文化服务社 1943 年版，见马昌仪选编《中国神话学百年文论选》（上），西安：陕西师范大学出版总社有限公司 2013 年版，第 315 ～ 321 页。

WTY099.2.6.5.1.3*

尧舜禹的历史真实存疑

实 例

中华民族 至于近世，乃知孔安国本《尚书》之伪，纪年之不可信，而疑古之过，乃并尧、舜、禹之人物而亦疑之。

【流传】（无考）

【出处】王国维：《论传说有史实为之素地与二重证据法》，见马昌仪选编《中国神话学百年文论选》（上），西安：陕西师范大学出版总社有限公司 2013 年版，第 53 ～ 54 页。

WTY099.2.6.5.2*

尧舜禹是半神话半历史的人物

实 例

中华民族 盘古氏、女娲氏、伏牺氏、燧人氏、三皇氏等，固然是神话的人物，就是尧、舜、后稷等，又何尝不是半神话半历史的人物呢？

【流传】（无考）

【出处】黄石：《神话的价值》，原载《神话研究》（上编）第四章，开明书店 1927 年版，见马昌仪选编《中国神话学百年文论选》（上），西安：陕西师范大学出版总社有限公司 2013 年版，第 55 ～ 58 页。

WTY099.2.6.6

尧舜禹的祭祀

实 例

（参见下级母题实例）

WTY099.2.6.6.1

泰山庙（三官庙）敬奉尧舜禹

实 例

汉 族 泰山庙当地也称三官庙，敬奉的是尧、舜、禹三大帝王，为了歌颂尧王的功德，庙门高悬，“巍严配天”石匾。

【流传】山西省 · 运城市 · 绛县

【出处】刘永昌：《“巍严配天”石匾的来历》，见田茂忠、申建华主编《尧王故里》，山西省绛县尧文化研究会编印，2009 年，第 237 页。

WTY099.2.6.6.2

唐玄宗立尧舜禹庙于京师

实 例

中华民族 上谕中书省臣曰：“天下都邑咸有三皇庙，前代帝王大臣皆不亲祭，徒委之医药之流；且令郡县通祀，岂不亵渎？至于尧、舜、禹皆圣人，有功于天下后世，又不立庙，朕不知其何说也。宜令礼部会诸儒详考以闻。”于是礼部同翰林院太常司官考前代圣帝贤王，自唐以来皆祭于陵寝。唐玄宗常立三皇五帝庙于京师，至元成宗时乃立三皇庙于府州县，春秋通祀，而以医药主之，甚非礼也。

【流传】（无考）

【出处】《明实录》卷六二“太祖实录”。

WTY099.2.6.6.3

陶唐村土地庙供奉尧舜禹

实 例

汉 族 陶唐村西的土地庙，规模宏大。五间前殿内供奉着“三元圣君”尧、舜、禹，五楹后殿里坐落着“地母后土皇”。

【流传】（无考）

【出处】刘振仲：《山西长子是唐尧的生长发祥地》，见马志生主编，吴天昌、贺真和副主编《炎帝文化——上党二十年研究集锦》，北京：大众文艺出版社2007年版，第279页。

WTY099.2.6.6.4*

祭祀尧舜禹被后世延续

实 例

中华民族 封建时代有“灭其国不绝其祀”的传统习惯，商灭了夏，依然要祭鲧、禹；周灭了商，依然要祭夏、商两代的高祖先帝；楚灭了陈，依然要祭颛顼或舜。

【流传】（无考）

【出处】丁山：《〈古代神话与民族〉自序》（1948），原载丁山《从东西文化交流探索史前时代的帝王世系》，《文史》1985年第28辑上，见马昌仪选编《中国神话学百年文论选》（上），西安：陕西师范大学出版总社有限公司2013年版，第423～437页。

WTY099.2.6.7

与尧舜禹有关的其他母题

实 例

（参见下级母题实例）

WTY099.2.6.7.1

尧舜禹的修炼

实 例

（参见下级母题实例）

WTY099.2.6.7.1.1

尧舜禹于伏牛山修炼

实 例

汉 族 老人告诉为母寻药的小伙说：“我们是尧、舜和禹，我们三个都曾在这伏牛山上修炼过。”……因为这是三贤显圣传授的，这座山就起名叫“三贤山”。

【流传】河南省·南阳市·方城县［采录地点：方城县广阳镇政府］

【出处】刘长法（46岁）讲，马书军（22岁，干部）记录：《三贤显圣赐灵药》（1985.06.03），见中国民间文艺家协会组织编写，罗杨总主编，毛秀荣本卷主编《中国民间故事丛书》（河南省·南阳市·方城卷），北京：知识产权出版社2016年版，第176页。